Diogenes Taschenbuch 21794

detebe

Fritz Mertens

Auch du stirbst, einsamer Wolf

Ein Bericht

Diogenes

Die Erstausgabe erschien 1985
im Diogenes Verlag

*Für Petra,
Christine, Carmen
und Werner*

Veröffentlicht als Diogenes Taschenbuch, 1989

100/90/43/3
ISBN 3 257 21794 3

Es fällt einem schwer
den Verstand zu gebrauchen
wenn man nicht weiß für was

Noch schwerer ist es wohl
den Verstand da einzusetzen
wo keiner vorhanden ist

Ist es da noch ein Wunder
wenn man nicht verstanden wird?

Axel L.

1

An einem ganz normalen Sommertag im Juni 1963 wurde ich daheim auf einem Sofa in die Welt gesetzt. Meine Eltern gaben mir schlicht und einfach den Namen Fritz Mertens. Wir wohnten in Villingen, eine an und für sich unbedeutende Kleinstadt im Schwarzwald.

Meine Eltern waren unheimlich okay. Sie tranken viel Alkohol, stritten sich oft und schlugen sich sogar gegenseitig die Schnauze ein. Es war also immer genug Action im Haus.

Auf einmal wandelte mein Vater auf dem Weg der Besserung und unterzog sich freiwillig einer Alkoholentziehungskur. Während mein Vater auf dem Trockendock war, brachte mich meine Mutter in ein Säuglingsheim. Wahrscheinlich, weil sie unheimlich kinderliebend war. Mein Vater brach kurzerhand seine Kur ab, holte mich aus dem Heim, brachte mich zu meinen Großeltern, die Zeugen Jehovas waren, und suchte sich einen Job, den er anscheinend nicht fand. Denn meine Eltern zogen darauf nach Würzburg, machten dort eine Kneipe auf und wirtschafteten diese in kürzester Zeit runter, so daß sie bald wieder geschlossen war. Nun mußten sie arbeiten, und mein Vater fand einen Job als Kellner in Stuttgart. Meine Mutter arbeitete im gleichen Gewerbe, nur blieb sie in Würzburg.

Da Vater ab und zu Mutter besuchte, bekam ich auch noch Geschwister. Es waren zwei Jungen, Ralf und Uwe. Beide wurden in ein Heim gesteckt. Ich befand mich inzwischen bei Pflegeeltern. Auf einmal dachte man wieder an mich, holte mich von den Pflegeeltern weg und steckte mich zu meinen Geschwistern in Würzburg ins Heim. Mutter zog eines Tages zu Vater nach Stuttgart, eröffnete dort nochmals eine Kneipe und versuchte ihr Glück. Sie hatte Pech, denn ziemlich schnell war der Schuppen wieder geschlossen.

Nun zogen sie nach Villingen zurück, richteten sich dort eine Dreizimmerwohnung ein und holten uns drei Geschwister zu sich. Unsere Eltern stritten und schlugen sich. Wir wurden ab und zu mit einbezogen und bekamen manchmal eine saftige Abreibung. Mit fünf Jahren hatte ich schon Schimpfwörter gekannt, von denen andere nicht einmal mit achtzehn etwas gewußt haben.

Dann kam ich in die Schule, aus der mich meine Mutter nach kurzer Zeit wieder herausnahm, weil ich anscheinend zu doof war. Beim zweiten Anlauf klappte es dann.

Mit acht Jahren hatte ich ernsthafte gesundheitliche Probleme. Mit meiner Hüfte stimmte etwas nicht. Ich kam zum Arzt, wurde eingegipst, bekam Krücken, ging auch ins Krankenhaus und bekam später noch Prothesen verpaßt. Die Krankheit dauerte über zwei Jahre. In dieser Zeit bekam ich auch noch eine Schwester, die man Daniela nannte. Auch ließen sich meine Eltern scheiden. Sie wohnten aber weiterhin zusammen. Zwar hatte mein Vater ab und zu eine komische Phase und zog aus, was aber nie von langer Dauer war. Meine Mutter eröffnete nun in Villingen wieder eine Kneipe, die sie aber schon nach einem Jahr wieder aufgeben mußte.

Je älter wir Kinder wurden, desto schlimmer wurde es für uns. Die Mutter vögelte nun mit anderen Männern rum, wir bekamen manchmal mehr Schläge als etwas zum Fressen und mußten arbeiten wie die Brunnenputzer.

Kaum war die Kneipe in Villingen geschlossen, zogen wir in ein Dorf, in dem meine Mutter eine neue Pinte aufmachte. Bei uns herrschten Zustände wie im alten Rom. Das ganze Dorf wußte, was sich bei uns zu Hause abspielte. Aber anscheinend ist es ganz normal, daß Kinder fast zu Tode geprügelt werden.

Meine Mutter wurde langsam aber sicher zur Dorfhure, bzw. Lieferantenhure. Denn wenn sie beim Metzger, Bierfahrer usw. nicht bezahlen konnte, so ließ sie sich von ihnen ficken und die Rechnungen wurden gestundet.

Dennoch lernte sie eines Tages einen Typen kennen, denn sie ließ uns Kinder von einem Tag auf den anderen sitzen. Sie haute einfach mit ihrem Stecher ab. Uns wurde weder eine Nachricht noch sonst irgendein Hinweis hinterlassen, wo sie sich eventuell aufhalten könnte. Vater haute auch noch ab, und so saßen wir mit einer Freundin meiner Mutter da, die die Kneipe übernehmen wollte, da sie im Glauben war, ihr großes Glück damit machen zu können. Dabei war die Pinte bis unters Dach verschuldet. Wir gingen nicht mehr in die Schule, und ich fing das Saufen an, denn ich wußte nicht mehr, was ich machen sollte. So schalteten die dumme Ziege, die das Geschäft führen wollte, und die Schule – denn unser Fehlen war aufgefallen – das Jugendamt ein. Meine Geschwister wurden dann auch sofort in ein Heim gebracht. Noch am selben Tag, als man sie weggebracht hatte, machte ich mit Tabletten einen Selbstmordversuch, der aber mißlang. Darauf kam ich ebenfalls in ein Heim, aber nicht in das, in dem meine Geschwister waren.

Das Verhältnis zu meinem Vater wurde besser, und da ich aus dem Heim raus wollte, verließ ich nach der achten Klasse die Schule, suchte mit der Hilfe meines Vaters eine Lehrstelle, wurde aus der Obhut des Heimes entlassen und trat in den Ernst des Lebens ein, wie es so schön heißt.

An meinen freien Tagen besuchte ich meinen Vater, der mir das Saufen beibrachte. Nach einer Weile konnte ich schon schlucken wie ein Großer. Meine Lehrstelle war hervorragend, denn ich hatte ein schönes Zimmer, kam mit meinem Küchenchef sehr gut aus und hatte eigentlich kaum Probleme. Nur die Chefin war eine Kratzbürste. Ich hatte immer Ärger mit ihr, weil ich nicht zu den Arschkriechern und Idioten gehörte, wie z. B. andere Kochlehrlinge.

Ich war kaum siebzehn Jahre, als eines Tages mein Vater starb. Er hatte sich nun endgültig den Kragen abgesoffen. Er starb an einer doppelten, verschleppten Lungenentzündung. Ihm fehlten die Abwehrstoffe, die durch seine Sauferei – er hatte es zu dieser Zeit ziemlich übertrieben – einfach fehlten.

Mein Vater wurde in aller Stille beerdigt, und nur die engsten Angehörigen waren anwesend. Bei der Beerdigung lernte ich zum ersten Mal mein Tantchen kennen, die Rita hieß. Sie war mit Onkel Mike verheiratet, den ich ebenfalls nicht kannte, weil sie damals noch nicht in Villingen lebten. Rita war in unsere Familie eingeheiratet und somit nicht blutsverwandt, was später noch eine Rolle spielte.

Nun besuchte ich an den freien Tagen meine Großeltern, und dort machten mir Mike und Rita den Vorschlag, ab und zu bei ihnen zu wohnen, wenn ich frei oder Schule hatte. Ich nahm den Vorschlag an. Mein Onkel war tagsüber sehr selten zu Hause, und so verbrachte ich meine freien Tage mit Rita und deren Kinder, nämlich einem Mädchen und einem Jungen. Rita war nur sieben Jahre älter als ich. Wir kamen gut miteinander aus, und so fing es an, zwischen uns zu funken. Auf jeden Fall hatten Rita und ich bald ein Verhältnis miteinander. Wir liebten uns wahnsinnig, und deshalb schliefen wir auch bei jeder Gelegenheit miteinander und lagen uns in den Armen. Wir waren zu dieser Zeit einfach unzertrennlich.

Mike merkte nichts, denn er hatte sie sowieso nicht mehr alle. Zwischen uns entwickelte sich eine kleine Feindschaft. Rita war auf einmal schwanger, und als sie es mir sagte, war sie schon im vierten Monat. Ich versuchte sie zu einer Scheidung zu überreden, wie ich es schon öfters versucht hatte. Ich wollte auch für die anderen beiden Kinder sorgen. Aber sie dachte nicht an eine Scheidung, sondern machte einfach Schluß, als wenn nichts zwischen uns gewesen wäre. Jeder Versuch, mit ihr wieder zusammenzukommen, schlug fehl, denn sie stellte sich stur. Und an diesem Tage fing ich an, in den Abgrund zu rutschen. Manche Leute nennen dies auch Verbrecherkarriere. Ja, dieser Tag war der Anfang eines Weges, der mir zum Schluß das Genick brach. Leider ist es heute zu spät, um noch etwas daran zu ändern.

Die Trennung von Rita machte mir gewaltig zu schaffen. Ich fing wieder an zu saufen, das ich vorher eingestellt hatte, hurte mit allen Weibern rum, die ich nur ins Bett bringen konnte, kam teilweise unpünktlich zur Arbeit und führte meinen Arbeitsplatz nur gerade so, wie ich es unbedingt mußte. Es wurde immer schlimmer.

Auf meinen Onkel schob ich den totalen Horror, und da er einen Getränkeladen besaß, brach ich dort ein, verwüstete den Laden und sprühte ihm alles mit dem Feuerlöscher voll. Als ich dort fertig war, sah es aus, als wenn eine Bombe eingeschlagen hätte. Rita konnte sich denken, daß ich der nächtliche Kleinholzmacher war, aber mir kam niemand auf die Schliche.

Die Zustände wurden immer katastrophaler. Ich zog mir schon am frühen Morgen den Alkohol in die Birne oder machte ganze Nächte durch, so daß ich die meiste Zeit im Delirium rumlief. Einmal schwängerte ich ein Mädchen, und da ich sie nicht für einen Pfifferling liebte, ließ ich sie das Kind einfach abtreiben, nachdem ich sie überredet hatte. Ich hatte niemanden, mit dem ich über meine Probleme hätte reden können, und die Trennung von Rita machte mich immer noch fertig, denn schließlich trug sie ein Kind von mir unter ihrem Herzen, und ich liebte sie. Wenn ich zu meinen Großeltern ging, weil ich ein Problem hatte, bekam ich nur immer die verdammte Bibel unter die Nase gehalten, weil man mich bekehren wollte.

Und dann kam mein endgültiger Untergang. Mit einem Kumpel, den ich noch nicht lange kannte, machte ich mal wieder eine Sauftour. Eines Nachts schlenderten wir durch die gottverlassene Stadt. Vor einem Caféhaus, in einer Seitenstraße, blieben wir stehen. Dort brachen wir aufs Geratewohl einfach ein, ohne zu wissen, was wir eigentlich in dem Café wollten. Wir machten auf jeden Fall einen Höllenlärm, denn wir zerlegten das Café und machten eine Sauerei, die nicht mehr normal war. Als wir das Café verwüstet und uns ausgetobt hatten, wollten wir uns aus dem Staub machen.

Als wir auf der Straße standen, war dort ein Typ mit zwei Schäferhunden. Ich ging einfach weiter. Auf einmal rief mein Kumpel, daß ihn der Typ festhalte, und so drehte ich mich auf dem Absatz um und ging auf den Typen zu. Bevor ich richtig an dem Typen dran war, hatte der mir auch schon eine Eisenstange auf den Kopf gehauen, die er hinter seinem Rücken versteckt gehalten hatte. Ich bekam eine totale Wut und wollte dem Eisenstangenklopfer nun eine verpassen. Aber ich hatte nicht mehr alle Sinne beieinander, und mir war schwindelig. Ich schaffte es nicht, dem Typen eine zu verpassen. Im Gegenteil! Als ich merkte, daß ich langsam aber sicher das Bewußtsein verlor, versuchte ich mit letzter Kraft wegzulaufen. Aber das gelang mir nicht, denn meine Beine versagten, und ich sank zu Boden. Der Eisenstangentyp rannte auf mich zu, und als er bei mir war, dachte ich, daß er mich umbringen will, denn er trat mir wie ein Verrückter in die Seiten.

Dann kamen irgendwann die Bullen, die auch nicht gerade zart mit mir umgingen. Ich hatte keine Kraft mehr, lag fast regungslos am Boden, und das Blut lief aus der Platzwunde am Kopf. Einer der Bullen zog mich an den Haaren hoch, ließ mich dann wieder fallen und meinte:

»Diesem Gesindel sollte man gleich eine Kugel in den Kopf jagen, denn dann hätten wir weniger Arbeit!«

Man legte mir Handschellen an, beförderte mich unsanft, mit ein paar Stößen, zum Streifenwagen, klatschte meinen Schädel auf die Motorhaube, durchsuchte mich und schob mich dann ins Auto.

Mein Kumpel und ich wurden aufs Revier gefahren und dort in ganz ekelhafte Zellen gesperrt. Es war verflucht kalt darin, stank erbärmlich, war stockdunkel, und es befand sich nur ein Betonklotz darin, auf dem man schlafen sollte. Irgendwann brachte mir ein Bulle noch eine dreckige, verkotzte oder auch verpißte Decke, mit der man sich zudecken konnte. Aber das unterließ ich lieber. Ich verlangte nach einem Arzt, der aber nicht geholt wurde. Ich hatte schließlich eine Platzwunde am Kopf.

Gegen Morgen kam ab und zu einer von diesen schlagfreudigen Sheriffs zu mir in die Zelle und wollte, daß ich einen Einbruch gestehe, der in derselben Nacht verübt worden war.

Vormittags wurde ich dann zum Verhör gebracht, bei dem wir unser Geständnis machten. Man sagte mir auch gleich, daß man sich bei meinen Großeltern in der Wohnung umschauen wollte und auch bei mir im Arbeitsbetrieb, der aber nicht in Villingen war, sondern dreiundzwanzig Kilometer entfernt. Ich versuchte den Bullen zu erklären, daß meine Lehrstelle im Eimer wäre, wenn sie bei mir im Betrieb aufkreuzen würden. Und da ich kurz vor der Prüfung war, lag mir schon etwas an der Beendigung meiner Ausbildung. Aber die Bullen sagten zu mir, daß ihnen das egal sei.

Man brachte mich zu den Großeltern nach Hause. Als die die Grünen sahen, war natürlich ein riesiges Theater los. Nachdem die Bullen gegangen waren, warf man mich ebenfalls raus, weil man nichts mit Verbrechern und Mördern zu tun haben wollte. So hatten sie es wenigstens gesagt. Also packte ich einen Großteil meiner Klamotten, die ich noch dort hatte, und verschwand.

Ich rief einen Kumpel an, der mich in den Lehrbetrieb fuhr. Dort holte ich ebenfalls noch ein paar Sachen, gab meinen Hotelschlüssel ab, nahm mein Geld, das ich noch dort liegen hatte, und verschwand nach Villingen zurück, denn ich wollte den Bullen und meinem Chef nicht begegnen.

In Villingen ging ich zu einem Kumpel, der im Franzosenviertel lebte, und quartierte mich bei ihm ein. Dort lernte ich auch gleich noch eine Tussi kennen, mit der ich die letzten paar Tage, die ich noch in Deutschland war, rumvögelte. Auch rief ich noch einmal meine Großeltern an, die sich schon mit meinem Chef unterhalten hatten. Ich hätte meine Lehre beenden können, aber unter Bedingungen, die ich unmöglich einhalten konnte, da mir die finanziellen Mittel dazu fehlten. Also die Bedingungen waren unerfüllbar, und so brauchte ich mich auch nicht der Polizei zu stellen.

Ich beschloß, nach Frankreich zu gehen, um mich dort bei der Fremdenlegion zu bewerben. Mein Kumpel wußte einiges von dem Verein, und so bekam ich auch meine Informationen. Martin, mein Kumpel, war nicht gerade begeistert von meinem Entschluß, zur Fremdenlegion zu gehen.

Ich schrieb ihm noch ein paar Abschiedszeilen und verschwand dann bei Nacht und Nebel, denn ich hatte Angst, er würde mich von meinem Vorhaben abbringen.

Nachts um drei Uhr verschwand ich aus Villingen, denn es gab für mich keine andere Lösung mehr.

2

Es war ungefähr vier Uhr morgens, als ich die Straße nach Warenberg erreichte, denn ich wollte bei Neuenburg über die Grenze nach Frankreich. Das wollte ich per Autostop machen, da man so an der Grenze am wenigsten auffiel. Ich hätte mich am gestrigen Tag freiwillig bei der Polizei melden sollen, was ich aber nicht getan hatte. So wußte ich nicht, ob man schon nach mir fahndete. Also war ich vorsichtig. Ich stand nun außerhalb von Friedberg an der Straße und fror wie ein Schloßhund. Neben mir stand eine Reisetasche prallvoll mit Kleidungsstücken. Aber ich machte mir nicht die Mühe, mir wärmere Sachen aus der Tasche zu holen. Immer wenn ein Wagen kam, streckte ich meinen Daumen raus, wie es die Tramper immer machten.

Nach einer halben Stunde hielt ein Wagen. Der fuhr zwar nicht nach Warenberg, aber dafür in die gleiche Richtung. So stieg ich ein und döste ein wenig vor mich hin, denn in Sieglingen wollte mich der Typ aussteigen lassen.

Als wir in Sieglingen waren, fragte er mich, ob er mich am anderen Ende der Stadt rauslassen sollte, denn dann hätte ich bessere Chancen, wieder einen Wagen zu finden, der mich mitnimmt. Ich ging auf den Vorschlag ein, und der Mann fuhr durch die Stadt. Mitten in der Stadt, an einer Kreuzung, passierte es dann.

Ein Mann beachtete die Vorfahrt nicht und knallte mit der Vorderfront seines Wagens uns in die Seite auf den Kotflügel. Da wir angeschnallt waren, passierte uns nichts, aber ich hatte einen riesigen Schreck bekommen. Mir saß der Schreck noch in den Gliedern, als mir auf einmal einfiel, daß ich verschwinden sollte, denn der eine Mann hatte nach der Polente gerufen. Wenn die kamen, dann würde ich bestimmt überprüft und sie hätten mich wieder am Wickel. Das wollte ich aber nicht und wartete auf eine günstige Gelegenheit, damit ich verschwinden konnte. Die ergab sich von ganz alleine, denn es hatte sich schon eine richtige Menschenmasse angesammelt, und die beiden Fahrer stritten sich. Niemand achtete auf mich, und so machte ich schnell einen Fuchs, was niemand bemerkte, denn alles achtete auf die beiden Fahrer, die sich immer noch stritten. Ich war richtig happy, daß ich aus der Sache so gut hinausgekommen war. Als ich weit genug von der Unfallstelle entfernt war, fragte ich jemanden nach der Straße, die nach Warenberg ging. Da ich eine genaue Antwort und Beschreibung bekam, fand ich diese auf Anhieb. Der Verkehr war etwas stärker geworden, und so hatte ich gleich jemanden, der mich mitnahm. Der Typ sah mir aber nicht ganz geheuer aus, und deswegen machte ich keine Anstalten, mit ihm ein Gespräch anzufangen. Aber er schien mit mir sprechen zu wollen, denn er fragte mich Sachen, die ihn einen feuchten Dreck angingen. Drei bis vier Orte weiter ging mir das so auf den Wecker, daß ich ihn bat, anzuhalten und mich aussteigen zu lassen. Das machte er, und als ich wieder auf der Straße stand, war es mir wohler in meiner Haut.

Nun stand ich in einem kleinen Dorf, zwei volle Stunden, und kein Schwein hielt an. Dann näherte sich auf einmal ein Wagen, der aussah, als wenn er gleich den Geist aufgeben würde. Trotzdem streckte ich meinen Daumen raus. Und siehe da, ein Wunder geschah. Der fahrende Mülleimer hielt tatsächlich an. Am Steuer saß ein Typ, der scheinbar noch nie etwas von Seife, einem Kamm und einem Friseur gehört hatte. So etwas Verkommenes hatte ich noch nie gesehen. Aber er hatte ein Auto, und deswegen war er mir auch gleich sympathisch. Ich fragte ihn, ob er nach Warenberg fahre. Zwar wollte er da hinfahren, aber er mußte vorher noch etwas erledigen. Damit war ich einverstanden und warf gleich meine Reisetasche auf den Rücksitz. Dann fuhren wir zwei Orte weiter und machten an einem Bauernhof halt, was mich sehr verwunderte. Dort stiegen wir aus, und der Typ erklärte mir, daß er dort ein paar Tiere füttern müßte. Die

Besitzer waren in Urlaub, und so machte er Vertretung für sie. Er hatte dort auch ein Zimmer, und so gingen wir erst einmal in seine Bude. Dort kochte er einen anständigen Tee, und wir fingen an uns zu unterhalten. Der Typ hörte auf den Spitznamen Jesus, und da er es mir anbot, nannte ich ihn auch so. An und für sich war er ganz in Ordnung, nur seine Lebenseinstellung fand ich behämmert. Er wollte die Welt so haben, wie sie bei ihrer Schöpfung gewesen sein soll. Weder eine Fabrik noch ein Elektrizitätswerk sollte darauf stehen. Aber seinen Tee kochte er auf dem Elektroherd wie jeder andere auch. Aber jedem das seine, wie es so schön heißt, und so sagte ich nicht viel zu diesem Thema. Als wir den Tee getrunken hatten, fing der Alternativboy an, die Tiere im Stall zu füttern. Da ich auf so Sachen, wie Schweine und Hühner füttern, nicht stehe, ließ ich ihn die Arbeit alleine machen. Als er mit dem ganzen Mist fertig war, war es schon nach elf, und ich dachte, daß ich nie mehr nach Warenberg kommen würde. Er wollte auch noch eine Bekannte auf den Weg dorthin abholen, und ich konnte mir vorstellen, daß ich die fünfzig Kilometer, die es noch bis Warenberg waren, schneller gelaufen wäre, als wenn ich mit dem Typen mitfahren würde. Um halb zwölf fuhren wir endlich weiter, und da wir noch ein wenig Zeit hatten, denn die Bekannte wollte er von der Schule abholen, und die hatte erst um zwölf Uhr aus, machten wir an einer Würstchenbude halt. Dort hauten wir uns jeder eine Currywurst und eine Portion Pommes in den Rachen und fuhren weiter. Erst gegen zwölf standen wir an der Schule und warteten auf diese komische Bekannte, die gleich Schulschluß haben mußte. Er schaute die ganze Zeit auf den Eingang der Schule, als er plötzlich schrie »Da ist sie!« und mit dem Finger auf ein Mädchen zeigte, das gerade aus dem Portal kam.

Ich hatte schon viele Frauen gesehen, aber so etwas noch nie. Mir blieb die Spucke im Hals stecken, und die Pommes kamen mir fast wieder hoch. Das Girl war häßlich und angezogen, als wenn sie ihre Garderobe vom Müllplatz bezog. Ich mußte zweimal hinschauen, um auch zu glauben, was ich dort sah. Sie trug große schwarze Gummistiefel, eine Cordhose, die ihr zu weit war und überall so geflickt, daß man meinen konnte, es wäre ein umgebauter Putzlumpen, und einen großen Pullover, der auch nicht gerade in der Mode war, denn so etwas trug man achtzehnhundert Dickmilch und nicht im zwanzigsten Jahrhundert. Ihre roten Haare standen zerzaust vom Kopf weg, und ich wußte nicht, was ich zu dieser Naturkatastrophe sagen sollte.

Ungewaschen und ungekämmt stieg sie in das Auto und begrüßte mich mit einem lässigen »Hallo«.

Kaum saß sie richtig im Auto, als auch schon mein feiner Geruchssinn in Anspruch genommen wurde, denn das Weib verströmte einen Geruch, der nicht gerade die feinste Marke war. Er war weder alternativ noch erträglich, sondern schon pervers. Ich fragte mich, wie dies die Mitschüler aushielten oder sogar der Lehrer. So etwas sollte nicht auf der Schule zugelassen werden, bevor sie sich nicht ein klein wenig gebessert hatte. Ich sagte aber nichts, sondern öffnete ein wenig das Fenster und steckte mir eine Zigarette an, damit ein bißchen andere Luft in das Auto kam.

Dann fuhren wir endlich nach Warenberg, und am Anfang der Fahrt fragte mich das komische Monster bald Löcher in den Bauch. Aber als wir eine Weile unterwegs waren, ließ sie mich in Ruhe und laberte mit Jesus über die Zerstörung der Umwelt. Ich dachte mir dabei nur, daß allein ihr Anblick schon eine Zerstörung der Umwelt war, denn sie war auch nicht gerade naturell. Da ich die Nacht über nicht geschlafen hatte, nickte ich ein und schlief ein wenig.

Ich wurde erst wieder wach, als mich das Monster weckte, da wir schon in Warenberg waren. Jesus wollte wissen, wo er mich rauslassen sollte. Ich sagte ihnen, daß ich nach Neuenburg wollte, um dort über die Grenze zu gehen. Die beiden ließen mich dann dort aussteigen, wo ich am besten wieder einen Wagen bekam. Kaum stand ich richtig auf der Straße, als mich plötzlich ein Mädchen von hinten ansprach. Sie wollte wissen, wo ich hin wollte. Ich sagte es ihr. Sie freute sich auf einmal wie ein Schneekönig, denn sie wollte ebenfalls nach Frankreich. Dann machte sie mir den Vorschlag, mit ihr zusammen zu fahren, und ich willigte ein, denn ich war froh, einen Begleiter zu haben. Aber es war nicht mehr weit bis zur Grenze, und dort wollte ich mich wieder trennen von ihr, denn ich hatte bestimmt etwas anderes vor als sie. So trampten wir zu zweit weiter, und es klappte sogar ausgesprochen gut. Einmal hatte ich aber eine Heidenangst gehabt, als mich ein Bulle nach meinem Ausweis fragte. Ich drückte ihm den Ausweis in die Hand, als wenn es für mich das normalste auf der Welt wäre. Aber so normal war es für mich nicht, denn in mir war ein ganz komisches Gefühl, und bei der kleinsten Panne wäre ich sofort weggelaufen. Der Bulle schaute den Ausweis genau an und gab ihn mir wieder zurück. Zu allerletzt wünschte mir das Arschloch auch noch eine gute Reise.

Das Schlimmste hatte ich noch vor mir, nämlich die Grenzkontrolle. Ich überlegte schon, ob ich nicht illegal über die Grenze gehen sollte. Aber diesen Gedanken verwarf ich dann und nahm mir vor, nur dann über die grüne Grenze zu gehen, wenn zu viele Grenzbullen da wären.

So kamen das Mädchen und ich der Grenze immer näher, und diesmal bat ich sie, bei mir zu bleiben, bis wir sie passiert hätten. Damit war sie einverstanden, und ich war froh, nicht alleine zu sein. Wir liefen ganz langsam über die Rheinbrücke und blieben vor dem Bundesgrenzschutzbeamten stehen. Der fragte uns gleich nach unseren Ausweisen und wurde gerade in diesem Moment, als wir sie ihm geben wollten, von seinem Kollegen gerufen. Auf einmal sagte er zu uns:

»Steckt sie wieder ein und geht weiter. Ich habe jetzt etwas anderes zu tun, als harmlose Teenager zu kontrollieren.« Mir fiel ein riesiger Stein vom Herzen, als ich das hörte. Sofort packte ich meine Tasche und ging zum Zoll, bevor er es sich nochmals überlegen würde. Der deutsche Zoll filzte uns, als wenn wir Hascher oder so etwas wären, aber dafür konnten wir bei den Franzosen einfach durchmarschieren, denn die wollten nichts von uns. Dann standen wir in Frankreich, und ich war richtig happy, daß ich die Grenze so gut überstanden hatte, denn es hätte mich auch meinen Kopf kosten können.

Hinter der Grenze wechselte ich mein Geld und setzte meinen Weg fort. Von dem Mädchen trennte ich mich, da sie in eine ganz andere Richtung wollte.

Ich trampte weiter bis nach Mulhouse, denn dort war die erste Meldestelle der Legion, von der ich die Adresse besaß. Da ich sehr schnell dort war, setzte ich mich erst einmal in eine Kneipe und bestellte mir ein Bier. Hunger hatte ich keinen, denn ich war zu aufgeregt, wenn ich nur an die Legion dachte.

In der Kneipe unterhielt ich mich mit ein paar Leuten und fragte einen, wie ich in das Meldequartier der Fremdenlegion kommen würde, da ich den Weg nicht wußte. Einer der Männer bot mir an, mich hinzufahren, wenn er seine Karaffe Wein ausgetrunken hätte. Ich nahm das Angebot natürlich dankend an, da ich keine Lust hatte, noch eine halbe Stunde rumzurennen, bis ich die Adresse gefunden hätte. Nach dieser einen Karaffe fuhr der Mann aber immer noch nicht, denn er bestellte sich noch insgesamt vier weitere. Als er endlich fertig war und aufstand, schwankte er ganz beträchtlich, und ich fragte mich, ob ich zu ihm überhaupt in den Wagen steigen sollte. Im Auto schien der Mann aber wieder nüchtern zu sein, denn er lenkte den Wagen so gut, wie man es nur konnte. Unterwegs kaufte ich mir noch ein paar Schachteln Zigaretten und einen Flachmann, damit mich der Mut eventuell nicht doch noch verließ, wenn ich vor der Meldestelle stand.

Dann fuhren wir noch ein paar Straßen entlang, als der Mann auf einmal stehenblieb, vor einem großen geöffneten Tor. Über dem Tor, in einem großen roten Halbbogen, stand in dicken Buchstaben: LÉGION ETRANGÈRE.

Junge, Junge! Die Sache sah richtig gespenstisch aus. Ich gab meinem Fahrer noch die Hand und verabschiedete mich höflich von ihm.

Dann knallte ich die Autotüre zu, und er brauste davon. Nun stand ich vor diesem Tor, wohinter meine neue Zukunft lag. Ich schnappte meine Reisetasche und schritt durch das Tor, das im Halbdunkel der brennenden Laternen so komisch aussah. Es war genau fünf Minuten nach acht, als ich durch die Pforte schritt. Ich schaute auf die Uhr.

3

Langsam schritt ich den halbdunklen Weg entlang, der genau auf die einzige beleuchtete Türe zuführte, die zu sehen war. Am Ende des Weges stand ich vor einer großen, mit Eisen beschlagenen, braunen Türe. Über mir brannte eine diffuse Glühbirne in ihrer Fassung. Auf der linken Seite der Türe war eine Klingel, ohne irgendeinen Hinweis, für was sie sein sollte. Ich hatte ein ganz komisches Gefühl in mir, und so nahm ich den Flachmann heraus und trank ihn in einem Zuge leer. Jetzt hatte ich Mut genug, auf diese komische Klingel zu drücken. Ein schrilles Geräusch durchzuckte die Stille, die vorher noch herrschte. Es wurde aber nicht geöffnet, und so drückte ich noch einmal mutig auf die Klingel. Dann wartete ich wieder eine Weile, aber es wurde weiterhin nicht aufgemacht. So mutig wie ich nur sein konnte, drückte ich wieder auf die Klingel und veranstaltete ein halbes Konzert. Trotzdem öffnete weiterhin niemand, und ich dachte mir, daß die Meldestelle eventuell geschlossen wäre. Aus einer Laune heraus nahm ich die Türklinke in die Hand und drückte sie hinunter. Merkwürdigerweise ging die Türe auf, und ein heller Lichtstrahl blendete mich. Ich trat in das gleißende Licht hinein und stellte meine Tasche in der Nähe der Tür ab. Es war herrlich warm in dem Gebäude, und ich schloß schnell wieder die Türe. Dann fing ich an mich im Gebäude umzuschauen. So etwas wie dieses Haus hatte ich noch nie gesehen. Überall waren Vitrinen, die bunt ausgeschmückt waren mit Orden, Bildern, Waffen und seidigen Tüchern. Das Haus war mehrstöckig, und so fing ich eine kleine Wanderung an, um mir die Glaskästen und die Bilder anzuschauen. In den Ecken standen Stahlhelme, die verkehrtherum auf Stangen geschweißt waren und als Aschenbecher dienten. Das Haus war blitzsauber, als wenn den ganzen Tag jemand gewienert hätte. Der ganze

Laden beeindruckte mich sehr, und ich kam aus dem Staunen nicht mehr heraus. Die Bilder zeigten Soldaten mit einem Haufen von Orden an der Brust. Diese mußten so etwas wie Helden gewesen sein, denn sonst hätte man sie nicht aufgehängt.

Ich war gerade in Gedanken, als mich eine Stimme von hinten anherrschte:

»Was willst du denn hier?«

Ich drehte mich blitzschnell um und nahm sofort Kampfhaltung an, da ich mich erschreckt hatte. Vor mir stand ein Soldat in Uniform, der nicht gerade menschenfreundlich aussah.

»Ich will mich bei der Legion melden«, gab ich kurz und bündig zurück, als ich mich wieder erholt hatte.

»Wie lange bist du schon hier?«

»Ungefähr fünfzehn Minuten.«

»Dann komm mit in den letzten Stock, da werden wir uns erst einmal unterhalten.«

»Ich muß erst noch runter meine Tasche holen, die ich neben der Türe abgestellt habe.«

»Okay, aber beeile dich, denn ich will nicht die ganze Nacht im Treppenhaus stehen.«

»Ich bin gleich wieder da!«

So schnell ich konnte, raste ich die Treppe hinunter, schnappte meine Tasche und sprintete im selben Tempo wieder empor. Der Soldat machte ein Gesicht, als wenn ich ein halbes Jahr gebraucht hätte, um meine Tasche zu holen.

»Na endlich. Ich dachte, du kommst gar nicht mehr.«

Ich glaubte, nicht richtig gehört zu haben. Der Penner stand dort und hatte nicht einmal eine Minute gewartet, und das war ihm schon zu lange. Ich hatte eine giftige Bemerkung auf der Zunge, aber diese schluckte ich lieber hinunter, als ich in das Gesicht des Soldaten sah. Er ging dann vor mir her in den letzten Stock und öffnete dort eine Türe.

Wir standen auf einmal in einem Vorraum, in dem Uniformjacken und anderer Krempel herumhing. Ich machte Anstalten, meine Jacke auszuziehen, als mich der Soldat wieder anquatschte:

»Moment, laß das sein! Du behältst die Jacke an, bis ich dir sage, du kannst sie ausziehen.«

Ich dachte mein Hamster bohnert, als ich dies hörte. So etwas hatte noch niemand zu mir gesagt, und deswegen antwortete ich ihm:

»Ich ziehe meine Jacke aus, wann es mir paßt!«

»Jetzt hör mal zu, du Scheißer! Du bist hier nicht auf dem Jahrmarkt, sondern stehst vor einem Legionär. Und wenn ich sage, du läßt die Jacke an, dann läßt du sie auch an, sonst klopfe ich dir gleich eine in deine Visage! Hast du mich verstanden?«

»Ja, deutlich genug!«

Mir ging ganz schön die Düse, denn der Kerl hatte eine brutale Visage, daß ich seine Argumente für besser hielt. Also hielt ich meine Schnauze.

»Komm mit, aber ein bißchen dalli!«

Da er mich so höflich aufgefordert hatte, wollte ich mich gleich in Bewegung setzen, aber da kam schon der nächste freundliche Befehl:

»Deine Tasche nimm auch mit, denn hier draußen ist keine Müllhalde.«

Junge, Junge, dachte ich mir nur, der ist aber freundlich, und schnappte meine Tasche. Wir gingen in die hinteren Räume. Erst mußten wir durch die Küche, und dann standen wir in einem Wohnraum.

»Stell deine Tasche dort auf den Stuhl, und komm her zu mir!«

Wie befohlen, stellte ich meine Tasche ab und bewegte mich ganz langsam auf den Schreihals zu. Ich hätte zu gerne gewußt, was er mit mir vorhatte. Als ich vor ihm stand, fragte er mich:

»Willst du wirklich zur Legion gehen?«

»Na klar, sonst wäre ich nicht hier. Oder?«

»Ich habe dich nicht nach einer dummen Antwort gefragt, sondern, ob du zur Legion willst.«

Die Frage klang richtig drohend, und ich dachte mir, daß ich besser mein Mundwerk ein wenig zügeln sollte.

»Ja, ich will zur Legion.«

»Na also, das war wenigstens eine anständige Antwort.«

Der Kerl ging mir langsam aber sicher auf die Nerven, und ich überlegte mir, ob ich der Legion überhaupt beitreten soll. Aber ich wurde von Martin aufgeklärt, daß die Legion kein Zuckerlecken ist.

»Gib mir deine Papiere, wenn du welche dabeihast!« forderte mich der Soldat auf. Ich griff in meine Tasche und holte meinen Personalausweis heraus, den ich ihm gab.

Er nahm den Ausweis ohne ein Wort zu sagen und fing an, ihn zu studieren. Leise las er meine Personalien vor sich hin. Hampelmann, dachte ich mir im geheimen, als mich der Typ auch schon wieder anquatschte:

»Hast du einen Puster dabei?«

»Was soll ich dabeihaben?« fragte ich, da ich nicht wußte, was er mit einem Puster meinte.

»Eine Kanone oder so etwas? Stell dich nicht so dämlich an.«

»Nein, so etwas habe ich nicht bei mir.«

»Ganz bestimmt nicht?«

»Nein!«

»Wenn ich eine finde und du hast mich angelogen, dann kannst du dich auf was gefaßt machen!«

»Wenn ich sage, ich habe so ein Ding nicht dabei, dann habe ich auch keines!«

»Dann fang an, deine Tasche auszupacken!«

»Wieso denn das?«

»Aha! Hast also doch einen dabei! Also gib ihn freiwillig raus, oder ich hole ihn mir!«

»Wie oft soll ich denn noch sagen, daß ich keine Kanone bei mir habe?«

»Also, gib mir die Tasche her! Ich packe sie selber aus.«

Der Typ hatte für mich ein Brett vor dem Kopf.

»Das ist mir zu gefährlich, dich das Ding auspacken zu lassen. Zum Schluß habe ich noch ein Loch im Kopf, und das ist nicht gerade das angenehmste.«

Ich reichte ihm die Tasche, und als ich vor ihm stand, machte er erst bei mir eine Körpervisite. Dann öffnete er die Tasche und fing an, meine Kleider auf den Tisch zu legen. Dabei schaute er jedes Stück genau an und filzte es durch. Der glaubte anscheinend, daß ich wirklich so ein Ding in der Tasche hätte, sonst hätte er sich nämlich nicht soviel Mühe gemacht. Oder er war scharf auf die Waffen anderer Leute. Als er fertig war, schaute er mich ganz enttäuscht an und sagte:

»Okay! Du bist sauber.«

»Habe ich doch gesagt!«

»Ich bin schon zu lange dabei, um alles zu glauben, was man mir sagt, denn ich habe schon einige Sachen erlebt. Das kann ich dir sagen!«

»Das ist aber immer noch kein Grund, jedem zu mißtrauen.«

»Wenn man nicht jedem mißtraut, dann hat man nicht lange zu leben. Du hast nur ein Leben, und wenn dir einer die Kerze ausbläst, dann ist es vorbei.«

»Naja, so kann man es auch sehen!«

»Hast du dich schon einmal bei der Legion gemeldet?«

»Nein.«

»Okay, dann setz dich dort hin, denn ich muß schnell telefonieren, und wenn ich fertig bin, dann machen wir uns etwas zu essen. Hast du schon etwas gegessen?«

»Nein, ich hab noch nichts gefuttert.«

»Also wart, ich komm gleich wieder.«

Er nahm meine Papiere vom Tisch und verschwand aus dem Zimmer. Ich holte mir eine Zigarette aus der Tasche und steckte sie mir an. Mir war ganz flau in der Magengegend. Nach einem tiefen Lungenzug fing ich gleich an, mich besser zu fühlen. So ganz geheuer war mir der Soldat und das ganze Drum und Dran nicht. Irgendwie hatte ich Angst vor der Zukunft.

Man kann dieses Gefühl gar nicht richtig beschreiben, da man sich dessen nicht so richtig bewußt ist, aber dennoch ist es da. Wenn ich doch nur gewußt hätte, was ich zu erwarten hatte, denn die Ungewißheit macht einem auch ein bißchen fertig. Mit ausgestreckten Füßen und brennender Zigarette saß ich da, als der Soldat wieder zurückkam.

»Also Maxe, du bist sauber.«

»Was soll das heißen?«

»Daß du dich noch nie beworben hast. Deshalb habe ich in Straßbourg angerufen und nachgefragt.«

»Was wäre gewesen, wenn ich mich schon mal beworben hätte?«

»Dann hätte ich dich sofort rausgeschmissen.«

»Warum denn das?«

»Ist ganz einfach. Wenn du dich schon einmal gemeldet hättest, wärst du bei uns eingetragen. Solltest du vor dem Abschluß des Vertrages den Schwanz eingekniffen haben und wärst abgehauen, dann wirst du nie wieder bei der Legion aufgenommen. Du könntest auch ein Deserteur sein, dann müßte ich dich sofort verhaften. Das ist alles nur wegen der Sicherheit.«

Ich hatte zwar nur Bahnhof mit Bratkartoffeln verstanden, aber das war egal.

»Hast du Dreck am Stecken, daß du zur Legion willst?«

»Nur ein bißchen. Kaum der Rede wert.«

»Oder hast du einen umgelegt?«

»Nein, das habe ich jedenfalls nicht.«

»Dann ist alles in Ordnung. Wenn du einen niedergemacht hättest, dann müßte ich dich auch rausschmeißen. Aber alles andere ist unwichtig.«

»Also, da kannste ganz beruhigt sein, denn umgelegt habe ich niemanden.«

»Dann ist alles im Butter und wir können uns etwas zu essen machen.«

Der Soldat fing in der Küche an zu kochen. So wie er gesagt hatte, machte er Gulasch aus der Dose und Nudeln dazu. Ab und zu hörte ich ihn fluchen, aber ich bot ihm nicht meine Hilfe an. Meiner Meinung nach hatte er eine große Schnauze, und so sollte er auch seinen Scheißdreck selber machen. Es roch sehr gut aus der Küche, und ich freute mich auf ein anständiges Essen, auch wenn es nur aus der Büchse war. Ich deckte den Tisch, so wie es mir der Soldat befohlen hatte. Komischerweise mußte ich für drei Personen decken, obwohl wir nur zwei waren. Ihn danach fragen wollte ich nicht, da er sonst vielleicht gedacht hätte, ich sei neugierig, was ich auch war. Aber ich würde noch früh genug erfahren, wer die dritte Person war, dachte ich mir.

Das Essen brodelte gemütlich vor sich hin, wie man hören konnte, und der Soldat setzte sich zu mir an den Tisch. Er hatte zwei Biere in der Hand, wovon er mir eines anbot.

Dann sagte er mir, daß ich ihn »Caporal« nennen sollte, und daß die dritte Person eine Frau sei, die noch mit uns essen würde. Ich konnte nicht so recht glauben, daß eine Frau mit uns essen würde, denn ich fragte mich, was eine Frau in diesem Laden wollte. Er erklärte mir, daß diese Frau seine Freundin sei, und daß er später noch seine Gattin anrufen müßte, da er über Nacht nicht nach Hause ginge. Es wunderte mich, daß er mir soviel von sich erzählte, obwohl ich ihn nicht danach fragte.

Er schien ein komisches Durcheinander mit seinen Weibern zu haben, denn einmal sagte er, daß er seine Frau liebte und die Freundin nur hätte, um ein wenig Abwechslung im Bett zu haben. Und dann sagte er wieder, daß er seine Freundin liebe und seine Frau nur hatte, damit er wieder einmal etwas Abwechslung im Bett hatte. Ich selber blickte da nicht mehr durch.

Eine halbe Stunde später klingelte es, und der »Caporal« ging die Türe öffnen. Kurz darauf kam er mit einer aufgedonnerten Biene in das Zimmer und stellte mir seine Freundin vor. Das Weib war mir sofort unsympathisch, denn als ich ihr die Hand hinstreckte, um sie zu begrüßen, drehte sie sich um und schaute dumm in die Luft. So etwas Eingebildetes kann ich sowieso nicht ausstehen, und so sprach ich mit ihr auch kein einziges Wort. Dann servierte der »Caporal« das Essen sowie eine Flasche Rotwein, die er irgendwo hergezaubert haben mußte, denn es war nicht gerade ein billiger Wein. Während dem Essen wurde fast kein Wort gewechselt, außer, daß der »Caporal« ab und zu seine Bettschwester fragte, ob es ihr schmecke.

Diese aufgedonnerte Ziege, dachte ich dann immer, denn sie tat, als wenn sie die Königin von weiß Gott was wäre. Dabei war sie nur die Wärmflasche für den »Caporal«.

Als wir fertig waren, stand sie auf und ging in die Küche. Der

»Caporal« folgte ihr, und ich hörte die beiden sprechen. Aber ich verstand kein Wort, da sie sich ziemlich leise unterhielten. Später kam der »Caporal« wieder zurück, aber diesmal ohne diese dämliche Ziege. Er sagte mir gleich, daß sie nach Hause gegangen sei. Während ich den Tisch abräumte, telefonierte er mit seiner Frau, der er eine Story reindrückte, als wenn er für die Lügerei Geld bekommen würde.

Als er fertig war mit telefonieren und ich mit dem Tischabräumen, setzten wir uns vor den Fernseher, der auch im Zimmer stand. Dort unterhielt ich mich mit dem »Caporal«, und wir soffen ein Bier nach dem anderen. Ich verstand mich auf einmal ganz gut mit ihm, denn er war an und für sich kein so übler Kerl, wie ich anfangs gedacht hatte. Gegen zwei Uhr nachts war ich ziemlich angeheitert und der »Caporal« schon besoffen, denn er war schon den ganzen Tag wie ein Loch am Saufen. Er schien langsam seinen Moralischen zu kriegen und fing an, mir über seine Probleme zu berichten. Er hatte alle möglichen Probleme, nur keine, die wirklich ernst waren, die er selber aber sehr schlimm nahm und bald ein Drama daraus machte.

Erst spielte er mir den knallharten Kerl vor, und dann saß er da und heulte mir die Ohren voll, weil er zuviel getrunken hatte. Ich hörte mir sein Gelaber an und goß mir ein Bier nach dem anderen in die Kehle. Gegen vier Uhr morgens hatte ich einen Rausch im Gesicht, und mir war alles scheißegal. Wir gingen dann zu Bett, damit wir wenigstens noch ein bis zwei Stunden Schlaf bekamen, da wir spätestens um sieben Uhr wieder auf den Beinen sein mußten. In einem Nebenraum waren ein paar Betten aufgestellt, in denen die, die sich neu gemeldet hatten, schlafen konnten. Der »Caporal« schlief in einem anderen Zimmer, und so war ich alleine. Ich warf mich in das erste Bett, das dort stand und schlief sofort ein, denn meine Lider waren schwer wie Blei. Ich sollte am nächsten Morgen nach Straßbourg gebracht werden, da dort eine Art Hauptquartier sein mußte.

Gegen sechs Uhr morgens weckte mich der »Caporal« schon. Ich fühlte mich wie gerädert und hatte einen Kater, der schon ziemlich ausgewachsen war, denn ich brachte meinen Arsch kaum aus dem Bett. Der »Caporal« war sehr freundlich, was mich sehr wunderte, denn er war doch auch besoffen. Wie man nach solch einem Rausch, wie er ihn hatte, schon so früh auf den Beinen sein konnte, ging mir einfach nicht in den Schädel. Ich war noch so gut wie besoffen, als ich aufstand. Meine Knie waren wackelig, und hundeübel war es mir ebenfalls.

Ich ging an das Waschbecken und wusch mich schnell, denn der »Caporal« rief, daß ich zum Kaffeetrinken kommen solle.

Als ich in das Zimmer kam, in dem wir am Abend so gesoffen hatten, stand schon eine Kanne dampfender Kaffee auf dem Tisch. Daneben stand ein Glas, in dem ein undefinierbares Getränk war. Der »Caporal« saß am Tisch und winkte mir fröhlich zu. Er mußte ein richtiger Quartalssäufer sein, dachte ich mir. Ich setzte mich an den Tisch und schenkte mir eine Tasse Kaffee ein. Bevor ich aber den Kaffee ansetzen konnte, schob mir der »Caporal« das Glas mit dem komischen Inhalt hin und sagte:

»Da, trink das! Es wird dir helfen, wieder auf die Beine zu kommen. Nach einer halben Stunde meinst du, daß du Bäume ausreißen kannst.«

Ich sagte darauf nichts, sondern nahm das Glas, setzte es an und trank es in einem Zug leer. Als ich das Glas absetzte, meinte ich, daß mir jeden Moment die Eingeweide hochkommen müßten, so ekelhaft schmeckte das Zeug. In meinem Bauch rumorte es auf einmal, als wenn dort drinnen eine Silvesterparty mit Feuerwerk stattfände.

Aber nachdem ich den Kaffee getrunken hatte, ging es mir besser, denn die Übelkeit war verschwunden, und die Kopfschmerzen ließen auch nach. Der »Caporal« erklärte mir, was sich nach dem Frühstück abspielen würde.

Ich sollte von einem Chef aus Straßbourg geholt und in die Hauptmeldestelle gebracht werden. Dort würde ich untersucht und aufgeklärt werden, was in Zukunft sein wird.

Ungefähr nach einer halben Stunde tauchte auch schon dieser Chef auf, so wie es der »Caporal« gesagt hatte. Der musterte mich von oben bis unten, als wenn ich ein Weltwunder wäre.

Danach verlangte er meine Papiere, die er sich aufmerksam durchlas. Darauf ging er mit mir in ein Büro, in dem er meine Personalien aufnahm und ein paar Fragebögen ausfüllte. Ich mußte meine Tasche auspacken, und er trug sämtliche Kleidungsstücke in eine Liste ein, die ich unterschreiben mußte. Dann fragte er mich noch ein paar Sachen und interessierte sich besonders für meine körperliche Gesundheit. Zuallerletzt mußte ich noch ein paar Formulare unterschreiben, die ich nicht durchlas. Der Chef schien mit mir zufrieden zu sein, denn er sagte:

»Dann ist alles in bester Ordnung.«

Gegen Mittag verabschiedeten wir uns und fuhren nach Straßbourg in dieses Hauptquartier.

4

Der alte Renault, in dem wir saßen, klapperte mit hundert Sachen über die schäbige Autobahn und drohte jeden Moment auseinanderzubrechen.

Ich saß auf dem Rücksitz und rauchte gemütlich eine Zigarette nach der anderen. Da es mir langweilig war, versuchte ich, mit dem Fahrer ein Gespräch anzufangen. Der hatte aber anscheinend keine Lust, mit mir zu reden, denn er sagte kein einziges Wort. Obwohl ich ihn mehrmals ansprach, glotzte er nur auf die Straße und saugte an seiner Zigarette, die nicht brannte, aber dennoch die ganze Zeit in seinem Mundwinkel hing. Als mir die Sache zu dumm wurde, hielt ich eben auch meinen Rand und schaute auf die Landschaft, die draußen vorüberzog.

Gegen drei Uhr fuhren wir durch das große Tor des Hauptquartiers und blieben vor einem riesigen Gebäude stehen. Ich mußte aussteigen und dem Fahrer in das Haus folgen. Dort wurde ich mit einem feuchten Händedruck empfangen und in einen Warteraum geschoben. Aber ich war der einzige, der in dem Raum war. Es standen eine ganze Menge Stühle herum, auf einem Tisch lagen ein paar Broschüren, und an der Wand hing ein großes Brett, an dem ein paar Zettel mit Reißzwecken festgemacht waren. Sofort stürzte ich mich neugierig auf die Aushänge und fing an sie zu lesen. Sehr informationsreich waren diese Freßzettel nicht, und so nahm ich eine der Broschüren zur Hand. Darin stand alles mögliche, besonders die siegreichen Schlachten, die die Fremdenlegion geschlagen hatte. Leider stand darin nichts über das, was ich in Zukunft zu erwarten hatte. Trotzdem las ich den Mist sehr aufmerksam durch, damit die Warterei schneller verging.

Nach einer Weile wurde ich von einem Soldaten geholt, der mich in ein Büro brachte, in dem ein Mann am Schreibtisch saß und einige Formulare studierte. Ich mußte mich auf einen Stuhl setzen, der vor dem Schreibtisch stand. Neugierig saß ich vor dem Mann und wartete, was nun kommen würde. Es wurde aber nichts gemacht, denn die Type hinter dem Schreibtisch schaute weder zu mir noch gab er zu verstehen, daß er mein Erscheinen wahrgenommen hatte. So saß ich mindestens vier bis fünf Minuten da, bis es mir zu dumm wurde. Ich fing an mich zu räuspern, um den Typ auf mich aufmerksam zu machen. Er bekam es mit und sagte ganz frech:

»Ich habe dich schon bemerkt, aber das ist noch lange kein Grund, einen Aufstand zu machen. Also halt die Schnauze und bleib sitzen.«

Als er das gesagt hatte, schaute er mich weder an noch machte er sonst eine Bewegung. Er saß da und las, als wenn ich nicht vorhanden wäre. In mir fing es an zu kochen, was meiner Meinung nach auch verständlich war. Aber dennoch hielt ich meinen Rand und blieb ruhig auf dem Stuhl sitzen, denn ich wußte, daß mit einem Legionär nicht gut Kirschenessen ist.

Da er sich anscheinend wie zu Hause fühlte, ließ er auch noch einen Furz in der Luft hängen, der nicht gerade angenehm roch. So saß ich noch ein paar Minuten da, als er mich auf einmal fragte:

»Du willst also bei uns eintreten?«

»Ja, deswegen bin ich ja hier.«

»Aha.«

»Was passiert jetzt eigentlich mit mir?«

»Ich habe vorhin gesagt, daß du die Schnauze halten sollst. Außerdem hast du hier keine Fragen zu stellen und nur zu antworten, wenn ich dich etwas frage. Ich hoffe, wir haben uns jetzt verstanden?«

Ich hatte sehr gut verstanden und war wieder still. Langsam aber sicher ging mir der Laden auf den Keks. Das zerrt einem an den Nerven, wenn man nur dasitzt und von nichts eine Ahnung hat. Dann kriegt man auch noch gesagt, daß man den Mund halten und sitzenbleiben soll. Ich hatte echt große Lust aufzustehen und dieser ungehobelten Wildsau, die vor mir saß, eine auf den Schädel zu hauen. Ich saß da und saß und saß.

Genau um fünf Uhr rief der Depp nach einem anderen Soldaten und sagte zu diesem:

»Bring ihn hoch und zeig ihm, wo er schlafen kann. Morgen früh um neun bringt ihr ihn mir wieder her.«

Ich dachte, mich laust ein Affe. Da sitzt man eine halbe Ewigkeit vor diesem Schnulli, damit man hinterher genausoviel weiß wie vorher und noch nervöser wird, als man schon war. Ich beherrschte mich aber so gut ich konnte und machte so, als wenn es das normalste wäre, was es überhaupt gab. Der Soldat, der mich übernahm, führte mich in die vierte Etage und zeigte mir, wo ich die Nacht über pennen konnte. Es standen acht Stockbetten in dem Raum, und ich war der einzige, der da war. Wenn wenigstens nur ein einziger dagewesen wäre, der über den Laden Bescheid gewußt hätte und mir darüber etwas hätte erzählen können. Wenn ich wenigstens gewußt hätte, was sie mit mir vorhatten, dann wäre es mir bestimmt besser gegangen.

Auch wenn ich wußte, daß sie mir am morgigen Tag nicht den Kopf abreißen würden, hatte ich Angst vor diesem Tag.

Mir wurde etwas zu essen gebracht, aber ich ließ es stehen, da ich keinen Hunger hatte. Statt zu essen, legte ich mich ins Bett und versuchte zu schlafen. Obwohl ich hundemüde war, konnte ich nicht schlafen, und so setzte ich mich auf die Bettkante und rauchte ein paar Zigaretten. Dann legte ich mich wieder in die Falle, und diesmal konnte ich einschlafen. In dieser Nacht hatte ich gewaltige Alpträume und wachte am laufenden Band auf.

Um sechs Uhr morgens wurde ich an der Schulter gerüttelt. Ich wachte sofort auf, und ein Soldat sagte zu mir:

»Aufstehen und fertigmachen zum Appell!«

Komischerweise hatte ich noch keinen Vertrag unterschrieben, und trotzdem sollte ich schon zum Appell gehen. Da ich sowieso froh war, daß die Nacht zu Ende war, stand ich auf, zog mich an und ging in die erste Etage hinunter. Unten stand schon eine ganze Horde wartender Soldaten. Einer der Typen winkte mich heran, und wir marschierten alle aus dem Haus. Auf einem kleinen Platz standen die Soldaten in Reih und Glied, und ich mußte ganz alleine abseits stehen. Dann kam einer aus der Reihe, der an der Fahnenstange eine französische Flagge befestigte. Ein zweiter Mann trat aus der Reihe hervor und stellte sich vor die anderen Soldaten und schrie ein paar Kommandos, worauf alle Haltung annahmen, außer mir. Das schien dem einen Depp nicht zu passen, der vor den Soldaten stand, und er schrie deshalb zu mir hinüber:

»Nimm gefälligst Haltung an, du Arschloch!«

Das Arschloch hatte ich überhört, da es sowieso keinen Zweck gehabt hätte, mich darüber zu ärgern. Ich nahm sofort Haltung an, so wie es die anderen machten.

Dann hißte der Mann, der an der Stange stand, ganz langsam die Fahne. Damit war auch schon der Appell beendet, und alle Soldaten marschierten wieder ins Haus zurück. Da ich keine Lust hatte, in der Kälte stehen zu bleiben, marschierte ich den anderen hinterher. Ich wurde wieder in die vierte Etage geschickt, und gleich darauf mußte ich mein Frühstück in der Kantine holen. Ich hatte einen wahnsinns Kohldampf, und so schlang ich das Zeug runter, als wenn mir jemand etwas wegnehmen wollte. Darauf wusch ich mich, machte mein Bett, setzte mich an den Tisch und ließ mir gemütlich eine Zigarette schmecken. Auf einmal stand einer dieser Soldaten vor mir und sagte:

»Mach dich fertig und geh duschen!«

Da ich gerne dusche und vor allem lange, packte ich mein Waschzeug und sauste in die erste Etage hinunter. Dort wurde mir gleich die Dusche gezeigt, die nicht gerade eine der saubersten war. In aller Windeseile zog ich mich aus und stellte mich unter die Brause. Ich hatte mich kaum eingeseift, als ein Soldat aus heiterem Himmel vor mir stand und mich anherrschte:

»Beeile dich ein bißchen, du hast die Dusche nicht gepachtet. Außerdem bist du hier nicht im Hotel, sondern bei der Legion!«

Der schöne Traum von einer ausgedehnten Dusche war also damit im Eimer. So schnell ich konnte wusch ich mir die Haare und seifte mich ab. Als ich den letzten Knopf meines Hemdes zumachte, stand dieser Trottel schon wieder da.

»So, und jetzt gehen wir ins Lager. Dort mußt du dich umziehen!«

Ich wußte nicht, was er damit meinte, und fragte deshalb:

»Wieso umziehen?«

»Halt die Schnauze und komm mit!«

Die Antwort war für mich ausreichend, und ich folgte ihm anstandslos. Wir gingen aus dem Haus in ein Lager, das ein paar Meter weiter entfernt war. Dort mußte ich mich bis auf die Unterhose ausziehen, und meine Kleider wurden gefilzt. Darauf bekam ich einen hellblauen Trainingsanzug und ein Paar Sportschuhe, die ich anziehen mußte. Meinen Schmuck, den ich anhatte, sollte ich ebenfalls ablegen. Da ich mich aber von ihm nicht trennen wollte, da er ein Geschenk von Rita war, bekam ich auch schon wieder einen Anschiß. Nachdem man meinen Schmuck genau angeschaut hatte, bekam ich ihn wieder zurück. Wenn sie mir gesagt hätten, daß ich ihn wieder zurückbekomme, dann wäre das Heckmeck überflüssig gewesen. Meine Kleider wurden in eine Liste eingetragen, eingepackt und in ein Regal gestellt. Die Liste mußte ich noch unterschreiben, und darauf gingen wir wieder zurück in das Quartier. Dort wurde ich in den Warteraum geführt, in dem ich schon einmal war. Wieder nahm ich dort die Broschüren zur Hand, um mir die Zeit zu vertreiben. Da ich aber den Mist schon kannte, legte ich sie wieder weg und lehnte mich im Stuhl zurück. Dann gingen mir die schönen Zeiten mit Rita durch den Kopf, und daß sie kurz vor der Niederkunft stand. Die Zeit verging dadurch sehr schnell, und schon war es neun Uhr. Ich wurde von einem Soldaten geholt, in das Büro geführt, in dem ich schon einmal eine Ewigkeit verbracht hatte, und mußte mich wieder auf den Stuhl setzen.

Vor mir saß wieder dieser Scheißtyp, genauso wie am gestrigen Tage und rührte sich nicht, als ich eintrat und mich vor seinen Schreibtisch hinsetzte. Ich dachte schon, daß ich denselben Mist wieder mitmachen müßte. Dem war aber nicht so, denn als ich ungefähr eine Minute da saß und wartete, sagte der Typ auf einmal zu mir:

»Aha, da sind wir ja wieder.«

Arschloch, dachte ich nur und sagte gar nichts.

»Dann wollen wir dich heute ein wenig ausfragen.«

Der elende Schleimscheißer wollte mich also ausfragen, dachte ich mir, und da fing er auch schon an.

»Wann geboren?«

»Fünfzehnten, sechsten, dreiundsechzig.«

»Wo?«

»In Villingen.«

Ich leierte die Personalien runter, genauso kurz angebunden, wie er mich fragte. Dann mußte ich ihm meinen ganzen Lebenslauf herunterleiern, den er sorgfältig mitschrieb. Danach mußte ich ihm noch ein paar Fragen beantworten und ihm versichern, daß ich die Wahrheit gesagt hatte. Dann sagte er mir meine neuen Personalien, und ich war nicht schlecht erstaunt, wie einfach dies anscheinend ging.

»Ab heute heißt du Bernhard Weimer, bist in Rastadt geboren und das am sechzehnten, fünften, dreiundsechzig. Wenn dich ab jetzt jemand nach dem Namen fragt, dann nennst du deinen Legionsnamen. Deinen alten kannst du vergessen. Der existiert nicht mehr. Hier hast du einen Zettel, auf den ich dir deine neuen Personalien aufgeschrieben habe. Bis heute abend kannst du sie auswendig! Verstanden?«

»Okay, ich hab verstanden.«

»Also, dann kannst du jetzt abdampfen.«

Ich sprang vom Stuhl auf, drehte mich um und stand schon an der Türe, als er mich noch einmal ansprach:

»Stop, wie heißt du nochmal, ich habe deinen Namen vergessen?«

Der Trottel glaubte wirklich, daß ich auf seinen behämmerten Trick reinfallen würde, und so antwortete ich ihm:

»Bernhard Weimer. Haben Sie vielleicht auch die anderen Personalien vergessen?«

Er schaute mich entgeistert an, lief rot an im Gesicht, da ich ihn unverschämt angrinste und schrie dann: »Mach, daß du rauskommst, aber dalli, bevor ich mich vergesse!«

Ich hatte ihm die Sache von gestern somit heimgezahlt und freute mich riesig. Der glaubte anscheinend, alle anderen wären dumm, außer ihm. Aber das ist nicht der Fall. Seine Spielchen kann er mit anderen spielen, aber nicht mit mir. Ich schaute nur noch, daß ich Land gewann und machte mich aus dem Staub, wieder in die vierte Etage. Als ich ins Zimmer kam, in dem ich geschlafen hatte, saß eine Type im blauen Trainingsanzug auf einem anderen Bett und stierte auf den Boden. Jetzt sind wir schon zwei, dachte ich und freute mich. Ich wollte gleich mit dem Typ ein Gespräch anfangen, aber die Sache schlug fehl, denn er war ein Pole und konnte keine andere Sprache außer Polnisch. Auf einmal ärgerte ich mich, daß ich kein einziges Wort Polnisch sprach. Egal, dachte ich mir und legte mich auf mein Bett. Die Füße ausgestreckt, die Arme hinter dem Kopf verschränkt lag ich da und träumte von Heldentum, das ich einmal erreichen würde. Ich sah mich schon, wie ich jede Schlacht gewinnen würde und als einziger Sieger vom Felde ging.

Aus diesen heldenhaften Träumen wurde ich aber wieder gerissen, als mich ein Soldat holte, um mich zum Friseur zu bringen. Da alle Legionäre nur ganz kurze Stoppeln auf dem Kopf hatten, dachte ich mir, daß sie nun meine schöne Haarpracht vom Kopfe holen würden. Ich stellte mir schon vor, wie ich mit solchen Stoppeln aussehen würde, und mir grauste es nur schon beim Gedanken. Aber es ging kein Weg daran vorbei, die

Haare mußten runter. Im ersten Stock wurde ich in einen Raum geführt, in dem ein Stuhl stand, wie ihn die Friseure haben. Darauf mußte ich mich setzen und warten. Für diese Frisur, die man mir verpassen wollte, brauchte man kein gelernter Friseur sein.

Die Türe ging auf und ein Mann in Uniform kam herein. Aus einer Schublade vor mir holte er Kamm, Schere, Pinsel und einen Scherapparat und sagte zu mir:

»Dann wollen wir dir mal einen verpletten.«

Diese Worte machten mir nicht gerade Hoffnung, und ich rutschte gleich ein wenig tiefer in den Friseurstuhl. Er legte mir ein Handtuch um den Hals und fing an, mich zu verunstalten. Im Spiegel, der vor mir hing, konnte ich die Prozedur genau beobachten. Er schnitt mir zwar die Haare kurz, aber nicht so, wie sie die anderen alle hatten. Er ließ ein bißchen mehr als nur Stoppeln auf meinem Kopf. Das beruhigte mich ein bißchen, obwohl ich mit so kurzer Mähne doch sehr beschissen aussah. Als er fertig war, fragte ich ihn:

»Warum haben Sie sie nicht so kurz geschnitten, wie sie die anderen Soldaten alle haben?«

»Ganz einfach. Du könntest bei der ärztlichen Untersuchung für untauglich erklärt werden und müßtest wieder verschwinden. Dann ist es besser für dich, wenn du noch ein paar Haare auf dem Kopf hast. Solltest du aber tauglich sein, dann kommt der Rest auch noch runter.«

»Wann ist die ärztliche Untersuchung?«

»Das ist nur eine Voruntersuchung. Die wollen wissen, ob du keine ansteckenden Krankheiten mit dir herumschleifst. Die Hauptuntersuchung findet nicht hier statt, sondern unten in Aubagne, das liegt bei Marseille.«

»Und wann ist diese Voruntersuchung?«

»Das weiß ich selber auch nicht. Die kann noch heute sein, oder erst morgen. Das weiß der liebe Gott, aber nicht ich.«

In dem Scheißladen erfuhr man auch gar nichts, dachte ich mir.

»So, und jetzt gehst du wieder in die vierte Etage, damit man weiß, daß du fertig bist mit Haareschneiden.« Ich verschwand wieder nach oben, und dort mußte ich feststellen, daß wieder zwei Neue gekommen waren. Diese sprachen sogar deutsch miteinander, und ich hatte endlich jemanden, mit dem ich reden konnte. Sofort ging ich zu ihnen hin und fing ein Gespräch an. Dabei erfuhr ich, daß beide Schutz bei der Legion suchten, weil sie eine Kleinigkeit angestellt hatten. Beide waren in meinem Alter und waren froh, daß ich ihnen sagen konnte, was sie erwartete und nicht genauso in der Luft hingen, wie ich am Anfang. Ich fand es sehr traurig, daß junge Menschen ihre Heimat und ihre Verwandten verlassen mußten, weil sie gegen das Gesetz verstoßen hatten und die Legion dem Gefängnis vorzogen. Alle sagten, daß der Knast eine seelische Zerstückelung wäre, der kein Mensch ausgeliefert werden sollte. Lieber wollten sie sich bis zum Umfallen schleifen lassen oder auch draufgehen.

Zur ärztlichen Voruntersuchung kam ich erst am nächsten Tag, gleich nachdem wir gefrühstückt hatten. Wir wurden alle in einen Wagen verfrachtet und in eine Klinik gefahren. Dort mußte man sich ausziehen und auf den Arzt warten. Als dieser kam, machte er ein paar kleine Tests und eine Routineuntersuchung, wie sie jeder Hausarzt vornahm. Dann konnte man sich wieder anziehen und in den Wagen setzen, der uns wieder zurückbrachte. Keiner von uns wurde bei dieser Voruntersuchung für untauglich erklärt. Als wir wieder in unsere Bude kamen, waren schon wieder zwei Neue da. Der Laden fing an, sich zu füllen. Es waren bald alle Nationalitäten vertreten, und ich fragte mich, wann die ersten Neger kommen würden.

Innerhalb von zwei weiteren Tagen waren sechzehn Mann da, und unsere Bude war total belegt. Alle die nun kamen, mußten in ein anderes Zimmer, das nebenan lag. Wir waren eine richtige kleine Gesellschaft und machten immer Blödsinn, wie die kleinen Kinder. Ab und zu hatte ich eine traurige Minute, denn ich dachte an Rita. In diesem Laden konnte ich mir keinen ansaufen, um sie zu vergessen.

Einmal kassierte ich mitten in der Nacht einen Anschiß. Den

verpaßte mir der Typ aus dem Büro, der mir meine neuen Personalien gegeben hatte. Er war immer noch sauer auf mich. Er machte mitten in der Nacht das Licht in unserem Zimmer an und schrie meinen alten Namen:

»Fritz Mertens!«

Da ich noch halb im Schlaf war, antwortete ich:

»Ja, hier!«

Nach diesen beiden Wörtern brach über mich eine Woge von Schimpfwörtern herein, daß man echt meinen konnte, in einem Irrenhaus zu sein. Mein alter Name existierte nicht mehr, und so hätte ich nicht antworten dürfen. Es mußte für diesen Typ eine richtige Befriedigung gewesen sein, denn als er fertig war, stand er immer noch vor meinem Bett und lächelte mich an. Ich wußte, warum er dies gemacht hatte, aber ich hielt meinen Mund. Als er mich weiterhin angrinste, nahm ich meine Zigaretten, klopfte eine aus der Packung, steckte sie mir an, machte einen tiefen Lungenzug und lächelte zurück, als wenn er mich eben gelobt hätte. Sofort verging ihm sein dämliches Grinsen, er drehte sich auf dem Absatz um, fluchte und verschwand aus dem Zimmer. Ich mußte laut lachen, da ich die Sache sehr naiv fand und wir uns bei der Legion befanden und nicht im Kindergarten. Als ich meine Zigarette aufgeraucht hatte, drehte ich mich um und schlief weiter.

Nach einer Woche waren ungefähr zwanzig Mann im Hauptquartier, die sich bei der Legion gemeldet hatten. Alle hatten wir große Erwartungen und waren gespannt, was als nächstes kommen würde. Wir wußten zwar, daß wir demnächst nach Marseille kommen sollten, aber nicht, wann und wie. Wenn man einen der Soldaten danach fragte, bekam man keine Auskunft, außer, daß wir es noch früh genug erfahren würden.

Eines Tages wurden wir alle in ein Zimmer gerufen. Dort mußten wir an einen Tisch sitzen. Ein Sergeant stand im Zimmer und hatte einen ganzen Stapel Aktenordner unter dem Arm. Der musterte uns eine Weile und fing dann zu sprechen an. Für die, die ihn nicht verstanden, wurde von einem anderen Soldaten übersetzt.

»Meine Herren!«

Darauf machte er eine lange Pause und schaute ziemlich ernst in die Runde.

»Heute ist der Tag, an dem Sie ihren Vertrag mit der Legion unterzeichnen werden. Ich werde Ihnen nun erläutern, was mit Ihnen geschieht, wenn Sie die Verträge unterschrieben haben.«

Keiner im Raum machte auch nur einen einzigen Mucks.

»Sobald Sie diese Verträge unterschrieben haben, gibt es kein Zurück mehr. Wenn also jemand austreten will, so soll er es jetzt tun. Macht sich danach jemand aus dem Staub, so ist das eine Desertion, die bei uns sehr hart bestraft wird. Ich werde Ihnen nun ganz genau erläutern, was in Zukunft geschehen wird und später auch noch Fragen beantworten, wenn es welche geben sollte. Dann erst werden Sie unterschreiben. Ich wiederhole noch einmal: Wenn jemand austreten will, dann soll er es auf der Stelle tun, und der Fall ist erledigt.«

Weiterhin sagte niemand etwas, obwohl der Sergeant extra eine Pause gemacht hatte. Dann sprach er weiter:

»Nachdem Sie den Vertrag unterschrieben haben, werden Sie noch am selben Tag nach Aubagne gefahren. Dort werden Sie sehr gründlich untersucht. Danach kommt die Grundausbildung, sofern Sie überhaupt tauglich sind. Mit Abschluß des Vertrages haben Sie sich auf fünf Jahre verpflichtet. Von diesen fünf Jahren werden Sie drei Jahre in Frankreich Ihren Dienst absolvieren und zwei Jahre in Übersee, wie zum Beispiel Afrika oder Tahiti.

Der Sold steigt von Zeit zu Zeit. Je länger Sie dabei sind, um so mehr verdienen Sie. Wenn Sie in Übersee sind, bekommen Sie zusätzlich sehr hohe Prämien, und ein gewisser Prozentsatz Ihres Soldes kommt auf eine Art Sparbuch. Das Geld bekommen Sie aber bald wieder ausbezahlt und können damit machen, was sie wollen. Den Vertrag kann nur die Legion auflösen. Er kann nicht von Ihnen aufgelöst werden. Sollte die Legion es für richtig halten, Sie zu entlassen, so wird Sie es unverzüglich machen. Sie werden es praktisch erst dann erfahren, wenn Sie Ihre Papiere schon in der Hand haben. Es gibt also keine Kündigungsfrist. Wenn Sie Ihre fünf Jahre Service zu Ende haben, können Sie sich nochmals verpflichten lassen. Wenn Sie bei der Legion zehn bis fünfzehn Jahre Dienst gemacht haben, so erhalten Sie von ihr eine ansehnliche Rente, die auch im Ausland bezahlt wird. Wenn Sie aber einmal von der Legion weg sind, so gibt es für Sie so gut wie keine Möglichkeiten mehr, wieder in sie einzutreten. Aber darüber werden Sie später noch genauer informiert. Sie müssen nun erst einmal die fünf Jahre hinter sich bringen. Das wäre eigentlich alles, was es dazu zu sagen gibt. Hat noch jemand Fragen?«

Von einem Deutschen, der mit uns auf der Bude lag, wurden ein paar Fragen gestellt.

»Wie lange dauert es, bis man befördert wird?«

»Bei uns ist es nicht wie in anderen Armeen, da dauert es schon ein bißchen länger, und vor allen Dingen kommt es auf Ihre Leistung an. In den ersten fünf Jahren, können Sie es bis zum Caporal-Chef bringen und wenn sie ganz gut sind, dann sogar bis zum Caporal. Danach können Sie weiter aufsteigen, aber dazu müßten Sie sich nochmals fünf Jahre verpflichten. Und wie gesagt, es kommt immer auf ihre Leistung an. Bringen Sie keine, so bleiben Sie immer bei Ihrem selben Rang. Es liegt nur an Ihnen, meine Herren.«

»Und wie sieht das mit meinem Namen aus? Muß ich, nachdem ich aus der Legion ausgetreten bin, meinen alten Namen wieder annehmen?«

»Nein, das brauchen Sie nicht. Sie können nach vier Dienstjahren die französische Staatsangehörigkeit beantragen, die ihnen sicher zugesprochen wird. Sie leben dann, wie jeder andere Bürger, unter Ihrem Legionsnamen in Frankreich. Danach können Sie auch im öffentlichen Dienst arbeiten, wie zum Beispiel bei der Polizei oder beim Zoll.«

»Wie kann ich mich mit meiner Verwandtschaft in Verbindung setzen?«

»Sie können zwar schreiben, aber nur ohne Absender. Wenn Sie einmal Ihre Identität preisgegeben haben, dann kann Sie die

Legion nicht mehr schützen. Sie können also schreiben, aber keine Antwort empfangen.«

»Und wenn ich meine Identität trotzdem preisgebe?«

»Da Sie in Deutschland gesetzlich verfolgt werden, würde ich es an Ihrer Stelle nicht tun, denn so können Sie im Urlaub ab und zu nach Deutschland einreisen, ohne gleich verhaftet zu werden.«

Dann war es eine Weile still im Zimmer, da niemand mehr Fragen stellte. Dann fing der Sergeant an, vor jeden einen Schnellhefter zu legen, den wir noch nicht öffnen durften. Jeder bekam noch einen Kugelschreiber, und der Sergent sagte:

»Möchte nun einer der hier Anwesenden der Legion nicht beitreten? Der soll aufstehen und den Raum verlassen.«

Es stand aber niemand auf, sondern alle warteten gespannt darauf, die geheimnisvolle Mappe öffnen zu dürfen. Ich selber hatte ein sonderbares Gefühl in mir, und ich wäre vielleicht aufgestanden und aus dem Zimmer gegangen, wenn ich mich nicht innerlich einen Feigling gescholten hätte. Wenn ich gewußt hätte, was ich sonst noch machen könnte, dann wäre ich bestimmt aufgestanden und hätte nicht unterschrieben. Aber so blieb mir keine andere Wahl, und ich mußte unterschreiben.

Keiner wußte, was in der Mappe war, aber wir konnten uns schon unseren Teil denken. Dann sagte der Sergeant auf einmal:

»Da also niemand dabei ist, der austreten möchte, öffnet jeder den Deckel der Mappe, die vor ihm liegt. Jeder liest das erste Blatt durch, aber niemand schaut, was darunter ist. Nur das erste Blatt habe ich gesagt.«

Als wir das Formular durchgelesen hatten, mußten wir es unterschreiben. So ging es in einem fort. Ein Blatt nach dem anderen. In der Mappe befanden sich die Verträge, neue Geburtsurkunden, die wir alle mit unserem Legionsnamen unterschreiben mußten. Als wir fertig waren, sammelte der Sergeant die Mappen ein und sagte noch einmal zu uns:

»Also, wenn sich jetzt einer aus dem Staub macht oder es nur versucht, dann ist das eine Desertion. Meine Herren, Sie unterstehen ab jetzt der Legion. Danke, das wär's. Auf Wiedersehen.«

Er drehte sich um und verschwand aus dem Zimmer. Für mich

war also nun keine Rückkehr mehr möglich. Meine Zukunft war mit ein paar Unterschriften besiegelt. Irgendwie hatte ich Angst. Ich wußte nicht genau vor was, aber dennoch fürchtete ich mich. Nach ein paar Minuten kam dann ein Caporal-Chef zu uns und sagte:

»Wir gehen jetzt ins Lager. Dort bekommt Ihr alle eine komplette Uniform. Wenn sie nicht in Ordnung sein sollte, dann werdet ihr sie eben in Ordnung bringen. Diese zieht Ihr dann an und meldet Euch bei mir. Heute nacht geht es nach Aubagne, um acht Uhr werden Sie mit dem Zug fahren.«

Jetzt wußten wir wenigstens genau, was los war. Irgendwie schien mich das alles nicht mehr zu berühren. Ich war von einer Minute zur anderen wie innerlich gestorben. Ich dachte nur noch: Das ist doch alles scheißegal, auch wenn wir verrecken sollten. Macht was ihr wollt mit mir und fertig, aus, basta.

Wir wurden alle in das Lager gebracht, und dort erhielt jeder eine Uniform, einschließlich der Unterwäsche, die neu war. Aber alles andere war in einem grausamen Zustand. Es fehlten einige Knöpfe, sie war ungebügelt, und die Knobelbecher standen vor Dreck. Als wir wieder im Quartier waren, bekamen wir Bügeleisen, Nadel und Faden, Schuhcreme und alles, was wir noch brauchten, um die Uniformen wieder in Ordnung zu bringen. Fast zwei Stunden machte ich an meiner Uniform herum, bis sie tip-top aussah. Dann zog ich sie an und stellte mich dem Caporal-Chef vor. Der musterte mich gründlich, von oben bis unten. Er war zufrieden. Andere, die sich ihm ebenfalls vorstellten und bei denen er die kleinste Falte fand, machte er zur Minna. Er ließ sie die Uniformen nochmals durchbügeln und wieder antreten. Als wir alle fertig waren, mußten wir uns in Reih und Glied im Gang aufstellen, und der Caporal-Chef musterte jeden nochmals.

Dann wurde uns mitgeteilt, daß wir uns um halb acht bereithalten sollten, um zum Bahnhof gebracht zu werden.

Dann mußten wir unsere Bude noch in Ordnung bringen. Die Betten mußten abgezogen, der Boden aufgekehrt und die ganzen Trainingsanzüge eingesammelt werden, da diese in die Wäscherei mußten. Als dies alles fertig war, machten wir uns über das Abendessen her.

Punkt halb acht waren wir abmarschbereit, und jeder hatte seinen Mantel über dem Arm. Wir liefen mit einem Caporal hinunter und sprangen alle auf den Lastwagen, der auf uns wartete. Dort waren Sitzbänke drinnen und jeder suchte sich einen Platz. Als alle drinnen waren, wurde die Klappe geschlossen. Und der Wagen setzte sich in Bewegung.

5

In einem wahnsinnigen Tempo, so daß es einem schwindelig werden konnte, fuhren wir zum Bahnhof. Dort mußten wir alle aussteigen und uns in Reih und Glied aufstellen. Auf einmal stand der »Caporal«, den ich in Mulhouse in der Meldestelle kennengelernt hatte, vor uns. Er zwinkerte mir zu, denn er hatte mich gleich erkannt. Auf einmal fing er an, uns eine Standpauke zu halten und das mitten auf dem Vorplatz des Bahnhofs.

»Meine Herren! Wir fahren heute mit dem Nachtzug nach Marseille. Von dort aus mit einem anderen weiter nach Aubagne. In Aubagne werden wir von einem Bus abgeholt, der uns in die Kaserne bringt.

Aber darum geht es nicht, sondern um euer Verhalten im Zug. Erstens darf von keinem von euch Alkohol getrunken werden. Wenn ich einen dabei erwische, der kann sich in Aubagne gleich seinen Koffer schnappen und wieder nach Hause fahren. Zweitens laßt ihr die Weiber in Ruhe, die im Zug rumlaufen. Bekomme ich nur einmal etwas zu hören, dann haue ich denjenigen durch den ganzen Zug und schmeiße ihn zum Schluß aus dem Fenster. Ihr habt euch nicht zu mucksen, und nur zum Pissen kommt ihr aus eurem Abteil. Am besten nützt ihr die Nacht dazu, um euch aufs Ohr zu hauen. Ich hoffe, wir haben uns verstanden. Wenn jemand noch eine Frage zur Reise hat, dann soll er sie jetzt stellen.«

Einer aus der Reihe machte eine dumme Bemerkung:

»Kann man, wenn man scheißen muß, auch aus dem Abteil gehen?«

Alle lachten, außer die, die es nicht verstanden. Aber dem, der das gesagt hatte, verging sehr schnell wieder das Lachen, denn der Caporal legte auf einmal los:

»Aha, du glaubst also, daß du mich verscheißern kannst. Das kannst du gerne haben. Du stehst die ganze Fahrt über auf dem Gang. Und wehe, ich erwische dich einmal, wenn du dich auf den Arsch setzt. Damit ich es einfacher habe, dich zu überwachen, stehst du vor meinem Abteil. Hast du mich verstanden? Du Affenarsch.«

»Jawohl, Chef!«

»Das heißt Caporal. Also antworte mir gefälligst richtig!«

»Jawohl, Caporal-Chef!«

»Hat noch jemand eine Frage?«

Keiner meldete sich diesmal. Der Caporal schien zufrieden zu sein, denn er grinste wie ein Honigkuchenpferd. Dann setzten wir uns in Bewegung und marschierten in Zweierreihen zum Bahnsteig. Für uns war ein ganzer Waggon reserviert. Wir verteilten uns in die Abteile und machten es uns auf unseren Sitzen bequem. Der, der die große Schnauze auf dem Bahnhofsplatz gehabt hatte, stand tatsächlich vor dem Abteil des Caporals, wie eine Eins. Der Junge tat mir irgendwie leid, aber ich konnte nichts für ihn tun. Warum mußte er auch so eine große Klappe riskieren, da doch jeder weiß, daß mit denen nicht gut Kirschenessen ist. Ich wartete auf die Abfahrt und saß ganz still in die Ecke gequetscht und schaute aus dem Fenster. Ich fühlte mich total beschissen. Nun war ich also auf dem Weg in eine Zukunft, in der man die Brutalität regelrecht lernen sollte. Auf so Sachen wie Schlägereien und morden stand ich nicht, denn ich war gegen die Brutalität und die Gewalt. Und ich Idiot fuhr mitten hinein, obwohl ich nicht der Typ für solche Sachen war.

Aber was sollte ich nun noch dagegen machen, fragte ich mich. Einfach desertieren konnte ich nicht. Es gab nur einen Weg, nämlich die ganze Scheiße mitzumachen, bis ans Ende.

Ich saß da, total in meine Gedanken vertieft, als ich auf einmal wieder in die Realität gerissen wurde, denn der Zug fuhr mit einem schweren Rütteln an. Langsam verließen wir den Bahnhof, und je weiter wir uns von ihm entfernten, um so elender wurde es mir. Ich mußte an Rita denken, was mir in letzter Zeit immer öfter passierte. Vielleicht lag es daran, daß ich sie in solchen Momenten wie diesem gebraucht hätte. Wie durch Watte hörte ich meine Kameraden sprechen, die in eine Diskussion verwickelt waren. Ich fing fast an zu weinen, als ich von meinem Nachbarn, der neben mir saß, angestupft wurde.

Der Caporal stand in der Türe des Abteils und hatte zu mir etwas gesagt, das ich aber nicht gehört hatte. Dann wiederholte er es nochmals:

»Komm einmal mit zu mir in das Abteil. Ich habe ein paar Fragen an dich.«

Ich stand auf und folgte ihm. Als ich mich in seinem Abteil hingesetzt hatte, bot er mir ein Bier an, das er aus seiner Tasche hervorzauberte. Er selber nahm sich auch eins, und ich dachte echt, mich knutscht ein Elch. Erst hatte er es laut und deutlich verboten und dann bietet er mir ganz frech eines an. Ich griff sofort zu, denn ich konnte gut ein Bier gebrauchen, in meinem Dilemma, in dem ich mich befand. Wir unterhielten uns, als wären wir alte Kumpels. Der Junge stand immer noch vor dem Abteil im Gang, und ich fragte den Caporal, ob er sich nicht hinsetzen könnte. Er schaute mich schief an und sagte: »Du bist ein anständiger Kerl und so etwas will zur Legion.«

Ich schaute auf den Boden, denn ich wußte nicht, was ich sagen sollte. Aber er schickte den Jungen dann doch in sein Abteil. Es freute mich richtig, daß er sich hinsetzen durfte.

Während des Gespräches mit dem Caporal stellte ich fest, daß er gar nicht wollte, daß ich zur Legion ging. Vielleicht hatte er es selber bereut, daß er zur Legion gegangen war. Langsam wurde ich müde und nickte ein. Der Caporal ließ mich schlafen, wofür ich ihm sehr dankbar war, denn an diesem Tag war ich total runter mit den Nerven.

Erst als der Zug in Marseille einlief, weckte mich der Caporal.

Ich hatte die ganze Fahrt über geschlafen. Zwar war ich noch hundemüde, aber es half nichts, denn ich mußte trotzdem aufstehen und in mein Abteil gehen, um mein Gepäck zu richten. Als der Zug anhielt, stiegen wir aus und stellten uns in einer Zweierreihe auf. Dann marschierten wir zu einem anderen Bahnsteig, wo schon unser Zug nach Aubagne wartete. Wir stiegen ein und suchten uns jeder einen Platz. Da es dort drinnen kalt war, wurde ich langsam aber sicher wach. Ich schaute mir nun vom Fenster aus den Bahnhof an, der riesig groß war. Es war der dreckigste Bahnhof, den ich je gesehen hatte. Überall lag Papier auf dem Boden, und fast an jeder Ecke stand ein Penner, die regelrechte Jammergestalten waren. Sie waren schmutzig und ihre Kleider sahen aus wie Lumpen. Dieser Bahnhof wirkte richtig abstoßend auf mich. Der Zug setzte sich langsam in Bewegung. Der Bahnhof entschwand aus meiner Sicht, und ich war froh darüber, als ich ihn nicht mehr sah. Ich dachte mir noch, daß diese Penner auch nur arme Schweine seien, die täglich um ihr Überleben kämpfen mußten. Man kann sie nicht verurteilen, nur weil sie arm waren und kein Zuhause hatten.

Im Zug wurde so gut wie gar nichts gesprochen. Jeder rauchte und schaute auf die Häuser, die draußen vorüberzogen. Eine richtig trübe Stimmung lag in der Luft. Man kann wirklich sagen, daß es ein beschissener Morgen war. Das monotone Geräusch des Zuges und der leichte Regen, der draußen fiel, machte diesen Morgen noch schlimmer, als er schon war. Ich hing wieder meinen Gedanken nach. Ich dachte an Rita, und vor meinen Augen spielten sich unsere herrlichsten Tage ab, die wir zusammen erlebt hatten.

Der Zug rollte langsam in Aubagne ein und blieb mit einem lauten Kreischen stehen. Wir mußten sofort aussteigen und uns wieder in einer Zweierreihe aufstellen. Der Caporal zählte uns ab und stellte zufrieden fest, daß niemand abgehauen war. Im Gleichschritt marschierten wir durch das Bahnhofsgebäude. Die Leute gafften uns alle dämlich an. In einem grünen Militärbus ging dann die Fahrt weiter. Ein paar Minuten später fuhren wir durch das Eingangstor der Kaserne, an dem zwei Soldaten mit Maschinenpistolen Wache standen. Das Kasernenareal glich einer kleinen Siedlung. Unser Bus hielt vor einem eingezäunten Gebäude. Wir mußten alle aussteigen und uns wieder aufstellen. Dann wurden wir in das Haus geführt, wo wir im Gang warten mußten, und mir fiel auf, daß dort ebenso wie in Mulhouse Bilder von so komischen Helden hingen und der Laden blitzsauber war. Die mußten eine ganze Horde von Putzfrauen besitzen, dachte ich mir. Ein paar Minuten später wurden wir wieder über den Hof geführt zu einer kleinen Holzhütte, wie man sie in den Schweizer Bergen sieht. Diese Hütte schien ein Lager zu sein, denn überall standen Kartons und Militärsäcke mit kleinen Zetteln versehen. In der Mitte des Raumes stand ein Schreibtisch, hinter dem ein Vollidiot von Caporal saß, denn er sagte gleich zur Begrüßung in drei Sprachen:

»Aha, der neue Schub. Dann wollen wir euch mal die Ärsche aufreißen!«

Dann rief er jeden einzelnen auf und hakte die Namen in einer Liste ab. Darauf mußten wir unsere Mäntel und unsere Zivilkleider abgeben. Den Schmuck durften wir behalten, und ich war wieder einmal froh darüber. Die Privatkleider wurden in große Säcke getan und mit einem Zettelchen versehen. Kurz darauf bekamen wir alle noch eine Tasche, in der Sportkleidung, Unterwäsche und Handtücher waren. Dann wurde uns befohlen, auf dem Hof anzutreten.

Danach ging es wieder ins Haus, in den zweiten Stock, wo sich jeder ein Bett und einen dazugehörigen Spind aussuchen konnte. Dann mußten wir uns duschen und anschließend wieder im Hof antreten.

Nachdem ich meine Sachen im Spind verstaut hatte, zeigte mir einer, der bereits seit einigen Wochen dort war, die Räumlichkeiten. Danach griff ich nach meinem Waschzeug und verschwand in der Dusche. Als ich mich auszog und unter die Dusche stellte, erlebte ich meine erste Überraschung: Es gab kein warmes Wasser, und dabei hatte ich mich auf eine richtig heiße Dusche gefreut. Ich kriegte fast einen Wutanfall. Da ich aber dreckig war und unbedingt duschen wollte, mußte ich eben mit dem vorliebnehmen, was da war. Damit ich keine Lungenentzündung bekam, sprang ich nach kurzer Zeit wieder unter der Dusche hervor, denn mir war, als würden gleich Eiswürfel aus dem Duschkopf donnern. Für mich war damit der ganze Tag schon im Eimer, aber dafür war ich nun hellwach. Ich trocknete mich ab, zog mich an, schnappte meine Waschutensilien, ging ins Zimmer zurück und gesellte mich dann zu den andern im Hof. Einige hatten nicht geduscht, da ihnen das Wasser zu kalt war. Aber irgendwann mußten sie unter die Dusche stehen, denn die konnten ja nicht wochenlang in diesem Haus rumgehen und wie Dreckschweine stinken.

Kaum hatte sich der letzte gemeldet, als auch schon der Caporal wieder auftauchte. Der meinte zu uns:

»Wir gehen jetzt alle zum Arzt, der euch etwas Blut nehmen wird. Danach könnt ihr in der Kantine frühstücken.«

Wir marschierten aus der Umzäunung heraus auf ein nahegelegenes Gebäude zu. Vor dem Haus mußten wir stehenbleiben, und der Caporal verschwand darin. Ein paar Minuten später wurden wir in das Haus geholt und mußten im Vorzimmer des Arztes warten. Alle bekamen den Befehl, den rechten Hemdärmel hochzukrempeln und sich ruhig zu verhalten. Alphabetisch wurden wir aufgerufen, und einer nach dem anderen verschwand in das Arztzimmer. Da mein Name mit »W« anfing, war ich einer der letzten.

Mein Name wurde aufgerufen. Ich marschierte in das Arztzimmer, und ich mußte mich dort auf einen Stuhl setzen. Der Arzt kam mit einer Nadel, an der ein kleines Schläuchchen hing, und einem Reagenzglas auf mich zu. Ich mußte ein paarmal meine Faust auf- und zumachen, und dann suchte der Arzt nach einer Vene, wo er mich anzapfen konnte. Als er meinte, eine gefunden zu haben, stieß er die Nadel in den Arm. Auf einmal fing er an zu fluchen und zog sie wieder heraus. Er hatte anscheinend die Vene verfehlt. Beim zweitenmal klappte es, dann zapfte er mir ein ganzes Reagenzglas voll Blut ab, zog die

Nadel wieder aus meinem Arm, tupfte die Einstichstelle ab und schickte mich wieder hinaus. Für mich persönlich war dieser Arzt ein besserer Metzger, denn er hatte die Nadel in den Arm gehauen, so wie unsereins mit Wurfpfeilen wirft. Draußen stellte ich mich wieder zu den anderen. Als alle fertig waren, führte uns ein Soldat in den Speisesaal. Ich hatte einen Kohldampf wie ein Pferd und freute mich auf das Frühstück.

Als wir in den Speisesaal kamen, war ich erst einmal baff. Es waren zwei riesige Räume. Wir setzten uns an die Tische, die für uns gedeckt waren. Es standen Konfitüre, Brot, Kaffee und ein paar andere Kleinigkeiten darauf, die man zu einem Frühstück brauchte. Wir hauten kräftig rein, und als alle fertig waren, rauchten wir noch gemütlich eine Zigarette. Danach wurde uns aufgetragen, die Tische abzuräumen und sauber zu machen. Ich war richtig vollgefressen und fühlte mich ein bißchen wohler. Aber dennoch war der Tag für mich versaut. Wir wurden von einem Caporal zurückgeführt und durften dann auf unsere Zimmer verschwinden. Da in jedem der Zimmer achtzehn Betten waren, hatte man keine Ruhe. Die, die schon da waren, quatschten einen dauernd an. So unterhielt ich mich eben mit den Jungs, anstatt mich in meine Falle zu hauen. Es waren alle Nationalitäten vertreten, vom Amerikaner bis zum Asiaten.

Plötzlich zerriß ein schriller Pfiff die Stille. Fast alle sprangen auf, außer uns Neuen, da wir nicht wußten, was dieser Pfiff bedeutete. Einer erklärte uns, daß dieser Pfiff das Zeichen zum Appell wäre und wir alle unten im Hof antreten müßten. Also standen auch wir auf und gingen in den Hof hinunter. Dort mußten wir in einer Viererreihe antanzen, und jetzt erst konnte man sehen, wie viele Leute eigentlich da waren. Es müssen über hundert Stück gewesen sein, die da bolzengerade in Reih und Glied standen. Ich stellte mich mitten in die Menge, damit man nicht sehen konnte, wenn ich etwas Falsches machte. Ein kleiner häßlicher Soldat, mit drei goldenen Streifen, stand auf einmal vor uns. Ich erfuhr später, daß dieser Schnulli über einem Sergeanten stand und in diesem Gebäude der Chef war. Dieser rief ein paar Namen von einer Liste auf, und die Aufgerufenen stellten sich separat in Reih und Glied auf. Diese Leute sollten in das Krankenhaus zum Röntgen gebracht werden. Danach durften wir wieder abtreten und auf unsere Zimmer verschwinden. Dort saßen wir wieder und laberten wie die Weltmeister.

Später wurden wir Neuen nach unten gerufen. Dort bekamen wir von einem Soldaten ein grünes Stückchen Stoff, das wir an unserer Schulterklappe befestigen mussten. Er erklärte uns auch, was dies bedeuten sollte. Wenn jemand das grüne Stoffstück an der Schulter hatte, so befand er sich noch in der ärztlichen Untersuchung. Hatte jemand ein gelbes, dann waren bei diesem die Untersuchungen abgeschlossen, mußten aber noch auf die Auswertung warten. Bekam er ein rotes Stoffstück, so war er tauglich und konnte das Lager am darauffolgenden Freitag verlassen. Kaum waren wir wieder in unseren Zimmern, als auch schon wieder zum Appell gepfiffen wurde. Ich erfuhr, daß dieser Appell dem Mittagessen galt und wir gleich etwas zwischen die Kiemen bekommen würden.

In einer Viererreihe mußten wir wieder strammstehen und dann im Dauerlauf zur Kantine rennen. An der Theke konnten wir uns etwas zu trinken holen und uns dann an die Tische setzen. Ein Koch verteilte das Essen. Das ging sehr schnell. Das Essen war immer hervorragend, man konnte nur darüber staunen. Nach dem Essen wurden bestimmte Tische zum Küchendienst eingeteilt, wobei es mich wieder einmal erwischen mußte. Küchendienst hieß nämlich nicht kochen, sondern das ganze Geschirr aus dem Speisesaal abwaschen. Die Spülküche war am anderen Ende des Speisesaales, und ein Soldat überwachte die Arbeit, die wir verrichten mußten. Wenn dieser nicht gewesen wäre, hätten wir bestimmt vier bis fünf Stunden für diese Arbeit gebraucht, aber so schafften wir es in knapp zwei. Einer von uns nahm die Reste von den Tellern, der andere zog das Geschirr schnell durch das Wasser, damit die groben Teile nicht in die Spülmaschine kamen, einer stellte es in die Körbe, wieder einer bediente die Maschine. Ich hatte einen der schlausten Jobs, denn ich stapelte das saubere Geschirr auf einen fahrbaren Tisch. Nachdem wir dies erledigt hatten, mußten wir wieder auf den

Hof zurück. Dort standen die anderen, rauchten eine Zigarette und unterhielten sich. Da wir nichts mehr machen mußten, gesellten wir uns zu ihnen.

Kaum waren wir zehn Minuten dort, als auch schon wieder der Pfiff zum Appell erklang. Diesmal glaubte ich, mich laust ein Affe, als ich hörte, was dieser zu bedeuten hätte. Wir mußten uns in einer langen Reihe quer über den Hof aufstellen und vorwärts laufen. Wenn man vor sich eine weggeworfene Zigarettenkippe sah, mußte man sich bücken und diese aufheben. Das Spiel war mir wirklich zu dumm, und so machte ich es ganz schlau. Immer wenn ich eine Kippe sah, bückte ich mich leicht, stand auf sie drauf und marschierte weiter. Der Caporal, der diese Aktion beaufsichtigte, merkte von meiner Supertaktik nicht das geringste. Da mein Kamerad, der neben mir lief, sah, daß ich nicht eine einzige Kippe aufhob, schaute er mir meine Taktik ab und machte es genauso. Als wir über den ganzen Hof waren, mußten wir unsere gesammelten Kippen in einen Container werfen. Als der Caporal auf mich schaute, ging ich zum Container hin und tat so, als würde ich etwas hineinwerfen. Er schaute wieder weg und schien mit mir zufrieden zu sein. Wenn man diesen Job ein paar Wochen machen würde, wäre man zum Schluß staatlich geprüfter und ausgebildeter Kippensammler, und das wollte ich nicht werden. Als diese Kippenaktion beendet war, durften wir wieder im Hof rumstehen. Hinsetzen durfte man sich nicht, das war verboten. Warum, weiß ich auch nicht, aber es war nun einmal so. Eine halbe Stunde später kamen ein paar Typen von Soldaten, die uns das Exerzieren beibringen wollten. Man lernte uns, wie man richtig strammstand, sich umdrehte, wenn man in der Reihe stand und die einzelnen Wörter dazu auf französisch. Die Sache war an und für sich ein Kinderspiel und Französisch konnte ich auch schon, da ich es in der Hotelfachschule gelernt hatte. Andere wiederum schienen die Sache nie zu beherrschen, denn sie wollten und wollten nichts kapieren. Entweder waren sie so dumm, oder sie taten nur so.

Zum Schluß sollten wir noch ein Legionslied singen. Jeder von uns kriegte einen Zettel, auf dem der Text des Liedes war. Da der

Text ziemlich einfach war und die Melodie ebenfalls, war für mich die Sache ein Kinderspiel. Aber die anderen Deutschen hatten einen Heidenärger, die Wörter überhaupt aussprechen zu können. Die Engländer und Amerikaner brummten nur vor sich hin, ihnen erging es nicht besser als meinen Landsleuten. Der Caporal war nach einer halben Stunde schon am Rande der Verzweiflung. Ich fand die Angelegenheit wirklich interessant, denn ich hatte noch niemanden gesehen, der in ein paar Minuten ein Lied in einer ausländischen Sprache beherrschen konnte, noch dazu ein so langes. Die Jungs hatten ja noch nie in ihrem Leben französisch gesprochen. Er probierte immer wieder dieses eine Lied mit uns zu singen, und als er merkte, daß dies nichts wurde, versuchte er es mit einem anderen. Aber da hatte er genausowenig Glück. Er bekam einen Wutanfall, warf das Blatt mit dem Text auf den Boden, trampelte wie ein Irrer darauf herum, schrie ein paar Schimpfwörter und verschwand in das Haus. Wir alle standen da und mußten lachen wie die Verrückten, denn diese Szene hätte gut in einen Komikerfilm gepaßt. Nach ein paar Minuten kam ein anderer Caporal aus dem Haus und meinte zu uns, daß wir den Text der beiden Lieder bis zum morgigen Tag auswendig lernen und dann perfekt aufsagen müßten. Wir wußten, daß er sich nur aufspielen wollte, und so mußten wir uns ein Grinsen verklemmen. Als er uns dies mitgeteilt hatte, verschwand er wieder, und ein Wahnsinnsgelächter ging los. Wir hatten uns kaum erholt, als auch schon wieder ein Pfiff ertönte, der dem Abendessen galt. Wir traten an und marschierten wieder wie die Idioten zur Kantine.

Nach dem Abendessen mußten wir wieder antreten, und danach konnten wir auf unsere Zimmer gehen. Wir sollten dort warten, bis das Foyer aufgemacht wurde, in das wir dann gehen konnten, um ein wenig die Zeit totzuschlagen. Im Foyer stand ein Billardtisch und eine Tischtennisplatte. An einer kleinen Theke konnte man sich ein paar Getränke kaufen. Das einzige alkoholische Getränk war dieses komische sogenannte Panasch, das eine Mischung aus halb Bier und halb süßer Limonade war. Dann gab es noch Kaffee, Limo und andere Sachen zum Trinken.

Aber nichts Hartes, was mir ein wenig stank. Wir durften fast keinen Alkohol trinken, da wir uns in der ärztlichen Untersuchung befanden. Zigaretten und Hygieneartikel bekam man auch noch, aber dieses Zeug war teuer.

Während ich so gemütlich am Billardtisch stand, wurde auf einmal wieder zum Appell gepfiffen, obwohl eigentlich keiner sein sollte. Wir traten an, und dabei erfuhr ich, daß jemand abgehauen ist. Ich wußte, daß dieser nun ein Deserteur war, und ich wünschte ihm ganz fest, daß er durchkam und nicht erwischt wurde. Es kam öfters vor, daß Leute desertierten, so wie ich erfuhr. Aber deswegen regten sich die Chefs nicht auf, sondern ließen nur antreten und die Leute zählen. Danach durften wir wieder abtreten und konnten in das Foyer zurückgehen.

Als das Foyer schloß, wurde noch einmal zum Appell gepfiffen, das war dann der letzte für diesen Tag. Danach mußten wir in unsere Bude hoch und uns waschen. Wir konnten uns noch ein bißchen unterhalten und dann ins Bett, denn das Licht wurde sehr früh ausgemacht. Die Klamotten legten wir so hin, daß wir am nächsten Morgen wieder schnell reinschlüpfen konnten. Das hatte ich von den anderen abgeschaut, und einer hatte mir gesagt, daß dies nur von Vorteil wäre. Als ich im Bett lag und das Licht aus war, hörte ich noch ein klein wenig dem Gespräch der Engländer zu. Als diese auch ruhig waren, lag ich da und dachte wieder einmal an Rita. Auf einmal sagte ich mir: »Scheißweiber!«, drehte mich um und versuchte einzuschlafen, was mir auch gelang.

Am nächsten Morgen weckte uns ein Caporal mit einem lauten Schrei, so daß man wach werden mußte. Schnell sprang ich aus meinem Bett, schnappte mein Waschzeug und verschwand noch vor den anderen im Waschraum. Der füllte sich sehr schnell, und ich war froh, daß ich mich nicht zuerst angezogen hatte, denn sonst wäre ich bestimmt eine Ewigkeit angestanden, bis ich mich hätte waschen können. Als ich fertig war, ging ich langsam in die Bude zurück und zog mich an. Kaum hatte ich den letzten Knopf meiner Uniform geschlossen, als auch schon der Pfiff für den

Appell durch das Haus schrillte. Ich ging hinunter in den Hof und stellte mich gleich auf. Ein Caporal stand schon dort, und man sah ihm an, daß ihm das Antreten zu lange ging, da er von einem Bein auf das andere trat und vor sich hinfluchte. Als alle da waren, tat er so, als wenn er eine Stunde auf uns gewartet hätte. Er ließ alle Mann abtreten und noch mal anrücken. Da dies schneller ging, war er zufrieden, und wir konnten wieder auf unsere Buden gehen.

Später wurde wieder gepfiffen, und wir gingen zum Frühstück. Die Stuben hatten wir gereinigt und die Betten genau nach Vorschrift gemacht, denn es wurden immer Kontrollen gemacht. Es mußte alles so sein, wie man es bei einem Soldaten sehen will und besonders bei einem Legionär. Nach dem Frühstück mußten wir wieder antreten. Zusammen mit andern wurde ich herausgerufen, um zum Arzt zu gehen. Wir marschierten wieder in dasselbe Gebäude, in dem mir schon das Blut abgenommen worden war.

Dort saßen wir alle im Vorzimmer, und diesmal mußten wir uns bis auf die Unterhose ausziehen. Obwohl ich nach dem Alphabet einer der letzten war, mußte ich mich gleich am Anfang ausziehen. Ich setzte mich auf eine Bank und wartete mich dumm und dappig.

Endlich wurde ich aufgerufen, und ich ging in das Arztzimmer, in dem aber nicht der Arzt von gestern saß, der nicht einmal Blut abzapfen konnte. Ich war stinksauer, denn ich hatte durch die Warterei arschkalte Füße bekommen und fror wie ein Schloßhund, denn im Vorzimmer war es kalt.

Nun stand ich vor dem Arzt, den ich nicht kannte. Der schaute kurz von seinem Schreibtisch auf, musterte mich ein wenig, senkte wieder den Blick auf die Akte, die er vor sich liegen hatte und sagte richtig provozierend:

»Schon wieder so ein fettes, deutsches Schwein!«

Ich dachte, mir fallen gleich die Haare aus, als ich das gehört hatte, vor allem auch deshalb, weil er dies noch auf deutsch sagte, also selber ein Deutscher war, denn er sprach den Schwarzwälder Dialekt, wie man ihn bei uns zu Hause spricht. Da konnte ich mich nicht mehr beherrschen und antwortete ihm:

»Sie sind ja selber eins und sagen es dann zu mir.«

Diesmal dachte bestimmt er, daß er nicht richtig gehört hätte, denn er schaute mich ganz entgeistert an und donnerte auf einmal los:

»Du mieses, kleines, dreckiges Bürschchen! Was glaubst du eigentlich, wer du bist? Und wie kommst du dir eigentlich vor? So Scheißer wie dich habe ich schon oft genug untersucht, und die meisten waren Memmen! Du hast hier überhaupt nichts zu sagen und schon gar nicht das, was du eben losgelassen hast. Das kannst du dir gleich merken. Wenn du ein Legionär werden willst, dann halte gefälligst deine Schnauze. Und jetzt fangen wir an mit der Untersuchung. Mal schauen, was du taugst!«

Da mir das zuviel war, was er gerade gesagt hatte, konnte ich die Bemerkung, die ich auf der Zunge hatte, nicht verbeißen und sagte zu ihm:

»Wenn Sie nicht so einen Mist gelabert hätten, dann könnten wir schon längst fertig sein.«

Diesmal sagte er nichts mehr, sondern grinste mich hämisch von der Seite an, was mich wunderte, bei dem Schandmaul, das er hatte. Aber er fing gleich mit der Untersuchung an.

Als erstes untersuchte er meine Lunge. Dazu mußte ich in ein Röhrchen blasen und das so fest, wie ich nur konnte. Auf einer Skala war ein Zeiger, der anzeigte, was meine Lunge draufhatte. Ich kam bis zum Anschlag. Der Arzt staunte nicht schlecht. Dann mußte ich zwanzig Liegestützen machen, und als ich schon bei der Neunzehnten war, sagte der Arzt zu mir:

»Mach noch schnell zehn dazu.«

Die machte ich auch noch schnell, da ich jeden Abend meine Liegestützen machte, aus Langeweile. Dreißig war genau mein Pensum, und ich brauchte mich nicht groß anzustrengen dabei. Darauf hörte er mein Herz ab und maß mir den Puls. Dann mußte ich noch einen Sehtest machen, der mir auch nicht schwerfiel, denn ich hatte schon immer gute Augen. Meine Zähne schaute er an, als würde er ein Pferd kaufen und trug dann einige Sachen in eine Liste ein. Als er fertig war, sagte er zu mir:

»Naja, man kann es lassen. Für einen Deutschen bist du nicht schlecht beieinander.«

»Es sind eben nicht alle Deutschen gleich.«

Er schaute mich wieder an und grinste nur. Mich interessierte es immer noch, warum er mir kein Kontra gab, als ich ihm auf seine Beleidigungen geantwortet hatte, und deshalb fragte ich ihn: »Warum haben Sie mir vorhin kein Kontra gegeben, als ich auf Ihre Beleidigungen geantwortet habe?«

»Das ist ganz einfach, mein Junge. Wenn du mir keine gegeben hättest, dann wärst du für mich ein Waschlappen gewesen, da du Angst gehabt hättest vor mir. Du hast es dir aber nicht gefallen lassen, und so hast du deine Prüfung bei mir mit sehr gut bestanden.«

»Das freut mich aber, Herr Doktor!« sagte ich richtig schelmisch.

»Geh dort drüben in das Zimmer. Da ist noch ein anderer Arzt, der dich untersuchen muß. Aber der schaut nur, ob du noch alle Tassen im Schrank hast.«

Ich verschwand in das andere Zimmer. Dort saß ein Mann am Schreibtisch mit einer dicken Brille auf der Nase und glotzte mich dämlich an. Er hatte einen richtig durchbohrenden Blick, der mich irgendwie störte, obwohl ich gerade erst eingetreten war. Als der Typ mich genügend betrachtet hatte, mußte ich mich auf einen Stuhl setzen. Dann stellte er mir Fragen, die so etwas von behämmert waren, wie zum Beispiel: Wann haben sie ihren ersten Geschlechtsverkehr gehabt? Haben sie als Kind oft onaniert?

Wenn man solche Fragen gestellt bekommt, dann schaut man schon ein wenig dumm aus der Wäsche. Meiner Meinung nach gehörte dieser Typ in ärztliche Behandlung und nicht ich. Er schien sich an solchen Fragen aufzugeilen, denn er stellte sie richtig lüstern. Da mir der Mann sehr unsympathisch war, gab ich ihm auf seine idiotischen Fragen auch idiotische Antworten. Wer dumm fragt, bekommt auch dumme Antworten. Dieses Sprichwort ist allgemein bekannt. Als er mich fragte, wann ich das erstemal gevögelt hätte, sagte ich ihm: mit zwölf.

Und als er mich fragte, wie oft ich onaniert hätte als junger Kerl, da habe ich ihm gesagt: Bis zu sechsmal am Tag.

Auf einmal sagte er: »Oh, sie scheinen eine sehr gute Potenz zu haben, das freut mich aber.«

Nach diesem Satz wußte ich, daß er stockschwul war. Denn nur, wenn einer vom anderen Ufer war, benahm er sich so wie dieser Idiot von Arzt. Er stellte mir noch ein paar Fragen, und als er mich in das nächste Zimmer schickte, war ich richtig froh, bei diesem Idioten fertig zu sein. Wer weiß, der hat sich so komisch verhalten, und da muß man auf der Hut sein.

Der Arzt, in dessen Zimmer ich nun stand, schien ganz in Ordnung zu sein, denn er gab mir die Hand, als ich eintrat. Das hatte ich nicht erwartet, daß jemand bei der Legion einem die Hand gibt, wenn er ihn noch nicht kannte.

Bei ihm mußte ich kerzengerade hinstehen, damit er meinen Körperbau anschauen konnte. Dann mußte ich auf einem Strich laufen, und er schaute, ob bei mir alles dran war, was ein Mann so im allgemeinen haben muß. Zum Schluß haute er mir noch mit einem kleinen Hämmerchen auf das Knie, und zu guter Letzt mußte ich noch in ein Glas pinkeln, das er beschriftete und zu anderen Gläsern stellte, die er schon hatte. Das war alles, und ich konnte wieder gehen. Im Gang zog ich mich schnell wieder an, denn ich fror wie ein Schloßhund. Als wir alle fertig waren, gingen wir zurück in unsere Behausung. Nun sollte ich nur noch geröntgt werden, und dann mußte ich auf die Auswertung warten.

Am Nachmittag kamen wir auch schon in das Krankenhaus. Wir fuhren in einem großen grünen Bus dorthin. Dort mußten wir alle den Oberkörper freimachen und in eine Maschine stehen, wo man die Lunge durchleuchtete und ein Bild machte. Die ganze Sache ging wie am Fließband. Sobald der andere rauskam, ging schon der nächste wieder rein. So waren wir schnell fertig und wieder in der Kaserne. Dort kamen wir gerade richtig zum Abendessen und dem dämlichen Appell, der mir schon auf den Geist ging, da wir ihn am Tage mehrmals machen mußten.

6

Da die ärztlichen Untersuchungen abgeschlossen waren, hatte ich noch mehr Zeit für mich. Ab und zu trieben wir Sport, aber machten dann nur einen wahnsinns Dauerlauf, daß einem die Zunge zum Halse heraushing. Kalt duschen machte mir nichts mehr aus. Im Gegenteil, es machte mir Spaß und es war gesund. Das Rauchen hatte ich ein klein wenig eingestellt, da ich einmal bemerkte, daß meine Kondition nicht mehr besonders gut war. Ich rauchte nur noch ein paar Zigaretten am Tag, und so hielt mir eine Packung zwei bis drei Tage. An Rita dachte ich immer öfter, und ich glaubte, daß ich diese Trennung nie überwinden werde. Ich brauchte sie genauso wie die Luft zum Atmen. Für mich war es auch ein Beweis dafür, daß es die Liebe wirklich gibt. Bei Rita hatte ich das ganze Glück und die Liebe gefunden, die ich zum Leben brauchte. Aber auch die Liebe ist vergänglich. Alles hat einmal ein Ende, auch die Liebe mit Rita. Bei anderen geht das Zusammensein mit ihrem Partner bis zum Tode, und bei mir war es eben um einiges kürzer. Ich war nicht der einzige, der oft an sein Mädchen dachte. Ein Neger, der Jimmy hieß, ließ ebenfalls ein Mädchen zurück, das er sehr gerne hatte. Ich hatte mich mit ihm angefreundet, und ich stellte fest, daß er sein Mädchen sehr liebte, denn er erzählte mir sehr oft von ihr. Jimmy war ein netter Kerl und ein guter Kamerad. Er teilte mit einem alles, was er hatte, und wenn es sein Letztes war. Er war immer arm gewesen, und weil er Hunger hatte, wurde er zum Dieb. Da er nicht ins Gefängnis wollte, meldete er sich zur Legion. Er hatte es sehr schwer in seinem Leben, und in dieser Kaserne hatte er es noch schwerer, denn die sogenannten Kameraden zogen ihn immer mit seinem Mädchen auf. Er beherrschte sich aber immer und haute niemanden in die Fresse. Ich selber suchte mir meine Freunde sehr sorgfältig aus, denn ich wollte mich nicht zu den Kameradenschweinen gesellen. Meine Freunde und ich hielten immer zusammen, wie Pech und Schwefel. Das Idiotischste, was es in diesem Verein überhaupt gab, war, daß man sich nie mit den

Händen in den Taschen erwischen lassen durfte. Wenn man erwischt wurde, mußte man fünfundzwanzig Liegestützen machen, oder fünfzehn Klimmzüge an einer Stange, die dafür extra im Hof stand.

Der Vollidiot von Caporal stand dann vor dem, der die Liegestützen oder Klimmzüge machen mußte und zählte genüßlich mit. Dabei freute er sich schon auf den nächsten, den er erwischen konnte, mit den Händen in den Taschen. Ich habe auch schon welche machen müssen, aber mir war es scheißegal, denn man konnte sowieso nichts gegen diese bekloppten Methoden machen. Manche Caporals waren richtige Schweine und andere wieder ganz in Ordnung. Aber die meisten wollten uns nur schleifen und in den Dreck treten.

Eines schönen Tages mußten wir einen Idiotentest machen, bei so einem Superschlauen. Der legte uns eine ganze Mappe voll Blätter auf den Tisch, die wir in einer gewissen Zeit ausfüllen mußten. So etwas Einfaches hatte ich schon einmal in der ersten Klasse der Grundschule gemacht. Wir mußten Kreise malen, einfache Rechnungen ausrechnen, wie zum Beispiel *Sieben weniger fünf ist*, ein paar Bilder anschauen und hinschreiben, was daran falsch ist. Bei den Bildern mußte man besonders gut aufpassen, denn die Bilder hatten keine kleinen Fehler, sondern solch gravierende, daß sie einem Blinden hätten auffallen müssen. Da war zum Beispiel ein Baum, an dem Eier wuchsen. Dort mußte man hinschreiben, daß auf einem Baum keine Eier wachsen. Dieser Test war also wirklich für Verrückte, wenn man dieses Idiotending überhaupt als Test bezeichnen kann.

Der Test ging eine halbe Stunde, und dann schien die Intelligenzbestie zu wissen, ob man gebildet war oder nicht.

Manchmal betete ich zu Gott, obwohl ich nicht an ihn glaubte, daß ich endlich aus diesem elenden Aubagne wegkäme. Bei denen, die schon länger da waren, stauten sich regelrechte Aggressionen an.

Manche Leute waren nur einen Tag da und wurden dann wieder entlassen, weil sie untauglich waren. Es konnte passieren, daß Leute wochenlang da waren, auf ihre Auswertung der Untersuchung warteten, dann doch noch für untauglich erklärt und wieder nach Hause geschickt wurden. Wieder bei anderen ging es nur Tage, bis sie für tauglich erklärt wurden, und die kamen am Freitag darauf zum Transport in ein anderes Lager. Man wußte überhaupt nichts in diesem Laden und konnte nur warten und nochmals warten.

Eines Abends gingen Jimmy und ich, wie immer, in das Foyer. Ich kaufte mir einen Kakao an der Theke und verschwand an den Billardtisch, der einige Meter vom Ausschank entfernt war. Dort am Tisch standen noch ein paar andere Kollegen, die ich kannte. Sie alle machten einen friedlichen Eindruck. Aber wer konnte wissen, daß schon ein paar Minuten später die Hölle los war.

Jimmy stand noch immer in der Schlange am Ausschank, da das Foyer wie jeden Abend gerammelt voll war. Hinter ihm stand einer, der bekannt war, daß er immer Streit suchte. Dann kam Jimmy an die Theke, und der Kellner fragte ihn, was er wolle. Auf einmal sagte der Typ hinter ihm, der als nächstes drangekommen wäre:

»Hey du, Niggerarsch. Du kommst normalerweise als letzter dran. Weiße haben immer das Recht, vor einem Nigger bedient zu werden!«

Jeder im Foyer drehte sich um, da er dies sehr laut gesagt hatte. Dann antwortete Jimmy ihm:

»Wenn du das nicht zurücknimmst, dann haue ich dir den Schädel ein!«

»Das mußt du mal versuchen, du schwarzer Dreckarsch!«

Jimmy war nun nicht mehr zu halten, das konnte ein Blinder sehen. Mit einer Wahnsinnsgeschwindigkeit haute er dem anderen die Faust in den Magen und sprang von der Theke weg. Der andere, beugte sich nach vorne und taumelte auf den Ausschank zu. Dort hielt er sich fest. Jimmy stand da und wartete auf den Gegenangriff. Der andere drehte Jimmy den Rücken zu, denn er stand über den Tresen gebeugt. Auf einmal wirbelte er herum, hielt die Hand hoch, in der er eine Limonadenflasche hatte, machte einen schnellen Schritt auf Jimmy zu und haute ihm die Flasche über den Kopf. Jimmy schrie auf und hielt sich die Hände über den Kopf. Wie ein gefällter Baum ging Jimmy zu Boden, und der andere stürzte sich mit dem abgeschlagenen Flaschenhals, den er noch in der Hand hatte, auf den am Boden liegenden und schreienden Jimmy. Dann drückte er Jimmy den Flaschenhals ins Gesicht und drehte ihn dabei. Jimmy schrie auf und der Schrei war markerschütternd. Innerhalb von Sekunden war alles passiert. Wir stürzten uns auf den Typen, rissen ihn von dem wehrlosen Jimmy los und schleiften ihn nach draußen. Wir konnten gar nicht so schnell reagieren, wie sich die Sache abgespielt hatte.

Jimmy hörte auf zu schreien, er war bewußtlos geworden. Ich kniete mich neben Jimmy hin und schaute mir die Bescherung an. Überall war Blut verschmiert, das Jimmy regelrecht aus den Wunden im Gesicht spritzte.

Die eine Hälfte des Gesichts war mit Schnittwunden übersät, und am oberen Ende der Stirn war eine große Wunde, die auch wie verrückt blutete. Da ich nicht wußte, was man in einem solchen Fall macht, rief ich dem Typ hinter dem Ausschank zu, daß er einen Krankenwagen rufen soll. Doch der starrte immer noch auf den am Boden liegenden Jimmy. Ich mußte ihn erst anschreien, bevor er reagierte und zum Hörer griff. Ich schaute wieder auf Jimmy, und mir wurde fast übel. Ich hatte noch nie gesehen, wenn einem Menschen das Gesicht mit einer Flasche zerschnitten wurde. Die Wunden bluteten wie verrückt, und so sprang ich auf, rannte zur Theke, riß dort ein sauberes Handtuch aus dem Regal, lief wieder zurück zu Jimmy und drückte ihm das Handtuch auf die blutende Gesichtshälfte, so daß das Blut nicht so schnell rauslaufen konnte. Es war ein ekelhafter Anblick, und ich mußte dagegen ankämpfen, nicht zu kotzen. Armer Jimmy, dachte ich. Du wirst nie wieder in einen Spiegel schauen können, denn da wirst du immer ein halbes Monster sehen. Es wäre besser für dich, wenn du stirbst. Auf einmal stand ein Caporal neben mir und sagte:

»Die Ambulanz wird gleich hier sein. Halte das Handtuch weiter drauf.«

Er sagte dies so lässig, als wenn es um die Bestellung eines Bieres in einer Kneipe ging. Er war weder nervös, noch schien es ihm etwas auszumachen, daß vor ihm am Boden jemand lag und bald krepierte. Ich verfluchte in diesem Moment die Legion, die aus Menschen regelrechte Bestien macht, die weder Mitleid noch andere Gefühle im Leibe haben.

Kurz darauf kamen die Sanitäter mit einer Bahre, und der eine nahm das Handtuch von Jimmys Gesicht und sagte:

»Daß du das Handtuch auf das Gesicht gedrückt hast, war gut.«

Aber als er Jimmys Gesicht genauer angeschaut hatte, sagte er: »Das sieht ganz schön böse aus. Der Junge wird nie wieder ein anständiges Gesicht haben.«

Dann legten sie ihn auf die Bahre und trugen ihn hinaus. Mir tat Jimmy so leid, daß ich eine Wut auf den anderen hatte und ihn erschlagen hätte, wenn er vor mir gestanden hätte. Dann fragte ich einen, der neben mir stand:

»Wo ist denn der andere, der die Flasche geschwungen hat?«

»Den haben die anderen fast kaputt gemacht. Die Sanis laden ihn gerade in den Krankenwagen. Wenn der Caporal nicht gekommen wäre, hätten sie ihn totgeschlagen. Aber viel fehlt ihm auch nicht mehr, bis er den Arsch zukneift. Dieses Schwein hätte es verdient, daß man ihm die Kerze ausbläst!«

»Da muß ich dir recht geben«, sagte ich nur darauf. Es herrschte im Foyer eine Aufregung, wie sie noch nie dagewesen war. Mittlerweile waren eine ganze Menge Caporal-Chefs und andere Soldaten angekommen, die fragten, wie die ganze Sache passiert wäre. Das Blut von Jimmy war immer noch auf dem Boden, und ich starrte darauf, als wenn es mein eigenes wäre.

Warum mußte es Jimmy erwischen und nicht einen der Kameradensäue, von denen genug im Lager waren? Man konnte doch nicht einen Menschen so behandeln, nur weil er eine andere Hautfarbe hat. Deswegen ist er doch genauso ein Mensch wie jeder andere. Er ist genauso wie unsereins, und dennoch haben es die Schwarzen schwerer als die Weißen. Das wollte mir einfach nicht in den Kopf gehen. Ich bin so gut mit Jimmy ausgekommen, und ein Weißer macht so etwas mit ihm. Aber was soll man gegen diese Ungerechtigkeit machen, die diesen armen Kerlen täglich widerfährt? Ich bin alleine, ein Einzelner und kann nichts ausrichten.

Die Aufregung hatte ein wenig nachgelassen und ein großer Teil der Caporals verschwand wieder. Ein anderer putzte das Blut von Jimmy auf, und mir war miserabel zumute. Am liebsten wäre ich über den Zaun gesprungen und auf und davon, wie es schon andere gemacht hatten. Ich steckte mir mit zitternden Händen eine Zigarette an und hoffte, daß es mir besser gehen würde. Auf einmal wurde zum Appell gepfiffen.

Normalerweise war die Aufenthaltszeit im Foyer noch nicht zu Ende, und so fragte ich mich, warum man zum Appell gepfiffen hatte. Als wir alle angetreten waren, erlebten wir eine Überraschung. Wir mußten den Rest des Abends bis zum letzten Appell im Hof stehen. Es sollte eine Strafe sein, aber keiner wußte, warum wir bestraft wurden, denn uns wurde nichts gesagt. Den meisten stank dies, aber mir war an diesem Abend alles scheißegal. Nach dem letzten Appell durften wir abtreten und in unsere Zimmer gehen. Die anderen fluchten wie die Rohrspatzen und schworen, den Typen umzubringen, wenn er noch einmal zurückkommen sollte.

Aber weder ihn noch Jimmy sah ich jemals wieder, denn sie wurden beide entlassen, wegen undiszipliniertem Verhalten.

Als ich an diesem Abend einschlief, hatte ich die Schnauze voll von der Legion. In der Nacht wachte ich ein paarmal auf, denn ich hatte Alpträume und sah immer Jimmys verschnittenes Gesicht vor mir.

Eines Morgens wurde ich zur Sicherheitspolizei gebracht. In Begleitung eines Caporals wurde ich dort hingeführt und mußte im Gang warten. Nach einer Weile wurde ich von einem nicht gerade freundlich aussehenden Typen in das Zimmer gewunken. An einem Schreibtisch saß ein fetter Kerl, und zwei weitere

Typen lümmelten am Fenster herum. Beim Eintreten sagte ich freundlich: »Guten Tag!« als ich auch schon einen Anpfiff von dem Fettsack am Schreibtisch bekam. Er schrie: »Wie kommen sie sich eigentlich vor? Haben sie mittlerweile nicht gelernt, wie man bei der Legion grüßt? Sie sind hier nicht bei einem Kaffeekränzchen!«

Mit so einem Empfang hatte ich nicht gerechnet, und so nahm ich sofort Haltung an und grüßte militärisch. Dann war das Arschloch anscheinend zufrieden, denn ich mußte mich auf einen Stuhl setzen, der vor dem Schreibtisch stand. Ich fühlte mich auf einmal sehr unwohl in meiner Haut. Der Fette hinter dem Schreibtisch schaute mich eine Weile dämlich an, als wenn er schwul wäre und sagte dann mit einer dröhnenden Stimme:

»Du weißt, wo du hier bist?«

Erst hatte er mich mit »Sie« angeredet und auf einmal mit »Du«. Das konnte ich bei der Legion sowieso nicht verstehen. Der eine machte es so und der andere wieder anders und manche benutzten beide Anreden, so wie der Fettsack, der vor mir saß. Wie soll da ein Mensch noch schlau draus werden?

»Ja, ich weiß, wo ich bin.«

»Ich will dir gleich im voraus sagen, daß du mich nicht anzulügen brauchst, ich würde es sowieso merken.«

Das war mir klar, denn er hatte meine Akte mit den Informationen vor sich liegen. Der mußte mich wirklich für einen Volltrottel halten. Als er mich wieder wie ein Schwuler anschaute, fing ich an, ihm frech in die Augen zu stieren, als wenn ich ihn hypnotisieren wollte. Da wich er meinem Blick aus und sagte: »Jetzt erzähle uns einmal deinen Lebenslauf!«

Ich fing an, ihn zu erzählen, als wenn ich ihn auswendig gelernt hätte. Nicht die kleinste Kleinigkeit ließ ich aus, und der Dicke las in der Akte mit und paßte auf, daß ich nicht log. Der Dicke schien sehr erstaunt zu sein, daß jemand seinen Lebenslauf so lückenlos im Kopf haben konnte. Selbst das, was ich angestellt hatte, erzählte ich haargenau. Als ich fertig war, wußte der Dicke nichts mehr zu sagen und blickte mich nur noch listig aus seinen Schweinsaugen an.

Dann sagte er:

»Hast du das auswendig gelernt?«

»Nein, ich habe nur ein gutes Gedächtnis.«

»Das gibt es bei uns sehr selten, daß jemand alles, was in der Akte steht, genau wiedergibt, ohne daß ich ihn nachfragen muß.«

»Ich weiß ungefähr, was in meiner Akte steht, und deswegen habe ich auch so genau berichtet. Wenn ich gelogen hätte, dann hätten Sie es sofort an Hand der Akte bemerkt. Also sagt man am besten die Wahrheit und der Fall ist erledigt.«

»Ja, unsere Informationen sind sehr genau. Ein paar Kleinigkeiten fehlen zwar immer, aber das ist nicht so wichtig.«

»Ich bin überzeugt davon, daß ein paar Kleinigkeiten fehlen, denn so hundertprozentig sind die Deutschen auch wieder nicht. Die tun nur immer so.«

»Woher willst du wissen, daß wir die Informationen aus Deutschland haben?«

»Woher sollten Sie sie denn sonst haben. Erstens war ich mein ganzes Leben nur in Deutschland, und zweitens bin ich dort bei der Polizei bekannt, und die wissen auch fast alles über mich. Also ist es keine Schwierigkeit, die Informationen zu bekommen.«

»Du bist ein schlaues Bürschchen. Du würdest bestimmt ein guter Geheimpolizist werden, wenn man dich dementsprechend ausbilden würde. Was willst du eigentlich werden, bei der Legion?«

»Als erstes ein richtiger Mann.«

»Was soll denn das heißen?«

»Na das, was ich gesagt habe.«

»Wenn man genug im Kopf hat, dann trägt man eine sehr gefährliche Waffe mit sich herum.«

Er hatte mich nicht verstanden, denn ich meinte weder geistig ein Mann noch körperlich, sondern gefühlsmäßig. Aber ich tat so, als wenn er mich verstanden hätte, damit er mir nicht noch eine Moralpredigt hielt. Nachdem wir noch ein paar Worte gewechselt hatten, sagte er:

»Es ist alles in bester Ordnung. Du kannst wieder gehen.«

»Sind wir denn schon fertig?«

»Ja, das, was du gesagt hast, war alles Okay. Der Fall ist erledigt. Ich habe keine Fragen an dich.«

Ich stand auf, ging an die Türe, grüßte militärisch und wollte gerade die Bude verlassen, als mich der Dicke noch einmal ansprach:

»Hey!«

Ich drehte mich um und schaute ihn an.

»Wenn du zum Chef kommst und der dich fragt, was du einmal werden willst, dann sag ihm, daß du später zum Sicherheitsdienst willst. Das ist wirklich ein schlauer Job.«

»Okay, mach ich.«

Dann ging ich aus dem Zimmer und zurück in unser Gebäude. Ich war kaum im Haus, als zum Appell gepfiffen wurde. Wir mußten alle in einer Viererreihe antreten und eine Vierteldrehung nach rechts machen. Dann kam der Chef aus dem Haus, und ich konnte ein Lachen nicht verkneifen. Gottseidank stand ich ziemlich in der Mitte, und keiner der Chefs hatte es bemerkt. Der Chef stolzierte mit einem Besenstiel, an dem fünf Unterhosen hingen, vor uns auf und ab. Die Unterhosen wiesen Bremsspuren auf, und es sah sehr verdächtig danach aus, als wenn jemand hineingeschissen hätte. Wir mußten unsere Unterwäsche selber waschen, und da schienen einige Herren sehr faul gewesen zu sein.

Auf einmal fing der Chef an, vor allen eine Rede zu schwingen: »Meine Herren! Heute bei der Stubenkontrolle habe ich diese Liebestöter unter die Augen bekommen, die bei einigen Herren in den Spinden lagen. So etwas ist eine Schweinerei, und die dulde ich nicht in meiner Kaserne. Die Herren, denen diese Dinger gehören, werde ich nachher noch in mein Büro beordern. Wenn ich so etwas noch einmal zu sehen bekomme, dann hagelt es Strafe für das ganze Haus. Ich kann denjenigen auch seine eigene verschissene Unterhose fressen lassen, wenn es ihm lieber ist. Das ist doch wirklich ein sehr appetitlicher Anblick.«

Als er das gesagt hatte, drehte es mir fast den Magen um, denn ich stellte mir bildlich vor, wie einer seine Unterhose fraß. Dann rief der Chef die Träger dieser eleganten Unterhosen auf, die zu ihm ins Büro mußten. Wir anderen konnten wieder abtreten und in unsere Stuben gehen. Es war also wirklich eine delikate Angelegenheit. Ich wollte nicht an der Stelle der fünf sein, denn der Chef war in punkto Sauberkeit sehr streng. Sie würden wahrscheinlich eine Strafe bekommen, wie zum Beispiel die Böden von Hand wachsen und polieren. Das war eine der Lieblingsstrafen des Chefs, denn er legte sehr großen Wert auf einen glänzenden Boden und besonders vor seinem eigenen Büro.

Am Mittag ging ich am Büro des Chefs vorbei und sah zwei der Hosenkacker die Böden wienern. Als ich den beiden so zusah, merkte ich nicht, daß der Chef hinter mich getreten war. Erst als er mich auf einmal ansprach und sagte:

»Na, arbeiten ist schön, da kann man stundenlang zusehen!«

»Ich wäre froh, ich könnte wieder einmal richtig schuften.« Das war für den Chef anscheinend ein Stichwort, denn er sagte: »Du kannst heute mittag mein Auto waschen. Ich stelle es auch gleich in den Hof, damit du bis zum Abendessen damit fertig bist.«

Jetzt hatte er einen gefunden, der ihm seine verdammte Rostlaube wusch. Ich stimmte seinem Vorschlag zu und verdrückte mich schnell, bevor er noch etwas anderes fand, das ich hätte tun können. Gleich nach dem Mittagessen ging ich an die Arbeit und wusch dem Alten den Wagen. Anfangs machte es mir keinen Spaß, aber als ich einmal bei der Arbeit war, bekam ich doch Lust und machte das Auto innen und außen pikobello sauber. Als der Chef kam, um seinen Wagen anzuschauen, da staunte er nicht schlecht. Er hatte erwartet, daß ich seine schäbige Kiste nur oberflächlich putzen würde. Ich hatte sowieso Übung im Autowaschen, da ich den Wagen meines Vaters immer sauber gemacht habe. Er sprach mir ein Lob aus, griff in die Tasche und holte aus seinem Geldbeutel einen Fünfzig-Francschein heraus und sagte:

»Hier nimm! Normalerweise bezahle ich keine fünfzig Francs

für das Autowaschen, aber du hast es wirklich Spitze gemacht und das auch noch freiwillig, denn du hast nicht gewußt, daß du etwas dafür bekommen würdest. Nur deswegen gebe ich dir das Geld. Und behalte es für dich, denn das braucht nicht jeder zu wissen.«

Ich nahm den Schein dankend an, grüßte militärisch, schnappte das Putzzeug und verschwand, so schnell ich konnte.

Daß der Alte für die Arbeit bezahlt hatte, war für mich ein richtiges Wunder, und für fünfzig Francs täte ich ihm alle zwei Stunden den Wagen waschen. Aber dies war eine einmalige Sache und würde bestimmt kein zweitesmal vorkommen. An diesem Tag war ich richtig arbeitsgeil, und ich wollte unbedingt noch etwas tun. So ging ich zum Sergeanten und fragte ihn, ob es noch etwas Arbeit gäbe. Der schaute mich erst ganz entgeistert an, denn es kam nicht oft vor, daß sich jemand freiwillig zur Arbeit meldete. Er schickte mich in ein Büro, in dem ein ganz junger Kerl an einem Schreibtisch saß. Als ich eingetreten war, schaute er mich an und fragte: »Was willst du denn hier?«

»Ich habe mich beim Sergeanten freiwillig gemeldet, um etwas zu arbeiten, und der hat mich hierher geschickt.«

»Ja, ich habe ihm gesagt, daß ich jemanden bräuchte, der mir hilft.«

»Dann bin ich also richtig hier?«

»Vorausgesetzt, du kannst schreiben.«

»Das kann ich ausnahmsweise.«

»Also, dann mach als erstes einmal einen Kaffee für uns beide. Kannst du Kaffeekochen?«

»Als Koch ist es das mindeste, was ich können sollte.«

»Dann ist alles in bester Ordnung. Da hinten steht die Maschine und alles andere auch.«

Also machte ich zuerst einmal Kaffee, wie man ihn nur in ganz guten Hotels serviert bekommt. Die Arbeit, die ich machen sollte, war nichts Besonderes. Ich mußte Rechnungen in eine Liste eintragen und alles so Kleinzeug, das natürlich einen Haufen Zeit in Anspruch nimmt.

Aber für mich war es einmal etwas anderes, und so machte mir die Sache sogar Spaß. Als einmal der Pfiff zum Appell ertönte, mußte ich nicht hingehen, sondern konnte im Büro bleiben. Ich konnte zwar französisch sprechen, aber schreiben war eine Katastrophe. Aber abschreiben kann jeder Dubel, und so machte mir es auch keine Schwierigkeit.

Ich fühlte mich richtig wohl im Büro und hätte dort eine Ewigkeit verbringen können. Kurz vor dem Abendessen machten wir Feierabend. Beim Verlassen des Büros sagte mein Kollege zu mir:

»Deinen Namen habe ich mir notiert. Wenn ich dich wieder einmal brauchen sollte, werde ich dich rufen lassen.«

»Ja danke, es würde mich freuen, wenn ich aushelfen könnte. Vorausgesetzt ich bin noch in Aubagne.«

»Ich werde bestimmt darauf zurückkommen, denn ich brauch öfters eine Hilfe.«

Dann ging ich auf die Bude und wartete auf den Pfiff für das Abendessen, denn ich hatte einen Wahnsinnskohldampf und hätte einen Bären verdrücken können.

Eines Mittags, beim Appell, wurde ich aus der Reihe gerufen und mußte vortreten. Ich mußte meinen grünen Stoffstreifen von der Schulter machen und einen gelben anheften. Das bedeutete also, daß ich tauglich war und bald den roten Stoffstreifen bekommen und dann aus diesem Lager verschwinden würde.

Später erfuhr ich von einem Sergeanten, mit dem ich sehr gut auskam, daß ich meine Untersuchungen und Prüfungen mit »sehr gut« bestanden hatte. Ich mußte dann noch einmal zum Arzt, und der verpaßte mir ein paar Spritzen, gegen Malaria und weiß der Teufel was alles, eben gegen all die Krankheiten, die man sich in Afrika und den andern Ländern holen konnte. Dort traf ich den deutschen Arzt, der mich am Anfang so dumm angemacht hatte. Der freute sich riesig, daß ich tauglich war und bald ganz der Legion gehörte. Wir unterhielten uns noch eine Zeitlang im Gang. Darauf verabschiedete sich der Arzt von mir, denn es sollte mein letzter Arztbesuch in Aubagne gewesen sein, bevor ich dort wegkam.

An einem Freitag mittag bekam ich dann endlich meinen roten Stoffstreifen. Die anderen, die schon einen hatten, waren an diesem Morgen alle aus dem Lager verschwunden. Ich durfte sofort in die obere Etage ziehen und suchte mir dort gleich das beste Bett aus. Die Auswahl war groß, denn ich war der erste, der einen roten Stoffstreifen gekriegt hatte. Im Laufe des Nachmittags bekamen noch ein paar andere den »Roten« und kamen ebenfalls in die obere Etage. Darunter war ein sehr guter Kumpel von mir, und wir freuten uns, daß wir wieder zusammen waren. Aber auch ein paar Kameradenschweine kamen nach oben. Diese beklauten einen dauernd und hatten eine ziemlich große Schnauze.

Am nächsten Tag kamen wir alle in ein Lager, wo wir nagelneue Uniformen bekamen. Diese Uniform war echt Spitze, denn es war nicht die Ausgeh- sondern die Kampfuniform mit allem Drum und Dran. Dann bekamen wir alle noch eine Stange Zigaretten und fünfzig Francs extra zu unserem normalen Sold. Die Sportkleidung war ebenfalls neu und nicht gerade die billigste, wie man sehen konnte. In unseren Spinden verstauten wir alles, und ich freute mich wie ein Schneekönig, daß ich das Lager in spätestens einer Woche verlassen würde. Ich hatte mir schon einen richtigen Zigarettenvorrat angelegt, da hier die Dinger sehr billig waren und man nicht wissen konnte, wie dies im anderen Lager sein würde.

Morgens hatten wir nun ab und zu Unterricht. Wir lernten, was die einzelnen Orden und Abzeichen bedeuteten, wie man sich nach einem ausgeführten Befehl ordnungsgemäß zurückmeldete und viel anderen Kleinkram. Diesen Unterricht fand ich hochinteressant. Tagsüber mußten wir im Hof stundenlang exerzieren, und beim Turnen wurden wir derart geschliffen, daß uns die Zunge aus dem Hals heraushing. Ich war echt in guter Form, und mir konnte nur einer das Wasser reichen, und das war mein bester Freund. Wir trainierten immer zusammen und heizten uns gegenseitig an. Wir verstanden uns eben sehr gut, und wir hielten zusammen wie Pech und Schwefel.

Eines Abends stellte ich fest, daß aus meinem Spind eine halbe

Stange Zigaretten fehlte. Da genug Kameradenschweine da waren, konnte ich jeden zweiten verdächtigen und wußte dann immer noch nicht, wer es gewesen war. Ich sagte den anderen gar nichts, außer meinem Kumpel. Der meinte, daß wir diese Sau schon erwischen würden, denn wenn man einen Kameraden beklaut, dann ist man wirklich eine Sau. Wäre derjenige zu mir gekommen und hätte mich nach Zigaretten gefragt, dann hätte er bestimmt welche bekommen, denn ich wäre der letzte gewesen, der nein gesagt hätte.

Mein Kumpel und ich heckten einen Plan aus, der ungefähr so aussah. Ich würde meinen Spind nicht zumachen, sondern offen lassen. Da ich im obersten Bett lag, konnte jeder, der im Zimmer war, mich beklauen, sobald ich schlief. Aber ich würde nicht schlafen, sondern nur so tun als ob. Wenn also jemand an meinen Spind gehen würde, dann täte ich es merken.

Aber es ging keiner an den Spind, und so hatte ich die ganze Nacht umsonst wachgelegen. Vielleicht würde ich ihn irgendwann einmal erwischen, oder auch nie, dachte ich mir und vergaß die ganze Sache.

An einem Abend standen ich und mein Freund im Foyer, wo die Sache mit Jimmy passiert war. Wir standen an der Theke. Ich griff in meine Tasche und wollte etwas Geld herausholen, als ich feststellte, daß ich es auf der Bude vergessen hatte.

Ich ging also in unser Haus zurück, und als ich die Türe von meiner Bude öffnete, erlebte ich eine schöne Überraschung. Vor meinem Spind stand einer meiner Zimmerkollegen und hatte eine Stange Zigaretten in der Hand, die er gerade in seiner Uniform verschwinden lassen wollte. Dieser Kerl war einer der schlimmsten Kameradensäue, die überhaupt dort waren.

Langsam ging ich mit ausgestreckter Hand auf ihn zu. Ich wollte ihn nicht schlagen, denn dies wäre mein Ende bei der Legion gewesen. Das einzige, was ich wollte, waren meine Zigaretten. Als ich vor ihm stand, sagte ich zu ihm:

»Aha, da habe ich dich doch noch erwischt. Ich bin gerade im richtigen Augenblick gekommen.«

»Was heißt hier im richtigen Augenblick?«

»Das weißt du genausogut wie ich. Du wolltest mich wieder beklauen.«

»Jetzt rede aber keinen Scheiß. Das sind meine Zigaretten.«

»Und was machst du an meinem Spind? Du wolltest mir anscheinend die Stange schenken und sie mir nur reinlegen. Für wie dumm hältst du mich eigentlich?«

Ich hatte schon einen Blick in den Spind geworfen, und es waren meine Zigaretten, daran gab es keinen Zweifel, denn ich wußte ganz genau, wie viele ich im Schrank hatte.

»Wenn ich sage, das sind meine, dann sind es auch meine.«

»Also, ich mach dir einen Vorschlag. Wenn du mir meine Zigaretten zurückgibst und die Klauerei in Zukunft läßt, dann vergessen wir die ganze Sache. Wenn nicht, dann geh ich zum Alten runter.«

»Wenn du weiter so einen Mist quatscht, dann haue ich dir eine rein, und dann wirst du wissen, daß ich die Zigaretten nicht geklaut habe. Das ist doch auch ein guter Vorschlag.«

»Mann, jetzt mach doch keinen Blödsinn! Der Fall ist klar. Du wolltest mich beklauen, und da gibt es nichts dran zu rütteln. Entweder du gibst mir jetzt die Stange, oder ich gehe runter und hole den Chef.«

»Ich täte dir nicht empfehlen, zum Chef zu gehen, denn da machst du dich nur lächerlich. Und die Zigaretten bekommst du nicht. Vorher hau ich dir die Schnauze ein.«

Ich war kurz davor, die Geduld zu verlieren. Er hatte noch Glück, daß ich nicht gleich zum Chef ging und eine Meldung machte, denn sonst wäre er gleich rausgeflogen, denn das Klauen ist bei der Legion strengstens verboten. Aber gutmütig wie ich bin, hatte ich ihm einen Vorschlag gemacht, und da droht der Hund auch noch mit Prügel, zumal er auch keine Chance hatte, da ich besser durchtrainiert war als er. Aber ich wollte noch einen Versuch machen, damit er nicht rausflog, und so sagte ich zu ihm:

»Also gib mir jetzt die Zigaretten zurück und der Fall ist erledigt. Wenn nicht, dann gehe ich gleich runter.«

»Ich habe dir schon einmal gesagt, daß du sie nicht kriegst. Vorher haue ich dir eine vor den Latz.«

»In Ordnung, dann gehe ich eben runter, und morgen kannst du deine Klamotten schnappen und verschwinden. Wenn dir das lieber ist.«

Ich drehte mich um und wollte gerade loslaufen, als er mich an der Schulter herumriß und mir gleich eine in die Visage haute. Der Faustschlag war so stark, daß ich zurücktaumelte und mich erst wieder an der Wand auffing. Die Drecksau hatte mir tatsächlich eine reingehauen.

Er wollte wieder auf mich losgehen, aber ich stieß mich von der Wand ab und lief auf ihn zu. Ich hatte einen Wutanfall bekommen. Als ich kurz vor ihm war, wollte er mir wieder eine reinhauen, aber ich wich ihm geschickt aus. Dann holte ich aus und schlug ihm mit aller Kraft und Wucht, die ich im Körper hatte, in die Magengegend. Er beugte sich ziemlich weit nach vorne, und ich zog schnell das Knie hoch, so daß ich ihn ins Gesicht traf. Der Schlag war wiederum so fest, daß er nach oben kam und wieder aufrecht stand. Automatisch holte ich aus und schlug ihn mit der Faust in die Fresse. Er wich langsam zurück, aber ich war nicht mehr zu bremsen, denn ich hatte die Kontrolle über mich selber verloren. Er versuchte sein Gesicht mit den Armen zu decken. Erbarmungslos schlug ich auf ihn ein. Wenn er die Arme oben hatte, schlug ich ihm in den Magen, und wenn er sie unten hatte, ins Gesicht. Als er an der Wand stand und langsam an ihr herunterrutschte, packte ich ihn an den kurzen Haaren und schlug weiter auf sein Gesicht ein. Mittlerweile spritzte das Blut aus seinem Gesicht. Es war total beschmiert. Der Typ kniete vor mir. Ich hielt ihn an den Haaren und schlug immer von neuem auf ihn ein.

Auf einmal wurde ich an der Schulter gepackt und herumgerissen. Ich dachte, daß es ein anderes Kameradenschwein wäre und mich nun niedermachen wolle. Ich ließ den andern los, und noch während meiner Drehung schwang ich meine Faust und haute sie dem anderen mit voller Kraft ins Gesicht. Der ließ mich auch sofort los, taumelte zurück und sackte zu Boden. Erst jetzt sah ich, daß es ein Sergeant war und auch noch der, mit dem ich so gut auskam und mich so oft unterhalten hatte. Ich wußte nicht mehr, was ich machen sollte. Meine Hände waren mit Blut verschmiert. Vor mir auf dem Boden lag der Sergeant, der aus der Nase und dem Mund blutete, und hinter mir lag das Schwein von einem Kameraden und rührte sich nicht mehr. Ich ging los, doch als ich mit dem nassen Handtuch zurückkam, stand der Sergeant schon wieder aufrecht im Zimmer. Er schaute mich an und meinte:

»Junge, da hast du ganz nett hingelangt. Normalerweise kippe ich nicht so schnell aus den Latschen.«

Dann versuchte er zu grinsen, was ihm aber nicht besonders gut gelang, denn seine Oberlippe war ein wenig aufgeplatzt. Ich hatte gedacht, daß der Sergeant auf mich losgehen würde, wenn er wieder aufgewacht wäre, aber das war nicht der Fall. Eines wußte ich aber genau, nämlich, daß meine Karriere bei der Legion zu Ende war, denn spätestens morgen würden sie mir meine Papiere in die Hand drücken. In der Ecke stöhnte auf einmal die Ratte, die ich so vermöbelt hatte. Er lag mittlerweile ausgestreckt auf dem Boden, mit dem Gesicht zur Decke. Wir schauten uns den Typen an, und der Sergent meinte:

»Ohje, das sieht böse aus. Da hilft nur noch ein Krankenhaus. Laß ihn so liegen, ich rufe gleich an!«

Dann drehte er sich um und eilte schnell aus dem Zimmer.

Ich ging in den Waschraum, um mich sauber zu machen. Zitternd vor Aufregung verließ ich das Zimmer, um in den Waschraum zu gehen. Auf dem Flur stand auch schon wieder der Sergeant und meinte:

»Nimm es nicht so tragisch, auch wenn sie dich morgen rausschmeißen sollten. Daß du mir auch eine verpaßt hast, vergessen wir am besten, denn ich war selber schuld daran. Ich hätte nicht von hinten kommen dürfen, sondern von vorne. Trotzdem muß ich einen Bericht über den Vorfall abgeben, denn den Kerl hast du ziemlich übel zugerichtet. Komm nachher zu mir ins Büro.«

»Ja, ist in Ordnung. Ich komme gleich runter.«

Mir war ganz komisch zu Mute. Wenn der Sergeant nicht gekommen wäre, hätte ich den Typ vielleicht erschlagen. Ich hatte mich total vergessen, und das konnte ich noch nicht ganz verstehen.

Im Waschraum schaute ich in den Spiegel, und dort erst stellte ich fest, daß ich selber blutete. Meine Unterlippe war ein wenig aufgesprungen. Das mußte von dem Schlag gewesen sein, den ich gleich am Anfang eingefangen hatte. Dann wusch ich mir das Gesicht und die Hände und ging zum Sergeanten in sein Büro. Dort mußte ich berichten, wie die Sache abgelaufen war, und er schrieb einen Bericht über das Geschehen.

Am nächsten Morgen wurde ich von meinem Freund wachgerüttelt. Er schaute mich nur an und meinte:

»Hast gestern mit dem Sergeanten ein klein wenig zu tief ins Glas geschaut. Ist auch verständlich, nach dem, was gestern los war.«

Darauf nickte ich nur, denn ich war nicht in der Lage, eine Volksrede zu halten. Trotz meines schweren Kopfes sprang ich aus dem Bett und machte mich auf den Weg in den Waschraum.

Nach dem Frühstück war der Zeitpunkt gekommen, wo ich mich im Büro des Kasernenchefs melden mußte. Obwohl ich wußte, was mich erwartete, hatte ich ein ganz komisches Gefühl im Magen. Ich klopfte an, trat ein und grüßte militärisch. Ich stellte gleich fest, daß auch der Sergeant anwesend war. Der Chef und ein anderes hohes Tier, das ich noch nie gesehen hatte, saßen ebenfalls da. Ich mußte mich auf einen Stuhl setzen, der genau vor den dreien stand. Ich kam mir vor wie ein Angeklagter auf der Anklagebank. Ich warf einen Blick in die Runde, und als ich den Sergeanten anschaute, schüttelte dieser ganz leicht den Kopf und schloß die Augen. Das bedeutete also, daß ich meine Papiere in die Hand gedrückt bekäme und verschwinden müßte. Der Chef, der in meinen Akten gelesen hatte, blickte auf und sagte: »Herr Weimer, gestern haben Sie einen Kameraden krankenhausreif geschlagen. Ich habe hier einen Bericht vom Hospital, der nicht gerade ermutigend aussieht. Der Junge hat ein gebrochenes Nasenbein, einen mehrfach gebrochenen Unterkiefer, einige Platzwunden und Blutergüsse im Gesicht, vier Zähne fehlen ihm, und er hat eine gewaltige Gehirnerschütterung.

Ich habe Verständnis für Ihr Verhalten, aber nach den Gesetzen der Legion ist dies ein wenig zuviel, was Sie sich da geleistet haben. Ein klein bißchen humaner hätten sie schon mit ihm umgehen können. Deswegen ist heute morgen beschlossen worden, daß Sie auf der Stelle entlassen werden. An dieser Entscheidung ist nichts mehr zu ändern. Haben Sie noch irgendwelche Fragen dazu?«

»Ja, muß ich die Krankenhauskosten des anderen bezahlen?«

»Nein. Die Kosten übernimmt der, der im Krankenhaus liegt, selber, denn er hat den ersten Schlag gemacht und somit die Auseinandersetzung provoziert, wie ich aus dem Bericht des Sergeanten entnommen habe. Eine Anzeige wird ebenfalls nicht erfolgen, da Sie aus der Legion austreten. Der andere wird ebenso entlassen. Wenn man die Sache genauer betrachtet, dann sind Sie noch sehr gut weggekommen.«

Ich saß nur da und schaute auf den Boden, aber der Chef babelte immer weiter.

»Ich hätte wahrscheinlich genauso gehandelt wie Sie, aber bei uns herrscht Ordnung und Disziplin, und so können wir Ihr Verhalten auf gar keinen Fall decken.«

Als er eine Pause machte, sagte ich:

»Aber ich war doch eindeutig im Recht, und deswegen kann man mich doch nicht so einfach rausschmeißen.«

»Sie hätten rechtzeitig aufhören sollen. Wir hätten Sie bestimmt nicht rausgeschmissen, aber der Befehl kommt von ganz oben, und da können wir nichts dagegen machen. Da ist jede Gegenrede sinnlos, denn die handeln nach den Gesetzen.«

»Okay, dann werde ich noch heute verschwinden«.

»Es tut uns auch leid, denn Sie wären bestimmt ein sehr guter Soldat geworden.«

»War das dann alles?« fragte ich.

»Ja, Sie können jetzt gehen und sich von ihren Kameraden verabschieden, wenn sie wollen. Dies ist normalerweise nicht üblich, aber bei Ihnen wollen wir einmal eine Ausnahme machen.«

»Danke!« sagte ich und stand auf. Dann sagte der Chef noch zu mir:

»Wenn Sie sich verabschiedet haben, dann gehen Sie zum Sergeanten ins Büro. Er wird mit Ihnen den Rest erledigen.«

»Jawohl.«

Ich verabschiedete mich und verließ das Büro. Als ich auf dem Gang stand, mußte ich mir erst einmal eine Zigarette anstecken, denn mir war echt komisch zu Mute. Dann ging ich zu meinem Kumpel und erzählte ihm, daß sie mich an die Luft gesetzt hätten. Der fluchte wie ein Rohrspatz und meinte, daß er am liebsten auch abhauen würde, da er nun keinen Bock mehr hätte, bei diesem Verein zu bleiben. Ich sagte ihm schnell auf Wiedersehen, obwohl ich wußte, daß wir uns das letztemal sahen. Ich selber haßte langes Abschiednehmen, und deshalb machte ich es so schnell wie möglich. Dann ging ich zum Sergeanten ins Büro, der schon auf mich wartete. Er zog zwei Flaschen Bier aus dem Schreibtisch, reichte eine davon mir und sagte dann:

»Ich habe alles versucht, aber die Entscheidung war nicht mehr rückgängig zu machen«.

»Ist nicht so schlimm, denn ich bin selber schuld daran. Ich habe mich vergessen und nun muß ich auch die Konsequenzen tragen.«

Wir saßen noch eine Weile schweigend da und tranken unser Bier. Als wir fertig waren, gingen wir in das Kleiderdepot. Dort zog ich die Uniform aus und meine Zivilkleider wieder an. Danach gingen wir an die Kasse, wo ich mein Geld kriegte. Dann gingen wir wieder zurück in das Büro des Sergeanten, wo er mir meine Papiere aushändigte. Als wir alles erledigt hatten, saßen wir noch ein wenig im Büro und unterhielten uns. Aber schon nach kurzer Zeit kam ein Soldat und sagte, daß ich mich fertigmachen solle, denn der Lastwagen, der uns zum Bahnhof bringen sollte, es fuhren noch ein paar andere mit, die wegen Untauglichkeit entlassen worden waren, würde gleich abfahren.

Ich schnappte meine Tasche, verabschiedete mich vom Sergeanten und ging zum Lastwagen. Der Sergeant stand da wie ein begossener Pudel und schaute mir nach. Dann sprang ich in den LKW, in dem schon die anderen saßen. Als ich so in die Runde schaute, stellte ich fest, daß sogar einer dabei war, den ich schon in Straßbourg getroffen hatte. Er begrüßte mich freudig und meinte:

»Erst mußt du dich beklauen lassen, und dann werfen sie dich auch noch raus. Das, was gestern passiert ist, weiß schon das ganze Haus. Dem hast du es ganz gewaltig gegeben.«

»Ja, aber er war selber Schuld daran. Er hätte von mir nicht einen einzigen Schlag bekommen, wenn er mich nicht angegriffen hätte.«

Wir unterhielten uns, während der Lastwagen zum nächsten Bahnhof fuhr, wo wir den Zug nach Marseille nehmen sollten. Das taten wir auch. Ich setzte mich mit Ted, der übrigens Engländer war, in ein Abteil. Wir sprachen noch eine ganze Weile über das, was wir bei der Legion erlebt hatten. Dann lief auch schon der Zug im Bahnhof von Marseille ein. Das Ticket, das ich erhalten hatte, war nach Mulhouse ausgestellt, aber zurückfahren konnte und wollte ich nicht. Nach Deutschland bedeutete, sich der Polizei stellen und eventuell ins Gefängnis gesteckt werden. Das wollte ich nicht, und so schmiß ich es einfach in den nächsten Papierkorb, der mir über den Weg kam.

Ted und ich setzten uns in Marseille ins Bahnhofcafé und nahmen dort erst einmal einen starken Kaffee zu uns.

Wir sprachen so gut wie nichts, denn jeder war mit sich selber beschäftigt. Ted konnte auch nicht mehr nach England zurück, da er dort wegen Raubs gesucht wurde. Das bedeutete dort eine mehrjährige Gefängnisstrafe, auf die er nicht scharf war.

So saßen wir da, überlegten, tranken Kaffee und überdachten unsere Lage. Wir mußten beide einen Ausweg finden, denn wir wußten nicht, was wir in Zukunft machen sollten.

7

Als ich mich vom Café aus umsah, wurde mir wieder bewußt, wie dreckig dieser Bahnhof war. Überall standen die Bettler herum und redeten fremde Leute an. Mich kotzte diese ganze Atmosphäre an, und ich wollte unbedingt verschwinden. Deshalb sagte ich zu Ted:

»Komm, laß uns hier abhauen, und außerdem brauche ich wieder einmal etwas für mein Bett.«

»Okay, ich habe auch mal wieder eine Frau nötig.«

»Am besten, wir gehen heute abend in irgendeine Disco und suchen uns dort jeder eine Frau. Außerdem müssen wir uns noch nach einem Hotel umsehen, denn irgendwo müssen wir pennen.«

Wir verließen diesen abscheulichen Bahnhof und gingen mitten in die Stadt hinein. Keiner von uns beiden kannte sich in Marseille aus.

Ich fragte dann einen Polizisten nach einem Hotel, das nicht zu teuer sein sollte, aber dennoch gut. Er gab uns eine Adresse und erklärte uns den Weg. Es war zwar nicht gerade ein Luxushotel, aber es war sauber und sehr gemütlich eingerichtet. Jeder von uns nahm ein Einzelzimmer mit Dusche und Toilette, denn die Preise waren ebenfalls erschwinglich. Die Kostenfrage war nicht so schlimm, denn wir hatten beide noch genug Geld. Wir gingen in unsere Zimmer und packten unsere Taschen aus und trafen uns wieder in der Hotelhalle. Nun wollten wir etwas essen gehen und später Weiber besorgen. Nutten wollten wir keine, denn ich wollte eine anständige Sportmatratze haben, genauso wie Ted. In einem Lokal am Hafen aßen wir, bis wir fast platzten. Später bestellten wir ein Taxi. Dem Fahrer sagte ich, daß er uns in eine Disco fahren solle, in der man ein paar anständige Weiber aufgabeln konnte. Der meinte, wir sollten ins Nuttenviertel fahren, und prompt fuhr er uns dorthin. In Reih und Glied standen die Dirnen und warteten auf ihre Kundschaft. Da ich merkte, daß der Taxifahrer mich falsch verstanden hatte, klärte ich ihn auf, daß wir keine Nutten wollten, sondern anständige Weiber ohne Tripper und Seuche. Da fiel ihm ein, daß es eine sehr gute Disco in der Nähe gab, wo man sicher ein Mädchen loseisen konnte. Die Rechnung, die auf dem Zähler stand, war schon ganz beachtlich, was der Fahrer auch beabsichtigt hatte, denn er schielte immer auf ihn hinunter. Uns war dies egal, denn wir wollten nur in eine anständige Disco. Während der Fahrt meinte einmal der Fahrer:

»Habt ihr überhaupt Geld für eine so gute Disco?«

Ich wußte nicht, was er unter einer guten Disco verstand, aber ich verstand, was er mit dieser Frage wissen wollte, und so sagte ich zu ihm:

»Es wäre genauer gewesen, wenn Sie gefragt hätten, ob wir Ihre Rechnung bezahlen können. Das wollen Sie doch wissen.«

»Stimmt, da haben Sie recht.«

»Und damit Sie beruhigt sind, kann ich Ihnen sagen, daß wir sie bezahlen können.«

»Okay, dann ist alles in Ordnung.«

Ich sagte nichts mehr und hoffte nur, daß wir bald an dieser Discothek sein würden, denn der Fahrer hatte gesagt, das sie ganz in der Nähe sei.

Vor einem hell beleuchteten Transparent hielt der Fahrer an und meinte, daß dies die beste Discothek in ganz Marseille wäre. Ich bezahlte die Rechnung, bedankte mich freundlich und stieg mit Ted aus. Wir standen nun vor diesem enormen Schuppen. Wir gingen an die Türe, und dort erlebten wir schon unsere erste Überraschung. Sie war verschlossen, und man mußte erst klingeln, um reinzukommen. Also klingelten wir und warteten, was passieren würde. Kurz darauf wurde ein Deckel, der den Spion in der Tür verdeckte, zur Seite geschoben und ein Auge musterte uns.

Ich kam mir richtig behämmert vor und wollte schon gehen, als sich die Türe öffnete und ein Riese in ihr stand. Der meinte, daß wir ruhig eintreten könnten. Nach einem kurzen Zögern gingen wir hinein. Ich hatte schon eine leichte Vorahnung, was dies für ein Laden sein könnte. Als wir dann mittendrin standen, bestätigte sich meine Vorahnung. Es war zwar kein richtiges Puff, aber wenn man genug Geld besaß, konnte man dort auch ficken. Solche Läden gab es in Deutschland mehr als genug, und ich selber hielt nichts von ihnen. Am liebsten wäre ich gleich wieder gegangen, aber da dies sehr unhöflich gewesen wäre, setzten wir uns an die Bar. In der Nähe der Bar standen zwei von diesen Animierdamen, die sich auch gleich in Bewegung setzten und auf uns zukamen. Diese Weiber konnte ich sowieso nicht besonders leiden, denn sie hatten es auf das Geld der Kunden abgesehen wie der Teufel auf die armen Seelen. Die glaubten, daß sie mit ein bißchen Busenwackeln und in den Ausschnitt ihres Kleides schauen lassen, jedem das Geld aus den Taschen ziehen könnten. Aber da waren sie bei mir an der falschen Adresse. Bei der Barfrau bestellten wir zwei Longdrinks und machten es uns an der Bar gemütlich. Als die beiden Schachteln sich neben uns gesetzt hatten, gab ich ihnen zu verstehen, daß sie gleich wieder abzischen könnten, denn bei uns gab es nichts zu holen. Die beiden glotzten uns dämlich an und wollten noch einen Versuch machen. Als sie aber merkten, daß die Sache hoffnungslos war, zischten sie wieder ab.

Ted schien der Laden noch weniger zu gefallen als mir, denn er sagte:

»Am liebsten würde ich den Schuppen einmal richtig auseinandernehmen, daß die Fetzen fliegen. Sowas wie das gehört doch verboten. Da soll man sich von so Weibern anmachen lassen und holt sich dabei weiß Gott was alles. Und die Frechheit ist, daß man dafür noch einen Haufen Geld bezahlen soll. Am besten hauen wir nach dem Drink gleich wieder ab. Wenn ich diesen Taxifahrer noch einmal sehe, dann haue ich ihm gleich eine in die Fresse. Der kennt nur Puffs, weil er selber darin rumhockt.«

Ich stimmte ihm zu und schaute mir den Laden noch einmal an. Es saßen nur Schleimsäcke darin, die zu dumm waren, eine anständige Frau anzumachen. Richtig ekelhafte Typen waren es, und ich verstand Ted sehr gut mit dem, was er gesagt hatte. Wir schauten, daß wir unseren Drink so schnell wie möglich leer hatten und bezahlten. Die Preise waren wirklich ein wenig übertrieben, aber wir machten keinen Ärger und bezahlten unsere Zeche. Dann standen wir auf und gingen zum Ausgang. Dort machte uns der Riese die Türe auf und meinte, daß wir bald wiederkommen sollten. Der hatte für mich sowieso den Verstand in den Armen, anstatt im Kopf.

Auf der Straße wußten wir nicht, wohin wir gehen sollten. Wir marschierten einfach drauflos, in der Hoffnung, noch eine gute Disco zu finden, die unserem Geschmack ein wenig näher kam. Vor allen Dingen wollten wir etwas für unser Bett finden und nicht die Birne vollsaufen. Wir marschierten immer weiter und schauten ab und zu in einen Laden rein, der aussah, als wenn er etwas sein könnte. Aber nie war es das, was wir wollten. Entweder war es ein Bumsschuppen oder eine simple Cafébar, die alle etwas für diese impotenten Busenfummler gewesen wären. Als wir die Hoffnung schon fast aufgegeben hatten, fanden wir doch noch das, was wir wollten. Es war zwar keine riesige Disco, aber dafür war sie gemütlich und ziemlich voll. Weiber waren ebenfalls genug dort, und so hatten wir sogar eine kleine Auswahl, was wir für Freiwild haben wollten.

Wir setzten uns an einen Tisch und bestellten beim Kellner zwei schöne kalte Biere. Dann blickten wir in die Runde, und ich fand auch gleich etwas, was für mich genau das Richtige war. Eine schöne Blondine, die ihre langen Beine ganz allein auf der Tanzfläche schwang. Sie war wirklich ein steiler Zahn, und ich wäre am liebsten gleich an das Weib rangegangen. Aber so eine Sturmattacke wirkt meistens unverschämt, und dann lassen einem die Weiber abblitzen. Das wollte ich auf gar keinen Fall, denn ich hatte schon zu lange keine Frau mehr. Also hieß es mit Geduld und Spucke an die flotte Ware heranzugehen und keinen Fehler zu machen. Ted hatte auch schon eine im Auge, und als er sie mir zeigte, stellte ich fest, daß er einen guten Geschmack hatte, in bezug auf die Frauen. Sie hatte eine Figur wie eine Achterbahn. Sie war wirklich nicht zu verachten. Sie saß an einem Tisch, wo sich nun auch meine Blonde hinsetzte. Teds Mädchen hatte lange schwarze Haare, lange Beine, schmale Hüften und genau die richtige Portion im Hemd. Wenn es darauf angekommen wäre, dann hätte ich sie beide vernascht, dachte ich mir noch, als ich die beiden Weiber so verglich.

Ted und ich ließen beiden Mädchen je ein Getränk bringen und luden sie über den Kellner zu uns ein. Kurz darauf saßen sie auch schon an unserem Tisch. Die Blonde hieß Jeanette und die Dunkle Vallerie. Beide waren ohne Freunde in der Disco, und so war die Sache schon vielversprechend.

So wie mir Jeanette erzählt hatte, war sie gerade erst zwanzig Jahre alt. Sie lebte bei ihrer Mutter, die eine Hure war. Sie selber wäre aber noch nie auf den Strich gegangen, denn das wäre für sie ein zu dreckiges Geschäft, meinte sie. Sie erzählte mir dies alles im Verlaufe des Abends, ohne daß ich sie danach gefragt hätte.

Ted unterhielt sich blendend mit Vallerie, wie mir schien. Ab und zu gingen wir auf die Tanzfläche, um uns in dem immer gleichbleibenden Discogehämmer ein bißchen zu bewegen. Es war keine Kunst, dort zu tanzen, denn dies konnte jeder Idiot. Ich selber war ein schlechter Tänzer, und so war es mir recht, daß wir in einer Disco waren, wo es immer dasselbe ist. Ich hatte Jeanette erklärt, daß wir neu in Marseille wären und uns nicht auskannten. Wir sprachen ziemlich lange miteinander. Einmal sagte ich zu ihr, was aber schon zu später Stunde war, daß wir, besser gesagt ich, einen Fremdenführer bräuchte und sie genau das Richtige wäre. Darauf meinte sie:

»Brauchst du einen Fremdenführer fürs Bett oder für die Stadt?«

»Genauer gesagt, für beides.«

»Es freut mich, daß du so ehrlich bist. Wenn du jetzt gesagt hättest nur für die Stadt, dann wäre ich aufgestanden und gegangen, da ich Leute nicht mag, die lügen. Also für die Stadt spiele ich gerne den Fremdenführer und für das Bett wollen wir später entschciden. Chancen hast du jedenfalls.«

»Das freut mich aber ungemein«, gab ich ironisch zurück, worauf wir beide wie die Verrückten lachen mußten. Dabei fiel mir auf, daß sie ein sehr schönes Lachen hatte. Aber wenn ich sie schon im Bett gehabt hätte, wäre es mir lieber gewesen.

Bei Ted und Vallerie ging die Sache schneller voran, denn sie knutschten nach einer Weile schon miteinander rum wie die Weltmeister.

Ich ging mit Jeanette dann tanzen, und bei einem Stehblues drückte ich sie an mich. Da sagte sie ganz frech:

»Na, du wirst doch nicht mitten auf der Tanzfläche wollen?«

»Nein, so geil bin ich jetzt auch wieder nicht.«

Langsam lockerte ich meinen Griff, und sie gab mir einen flüchtigen Kuß auf den Mund. Da war schon das halbe Rennen gewonnen, dachte ich mir. Sie war ein bißchen anständiger als Vallerie, obwohl sie aus einem ganz miesen Elternhaus stammte. Es war nun schon sehr spät, und auch ich knutschte mit Jeanette rum. Sie konnte küssen wie eine Göttin, und ihre Lippen waren weich wie Samt.

Vallerie und Ted saßen am Tisch und machten wie die Wilden miteinander rum. Ted hatte schon seine Hand in ihrer Bluse und Vallerie fummelte immer ganz unauffällig an seinem Hosenladen rum. Auf einmal sagte Jeanette zu mir:

»Sollen wir nicht lieber gehn? Du siehst doch, was mit den beiden los ist. Die können sich kaum noch halten.«

»Und was machen wir in der Zeit, während sich die beiden im Hotel vergnügen?«

»Du hast zwei Möglichkeiten. Entweder wir schauen bei ihnen durch das Schlüsselloch zu, oder wir machen dasselbe wie sie. Was ist dir lieber?«

»Dasselbe«, sagte ich, und ich mußte lachen, da es sich anhörte, als wenn ich ein Essen bestellte. Jeanette mußte auch lachen, und wieder fiel mir auf, wie natürlich und ungezwungen sie lachen konnte. Wir bezahlten die Rechnung und machten uns auf den Weg.

Im Hotel fiel uns ein, daß wir nichts zum Trinken hatten, und so ging ich zum Portier, der noch auf war. Der hatte noch ein paar Flaschen Wein, wovon ich gleich vier mitnahm. Zwei davon drückte ich Ted in die Hand, und jeder verschwand auf sein Zimmer. Kaum war die Türe hinter mir und Jeanette geschlossen, da war sie auch schon nicht mehr zu halten, denn sie sagte zu mir:

»Wenn du erst noch etwas trinken willst, dann mach ich es mir selber.«

Erst war sie so zurückhaltend, und nun wollte sie es sich selber besorgen, wenn ich nicht gleich an die Arbeit ginge. In Windeseile hatten wir unsere Klamotten ausgezogen und waren wie Adam und Eva bei ihrer Schöpfung. Jeanette hatte einen makellosen Körper, der mich wahnsinnig in Erregung versetzte. Wir pflanzten uns auf das Bett, und was dort passierte, ist jederman klar. Über eine Stunde machten wir unseren Sport, bis wir beide erschöpft nebeneinander lagen. Ich war ausgelaugt bis auf das Knochenmark, und ich hatte in dieser einen Stunde das nachgeholt, was ich die letzten Wochen versäumt hatte. Jeanette holte nach einer Weile eine von diesen Weinflaschen und öffnete sie. Da wir keine Gläser hatten, außer einem Zahnbecher, tranken wir aus der Flasche. Als wir uns einigermaßen erholt hatten, ging das Spiel wieder von vorne los. Danach war ich aber fertig mit der Welt und wollte vorläufig nichts mehr vom Vögeln wissen. Wir lagen dann nur noch nebeneinander und streichelten uns zärtlich. Ich fühlte mich wohl in ihren Armen, bis mir wieder Rita ins Gedächtnis schoß. Da machte ich mich aus ihrer Umarmung frei und setzte mich auf die Bettkante. Sie merkte sofort, daß etwas nicht stimmte und fragte:

»Was ist denn los mit dir?«

»Nichts.«

»Ist es wegen einem anderen Mädchen, das du zurückgelassen hast, als du von Deutschland weggegangen bist?«

Über diese Frage war ich sehr erstaunt, denn ich hatte Rita überhaupt nicht erwähnt. Ich fragte mich, ob sie so gute Menschenkenntnisse besaß oder dies nur aus der Luft gegriffen hatte.

»Warum sollte es gerade wegen einem Mädchen sein?«

»Also hast du doch etwas, was dich bedrückt. Und bei dir kann es sich nur um ein Mädchen handeln, das du sehr gerne hast.«

»Woher willst du das so genau wissen?«

»Weil du so zärtlich bist und niemals den Menschen vergessen wirst, den du liebst. Und bei dir kann es sich nur um ein Mädchen handeln, weil du nicht schwul bist.«

»Ja, du hast recht. Es ist wegen einem Mädchen, das ich sehr gerne habe und das bald einmal ein Kind von mir auf die Welt bringen wird, und ich bin nicht bei ihr.«

»Hast du mit ihr Schluß gemacht oder sie mit dir?«

»Das ist eine lange und verzwickte Geschichte, die ich dir nicht erzählen will.«

»Okay. Das akzeptiere ich, denn ich verstehe dich.«

Irgendwie war mir das Mädchen, auf einmal doch nicht mehr so egal, wie ich anfangs gedacht hatte. Ich legte mich quer über das Bett, so daß ich meinen Kopf auf ihren Bauch legen konnte.

»Fritz!«

»Ja.«

»Ich habe vorhin auch an meinen Exfreund gedacht, der mich wegen einer reichen Göre einfach sitzenlassen hat.«

»Das macht doch nichts, wir sind alle nur Menschen und erinnern uns.«

Wir lagen nun da und keiner sagte mehr etwas. Es war eine unheimliche Stille im Zimmer. Nach einer Weile sagte Jeanette zu mir:

»Du, ich glaube, ich habe mich in dich verliebt. So einen Mann wie dich habe ich mir immer gewünscht. Aber ich weiß auch, daß ich dich niemals besitzen kann, da dein Herz noch bei diesem Mädchen in Deutschland ist. Es sind Hunderte von Kilometern dorthin und trotzdem seid ihr miteinander verbunden.«

Ich hörte mir das alles an, aber sagte kein einziges Wort, da ich Angst hatte, ich würde anfangen zu weinen. Das Mädchen hatte verdammt recht, und ich hätte gerne gewußt, woher sie das alles hatte, wenn doch ihre Mutter eine Hure war und sie keine höhere Schule besucht hatte.

»Wenn ich das Mädchen in Deutschland gewesen wäre, dann hätte ich dich nie gehen lassen, oder ich wäre mit dir gegangen.

Du mußt es sehr schwer gehabt haben in deinem Leben, sonst würdest du dich nicht wie ein Mann verhalten, sondern wie die anderen Jungen. Die machen den ganzen Tag nur Dummheiten und reden einen Mist zusammen, daß es einem schlecht werden kann.«

Dann brach sie ab und fing an zu schluchzen. Ich nahm sie in die Arme wie ein kleines Kind, das getröstet werden mußte. Fragen stellte ich ihr keine, da dies sowieso keinen Sinn gehabt hätte. Behutsam streichelte ich ihr über das lange blonde Haar und über ihren nackten Körper, der sich durch das Weinen immer hin- und herschüttelte. Langsam hörte sie auf zu schluchzen und blieb ganz still in meinen Armen liegen. Ich nahm mir vor, ihr zu helfen, wenn ich es irgendwie konnte. Dazu mußte ich aber erst einmal wissen, weshalb sie diesen Weinkrampf bekommen hatte. Eine ganze Weile lag sie wie tot in meinen Armen. Dann zog ich sie behutsam nach oben, so daß ich ihr ins Gesicht schauen konnte. Sie sah unendlich traurig aus, mit ihren verweinten Augen. Ich küßte sie ganz sanft auf die Lippen und nahm sie wieder in die Arme. Ich sprach kein Wort, denn ihr langte schon meine Umarmung, um sich zu beruhigen. Wie ein kleines Kind klammerte sie sich an mich, als wäre ich für sie alles, was sie auf der Welt hatte. Als wir uns eine Weile so festgehalten hatten, fragte ich sie:

»Willst du mir nicht erzählen, warum du auf einmal so weinen mußtest?«

Ich bekam keine Antwort, aber ich wußte, daß sie mir eine geben würde, sobald sie dazu in der Lage wäre. Geduldig wartete ich, und nach ein paar Minuten fing sie an zu erzählen:

»Ich habe nur noch meine Mutter und wie du weißt, ist sie eine Hure. Ein gutes Verhältnis hatte ich noch nie zu ihr. Als ich klein war, schlug sie mich immer, und ich mußte zuschauen, wie sie es mit ihren Freiern trieb. Und als ich dann fast erwachsen war, ging ich ihr immer aus dem Weg. Wir kamen nur noch zusammen, wenn es um etwas Wichtiges ging.

Mit neunzehn lernte ich meinen Freund kennen. Ich hatte zwar schon vorher ein paar Freunde gehabt, aber keinen hatte ich so richtig gerne. Und gerade diesen einen liebte ich über alles. Ein ganzes halbes Jahr ging die Sache gut mit ihm, als er auf einmal anfing zu spinnen. Er hatte eine Göre kennengelernt, die ihm finanziell alles bieten konnte, denn sie hatte einen Haufen Geld, was ich nicht hatte. Dann kam er eines Tages zu mir und schrie mich an. Das war ihm aber noch nicht genug, und so schlug er mich noch. Danach verschwand er und ließ mich einfach sitzen, als wenn ich ein Stück Dreck wäre.

Tagelang wartete ich auf seine Rückkehr, aber er kam nicht. Ich liebte ihn immer noch, obwohl er mich so schlecht behandelt hatte. Als ich merkte, daß er nicht zurückkam und es für immer aus war, wollte ich mich umbringen.«

Nach diesem Satz machte sie eine kurze Pause. Ich hörte mir alles an, aber sagte kein Wort, da es fehl am Platze gewesen wäre. Dann erzählte sie weiter: »Ich brachte es aber nicht fertig, mich umzubringen, und so fing ich an, die Männer zu hassen. Jeden, der versuchte, mir den Hof zu machen, ließ ich eiskalt abblitzen. Manchmal verarschte ich sie sogar und ließ sie sitzen. Es freute mich immer, wenn sie sich ärgerten, weil sie einen Korb bekommen hatten. Und dann tauchst du in der Disco auf und lädst uns zu euch an den Tisch ein. Erst wollte ich dich auch abblitzen lassen, aber als ich in deine Augen sah, konnte ich es nicht. Dein Blick war so sanft, daß ich nicht widerstehen konnte. Du siehst auch noch gut aus und so war mir von Anfang an klar, daß ich mit dir gehen wollte. Und wie du siehst, bin ich mit dir gegangen und habe dich nicht abblitzen lassen, so wie ich es vorhatte. Aber ich weiß nun, daß du mich bald wieder verlassen wirst oder sogar mußt. Ich habe mich innerhalb kurzer Zeit total in dich verliebt und kann nichts dagegen machen. Ich hätte mich niemals zu dir an den Tisch setzen dürfen. Fritz, ich liebe dich, weiß aber, daß du bald wieder fort bist. Das ist alles so grausam.«

Dann brach sie wieder ab und fing an zu schluchzen. Was sollte ich da machen, fragte ich mich. Das Mädchen tat mir leid. Ich konnte nichts für sie tun. Mein Geld würde nicht ewig reichen, denn ich hatte keine Genehmigung für das Land, um mich länger als drei Monate aufzuhalten oder zu arbeiten. Ich wußte selbst nicht, was ich in Zukunft machen würde. Ich suchte krampfhaft nach einem Ausweg, aber mir fiel ums Verrecken keiner ein. Ich hätte sie gerne bei mir behalten, denn Rita würde ich auch einmal überwunden haben. Dann sagte ich zu ihr: »Du hast recht, irgendwann muß ich verschwinden. Das einzige, was du tun kannst, ist mit mir mitkommen. Aber ich muß mein Geld irgendwie anders verdienen als mit Arbeit. In Deutschland werde ich von der Polizei gesucht, da kann ich nicht zurück. Du kannst dir also ausrechnen, was ich für eine Zukunft habe. Sie sieht nicht gerade rosig aus.«

Dann schwiegen wir beide. Sie dachte wahrscheinlich darüber nach, was sie nun machen sollte. Ich konnte ihr dabei nicht helfen, denn es war ihre Entscheidung und ihr Leben.

Auf einmal fragte sie mich:

»Wie lange bleibst du noch in Marseille?«

»Das weiß ich nicht, denn ich hänge im Moment total in der Luft. Aber ich versuche, so lange wie nur möglich in Marseille zu bleiben, damit wir uns noch eine Weile haben.«

»Kannst du nicht ungefähr sagen, wie lange das sein wird?«

»Nein, aber ich werde bald eine Entscheidung treffen müssen. Sobald ich diese getroffen habe, werde ich es dir sagen. Okay?«

»Ja, Liebling. Es muß herrlich sein, mit dir zusammenzuleben.«

»Das weiß ich nicht. Aber du kannst es mir sagen, wenn es dir gefällt.«

»Das kann ich dir jetzt schon sagen.«

»Wie fühlst du dich jetzt? Besser als vorher?«

»Ja, mir geht es besser. Das hat das Gespräch ausgemacht. Ich weiß nun, daß du mich ein wenig lieb hast und nicht nur an das Mädchen in Deutschland denkst.«

Sie hatte recht, aber das wußte wieder der Teufel, woher sie das hatte. Wenn jedes Mädchen so wäre wie Jeanette, dann gäbe es weniger Probleme auf der Welt. Sie wäre bestimmt eine liebe, nette und treue Frau, wenn man sich ein wenig um sie kümmerte. Ach Rita, was soll man da noch machen? fragte ich mich. Du bist in Deutschland und bringst vielleicht heute nacht ein Kind von mir zur Welt, und ich liege hier in Frankreich mit einem Mädchen im Bett. Wie soll man da die Welt noch verstehen? fragte ich mich, denn ich blickte bei mir nicht mehr durch.

Jeanette streckte sich neben mir aus und zog mich zu sich hinunter. Eng umschlungen lagen wir da, und jeder von uns dachte an etwas anderes. Ich war mit meinen Gedanken in der Zukunft, und mir fiel ums Verrecken keine Lösung ein. Auf einmal stellte ich fest, daß ich gerade dabei war zu überlegen, wie ich Jeanette bei mir behalten könnte. Irgendwie hatte ich sie doch gerne, auch wenn ich es mir nicht eingestehen wollte. Aber wenn ich sie bei mir behalten wollte, dann mußte ich zum Verbrecher werden, dachte ich mir. Aber ein Verbrecher bin ich doch schon und so kann ich auch gleich weitermachen. Verloren hatte ich alles und das einzige, was ich im Moment besaß und das mich gerne hatte, war Jeanette. Dann lohnte es sich meiner Meinung nach, zum Verbrecher zu werden und es zu verteidigen. Mir blieb nichts anderes übrig. Um Gotteswillen, was wurde aus mir gemacht. Wir lösten uns aus unserer Umarmung und tranken von dem Wein, der irgendwie auf einmal ekelhaft schmeckte. Nach ein paar kräftigen Zügen aus der Flasche war mir alles egal, und ich wollte sogar zum größten Verbrecher werden, den es je gab.

Auf ehrliche Weise würde sowieso niemand reich werden. Also mußten doch die ganzen Bonzen alles Verbrecher sein? Außer die, die einmal im Lotto gewonnen hatten. So kann man doch auch die Reichen beklauen, denn sie hatten es sich doch auch mit Gaunerei erworben. Bei den Armen konnte man nichts holen, also mußte ich an die Reichen ran. Aber wie stellt man das an? Die Reichen lassen sich bekanntlich nicht so leicht beklauen, und wenn man dabei erwischt wird, gibt es gesalzene Gefängnisstrafen, da sie mit den Richtern Hand in Hand arbeiteten. Das ist sogar in Deutschland so, denn dort bekommen die Reichen auch alle Vergünstigungen vor Gericht, und die Armen werden immer eingesperrt. Solche Gedanken machte ich mir, als ich neben Jeanette lag. Ich mußte mit Ted darüber sprechen, denn er hing ebenfalls in der Luft und wußte nicht, was er machen sollte.

Es wurde langsam hell, und wir schauten vom Bett aus aus dem Fenster, wie der Morgen graute. Mir graute es auch, denn ich war wieder einigermaßen nüchtern. Ich mußte unbedingt mit Ted über die Reichen sprechen und wie man sie am besten schoren könnte. Irgendwie mußte man doch an ihr Geld und ihre Reichtümer kommen, die sie überall hatten. Es geht alles, dachte ich, wenn man nur will. Das hatte mein Vater immer gesagt, und der hatte im allgemeinen recht, auch wenn er es nie zu etwas gebracht hatte. Man darf auch alles, nur sich dabei nicht erwischen lassen, war auch einer seiner Sprüche.

Ich stand auf und zog mir meinen Morgenmantel an. Dann ging ich hinunter zum Portier und bestellte Frühstück für zwei Personen. Ich ging zu Jeanette zurück, die immer noch im Bett lag. Ich hatte einen Kaffee wirklich nötig, nach dieser Nacht. Ein paar Minuten später stand der Portier schon mit dem Frühstück da, und Jeanette zog sich die Decke über den Kopf, da sie nichts anhatte. Ich nahm es ihm ab und trug es ans Bett. Kaum war der Portier wieder weg, da fiel Jeanette auch schon über das Frühstück her wie ein hungriger Wolf. Ich nahm mir nur eine Tasse Kaffee und schaute ihr beim Essen zu. Sie war wie ein Kind, und als sie feststellte, daß ich nichts aß, wollte sie mich füttern. Ich ließ mir die Sache gefallen, und nach einer Weile fand ich es amüsant.

Nach dem Frühstück gingen wir gemeinsam duschen. Das tat einem richtig gut und die Lebensgeister kamen langsam wieder zurück.

Auch bei Jeanette schienen sie wieder zurückzukehren, denn sie wollte wieder eine Nummer schieben, und das unter der Dusche. Jeanette meinte, sie müßte mich so lange wie möglich in ihren Armen halten, da sie vielleicht morgen schon nichts mehr von mir haben könnte. Das war verständlich, und so liebten wir uns sooft, wie wir nur konnten.

Nach dem Duschen zogen wir uns an. Zusammen mit Ted und Vallerie machten wir einen richtigen Bummel durch die Straßen von Marseille. Es war eine riesige Stadt und vor allen Dingen dreckig. Überall waren Clochards, die ein Schild vor sich hatten und bettelten. Bevor ich einmal soweit abrutschen sollte, würde ich mir eine Kugel in den Kopf hauen, dachte ich mir. Aber so viele Bettler hatte es nur in Marseille, klärte mich Jeanette auf. Wir bummelten, Hand in Hand, durch die Straßen, schauten uns Schaufenster an und gingen ab und zu in ein Café, um uns aufzuwärmen, denn es war kalt draußen. Ich fühlte mich ausgesprochen gut und hätte Bäume ausreißen können. Jeanette war immer neben mir, und ich fühlte mich geborgen bei ihr. Warum wußte ich nicht genau, aber sie hatte irgend etwas an sich, was mich unheimlich anzog. An Rita dachte ich nicht mehr groß, aber ab und zu fiel sie mir doch ein. Die Gedanken an sie versuchte ich immer gleich zu verdrängen und widmete mich gleich wieder Jeanette.

Am Mittag gingen wir essen und auf einen kurzen Sprung zu Jeanette nach Hause. Die Wohnung sah aus wie eine Steinzeithöhle, und ich traute mich gar nicht einzutreten, denn überall war Dreck und Müll. Das einzige, was sauber war, war Jeanettes Zimmer. Dort setzte ich mich auf das Bett und meinte zu ihr:

»Da muß eine wahnsinns Party gestern abend gewesen sein.«

»Nein, es war keine Party. Da sieht es immer so aus, denn meine Mutter macht nie etwas sauber. Wenn ich nicht ab und zu aufräumen täte, dann wäre dies hier eine Müllhalde.«

Ich war total erschüttert, als ich dies gehört hatte. Dort sah es noch schlimmer aus als bei meiner Mutter früher, als sie noch bei uns war.

»Wie kommt es, daß dein Zimmer so sauber ist?«

»Wenn es bei meiner Mutter so miserabel aussieht, muß es bei mir noch lange nicht auch so aussehn. In meinem Zimmer hat sie nichts zu suchen, denn ich bezahle dafür.«

»Was tust du? Das Zimmer bezahlen? Von was überhaupt?«

»Ab und zu mache ich Aushilfe in einem Bäckerladen und auch ab und zu Schicht im Krankenhaus, als Putzfrau. Von dem Geld trete ich meiner Mutter immer etwas ab. Und es ist ausgemacht, daß sie mit ihren Freiern aus meinem Zimmer bleibt.«

»Das sind Zustände wie im alten Rom.«

»Man kann sich daran gewöhnen, und dann ist es halb so schlimm.«

»Also ich würde es nicht aushalten, das kann ich dir sagen.«

»Lange mache ich es auch nicht mehr mit, dann haue ich ab von hier. Aber erst muß ich eine feste Arbeitsstelle haben und eine Unterkunft, sonst geht das nicht.«

»Ja, das ist verständlich und das einzig Richtige, was du machen kannst.«

Jeanette hatte sich umgezogen und ihre Sachen erledigt, die sie in der Wohnung machen wollte. Ich war froh, als wir wieder auf der Straße waren. Die Bude kotzte mich richtig an und ich mußte immer an meine Mutter denken, die ich haßte wie die Pest. Sie war auch so eine Schlampe und ist es heute bestimmt auch noch. Zwar war meine Mutter keine professionelle Hure, aber sie hatte auch genug Männer in ihrem Bett. Wir gingen in das Café, in dem Vallerie und Ted auf uns warteten. Später kehrten wir wieder in das Hotel zurück.

Am Abend schickten wir die beiden Mädchen in eine Disco, da Ted und ich etwas zu besprechen hatten. Wir machten einen kleinen Spaziergang und setzten uns in ein kleines Café am Hafen. Wir bestellten uns jeder eine Tasse Mocca und schauten auf das Hafenbecken, in dem die Jachten sanft hin- und herschaukelten. Dann sagte ich zu Ted:

»Hast du dir schon einmal überlegt, was wir machen, wenn unser Geld zu Ende ist?«

»Ja. Schon oft genug, und ich bin zu dem Ergebnis gekommen, daß wir es nur mit illegalen Sachen zu etwas bringen können. Arbeiten können wir beide nicht. Aber das brauche ich dir nicht zu erzählen, denn das weißt du selber. Wie wir zu Geld kommen, das weiß ich noch nicht. Aber mir wird bestimmt etwas einfallen.«

»Uns muß aber bald etwas einfallen, sonst stehen wir eines Tages ohne Kohlen da.«

»Wenn uns gar nichts einfällt, dann machen wir eben einen Bankraub.«

Ich hatte gemeint, ich höre nicht richtig, als Ted dies sagte.

»Bist du verrückt? Wir können doch keine Bank ausrauben.«

Ich sprach ein wenig zu laut und Ted meinte gleich:

»Mann, halt die Schnauze! Es muß nicht jeder wissen, über was wir hier sprechen.«

»Die verstehen uns sowieso nicht, wir reden ja englisch.«

»Jeder zweite Depp kann heute Englisch, da man es in der Schule lernen muß.«

»Okay. Aber einen Bankraub mache ich nicht. Das ist mir zu heiß, und dafür habe ich zuviel Schiß.«

»Das kann ich mir vorstellen. Aber wenn du in Not bist, dann ist jeder zu einem Raub fähig.«

»Das glaube ich weniger, denn ich habe so etwas noch nie gemacht.«

»Ich habe auch noch nie eine Bank gemacht, aber wenn es hart auf hart geht, dann mache ich es.«

»Aber ich steige vorher aus, Ted, denn wenn die uns erwischen, dann sitzen wir gleich Jahre ein.«

»Naja, wir müssen nicht gleich eine Bank machen. Eine Tankstelle oder so etwas langt vorläufig auch.«

»Nein, Ted. Gewalt lassen wir aus dem Spiel, wir versuchen es anders. Nämlich mit Köpfchen. Da kriegt man auch weniger Knast, wenn sie einen erwischen sollten.«

»Das wäre auch eine Möglichkeit. Aber wie?«

»Das weiß ich auch noch nicht. Aber wir werden bestimmt eine Lösung finden.«

Wir merkten nicht, daß wir belauscht wurden. Auf einmal wurde der Vorhang hinter uns auf die Seite geschoben und ein gut gekleideter Araber trat hervor. Er sprach uns auch gleich an:

»Meine Herren, das war ein sehr interessantes Gespräch. Es tut mir leid, daß ich Sie belauscht habe.«

»Was wollen Sie von uns?« fragte ich ihn mit einer harten Stimme, denn ich wußte nicht, wie ich mich verhalten sollte, und so machte ich eben auf den harten Mann.

»Ich könnte Ihnen helfen. Das wäre das kleinste Problem für mich.«

Ich war sehr mißtrauisch, denn ich kannte den Typen nicht. Dann hatte er uns auch noch belauscht, was ich gar nicht leiden kann. Da er merkte, daß ich ihm nicht so recht über den Weg traute, sagte er zu mir:

»Sie brauchen keine Angst zu haben, denn ich bin kein Spitzel von der Polente. Ich bin selber ein Verbrecher. Aber ich brauche Leute, die etwas im Kopf haben, und Sie haben es anscheinend. Sie wollen es mit Köpfchen machen, und das imponiert mir sehr.«

Er setzte sich zu uns an den Tisch und bestellte sich etwas zu trinken. Ich wußte nicht, wie ich mich verhalten sollte, denn die Sache kam mir sehr spanisch vor. So fragte ich ihn hart:

»Was wollen sie von uns?«

»Ich will Sie engagieren, wenn Sie ein klein wenig organisieren können, und ich glaube, daß Sie das schaffen werden.« Mir war der Typ immer noch nicht ganz geheuer, und so schielte ich zu Ted. Der wußte aber auch nicht so recht und zuckte nur mit den Schultern. Damit wir nicht dasaßen wie die Idioten, fragte ich den Typen: »Wie heißen Sie eigentlich?«

»Salem.«

»Und wie weiter?«

»Das ist doch nicht wichtig. Und wie heißt ihr. Ich habe nämlich nicht alles verstanden.«

»Okay, das ist Ted und ich bin Fritz.«

»Und eure Nachnamen?«

»Das ist unwichtig, wir werden gerne mit unseren Vornamen angesprochen.«

»Okay, jetzt sind wir wieder quitt.«

»Also, um was geht es genau, wenn man fragen darf?« sagte ich zu Salem.

»Nur ums Organisieren.«

»Also klauen, ganz genau gesagt.«

»Richtig.«

»Es wäre mir lieber, wenn du dich klarer ausdrücken würdest, damit keine Mißverständnisse aufkommen.«

»Also gut, dann werde ich mich genauer ausdrücken. Vor kurzem wurden zwei Leute von mir verhaftet, weil man sie beim Klauen erwischt hat. Jetzt brauche ich zwei neue Leute, und da ihr sowieso bald in Geldschwierigkeiten sein werdet, will ich euch den Job gerne geben.«

»Was spielst du für eine Rolle in dem Geschäft?«

»Ich werde die gestohlene Ware verkaufen, die ihr auf Bestellung besorgt. Dafür bekomme ich ein Drittel von dem Geld, was ich für die Ware kassiere. Ich trage genausoviel Risiko wie ihr. Euch kann man beim Klauen erwischen und mich beim Verkaufen. Aber ich weiß, wo man die geklaute Ware verscheuern kann, und ihr nicht. Also kann ich euch nur nützlich sein.«

»Also wir sollen auf Bestellung klauen. Wie soll denn das vor sich gehen?«

»Das ist ganz einfach. Ich höre mich um, was man so gebrauchen kann und nicht teuer sein darf. Dann mache ich den Leuten ein Angebot, und wenn die Sache klar ist, werde ich euch sagen, was und wo ihr es besorgen sollt. Die Ware liefert ihr bei mir ab, und ich gebe euch euer Geld, so schnell es geht. Ich will euch auf gar keinen Fall bescheißen, das kann ich euch versprechen.«

Dann lehnte er sich vor und sagte mit einem zischenden Ton in der Stimme:

»Na, wie wär's mit dem Job?«

Ich wollte erst noch einmal mit Ted alleine darüber reden, und so sagte ich zu ihm:

»Wir brauchen ein bißchen Bedenkzeit. Mindestens bis morgen abend.«

»In Ordnung. Morgen abend seid ihr wieder hier und sagt mir, wie ihr euch entschieden habt. Aber an eurer Stelle würde ich das Angebot annehmen. Ihr könnt euch auf diese Weise sehr gut über Wasser halten, denn man verdient nicht schlecht bei dieser Sache.«

Dann stand er auf, ging an die Theke und sprach mit dem Mann, der dahinterstand und Gläser polierte. Kurz darauf kam er wieder an unseren Tisch zurück und sagte:

»Ihr habt heute abend alles frei, ich habe die Sache geregelt. Also, dann bis morgen abend.«

Mit einer eleganten Drehung machte er kehrt und verschwand aus dem Café. Ted fand endlich seine Sprache wieder.

»Mann, Fritz, das ist ein gutes Angebot. Ich würde es sofort annehmen.«

»Warum denn so eilig?«

»Fritz, ich muß dir etwas sagen. Aber lach mich jetzt nicht aus!«

»Also, dann schieß mal los.«

»Ich habe mich in Vallerie verliebt, und deshalb möchte ich in Marseille bleiben. Und da kommt mir das Angebot von diesem Kerl gerade recht.«

Ich hatte mit allem gerechnet, aber mit dem, was Ted gesagt hatte, nicht. Ich mußte nicht einmal grinsen, denn ich war selber ein bißchen, wenn nicht sogar mehr, in Jeanette verliebt.

»Okay, ich muß dir auch etwas sagen. Ich habe Jeanette auch gerne, und deswegen möchte ich ebenso in Marseille bleiben. Wir werden das Angebot von diesem Salem also annehmen.«

»Fritz, du bist echt ein spitzer Kumpel, und ich bin dir dankbar dafür, denn alleine hätte ich den Job nicht ausführen können. Und jetzt laß uns auf die Sache anstoßen.«

Ted bestellte gleich zwei Kognak, damit wir die Sache begießen konnten.

Anschließend gingen wir ins Hotel zurück. Als ich meine Zimmertüre öffnete, fiel mir Jeanette um den Hals.

»Ich habe schon gedacht, daß euch etwas zugestoßen ist, da ihr so lange weg wart.«

»Ist schon gut, ich bin wieder da, mein Schatz.«

Sie war richtig aufgeregt, und ihre Augen leuchteten. Sanft streichelte ich ihr über das Haar. Es war schon ein bißchen merkwürdig, denn ich merkte, daß ich Jeanette nicht nur ein bißchen gerne hatte, sondern schon eine ganze Menge. Vielleicht war dies nur so, weil sie mich verstand und mich sogar liebte. In Gedanken sagte ich zu Jeanette, ohne es selber wahrzunehmen: Ich liebe dich.

Sie reagierte spontan darauf:

»Sag mir es bitte noch einmal, es hat sich so schön angehört.«

»Was soll ich nochmal sagen?«

»Na, daß du mich liebst, so wie du es gerade gesagt hast.«

Also sagte ich es ihr nochmal, aber diesmal klar und deutlich. Ich liebte dieses Mädchen, auch wenn ich es mir noch nicht so richtig eingestehen wollte.

Die Welt war für mich in Ordnung, besser gesagt, ich meinte, sie wäre in Ordnung. Aber das war alles egal, denn ich hatte meine kleine Jeanette.

Den nächsten Morgen verbrachten Jeanette und ich im Bett. Am Mittag gingen wir schön essen und trafen uns am Nachmittag mit Ted und Vallerie zum Kaffee in einem Café. Es war wieder ein herrlicher Tag. Und da dieser Tag so herrlich war, ging er auch schnell zu Ende. Am Abend gingen wir wieder in das Hafencafé, um dort diesen Salem zu treffen. Als wir hinkamen, saß er schon an einem Tisch und wartete. Wir gingen sofort zu ihm und setzten uns. Als er uns sah, sagte er gleich:

»Ich habe schon gedacht, ihr würdet nicht mehr kommen.«

»Nein, wenn wir sagen, wir kommen, dann kommen wir auch. Das kannst du dir gleich für die Zukunft merken, und so erwarten wir es auch von dir.«

Ich fühlte mich an diesen Abend richtig mutig, und deshalb sprach ich mit ihm wie ein Profi, der diese Arbeit schon jahrelang machte. Ted war ganz ruhig und hörte sich alles an, was wir sprachen. Ab und zu nickte er mit dem Kopf, aber das war auch schon alles. Nun wollte ich wissen, was wir bei der Sache so verdienen könnten, und deshalb fragte ich ihn:

»Was springt eigentlich so dabei heraus, wenn wir einmal etwas besorgt oder erledigt haben?«

»Das kommt auf die Ware an. Aber wenn ihr echt gut seid, könnt ihr bis zu fünfzig Riesen verdienen, ohne euch zu überarbeiten.«

»Was sind das für Sachen, die wir so besorgen müssen?«

»Das ist verschieden. Einmal sind es Motoren und ein andermal wieder etwas anderes. Aber die Sache ist einfach, wenn ihr ein bißchen schlau seid.«

Die Sache war also klar, und Salem gab uns je fünfhundert Francs Vorschuß, damit wir uns noch zwei bis drei Tage ausruhen konnten. Wenn wir einen Wagen bräuchten, dann bekämen wir seinen, hatte er gesagt, und so war für uns alles in Butter.

Wir gaben Salem die Adresse unseres Hotels und baten ihn, in ein paar Tagen vorbeizukommen, wenn er einen Auftrag für uns hätte. Als er verschwunden war, gingen Ted und ich auch wieder zurück in das Hotel. Unsere Mädchen hatten uns schon erwartet und fielen uns um den Hals, als wir ins Zimmer kamen.

Eines Nachmittags stand auf einmal Salem bei uns vor der Türe. Wir wußten, daß nun die Sache ernst wurde. Salem trat ein und erzählte uns, was wir für einen Auftrag hatten, der noch in derselben Nacht erledigt werden mußte. Wir sollten bei einem Juwelier in die Privatwohnung einbrechen und dort eine Uhr rausholen, die nicht gerade billig war. Der Juwelier und seine Frau wären an diesem Abend auf einer Party bei einem Kollegen und somit nicht zu Hause. Salem zeigte uns sogar ein Foto der Uhr.

»Woher hast du das Foto?«

»Von meinem Auftraggeber persönlich.«

»Und wer ist das?«

»Der Juwelier selber.«

Da verschlug es mir die Sprache, und so war ich einen Augenblick lang ruhig. Salem grinste mich nur an, denn er schien zu wissen, daß ich den Durchblick bei der Sache verloren hatte.

Als ich meinen Mund wieder aufbrachte, fragte ich ihn: »Was hat denn dieses Spiel für Hintergründe?«

»Das ist ganz einfach. Der Juwelier will die Versicherung betrügen, und diese Uhr ist eine ganze Menge Geld wert. Da sie aber niemand kauft und er schon seit einer Ewigkeit versucht, sie loszubringen, will er eben dieses Problem auf diese Art lösen. Die Uhr bekommt er wieder zurück, und die Versicherung bezahlt. Später wird er die Uhr so herrichten, daß sie niemand mehr wiedererkennt und sie dann ein klein wenig billiger verkaufen. So ist er die Uhr los, hat den vollen Preis an ihr verdient und sie nochmals verkauft. Dumm ist der Junge wirklich nicht. Die ganze Sache ist das reinste Kinderspiel. Übrigens springen für jeden von euch viertausend Francs dabei heraus. Das ist die Sache doch wert. Oder etwa nicht?«

»Naja, wenn es einem so einfach gemacht wird, warum nicht.«

Salem gab uns die Adresse und einen Stadtplan, in dem alles aufgezeichnet war. Auf der Rückseite des Planes waren sogar die Innenräume der Juwelierswohnung aufgezeichnet. Salem gab uns noch ein paar Informationen, die wir unbedingt wissen mußten, legte uns seine Wagenschlüssel auf den Tisch und verschwand wieder. Seinen Wagen hat er uns ausgeliehen, damit wir das Ding überhaupt drehen konnten. Im Kofferraum waren all die Werkzeuge, die wir für dieses Unternehmen brauchten.

Viertausend Francs für so eine Spielerei, dachte ich mir. Das Ding muß ein Heidengeld kosten, wenn der Juwelier soviel Flocken dafür losmacht. Mir kam schon der Gedanke, daß ich die Uhr behalten könnte. Wenn sie soviel wert war, dann hätten wir für eine ganze Weile ausgesorgt. Aber wo und wie hätte ich dieses Stück verkaufen sollen? Und das Geld wäre sicher auch irgendwann ausgegangen. Dann wären wir wieder gleich weit gewesen wie heute und hätten wieder nicht gewußt, was wir tun sollten, um ans Geld ranzukommen. Also ließ ich den Gedanken wieder fallen und beschränkte mich auf ein ehrliches Geschäft. Nur so kann man etwas werden. Unter Gaunern gab es auch noch Ehrlichkeit. Es ist kaum zu glauben, aber es ist so.

Ungefähr um neun Uhr abends machten wir uns auf den Weg zu diesem Haus des Juweliers. Ted setzte sich ans Steuer des Renaults. Es war ein guter Wagen, und diesen hatte sich Salem bestimmt nur mit seinen Betrügereien verdient. Denn so, wie er gesagt hatte, fand er arbeiten abscheulich.

Wir orientierten uns nach dem Stadtplan und fanden das Haus auf Anhieb. Nun waren wir natürlich zu früh da, aber das machte uns nichts. Wir parkten einige Meter vom Haus entfernt und blieben im Wagen sitzen. Der Juwelier war zwar schon auf dieser Party, aber da die Nachbarn immer neugierig sind, sollte der Einbruch erst gegen halb zwölf stattfinden. Wir steckten uns eine Zigarette an und rauchten gemütlich. Dann meinte Ted, daß wir vielleicht auffallen könnten, wenn wir dort einfach so rumstanden und im Wagen saßen. Vielleicht würde jemand aufmerksam werden, und deshalb fuhren wir noch ein Stück weiter und gingen in ein Lokal, das ein paar Straßen weiter war. Dort tranken wir einen Kaffee und unterhielten uns über unsere Mädchen. Ted verriet mir, daß er sehr zufrieden sei mit seiner Vallerie, und daß sie eine Rakete im Bett sei, wie er es noch nie erlebt hatte. Wenn er gekonnt hätte, hätte er sie auf der Stelle geheiratet. Aber das ging leider nicht, und so meinte er, daß es ein Zusammenleben auch tun würde. Als es an der Zeit war, brachen wir wieder auf und machten uns auf den Weg zu diesem Haus.

Es war genau die richtige Zeit, und so gingen wir gleich an die Arbeit. Wir zogen die Handschuhe an und holten das Werkzeug unter dem Sitz hervor. Ich hatte ein klein wenig Angst, aber ließ es mir nicht anmerken. Wir liefen hinter das Haus, so wie es abgemacht war. Dort befand sich ein Kellerfenster, das wir mit dem Glasschneider anritzen und eindrücken sollten.

Es würde angeblich keinen Krach machen, da die Scherben in eine darunter stehende Kartoffelkiste fallen sollten. Ted setzte den Glasschneider am Fenster an und fuhr damit über die Scheibe. Dann legte ich ein Tuch über die angeritzte Scheibe, und Ted drückte fest dagegen. Es klirrte kurz und die Scheibe war draußen. Dann blieben wir einen Augenblick ganz still in der Hocke und schauten uns in der Gegend um, ob nicht irgendwo ein Licht anging. Das war aber nicht der Fall, und so stiegen wir ein. Es stand tatsächlich eine Kartoffelkiste unter dem Fenster, in der die Scherben lagen. Wir befanden uns nun im Keller des Hauses und machten uns auf den Weg in die oberen Räumlichkeiten. Als wir in den oberen Räumen waren, hatte ich keine Angst mehr. Wir machten die Taschenlampe an, die leicht abgeblendet war, und ich staunte bald Bauklötze. Die Wohnräume waren eingerichtet, als würde ein Fürst darin leben. Auf dem Boden waren schöne Teppiche, und die Möbel waren nicht alt, sondern sahen noch sehr neu aus. Der ganze Wohnraum roch nach Leder, und als ich den Schrank ansah, setzte es mich fast auf den Arsch. Der sah wirklich ganz toll aus und mußte eine gewaltige Summe Geld gekostet haben. Wir wußten, daß die Uhr in diesem Schrank war, in einem kleinen Extrafach, das man abschließen konnte.

Also öffneten wir ein paar Schranktüren und suchten nach diesem gewissen Fach. Wir fanden es ziemlich schnell, denn die Beschreibungen, die uns Salem gegeben hatte, waren sehr genau. Das Fach war abgeschlossen, aber wir sollten es sowieso aufbrechen, so wie es abgemacht war. Ich holte einen Schraubenzieher und eine große Zange aus der Tasche. Das Fach war aus Holz, und so machte es keine Schwierigkeiten, es aufzubrechen. In dem Schrankfach lag ein Etui, daß Ted gleich herausnahm und öffnete. Aus der Tasche holte er das Foto von dieser Uhr und verglich sie mit der, die er in der Hand hatte. Es war genau die, die auf dem Foto abgebildet war. Sie sah auf dem Foto gar nicht so teuer aus, aber im Schein der abgeblendeten Taschenlampe schien sie wirklich ein Vermögen wert zu sein. Ted schloß das Etui und steckte es in die Tasche. Nun mußten wir noch ein wenig Unordnung machen, damit die ganze Sache echt aussah. Darin hatte ich schon Erfahrung, und so fing ich mit meiner Arbeit an. Da im Schrank eine ganze Menge Papier lag, schmiß ich dies mit einem Schwung auf den Boden. So räumte ich den halben Schrank aus. Dann ging ich zu einer Kommode und schmiß dort auch noch einige Sachen raus. Ted ging in dieser Zeit in ein anderes Zimmer und fing dort an aufzuräumen. Als dies alles erledigt war, machten wir uns wieder aus dem Staube, und das auf demselben Weg, den wir gekommen waren. Als wir wieder im Auto saßen, merkte ich, daß mir doch noch ein wenig die Düse ging, denn ich zitterte, als ich mir eine Zigarette ansteckte.

Als wir im Hotel ankamen, wurden wir von unseren Mädchen stürmisch empfangen. Ted zeigte Vallerie die Uhr, denn die beiden wußten, daß wir in dieser Nacht ein Ding gedreht hatten. Jeanette hingegen interessierte sich nicht für die Uhr, sondern lag in meinen Armen und schluchzte ein klein wenig. Ich streichelte ihr über das Haar, damit sie sich wieder beruhigte.

Wir waren kaum eine halbe Stunde zurück, als auch Salem schon bei uns eintraf. Das erste, was er fragte, als er bei uns im Zimmer stand, war:

»Ist alles glatt gelaufen?«

Ted und ich mußten lachen, denn er machte ein sehr ernstes Gesicht. Dann hielt ihm Ted die Uhr hin. Er schaute sie sich an und sagte:

»Junge, ist das ein Ding. Hoffentlich kann ich mich wieder davon trennen.«

»Das wirst du wohl müssen, denn wir wollen unser Geld haben«, sagte ich.

»Das habe ich übrigens dabei.«

Er reichte uns zwei Briefumschläge, in denen unser Geld war. Ich fragte ihn, weil mir die Sache ein wenig komisch vorkam: »Hast du das im voraus bekommen?«

»Nein, das ist von meinem eigenen Geld. Wir werden es immer so machen, wenn es für mich erschwinglich ist. Ich haue euch schon nicht übers Ohr. Die Uhr kriegt er sowieso erst wieder, wenn er die Kohlen rausgerückt hat. Wenn ich das Ding irgendwo verkaufen könnte, würde er es sowieso nicht mehr kriegen.«

Ich traute diesem Salem noch nicht so richtig und wollte wissen, ob er uns beschiß. Also sagte ich zu ihm:

»Sobald du dich mit dem Schmuckfritzen triffst, will ich es wissen, und wenn du nichts dagegen hast, möchte ich bei der Geldübergabe dabei sein.«

»Du traust mir nicht, aber du kannst gerne dabei sein, wenn du willst. Ich habe nichts dagegen. Ich haue keine Kollegen übers Ohr. Wenn du siehst, daß ich euch nicht bescheiße, dann ist alles in Ordnung und unsere Zusammenarbeit ist perfekt.«

Was er da sagte, klang ehrlich. Aber dennoch wollte ich bei der Übergabe dabei sein und das Geld zählen.

»Also, du sagst mir, wann die Übergabe sein wird.«

»Die soll morgen schon abgewickelt werden. Ich hole dich mit dem Wagen ab. So gegen zwei Uhr nachmittags.«

»Okay, ich werde hier warten.«

Ted übergab ihm noch die Wagenschlüssel, und dann verschwand er wieder. Als Salem draußen war, gab mir Ted meinen Briefumschlag mit dem Geld. Es waren tatsächlich viertausend Francs darin. Ich konnte gar nicht glauben, daß ich so schnell soviel Geld verdienen konnte. Aus dem Umschlag nahm ich zweitausend Francs heraus und gab den Rest Jeanette. Die blickte mich erst ganz ungläubig an und fiel mir dann um den Hals. Später sagte sie mir, daß sie mir nicht wegen dem Geld um den Hals gefallen sei, sondern weil sie nun wußte, daß ich ihr vertraute. Ted machte dasselbe mit Vallerie.

Wir hatten noch einen gemütlichen Abend, und ich dankte der Welt, daß ich Jeanette kennengelernt hatte. An Rita dachte ich nicht mehr groß, denn ich liebte nun Jeanette, und sie war für mich mein Ein und Alles, denn ich hatte sonst niemanden mehr. Sie war ein Mädchen, wie sie sich jeder gerne wünscht, und sie liebte mich, genauso wie ich sie liebte.

Den ganzen Vormittag verbrachten wir wieder im Bett. Wir standen erst gegen Mittag auf, gingen dann gemütlich in ein Restaurant essen. Gegen halb zwei waren wir wieder im Hotel. Von Ted und Vallerie war noch nichts zu sehen. Kurz vor zwei kam Salem. Wir machten uns gleich auf den Weg. Die Geldübergabe sollte im Bahnhofscafé abgewickelt werden. Als wir dort waren, setzten wir uns in das Café und warteten. Bald darauf setzte sich ein Herr zu uns, der einen sehr seriösen Eindruck machte. Es war ebenfalls ein Araber. Doch Salem und dieser Herr sprachen so gut wie gar nichts miteinander. Das einzige, was Salem sagte, war:

»Ist Ihnen die Uhr so wenig wert? Man könnte doch den Preis um neuntausend erhöhen.«

Der Mann nickte nur, zog ein Scheckheft aus der Tasche, schrieb ihn über neuntausend Francs aus, gab ihn Salem und sagte: »Mit dem haben mein Boß und ich schon gerechnet, aber mehr als das gibt es nicht. Wo ist die Uhr?«

Salem griff in die Jackentasche und sagte:

»Hier.«

Salem schob das kleine Etui über den Tisch und der andere die Zeitung, die er mitgebracht hatte. Dann schlug Salem die Zeitung auf, entnahm ihr einen Briefumschlag, der darin lag und gab ihn mir. Dabei sagte er:

»Okay, komm, wir können gehen.«

Wir standen auf und verließen das Café. Im Auto sagte er zu mir: »So, und jetzt zähl das Geld nach, und nimm dir noch sechstausend raus. Die sind noch für dich und Ted.«

Das Geld stimmte, und ich nahm die sechstausend heraus.

Salem hatte uns also nicht beschissen, und ich nahm mir vor, ihm in Zukunft zu vertrauen. Wir sprachen noch ein paar Worte miteinander, und Salem setzte mich dann beim Hotel ab. Er wollte sich melden, sobald er wieder einen Job für uns hätte, sagte er. Dann brauste er davon, und ich ging zu Jeanette, die auf mich wartete.

Jeanette und ich wollten einmal aus Marseille heraus. Wohin, das wußten wir nicht. So gingen wir einfach zum Bahnhof, denn wir wollten mit dem Zug wegfahren. Am Bahnhof standen aber eine Menge Züge und jeder fuhr woanders hin. Welchen sollte man da nehmen? Jeanette löste dies Problem, indem sie blind mit dem Finger auf eine der Anzeigentafeln tippte.

Dann machte sie die Augen wieder auf und schaute, auf was sie getippt hatte. Ich kannte die Stadt nicht, weder vom Sehen noch vom Hören. Aber Jeanette schien sie zu kennen, denn sie meinte, dort wäre es wunderschön.

Ich wollte nun zum Fahrkartenschalter gehen und für uns beide ein Ticket lösen. Aber Jeanette hielt mich zurück und meinte:

»Wir brauchen kein Ticket.«

»Wieso denn das?«

»Weil wir schwarzfahren. Das ist in Frankreich ganz normal.

Alle Jungen, besonders die Verliebten, fahren schwarz, und wenn wir erwischt werden, dann bekommen wir einen Strafzettel. Aber den kannst du gleich in den Mülleimer werfen.«

»Und was ist, wenn die die Polizei holen?«

»Ach was, da kommt keine Polizei. Das macht der Kontrolleur, und der schreibt am Tag eine ganze Menge von diesen Zetteln.«

»Aber wenn wir Karten haben, dann brauchen wir nicht auf den Kontrolleur zu achten.«

»Das ist doch gerade das Schöne am Zugfahren, wenn wir auf den Kontrolleur achten und vielleicht sogar flüchten müssen. Sonst macht es doch keinen Spaß.«

»Was kann, außer daß man einen Strafzettel kriegt, noch passieren?«

»Naja, bei der nächsten Haltestelle müssen wir aussteigen.«

»Und wenn wir nicht aussteigen?«

»Oh, da brauchst du keine Angst zu haben, die passen schon auf.«

»Und wenn wir rausgeflogen sind, was machen wir dann?«

»Ganz einfach, den nächsten Zug nehmen und das Spiel geht wieder von vorne los.«

So etwas hatte ich noch nie gehört, denn ich bin noch nie in meinem Leben schwarzgefahren. Das war wirklich verrückt. Da hat man Geld in der Tasche und will schwarz mit der Bahn fahren. Wir suchten das Bahngleis und stiegen in den Zug. In einem Abteil machten wir es uns gemütlich. Da wir alleine im Abteil waren, knutschten wir ein wenig rum. Dann fuhr der Zug an, und Jeanette kicherte wieder, denn ihr schien die ganze Sache Spaß zu machen. Ich hatte sie nur einmal traurig gesehen, und das war in der Nacht, als wir das erstemal miteinander geschlafen hatten. Es war ein komisches Gefühl, zu wissen, daß man keine Fahrkarte hatte und einem der Kontrolleur erwischen könnte. Noch dazu, wenn man die ganze Sache absichtlich machte. Fast eine Dreiviertelstunde fuhren wir. An der nächsten Station hätten wir aussteigen müssen, denn dort war unser Ziel. Genau vor dieser Station kam der Kontrolleur. Es war ein alter Mann, und er sah sehr gutmütig aus. Er schaute uns kurz an und fragte uns nach den Tickets. Jeanette kicherte wieder und kniff mich kurz in den Arm. Ich mußte dem Kontrolleur sagen, daß wir keine Fahrkarten hatten, und da meinte er:

»Geben Sie mir bitte ihre Ausweise.«

Wir zückten unsere Ausweise und gaben sie ihm. Jeanette kicherte ununterbrochen. Ich wußte nicht warum. Vielleicht machte ich so ein dummes Gesicht. Der Kontrolleur holte aus seiner Tasche einen Block und fing an zu schreiben. Als er merkte, daß Jeanette immer mehr kicherte, sagte er zu uns:

»Daß ihr jungen Leute immer schwarzfahren müßt. Davon habt ihr doch gar nichts, außer daß euch die Sache Geld kostet. Und mir macht ihr immer eine ganze Menge Arbeit damit und findet das auch noch lustig.«

Jeanette sagte nichts, sondern kicherte einfach weiter.

Als der Kontrolleur fertig war, legte er uns die Blätter, auf denen er unsere Daten und Namen eingetragen hatte, zum Unterschreiben hin. Wir unterschrieben und bekamen einen Durchschlag von diesem komischen Strafzettel.

Dann sagte der Kontrolleur:

»An der nächsten Station steigt ihr aus, und wenn ihr das nächstemal schwarzfahrt, setzt euch nicht gleich in ein ›Erste-Klasse-Abteil‹. Dann wird es auch nicht so teuer.«

Kaum war er aus der Türe, als Jeanette laut anfing zu lachen. Sie lachte sich fast kaputt, denn so lustig fand sie die Sache. Als sie sich wieder beruhigt hatte, sagte sie zu mir:

»Du Liebling, du mußt mir etwas versprechen!«

»Was denn?«

»Daß du ab heute immer schwarzfahren wirst.«

»Was soll denn das heißen? Ich kann doch nicht immer schwarzfahren.«

»Bitte, Fritz. Fahre mir zu Liebe immer schwarz und denke dabei an mich.«

Die Idee war wirklich verrückt, und ich wußte nicht, was ich darauf sagen sollte. So etwas hatte ich in meinem Leben noch nie gehört.

»Also gut, mein Liebling. Ich werde dir zuliebe immer schwarzfahren und dabei an dich denken.«

Sie freute sich darüber und hätte mich am liebsten im Abteil vergewaltigt, denn so stürmisch umarmte sie mich. Ich hätte Jeanette niemals einen Wunsch abschlagen können, denn dazu war sie zu lieb. An der nächsten Station stiegen wir aus und trafen den Kontrolleur im Bahnhofsgebäude. Der sprach uns an und meinte:

»Ihr seid mir ein verrücktes Paar.«

Darauf lud ich den Mann zu einem Kaffee ein, denn ich mußte ihm erklären, daß wir nicht verrückt waren, sondern nur verliebt. Wir setzten uns in das Bahnhofscafé, und der Kontrolleur erzählte uns, daß an diesem Bahnhof für ihn Endstation sei, denn er hätte Feierabend. Auf einmal sagte er zu uns:

»Ich habe vorhin gehört, was ihr besprochen habt, mit eurer Schwarzfahrerei. So etwas wie euch zwei habe ich in meiner ganzen Dienstzeit noch nie erlebt. Wie kann man sich nur so etwas Verrücktes ausdenken?«

»Das ist ganz einfach. Dieses Mädchen liebt mich und ich sie. Und die Liebe ist doch das Schönste, was es überhaupt gibt. Das müssen sie als Franzose doch wissen.«

»In Ordnung. Wenn ich euch das nächstemal erwische, bekommt ihr keinen Strafzettel, weil ich weiß, daß ihr es wegen der Liebe macht und nicht wegen der Geldsparerei.«

»Ach nein, ich will aber einen Strafzettel haben und ihn über mein Bett hängen«, sagte Jeanette.

Der Kontrolleur wußte nicht mehr, was er dazu sagen sollte, und so ließen wir das Thema Strafzettel fallen. Es war ein richtig netter Mann, aber er wollte nun zu seiner Frau nach Hause, und deshalb verabschiedete er sich.

Wir bezahlten die Rechnung und gingen aus dem Café. Langsam liefen wir durch die Stadt und schauten uns alles genau an. Manche Leute sahen uns nach, da wir Hand in Hand liefen, ab und zu auf der Straße stehenblieben und uns zärtlich küßten. Andere wieder fanden dies normal, schauten nur kurz hin und gingen gleich wieder weiter. Wir kamen an einem Kino vorbei, und Jeanette wollte unbedingt hineingehen, denn es lief ein Liebesfilm. Also kauften wir uns jeder eine Eintrittskarte. Sie bestand darauf, ihre Karte selber zu zahlen. Es war ein sehr guter Film, und Jeanette kullerten die Tränen runter. Als ich sie fragte, warum sie denn weine, sagte sie:

»Ich heule doch gar nicht, aber bei solchen Filmen kommen mir automatisch die Tränen. Da kann ich nichts dagegen machen.«

Aber der Film hatte dafür ein Happy-End, so wie es die meisten haben, und Jeanette freute sich wieder.

Nach dem Kino gingen wir noch essen und machten dann einen ausgedehnten Spaziergang. Später fuhren wir nach Marseille zurück. Eine Fahrkarte kauften wir wieder nicht, und ich war gespannt, ob uns ein Kontrolleur erwischen würde. Wir hatten uns ein leeres Abteil ausgesucht. Die ganze Fahrt über saßen wir eng umschlungen da. Einmal öffnete ein Kontrolleur das Abteil, und als er sah, daß wir am Knutschen waren und damit nicht aufhörten, als er eintrat, sagte er nur:

»Oh, Verzeihung. Ich wollte nicht stören!«

Er drehte sich um, schloß das Abteil und verschwand wieder.

In Marseille angekommen, machten wir uns gemütlich auf den Weg zu unserem Hotel.

Kurz darauf kamen Ted, Vallerie und Salem. Er hatte einen Auftrag für uns und mit Ted bereits die notwendigen Vorkehrungen getroffen. Vallerie war dabei und wußte über die ganze Sache sehr gut Bescheid. Salem erklärte mir, um was es diesmal ging. Er brauchte aus einem bestimmten Boot, das am Hafen lag, einen Außenbordmotor. Er hatte es Ted schon gezeigt und alles andere, was dazugehörte. Diesmal war es nicht so einfach, denn das Boot war beleuchtet und lag in der Nähe eines Bootshauses, in dem immer Fischer saßen. Aber uns fiel bestimmt etwas ein, davon war ich überzeugt. Salem gab uns sogar das Geld schon im voraus.

Der Motor sollte bis spätestens morgen dasein, denn der Kunde müßte ihn noch abändern. Das war für mich verständlich, denn die Motoren sind alle numeriert und das Abändern braucht auch seine Zeit.

Jeanette wollte diesmal sogar mitgehen, denn sie meinte, daß wir eine dritte Person sehr gut gebrauchen könnten. Mir war das aber nicht recht, denn wenn man uns erwischen würde, dann käme sie ebenfalls ins Gefängnis, und das wollte ich auf gar keinen Fall. Aber sie ließ mir keine Ruhe und meinte, daß sie nur wegen mir mitgehen wollte. Eine Viertelstunde hielt ich die Quengelei aus, und dann sagte ich auch schon Ja. Jeanette war in dieser Beziehung ein kleiner Teufel, denn sie wußte, daß ich ihr nachgeben würde. Sie freute sich darüber, daß sie mitkommen durfte, als wenn sie das schönste Geschenk ihres Lebens bekommen hätte. Und sie sagte mir auch warum, denn sie meinte:

»Wenn ich bei dir sein kann, dann bin ich glücklich. Ich will mit dir sein, wenn du in Gefahr bist und nicht hier rumsitzen und Angst haben, daß du verhaftet wirst. Ich will immer bei dir sein, wie dein Schatten.«

Was sollte man dazu noch sagen, sie war halt lieb und treu. Ich war stolz auf Jeanette, und sie merkte es.

Vallerie überredete Ted ebenfalls, und so waren wir nicht mehr zu zweit auf unseren Streifzügen, sondern zu viert. Ted hatte sich verändert, seit er Vallerie kannte. Er redete immer davon, wie ein normaler Mensch leben zu wollen, nämlich, einer guten Arbeit nachzugehen und eine Familie zu gründen. Aber er wollte nicht in das Gefängnis, und so war er gezwungen weiterzumachen. Er sehnte sich nach Geborgenheit, die er nicht hatte, denn er war verdammt, ein Verbrecher zu sein. So etwas Ähnliches hatte er einmal zu mir gesagt, als er seinen Moralischen hatte. Wir verstanden uns gut, und so hatten wir auch keine Schwierigkeiten miteinander. Aber was nützte uns das alles, wenn wir nicht mehr ins normale Leben zurückkehren konnten. Die einzige Möglichkeit wäre gewesen, sich der Polizei zu stellen. Aber was würde man mit uns machen? Es gab so gut wie keine Möglichkeit, wieder ins normale Leben zurückzufinden, und das wußten wir. Es blieb nur ein Ausweg, nämlich weitermachen wie bisher.

In derselben Nacht drehten wir die Sache. Jeanette und Vallerie hatten die Aufgabe, die Fischer abzulenken, indem sie einen Stein in irgendeine Autoscheibe werfen und weglaufen sollten. Das machten sie auch perfekt. Wir warteten darauf, daß die Fischer aufsprangen und sich auf die beiden Mädchen konzentrierten, die in der Dunkelheit verschwanden. Kaum waren sie aufgesprungen, fuhren wir zum Steg, an dem das Boot war, sprangen aus dem Wagen, öffneten die Kajütentüre, holten zu zweit den Motor heraus, legten ihn auf den Rücksitz unseres Wagens, deckten ihn zu, sprangen wieder in das Auto und brausten davon. Innerhalb von Minuten war dies alles passiert. Angst hatte ich nicht mehr, denn ich wußte, daß es klappen würde, und Jeanette war auch dabei. Wir fuhren direkt wieder zum Hotel und stellten dort den Wagen ab. Salem wartete schon auf uns und übernahm gleich den Wagen. Dann setzten Ted und ich uns in mein Zimmer und warteten auf die Mädchen, die jeden Moment eintreffen konnten. Nach ein paar Minuten kamen sie an, und Jeanette warf sich sofort in meine Arme und fragte mich:

»Na, hat alles geklappt?«

»Klar Liebling. Mit eurer Hilfe kann gar nichts schiefgehen.«

Sie war noch ganz außer Atem durch die Lauferei. Aber als sie sich beruhigt hatte, fragte sie mich:

»Weißt du, was ich jetzt bin, Fritz?«

»Nein, was denn?«

»Eine glückliche Gangsterbraut.« Wir lachten auf einmal beide los.

»Soll ich dir noch etwas verraten?« fragte sie mich.

»Ja, was denn?«

»Es hat mir sehr viel Spaß gemacht, die Leute so zu verarschen. Ich könnte es gleich nochmal machen.«

»Wenn sie dich einmal erwischen, dann ist es aber kein Spaß mehr für dich. Dann kommst du in den Knast, und wir beide sind dann getrennt.«

»Wenn ich in den Knast komme, dann kommst du auch rein. Wir machen alles zusammen, und wenn sie da einen erwischen, dann erwischen sie die anderen auch. Und wenn ich weiß, daß du im Knast bist, dann macht es mir nicht viel aus, wenn ich auch verhaftet werde. Wir können uns dann schreiben, oder vielleicht kommen wir zusammen in eine Zelle. Etwas Schöneres gibt es doch gar nicht.«

Jetzt mußte ich aber schallend loslachen, daß sogar Vallerie und Ted auseinanderfuhren, denn solch einen Unsinn hatte ich noch nie gehört. Diese Jeanette hatte schon verrückte Ideen. Aber sie gefiel mir. Sie war immer quickfidel und das Schönste war, daß sie mich liebte. Ich wünschte mir, daß niemals ein Abschied kommen würde. Sie gab mir das Gefühl, jemand zu sein und nicht umsonst auf dieser gottverdammten Welt herumlungern zu müssen. Sie verstand mich und wußte, wie man mich aufmunterte, wenn ich einmal ein Tief hatte, wenn mir etwa wieder klar wurde, daß ich nicht mehr in das normale Leben zurückkehren könnte.

Unsere nächtlichen Ausflüge waren immer perfekt abgelaufen, und wir wurden nie erwischt. Jeanette und Vallerie waren mit dabei, und wir konnten sie gut gebrauchen. Sie hatten gute Einfälle, und manchmal mußten wir sogar die Mädchen fragen, wenn uns nichts mehr einfiel. Wir waren eine richtige Clique, die zusammengehörte, und ich konnte mir gar nicht vorstellen, daß sie jemals auseinandergerissen würde. Das wäre wirklich unvorstellbar, denn dies gliche einer Katastrophe.

Geld hatten wir genug und gingen somit auch nicht sparsam damit um. Da wir immer alles durch vier teilten, sorgte jeder selber für seinen Unterhalt. Jeanette wollte nicht, daß ich für sie etwas bezahlte. Sie sagte immer, mit erhobenem Kopf und ernster Miene, wenn ich doch einmal etwas für sie ausgeben wollte:

»Ich arbeite selber, und so kann ich auch meine Rechnungen bezahlen.«

Das einzige, was sie annehmen wollte, waren Geschenke. So gingen wir eben immer hin und beschenkten uns, wie die Wilden. Wenn ich ihr nicht zuvorkam, dann brachte sie mir immer einen Haufen Sachen mit.

Mit der Eisenbahn fuhren wir öfters schwarz, und ich freute mich schon genauso über einen Strafzettel wie Jeanette. Wir mußten die Dinger nicht bezahlen, denn wir hatten vor, aus Frankreich abzuhauen, wenn wir einmal wirklich ein dickes Ding abgezogen hätten. Dann hätte sich die französische Staatsbahn ihre Strafzettel an den Hut stecken können. Sie sollten auch etwas von unserer Liebe bekommen. Es war schon eine verrückte Liebe, wenn man darüber nachdachte. Wenn wir nichts zu tun hatten, oder nicht wußten, was wir machen sollten, dann machten wir Blödsinn. Wir stellten immer etwas an und hatten einen Heidenspaß miteinander.

Aber eines Tages spielte mir das Schicksal wieder mit. Bei mir konnte es nicht so bleiben, wie es war, und wenn ich es noch so gewollt hätte. Immer mußte etwas bei mir passieren und mich erwischen, besser gesagt Jeanette.

8

Jeanette und ich standen morgens gegen zehn Uhr auf. Wir gingen schön duschen und in ein Café frühstücken, wie ein richtiges Ehepaar. Mit Salem kam ich mittlerweile sehr gut aus, und wir waren dicke Freunde geworden. Da er wußte, wo wir immer frühstückten, und er auch öfters dabei war, kam er an diesem Morgen auch. Jeanette hatte ihn auch sehr gern, denn er war wie ein Vater zu uns. Wenn etwas nicht in Ordnung war oder wir Sorgen hatten, konnten wir immer zu ihm gehen, und er half uns. Er war einiges älter als wir, aber das sah man ihm nicht an, und er machte auch immer Blödsinn mit uns. An diesem Morgen ärgerte er Jeanette wieder einmal, wie er es immer machte, indem er ihr erzählte, daß ich anderen Mädchen nachschauen würde, die schöner wären als sie. Es war nur immer Spaß, und Jeanette antwortete ihm darauf:

»Wenn ich ihn einmal dabei erwischen sollte, dann werde ich ihn erschießen. Eine andere soll ihn nicht mehr haben. Und wenn ein Mädchen schöner ist als ich, dann ist sie hundertprozentig geschminkt.«

Solche Antworten gab sie ihm, und er lachte sich immer über sie kaputt, denn sie machte immer so, als wenn sie es total ernst meinte. Ich saß meistens nur da und amüsierte mich köstlich darüber. Salem war schon ein komischer Kerl, und vielleicht hatte ich ihn deshalb gerne.

Beim Frühstück beschlossen wir, aus einer spontanen Überlegung heraus, ins Kino zu gehen. Jeanette wollte gleich wieder in einen Liebesfilm gehen, und wir mußten ihr das versprechen. Da war sie total begeistert und konnte es kaum noch erwarten, aus dem Café zu kommen. Aber um sie wieder ein bißchen aufzuziehen, bestellte Salem noch eine Tasse Mocca. Sie konnte es nicht verstehen, daß er sie immer ärgern mußte, aber andersrum fand sie es toll, wenn er sie ärgerte. Als wir fertig waren, bezahlten wir und gingen. Hand in Hand liefen Jeanette und ich auf dem Gehsteig. Salem lief vor uns, da er das Kino kannte, in das wir gehen wollten. Es lag an der Hauptstraße von Marseille und hatte immer eine große Filmauswahl. So schlenderten wir gemütlich in die Richtung des Kinos. Aber wir befanden uns auf der falschen Straßenseite. Jeanette hatte sich mittlerweile von mir losgemacht und lief ein Stück vor mir her. Sie wußte auch, wo das Kino war. Salem schlenderte neben mir her, und wir unterhielten uns über die Bonzen von Marseille und wie man an ihr Geld herankommen könnte. Aber eine Lösung hatten wir noch nicht gefunden, obwohl wir schon ein paar Tage darüber nachdachten. Jeanette war nun schon einige Meter vor uns, und ich betrachtete ihre Figur und den wiegenden Hintern. Auf der anderen Straßenseite war nun das Kino. Jeanette stand schon an der Straße und wollte sie überqueren. Ich achtete nicht mehr auf sie, da ich mich mit Salem unterhielt.

Auf einmal hörte ich einen Aufschrei, der von der Straße kam. Ich schaute auf die Hauptstraße, um zu sehen, was dort passiert war. Da blieb mir mein Herz fast stehen.

Jeanette lag auf der Straße und nur ein paar Meter von ihr entfernt stand eine dicke Limousine. Sofort rannte ich zu Jeanette, die am Boden lag und sich nicht mehr bewegte. Es standen schon ein paar Menschen rum, die dumm gafften und der Fahrer der Limousine schaute sich seinen Wagen an. Das bekam ich aber nur nebenbei mit. Ich kniete mich neben Jeanette nieder, die mit dem Gesicht zur Erde auf dem Boden lag. Behutsam drehte ich sie um und sagte: »Jeanette, Jeanette...«

Als ich in ihre Augen sah, wußte ich, daß sie nicht mehr lebte. Alles Fröhliche, Lustige und der liebevolle Blick waren aus ihnen verschwunden. Salem kniete nun neben mir, und er wußte sofort, was los war, denn er hatte lange genug im Krankenhaus gearbeitet, bis man ihn rauswarf, weil er einen Arzt geschlagen hatte.

Ich starrte auf Jeanettes Gesicht, und in mir brach alles zusammen. Ich hielt ihren Oberkörper in meinen Armen, der eine Arm hing ihr schlaff an der Seite herunter. Langsam hörte ich auf, ihren Namen zu sagen, denn sie konnte mich ja nicht mehr hören. Alles war zerstört, was Jeanette aufgebaut und mir gegeben hatte. Am liebsten wäre ich sofort neben ihr gestorben, aber niemand erbarmte sich und überfuhr mich, wie sie dieses arme Mädchen überfahren hatten. Immer noch kniete ich bewegungslos, mit Jeanette in den Armen auf der Straße, als Salem sie mir aus den Armen nahm und ihr die Augen schloß. Dann legte er sie behutsam auf die Straße, holte seine Sachen aus seinem Mantel, zog ihn aus und deckte Jeanette damit zu. Dann zog er mich vom Boden hoch und hinter sich her. Ich war total willenlos, denn mit Jeanette hatte ich alles verloren, was ich hatte und liebte. Ich weinte leise in mich hinein und merkte nicht einmal, wohin mich Salem führte. Erst als ich in seinem Wagen saß, nahm ich die Umwelt wieder wahr. Ich war innerlich total zerrissen und konnte keinen klaren Gedanken mehr fassen. Vor mir spielte sich alles nochmals ab, was ich mit Jeanette erlebt hatte. Sie war mein Ein und Alles, und so ein Mistkerl hatte sie mit seiner dicken Limousine einfach totgefahren. Dieses Schwein mußte ich töten, kam mir auf einmal in den Sinn. Indem er mir Jeanette getötet hatte, hatte er gleichzeitig auch mich umgebracht. Ich nahm mir vor, Jeanette zu rächen. Man hätte mir alles nehmen können, aber niemals dieses Mädchen, das für mich die Welt bedeutete. Wir fuhren zu Salem in die Wohnung, die ein wenig außerhalb von Marseille lag. Er sprach kein einziges Wort mit mir, denn er wußte, daß es keinen Sinn hatte, dafür war meine Trauer um Jeanette zu groß. Als wir in der Wohnung waren, goß ich mir an der Hausbar sofort einen Whisky ein und trank ihn in einem Zug leer. Das Brennen im Hals tat mir gut, und so schenkte ich mir gleich noch einen ein. Dann nahm ich die Flasche gleich mit an den Tisch, an den ich mich setzte. Ich war nicht in der Lage, irgend etwas zu reden, denn sonst hätte ich gleich losgeheult, das wußte ich. Ich trank einen Whisky nach dem andern. Meine Gedanken schwirrten unkontrolliert in meinem Kopf herum. Einmal waren es die schönen Zeiten mit Jeanette, dann, wie sie tot auf der Straße lag, ich sah wieder den Typ, der sich um seine Limousine kümmerte, als wäre sie wichtiger als Jeanette. Ich mußte sie rächen, den Mistkerl umbringen, der sie getötet hatte. Ein solches Durcheinander hatte ich im Kopf. Ich war kurz vor dem Wahnsinn, als sich Salem an den Tisch setzte und sagte:

»Besauf dich ruhig! Das wird dir guttun, denn ich weiß, wie sehr du sie geliebt hast.«

Nun konnte ich meine Tränen nicht mehr zurückhalten. Ich legte die Arme verschränkt auf den Tisch, den Kopf darauf und heulte mir bald die Seele aus dem Leib.

Salem sagte nur noch:

»Auf das habe ich gewartet. Das ist das einzige Mittel, um wieder einen klaren Kopf zu bekommen und die Sache zu überwinden. Es wird dir mehr helfen als der Suff.«

Fast eine halbe Stunde weinte ich ununterbrochen, und als ich aufhörte, ging es mir ein bißchen besser. Ob es der Whisky war oder das Weinen, wußte ich nicht. Aber ich konnte nun wieder einigermaßen einen klaren Gedanken fassen. Dennoch wollte ich den Kerl töten, der Jeanette auf dem Gewissen hatte. Also fragte ich Salem:

»Weißt du, wer der Mann war, der sie überfahren hat?«

»Ich habe schon im Krankenhaus und bei der Polizei nachgefragt. Den Namen habe ich nicht erfahren, denn er gehört der obersten Schicht von Marseille an. Er soll angeblich keine Schuld haben, so wie man es mir erklärt hat. Doch möchte ich dir noch sagen, warum ich dich so schnell von der Unfallstelle weggeholt habe. Es war wegen der Polizei, denn die hätten dich genau unter die Lupe genommen, und in deinem Zustand hättest du vielleicht etwas Falsches gesagt. Nimms mir also bitte nicht übel.«

»Okay, das verstehe ich. Aber der Name von dem Typ muß doch zu erfahren sein.«

»Ich weiß, was du willst, aber du machst dich nur unglücklich damit.«

»Das bin ich doch schon. Ich will mir dieses Schwein vorknöpfen. Dem ist doch sein Auto wichtiger als das Leben eines Menschen.«

»An solche Leute kommst du nicht ran, denn sie stehen ein paar Stufen höher als du und ich.«

Mein Haß auf die Reichen flammte wieder auf, und ich hatte nur noch den einen Wunsch, dieses reiche Miststück zu erschlagen.

»Du hast einmal gesagt, daß du Gewalt nicht magst und lieber mit dem Köpfchen arbeitest. Halte dich weiterhin daran, und du wirst besser durch das Leben kommen.«

»Das, was ich vorhabe, ist keine Gewalt, sondern Rache.«

»Es ist sinnlose Gewalt, auch wenn du Rachegefühle hast. Du willst nur noch zerstören, aber du bist nicht der Typ dazu, denn dir täte es irgendwann wieder leid, und du würdest es dann gerne wieder rückgängig machen.«

Wir saßen eine Zeitlang still da und sagten gar nichts. Ich wußte nicht mehr, was ich machen sollte, denn Salem hatte mich noch mehr durcheinander gebracht, und nun saß ich da wie ein kleiner Junge, der mit seinen Schulaufgaben nicht mehr weiterkam. Warum mußte es immer die kleinen Leute erwischen, fragte ich mich. Ich habe selten gehört, daß ein Bonze überfahren wurde, oder daß ein Bonze ins Gefängnis kam, oder daß einer von ihnen etwas Falsches gemacht hätte in seinem Leben. Nein, immer erwischt es nur die Kleinen, die schon morgens, wenn sie aufstehen, ums Überleben kämpfen müssen. Die Reichen, die sind eine Welt für sich und haben ihre eigenen Gesetze. Was man nicht aus dem Wege schaffen kann, wird mit Geld zugepflastert, damit man es nicht mehr sehen kann. Das ist aber überall so auf der Welt. Die leben in Saus und Braus, und woanders verhungern Menschen auf der Welt, die froh wären, wenn sie nur ein Stück trockenes Brot hätten. Die Reichen kommen immer gut davon, denn sie haben die Macht. Und die Macht ist das Geld. Man müßte ihnen nur das viele Geld wegnehmen, und sie wären nicht mehr so mächtig wie die Götter. Man muß diese Geldmafia doch irgendwie zu packen kriegen.

Das waren so meine Gedanken, die ich in mir herumwälzte, als ich mit Salem schweigend dasaß. Dann fragte ich Salem:

»Wann ist die Beerdigung von Jeanette?«

»Das weiß ich noch nicht, aber ich werde mich erkundigen.«

»Ich will zu ihrer Beerdigung gehen, denn das bin ich ihr schuldig.«

»Ich werde auch mitgehen. Sie war wirklich ein liebes Mädchen, ich habe sie auch sehr gern gehabt.«

»Wenn alle Menschen so wären wie sie, dann wäre die Welt ein Paradies. So ist sie aber nur ein Schlachtfeld, und jeder kämpft gegen jeden. Und die Bonzen sind die Feldherren.«

»Du hast zwar recht, aber keiner von uns kann daran etwas ändern.«

Salem war sehr klug, und das schätzte ich an ihm. Er verlor nie den Kopf, wenn etwas passierte. Er war gerecht und ehrlich. Dieser Mann sollte an die Regierung kommen, dann gäbe es weniger Ungerechtigkeiten auf der Welt, dachte ich. Aber solche Leute kommen nicht an die Regierung, und deswegen wird es immer schlimmer, und niemand unternimmt etwas dagegen.

Ich setzte nur noch die Flasche an, denn ich fand, daß der Whisky für mich die beste Medizin war. Man konnte vergessen, was passiert war und wenn es auch nur für Stunden war. Irgendwann muß ich in meinem Vollrausch umgekippt sein. Ich brauchte diesen Rausch, sonst hätte ich den Tag bestimmt nicht überstanden, ohne eine große Dummheit zu machen. Aber so war es unmöglich, etwas anzustellen, denn ich war zu blau. Ich lag auf dem Sofa und schlief.

Am nächsten Morgen, als ich aufwachte, war ich mit einer Wolldecke zugedeckt. Ich wußte erst nicht, wo ich mich befand und schaute, wo Jeanette war. Sie lag aber nicht neben mir. Da kam mir der grauenhafte gestrige Tag wieder in den Sinn. Ich fühlte mich elend und mit meinem Kater, den ich hatte, ging es mir noch dreckiger. An die Decke starrend lag ich da, und die ganzen gestrigen Ereignisse spielten sich noch einmal vor meinen Augen ab. In mir staute sich ein Druck an, und ich hätte schreien können. Aber ich schrie nicht, sondern lag nur da und wünschte mir, auf der Stelle zu sterben, um bei Jeanette zu sein. Aber wenn man den Wunsch zu sterben hat, dann stirbt man nicht. Jeanette wollte auch nicht sterben, und auf einmal war sie tot. Sie war noch so jung und hätte noch ein ganzes Leben vor sich gehabt.

Ich merkte nicht, wie Salem ins Zimmer kam und sich neben mich stellte. Erst als er mich an der Schulter berührte, fuhr ich aus meinen Gedanken auf. Er hielt in der Hand ein Glas, das er mir hinstreckte und sagte:

»Trink das! Es ist gegen den Kater, den du heute morgen bestimmt hast.«

Ich nahm das Glas, und ich wünschte mir, daß es Gift wäre. Dem Geschmack nach war es Gift, aber da ich am Leben blieb, war es keines.

»Willst du etwas essen?«

»Nein, ich habe keinen Hunger.«

»Du wirst aber etwas essen, sonst bekommst du Ärger mit mir!«

Wenn Salem sagte, ich müßte etwas essen, dann kam ich nicht darum herum. Und außerdem wollte ich ihn nicht kränken, denn er meinte es nur gut mit mir. Zum Aufstehen hatte ich eigentlich keinen Bock, aber Salem meinte, daß das Bad frei sei und ich duschen könnte. Er warf mir noch ein frisches Handtuch auf das Sofa und verschwand in die Küche. Ich rappelte mich auf und machte mich auf den Weg ins Bad. Meine Kleider waren total zerknautscht. Damit konnte ich nicht mehr auf die Straße gehen. Ich stellte mich unter die Dusche, und wieder fehlte mir Jeanette, denn wir hatten meistens zusammen geduscht. Damit ich nicht ausflippte, beeilte ich mich und war so schnell wie möglich fertig. Dann schnappte ich mir den Bademantel von Salem, nahm meine Kleider, die Salem in die Expressreinigung bringen sollte und ging aus dem Bad. Im Wohnzimmer warf ich die Kleider in den Sessel und ging in die Küche. Dort duftete es schon nach frischem Kaffee, den Salem gerade aufgoß. Ich sagte zu ihm:

»Bringst du bitte meine Klamotten in die Expressreinigung?«

»Ja, das mache ich gleich nach dem Frühstück.«

Auf dem Küchenschrank stand eine halbe Flasche Whisky, und ich wollte danach greifen, als Salem auf einmal sagte:

»Laß die Finger davon! Du hast gestern einen Rausch gehabt und der langt. Wenn du nur noch im Delirium herumrennst, kannst du auch niemanden helfen und am allerwenigsten dir.«

Er hatte recht, und so ließ ich die Finger von der Flasche. Ich setzte mich an den Tisch und zündete mir eine Zigarette an. Als Salem den Kaffee fertig hatte, stellte er mir eine Tasse unter die Nase und meinte:

»Das ist jetzt im Augenblick besser für dich, und iß auch etwas, denn wir haben heute noch viel zu erledigen.«

Ich trank den Kaffee und aß sogar etwas, wenn es auch nicht viel war. Salem selber trank nur eine Tasse Kaffee und las nebenher »Le Monde«. Ab und zu beim Umblättern schaute er mich an, als wenn er sich vergewissern wollte, daß ich nicht ein Glas Whisky trank. Als er fertig war, sagte er zu mir:

»Die Beerdigung ist übermorgen, um zehn Uhr morgens. Wir haben noch einige Vorbereitungen zu treffen. Sie soll einen schönen Sarg bekommen und eine Beerdigung mit allem Drum und Dran.«

»Ja, mit allem Drum und Dran«, sagte ich leise, mit hängendem Kopf und Tränen in den Augen.

Immer wenn wir über Jeanette sprachen, war es mir, als wenn mir jemand das Herz zusammendrücken würde.

»Junge, laß den Kopf nicht hängen, das Leben geht immer weiter. Du bist doch kein kleines Kind mehr, und jetzt benimm dich wie ein Mann! Reiß dich zusammen, denn jeder verliert einmal etwas, was er sehr gerne hatte. Du bist da nicht der einzige auf der Welt. Ich habe meine Frau und mein Kind verloren und habe mich auch nicht hängen lassen. Also Kopf hoch.«

Ich schaute zu ihm auf und nickte nur, da ich zum Sprechen nicht fähig war. Dann stand Salem auf und sagte:

»Ich gehe jetzt zur Reinigung und bin in ein paar Minuten wieder da. Und laß die Finger von der Flasche!«

Ich schaute ihn wieder an und nickte nur. Salem drehte sich um und verschwand aus der Küche. Er hatte recht, ich muß mich am Riemen reißen, sonst kann ich gleich den Löffel wegwerfen. Salem hatte es auch tun müssen, und ich werde es auch. Er hatte sogar zwei Menschen verloren, und ich will bei einem aufgeben. Seine Frau starb bei der Geburt des ersten Kindes. Das Kind selber starb einige Wochen später. Es waren die beiden einzigen Menschen, die Salem geliebt hatte, und er hatte sie beide verloren.

Ich hatte wieder Mut, stand auf und ging mit einer Tasse Kaffee ins Wohnzimmer. Dort setzte ich mich in einen Sessel, zündete mir eine Zigarette an und dachte über die Beerdigung nach.

Sie soll einen Sarg haben, der schön ist, so wie sie es war. Dann viele rote Rosen, denn sie hatte sie gerne und sagte immer, daß diese die Boten der Liebe seien. Ein Pfarrer sollte ebenfalls sprechen, denn sie glaubte an Gott, auch wenn sie nicht zur Kirche ging. Ich will ihr einen Abschied geben, wie sie ihn verdient hat. Salem sollte mir dabei helfen, damit alles klappen würde. Dann kam auch schon Salem wieder und meinte:

»In einer Stunde kann ich deine Klamotten wieder abholen.«

»In Ordnung.«

»Um den Rest der Beerdigung kümmere ich mich heute mittag. Das meiste habe ich schon gestern arrangiert, als du in deinem Vollrausch hier gelegen hattest.«

»Salem. Ich möchte aber noch ein paar Extrasachen für die Beerdigung haben.«

»Was denn?«

»Viele rote Rosen und einen Pfarrer.«

»Einem Pfarrer habe ich schon Bescheid gesagt. Ihn brauche

ich nur noch anzurufen, um ihm zu sagen, wann die Beerdigung ist. Aber Rosen habe ich noch keine bestellt.«

»Dann gehen wir heute mittag in ein Blumengeschäft und bestellen Rosen für die Beerdigung.«

Er schaute mich ungläubig an, und ich sagte ihm:

»Sie hatte rote Rosen sehr gerne, und ich will ihr welche auf den Sarg und das Grab legen.«

»In Ordnung, das machen wir heute mittag.«

Der Morgen ging schnell vorbei, und am Nachmittag erledigten wir die Sachen, die noch wichtig waren. Geld für die Beerdigung hatte ich noch genug. Salem wollte auch einen Teil bezahlen, denn er wollte ebenfalls etwas für Jeanette tun.

Die Beerdigung war eine einzige Qual für mich. Der Sarg wurde aus der Halle getragen und auf einen Wagen gesetzt, der ihn zum Grab fahren sollte. Salem, Ted, Vallerie, die Träger und ich waren die einzigen, die anwesend waren. Der Pfarrer hatte sich verspätet. Der Sarg war schön, aber wenn ich daran dachte, daß Jeanette darin lag, verspürte ich einen Kloß im Hals und hätte heulen können. Salem und ich hatten einen Rosenstrauß in der Hand. »Die Boten der Liebe«, wie sie immer gesagt hatte. Der Morgen war trübe, kalt, und es nieselte leicht. Mir kam es vor, als wenn die ganze Welt, in diesem Moment, um Jeanette trauerte. Vor dem ausgehobenen Grab blieben wir stehen. Die Träger stellten den Sarg über die ausgehobene Grube. Dann kam auch der Pfarrer in einer schwarzen Soutane und mit einem Buch in der Hand herangeeilt. Als er bei uns war, sprach er jedem sein Beileid aus und gab uns die Hand. Nun legte ich den Strauß Rosen, den Salem in der Hand hatte, auf den Sarg. Ich hatte auf einmal ganz weiche Knie und dachte, ich müßte jeden Moment zusammenbrechen. Ich blieb einen Augenblick am Sarg stehen, und als ich mich wieder wohler fühlte, ging ich zu den anderen zurück. Die Mutter von Jeanette verfluchte ich, denn sie hätte wenigstens zur Beerdigung ihrer Tochter kommen können. Aber was will man von einer Hure schon erwarten? Die lag bestimmt mit einem Kunden im Bett oder weiß Gott was. Diese

Huren sind doch das Letzte, dachte ich mir, als auf einmal der Pfarrer anfing zu sprechen. Er sprach über Jeanette, und mir kullerten die Tränen herunter. Am liebsten wäre ich weggelaufen und hätte mich vor der ganzen Welt versteckt. Als der Pfarrer fertig war, wurde der Sarg hinuntergelassen. Dies war für mich der schlimmste Moment der ganzen Beerdigung. Ich hielt mich an Salems Schulter fest, da es mir schwindelig wurde und glaubte, daß jemand mein Herz abdrückte. Dies ging aber nur einen Augenblick, dann war es wieder vorüber. Als der Sarg unten war, sprach der Pfarrer noch ein Gebet. Dann warf jeder noch eine Schaufel Sand auf den Sarg.

Danach sagte ich zu den anderen:

»Geht ihr ruhig schon. Ich bleibe noch ein bißchen. Ich möchte jetzt alleine sein.«

Die anderen verstanden mich und gingen. Die Männer fingen an, das Grab zuzuschaufeln. Jede Schaufel voll Erde, die auf den Sarg fiel, tat meinem Herzen weh, denn sie warfen sie auf Jeanette. Als das Grab fertig hergerichtet war, legte ich die Rosen, die ich noch in der Hand hatte, auf das Grab von Jeanette nieder. Dann stellte ich mich davor und verabschiedete mich von ihr. Ich versprach ihr, daß ich immer an sie denken und sie ewig lieb haben werde.

Ich weiß nicht, wie lange ich mich mit ihr unterhielt. Aber als ich gehen wollte, kam mir Salem entgegen. Ich fühlte mich hundeelend und war froh, daß er gekommen war.

9

Am Abend, als ich wieder im Hotel war, schloß ich mich ein, denn ich wollte alleine sein. Ich hatte keinen Tropfen Alkohol getrunken, da ich sonst bestimmt Blödsinn gemacht hätte, und so hatte ich einen klaren Kopf.

Im Hotel legte ich mich auf das Bett und überlegte. In der Luft hing noch das Parfüm von Jeanette, alles im Zimmer erinnerte mich an sie. Ich versuchte an etwas anderes zu denken. Aber es ging nicht, denn die Erinnerungen im Zimmer fraßen mich bald auf. Ich beschloß, am nächsten Tag auszuziehen und in ein anderes Hotel zu gehen. Dann nahm ich mir vor, in den nächsten Tagen noch eine Fahrt mit dem Zug zu machen und an Jeanette zu denken. Dies sollte eine Art letzter Abschied sein. Deshalb nahm ich mir auch vor, kein Ticket zu kaufen. So verrückt sich das auch anhören mag, aber es ist nun einmal so.

Da ich nicht einschlafen konnte, ging ich zum Portier hinunter und holte mir zwei starke Schlaftabletten.

Die Dinger waren wirklich stark, denn schon nach wenigen Minuten schlief ich ein.

Am nächsten Morgen war ich schon früh wach. Ich stand auf, zog mich an, nachdem ich geduscht hatte, und machte einen ausgedehnten Spaziergang. Am Hafen ging ich in ein Café, das schon auf hatte, und danach wieder ins Hotel zurück. Als Ted und Vallerie aufgestanden waren, gingen wir zusammen frühstücken. Keiner von beiden erwähnte Jeanette, und ich war ihnen dankbar dafür. Ich sagte ihnen auch, daß ich die nächsten Tage verreisen und aus dem Hotel ausziehen würde. Ted meinte, daß sie auch ausziehen würden, da zu viele Erinnerungen in diesem Hotel wären. Sie fragten mich nicht, warum und weshalb ich in den nächsten Tagen nicht da sein werde. Das war auch gut so, denn ich hätte ihnen keine Antwort gegeben. Nach dem Frühstück gingen wir wieder ins Hotel. Ich packte meine Sachen und bezahlte die Miete, die noch offen war. Als der Portier hörte, daß ich abreisen wollte, war er sichtlich traurig. Er meinte, daß ich ein guter und anständiger Gast gewesen wäre und er mich sehr ungern verlieren würde. Dann bestellte ich ein Taxi und verabschiedete mich von Ted und Vallerie. Ich versprach, ihnen mitzuteilen, in welches Hotel ich ziehen würde, sobald ich von meiner Reise zurück sei.

Mit dem Taxi fuhr ich zu Salem. Der schaute mich ganz verdutzt an, als er mich mit meinem Gepäck sah. Ich fragte ihn, ob ich meine Sachen bei ihm unterstellen könnte. Ich erklärte ihm, daß ich für ein paar Tage nicht in Marseille wäre und mich sofort bei ihm melden würde, wenn ich wieder zurück wäre. Dann packte ich mir ein paar Sachen zusammen, die ich die nächsten Tage brauchen würde, und verabschiedete mich von ihm. Er meinte noch, daß ich keine Dummheiten machen und auf mich aufpassen solle. Dann verschwand ich aus seiner Wohnung und machte mich auf den Weg zum Bahnhof. Der Spaziergang dorthin tat mir gut, und ich fühlte mich irgendwie leichter als vorher. Am Bahnhof schaute ich nach, wann ein Zug in Richtung Nice fahren würde, denn ich wollte die Küste entlangfahren. Auf dem Weg zum Fahrkartenschalter fiel mir ein, daß ich schwarzfahren wollte, so wie es mich Jeanette gelernt hatte. Also ging ich zum Bahnsteig, ohne eine Fahrkarte gelöst zu haben.

Ich setzte mich in ein leeres Abteil, verstaute meine Tasche, zündete mir eine Zigarette an und wartete auf die Abfahrt. Die Zeit kam mir wie eine Ewigkeit vor, und ich wurde langsam nervös. Endlich setzte sich der Zug in Bewegung.

Ich versank in Gedanken an Jeanette, und das immer monotone, gleichbleibende Geräusch des Zuges bruhigte mich irgendwie. Jeanette hatte mich wieder gefangengenommen. Ich sah sie regelrecht vor mir und hörte, wie sie sagte:

»Versprich mir, daß du ab heute immer schwarzfahren wirst und dabei an mich denkst.«

Wir fuhren gerade ein paar Minuten, als auch schon der Kontrolleur kam. Er fragte mich nach meiner Fahrkarte, und ich sagte ihm ganz frech, daß ich keine hätte. Bevor er nach meinem Ausweis verlangte, hielt ich ihn ihm schon hin. Er schaute mich etwas blöde an und nahm ihn. Als er sich wieder gefangen hatte, fragte er mich:

»Sie haben es doch nicht auf einen Strafzettel abgesehen?«

»Doch. Warum denn nicht?«

»Jetzt wollen Sie mich aber verarschen.«

»Nein, ich verarsche Sie nicht.«

Der Kontrolleur schüttelte den Kopf, als wenn er die Welt nicht mehr verstehen würde. Das war für ihn unbegreiflich, daß jemand einen Strafzettel haben wollte. Als er meine Daten aufgeschrieben hatte, fragte er mich:

»Sind alle Leute in Deutschland so komisch wie Sie?«

»Nein, alle nicht. Aber ich bin eben ein wenig anders als andere.«

Ich mußte noch unterschreiben und wurde darauf hingewiesen, daß ich an der nächsten Station aussteigen muße. Dann schaute der Kontrolleur mich noch einmal an, schüttelte den Kopf und verschwand aus dem Abteil. Ich konnte mir ein Grinsen nicht verkneifen. Den Strafzettel schmiß ich nicht weg, sondern faltete ihn sorgsam zusammen und steckte ihn in die Tasche. Ich wollte alle Zettel aufheben. Den teuersten wollte ich dann einrahmen lassen und über mein Bett hängen. Das hört sich zwar verrückt an, aber ich bin nicht verrückt.

An der nächsten Bahnstation stieg ich aus. Der Kontrolleur stand auf dem Bahnsteig, und als ich an ihm vorbeiging, sagte er:

»Warum fahrt ihr nur immer ohne Fahrschein?«

»Ganz einfach. Zur Erinnerung und Verewigung.«

Da schaute er mich an, als wäre ich gerade aus einem Ufo gestiegen. Er verstand nichts mehr, aber es langt, wenn ich es verstand, dachte ich mir. Dann sagte ich ihm höflich auf Wiedersehen, aber er gab mir keine Antwort darauf, sondern schaute mich weiterhin doof an. Ich drehte mich um und ging ins Bahnhofscafé, da ich Lust auf einen starken Mocca hatte. Ich bestellte beim Kellner und dachte an den Kontrolleur. Wenn Jeanette dabeigewesen wäre, hätte er bestimmt noch dümmer aus der Wäsche geschaut. Der dachte bestimmt, daß ich nicht alle Tassen im Schrank hätte. Vielleicht hatte ich sie auch nicht mehr alle im Schrank. Wer fährt heutzutage schon schwarz mit der Bahn und ist scharf auf einen Strafzettel? Das kann nur ein Verrückter sein.

Als ich bezahlt und das Café verlassen hatte, ging ich auf den Bahnsteig zurück, um festzustellen, wann der nächste Zug Richtung Nice fahren würde. Ich hatte noch eine ganze Menge Zeit zur Verfügung, und so ging ich an den Zeitungsstand und kaufte mir dort eine deutsche Bildzeitung. Bei uns in der Stadt sagte man dazu »Revolverblättle«. Ich schlug die Zeitung auf, und es stand mal wieder nichts Interessantes darin. Also nahm ich sie und warf sie gleich in den Mülleimer.

Auf einmal verspürte ich Hunger, und so ging ich in das Bahnhofscafé zurück, um mir dort ein Sandwich zu kaufen. Das Sandwich aß ich auf dem Bahnsteig. Gemütlich stand ich da und vertilgte es. Auf einmal wurde ich von einer Frau, die hinter mir stand, angesprochen: »Haben sie mir bitte einmal Feuer?«

Ich drehte mich um und schaute die Dame an. Sie war so an die Dreißig, gut angezogen und nicht so stark geschminkt, wie es die meisten Weiber machen. Ich konnte diese Anmalerei nicht ausstehen. Eine Frau sollte sich dezent schminken. Sie hielt die Zigarette in der Hand und wartete aufs Feuer. Ich war so überrascht, daß ich erst gar nicht reagierte, sondern die Frau nur anstarrte, als wenn ich noch nie eine gesehen hätte. Dann fragte sie mich noch einmal nach Feuer, und ich antwortete ihr:

»Ja, einen Moment bitte.«

Ich griff in die Tasche, holte das Feuerzeug heraus, das ich von Jeanette geschenkt bekommen hatte, und gab ihr Feuer. Ich steckte das Feuerzeug wieder ein und drehte mich um. Auf einmal sprach sie mich wieder an:

»Möchten Sie vielleicht auch eine Zigarette?«

Ich drehte mich wieder um, und sie stand da und hielt mir eine geöffnete Packung Royal-Zigaretten entgegen. Da man bei diesen Sargnägeln nichts spürte, lehnte ich ab, griff in meine Tasche und holte meine eigenen heraus. Sie stand immer noch mit der Packung Zigaretten da, und erst als ich ihr sagte, daß mir ihre zu leicht wären, steckte sie sie wieder weg. Ich klopfte mir eine Kippe aus meiner Packung und steckte sie mir in den Mund.

Ich wollte gerade das Feuerzeug anmachen, als mir die Frau plötzlich Feuer gab. Ich steckte mir meine Zigarette in Brand, schaute sie an und sagte:

»Sie haben doch selber Feuer. Warum haben Sie mich denn danach gefragt?«

»Weil ich es nicht gefunden hatte.«

»Aha, so nennt man das jetzt.«

»Ja, so nennt man das.«

Dann mußte sie auf einmal lachen, da ich ziemlich blöd aus der Wäsche geschaut haben mußte. Sie fragte mich darauf:

»Wohin fahren Sie?«

»Nach Nice.«

»Oh, da will ich auch hin.«

Ich wußte, auf was sie anspielte. Sie wollte mit mir zusammen fahren. Aber ich machte ihr nicht das Angebot, da es mir egal war, ob sie in meinem Abteil saß oder nicht. Mir lag überhaupt nichts daran, aber ihr anscheinend, denn sie meinte:

»Wenn sie auch nach Nice fahren, dann können wir gemeinsam fahren. Haben sie etwas dagegen?«

»Dagegen habe ich nichts. Aber ich sage ihnen gleich zum voraus, daß ich ein schlechter Unterhalter bin.«

»Ach, das macht mir nichts aus. Ich werde sie schon unterhalten.«

Das auch noch, dachte ich und bereute schon meine Antwort.

»Sie sind aber kein Franzose?«

»Nein, ich bin Deutscher, aber ich bin schon lange in Frankreich.« Das sagte ich deshalb, damit sie mir nicht die Ohren über das Land vollsingt, wie es die meisten machen, wenn sie einen Ausländer vor sich haben. Die meinen nämlich, daß jeder Ausländer über das Land aufgeklärt werden muß. Dann kam auch schon der Zug.

Ich stieg sofort ein und suchte mir ein Abteil. Auf die Frau achtete ich nicht mehr, aber sie anscheinend auf mich, denn als ich ein Abteil gefunden hatte und mich umdrehte, stand sie hinter mir und lächelte mich an. Die Frau war wie eine Klette. Ich half ihr, ihren Koffer auf die Ablage zu heben. Das Ding war schwer und ich dachte mir, daß es mit Backsteinen gefüllt sein mußte. Aber sie klärte mich gleich über den Inhalt auf, ohne daß ich sie danach fragte: »Ich habe eine ganze Menge Bücher darin. Deshalb ist er auch so schwer.«

»Bücher?«

»Ja, für mich. Ich habe sie gekauft, denn hier ist eine Bibliothek im Ort, die ihre alten Bücher verkauft, wenn sie sie nicht mehr braucht oder sie abgegriffen sind. Die bringe ich dann zu einem Freund, der Buchbinder ist, und er bringt sie für mich wieder in Ordnung. Ich sammle nämlich Bücher.«

Ich dachte, mein Hamster bohnert. Da fährt eine Frau mit einem Koffer voll Bücher durch die Gegend und bequatscht wildfremde Leute. Wenn das Weib nicht verrückt ist, dann weiß ich auch nicht weiter. Bücher läßt man sich normalerweise schicken, aber trägt sie doch nicht in einem Koffer spazieren. Aber verrückte Weiber können einem schon auf die Nerven gehen, denn sie quasseln einem ununterbrochen die Ohren voll.

Ich setzte mich auf einen Sitz und schlug die Beine übereinander. Sie machte es mir nach, und ich konnte ihre wohlgeformten Beine betrachten. Naja, ein schlechtes Fahrgestell hatte die Lady nicht, das mußte ich ihr lassen. Aber es ist auch allgemein bekannt, daß wenn Weiber den Verstand nicht im Kopf haben, dann haben sie ihn zwischen den Beinen. So wie ich sie betrachtete, schaute sie auch mich an. Ihr Blick war mir richtig unangenehm. Warum, das wußte ich selber nicht, aber er störte mich irgendwie.

»Wie heißen Sie?«

»Mertens.«

»Und mit Vornamen?«

»Fritz.«

»Ich heiße Denise Bounard.«

Ich fragte mich, was mich das interessieren sollte.

Dann fragte sie mich:

»Was machen Sie in Nice?«

Da ich ein höflicher Mensch bin, gebe ich immer eine Antwort, wenn ich gefragt werde, auch wenn es mir gegen den Strich geht.

»Das weiß ich noch nicht.«

»Haben Sie für heute schon etwas vor?«

»Nein, besser gesagt, ja.«

Scheiße, da hatte ich mich versprochen.

»Ja oder nein?«

»Also gut, nein.«

»Wenn sie Lust haben, können sie mir heute abend Gesellschaft beim Essen leisten.«

So etwas Ähnliches hatte ich mir vorgestellt. Erst ihr beim

Essen Gesellschaft leisten, etwas miteinander trinken, mir dann ihre Büchersammlung ansehen und, wenn es die Nacht zuläßt, noch eine Runde im Bett. Die Tour kannte ich schon, aber ich nahm mir vor, ihr sie zu vermasseln.

»Okay, ich nehme an.«

Als ich das gesagt hatte, lächelte sie mich an und meinte:

»Das freut mich aber.«

Ich wußte schon, was ich mit ihr vorhatte. Ich würde mir alles gefallen lassen, mit ihr ausgehen, nach Hause gehen zu einem Drink, und wenn sie dann mit mir in die Falle wollte, würde ich sie einfach sitzenlassen. Sie wird darauf nie wieder einen fremden Mann ansprechen.

Wir redeten noch eine ganze Weile. Ich wartete auf den Schaffner, aber der Trottel kam nicht. Dann lief der Zug in Nice ein. Ich stieg aus und trug den bekloppten Koffer, der mit Büchern gefüllt war. Wir hatten uns während der Fahrt auf das »Du« geeinigt. Das ging bei Denise ziemlich flott, denn nicht ich bot es ihr an, sondern sie mir. Normalerweise bin ich in dieser Sache immer der erste. Nice hatte einen schönen Bahnhof. Er war sauber, und es hingen nicht so viele Penner herum wie in Marseille. Denise wollte noch einen Kaffee trinken. Nicht weit vom Bahnhof entfernt lag ein Café, in das wir gingen. Ich durfte weiterhin diesen Scheißkoffer tragen, da ich wieder mal zu höflich war. Aber es ging mir immer noch nicht in den Kopf, daß ein Weib mit einem Koffer voll Bücher durch die Weltgeschichte fährt.

Im Café bekam ich Hunger und bestellte mir zwei Stückchen Sahnetorte, worauf Denise gleich meinte:

»Sahnetorte macht dick, nimm lieber einen Obstkuchen.«

Als ich das hörte, zog es mir fast die Socken aus. Sie fing schon an, Vorschriften zu machen, was ich essen soll. Dabei kannte sie mich erst seit kurzer Zeit. Aus Trotz sagte ich zu ihr ganz frech:

»Na, wenn das dick macht, dann will ich gleich noch eine Portion Sahne dazu bestellen.«

Sie schaute mich an wie ein Honigkuchenpferd und verstand anscheinend nicht, daß ich trotz ihrer Warnung mir diese Kalorienbomber in den Rachen schieben wollte.

Als meine Bestellung vor mir stand, betrachtete ich sie erst. Es sah wirklich sehr gut aus. Aber Denise zog ein Gesicht, als wenn ich mich mit diesem Kuchen und der Sahne vergiften würde. Dann vertilgte ich die Stücke und freute mich richtig, daß sie mir dabei zuschaute und ab und zu eine Grimasse zog. Diese Denise hatte wirklich nicht alle Bretter am Zaun, so wie sie sich benahm. Auf einmal fragte sie mich, wo ich wohnen würde, und ich mußte ihr sagen, daß ich mich in Nice nicht auskannte und mir erst ein Zimmer besorgen mußte. Sie bot mir an, sie als Fremdenführerin zu nehmen. Aber das Angebot schlug ich aus, denn ich war nicht lebensmüde.

Sie gab mir ihre Adresse und bat mich, sie zum Abendessen abzuholen. Dann bestellte sie sich ein Taxi und meinte:

»Versetz mich aber nicht, denn ich warte nicht gerne umsonst.«

Ich versicherte ihr, daß ich kommen würde, und sie war zufrieden. Dann war Gottseidank das Taxi da, und sie verschwand endlich. Auf einmal fiel mir ein, daß sie ihren Kaffee nicht bezahlt hatte. Erst überredet sie mich, einen Kaffee mit ihr zu trinken, und dann darf ich ihr das Zeug noch bezahlen. Meiner Meinung nach war dies eine ziemliche Unverschämtheit, aber was soll man dagegen machen. Das Leben ist nun einmal so. Wenn man kein Gentleman wäre, könnte man die Sache anders machen, nämlich ihr einfach die Meinung dazu geigen. Aber heutzutage ist es schwer, ein Rüpel zu sein. Also bezahlte ich die Rechnung, steckte die Adresse von dieser Denise ein, die sie mir auf einen Zettel geschmiert hatte, nahm meine Tasche und verschwand aus dem Café.

Nun mußte ich als erstes ein Hotel suchen, denn ich wollte nicht auf der Straße schlafen, wie die Clochards es tun. Ich fand schnell ein passendes, da es in Nice genug Hotels gibt, denn es ist ein beliebter Ferienort in Frankreich. Der Portier war sehr freundlich, und er gab mir ein schönes Zimmer mit allem Drum und Dran. Im Zimmer packte ich meine paar Habseligkeiten aus und verstaute sie im Schrank, wie es jeder anständige Mensch tut. Dann ging ich zum Portier hinunter und holte mir bei ihm eine

Flasche Martini, Eis und Zitronenecken. Als ich wieder im Zimmer war, setzte ich mich in einen Sessel, goß mir einen Drink ein und fing an zu denken.

Ich fragte mich, ob ich überhaupt zu dieser Denise gehen solle. Wenn ich sie versetzen würde, täte sie sich genauso ärgern, als wenn ich sie veräppeln würde. Also beschloß ich kurzerhand, sie zu versetzen. Dann holte ich den Strafzettel aus der Tasche, den ich im Zug erhalten hatte, und schaute ihn eine ganze Weile an. Auf einmal kam mir der Gedanke, daß ich einen Spaziergang machen könnte. Also stand ich auf und zog mir eine Jacke an.

Langsam und gemütlich schlenderte ich durch die Straßen von Nice. Es ist eine schöne Stadt und es müssen anscheinend ein paar Leute dort wohnen, die ein dickes Bankkonto haben. Ich kam an den Jachthafen, in dem die Schiffchen immer gleichmäßig hin- und herschaukelten. Ich setzte mich auf eine Bank und schaute fasziniert auf die Jachten. Unglaublich was dort an Geld stand, dachte ich mir. Es waren ein paar schöne Dinger dabei, und ich hätte gerne nur eines von diesen Schiffen gehabt. Aber mein Wunsch würde nie in Erfüllung gehen, da diese Jachten einen Haufen Geld kosteten, was ich nicht hatte. Trotzdem stellte ich mir vor, daß ich eines von diesen Booten hätte und damit auf dem offenen Meer wäre. Niemand könnte einen stören und Vorschriften machen. Keiner einem etwas anhaben, und man bräuchte keine Angst zu haben. Man wäre frei, ungebunden und nur mit dem Meer allein. Es würden keine Probleme auftauchen, und man könnte auf dem Deck liegen und dem Rauschen des Meeres zuhören. Dies wäre genau das Richtige für mich gewesen. Ich schrak aus meinen Gedanken auf, als eine Schiffssirene losheulte.

Langsam bummelte ich noch ein wenig im Hafen herum und setzte mich dann in ein Café. Es war gemütlich dort und schön mollig warm. Ich fühlte mich ausgesprochen wohl. Es saßen nur ein paar Leute darin, und einige von ihnen spielten Karten. Ich saß nur da und schaute den Leuten beim Kartenspiel zu. Nach einer Weile hatte ich auf einmal Hunger, und so ging ich in ein gemütliches Restaurant und aß ein sehr gutes Fischragout. Dann steckte ich mir eine Zigarette an, dabei zog ich einen Zettel aus meiner Tasche. Es war die Adresse von dieser Denise. Mit ihr hatte ich mich verabredet, aber ich wollte sie versetzen. Aber da ich Langeweile hatte, beschloß ich kurzerhand, die Verabredung einzuhalten. So rief ich den Kellner, um meine Rechnung zu bezahlen. Am Preis merkte ich, daß die Güte des Essens inbegriffen war. Aber wenn etwas gut ist, dann kann man auch etwas verlangen.

Ich ging wieder in das Hotel zurück, denn ich wollte mich noch ein bißchen herrichten und etwas anderes anziehen, denn die Verrückten haben meistens den besten Umgang.

Als erstes stellte ich mich unter die Dusche. Dann rasierte ich mich und holte meine Sachen aus dem Schrank. Als ich fertig war und in den Spiegel schaute, war ich zufrieden mit mir. Es stimmt nicht, daß Frauen eitler sind als die Männer. Gerade das Gegenteil ist wahr, denn die Männer stehen öfters vor dem Spiegel als die Frauen.

Ich ging hinunter zum Portier, der mich zu einem Martini einlud, und da keine feste Zeit verabredet war, brauchte ich mich nicht zu beeilen. Wir plauderten gemütlich miteinander. Später bestellte er mir ein Taxi. Ich war gespannt, wo diese Lady wohnte. Regelrecht neugierig war ich darauf, und ich fragte mich, warum eigentlich? Ich war doch sonst nicht so.

Der Taxifahrer hatte keinen schlechten Fahrstil. Er fuhr mit einem Tempo, als wenn es um sein Leben ginge. Immer wenn er in eine Kurve fuhr, gab ich alles auf und bereitete mich auf einen Unfall vor. Als mir der halsbrecherische Fahrstil doch zu unheimlich wurde, sagte ich dem Fahrer, daß er etwas langsamer und vor allen Dingen vorsichtiger fahren solle. Das tat er auch, aber nicht lange, denn schon ein paar Minuten später hatte er wieder die Geschwindigkeit von vorher auf dem Tacho. Ich wollte ihn noch einmal bitten, langsamer zu fahren. Aber das unterließ ich, da es sowieso keinen Zweck hatte, denn ein paar Minuten später würde er sowieso wieder wie ein Irrer durch die Gegend rasen. So hoffte ich eben, daß ich lebendig an mein Ziel käme. Ich war heilfroh, als der Wagen anhielt und der Fahrer mir zugrinste, als wenn er die »Monte-Carlo-Rallye« gewonnen hätte. Schnell bezahlte ich und stieg aus. Als ich auf der Straße neben der Fahrertür stand, sagte ich zu ihm:

»Ich habe nichts gegen schnelles Fahren, aber Ihnen sollte man die Lizenz wegnehmen.«

»Das haben mir schon viele gesagt, aber ich habe sie immer noch. Ich fahre schon seit zwanzig Jahren Taxi und hatte noch nie einen Unfall.«

»Das wundert mich aber!«

Dann drehte ich mich um und suchte nach dem Haus von Denise. Es waren lauter kleine Villen, die in Reih und Glied der Straße entlangstanden. Ich glaubte nicht richtig zu sehen, da die Nummer, die ich auf dem Zettel hatte, mit der der Villa, vor der ich stand, übereinstimmte. Solch ein Haus haben nur gutbesaitete Leute. Sollte diese Denise ein dickes Bankkonto besitzen? Nun war ich echt neugierig und lief auf das Haus zu, um nach dem Namen zu sehen. An der Türklingel, auf einem kleinen, goldenen Schildchen, stand in sauberer, schwarzer Gravierung »D. Bounard«. Da ich es immer noch nicht glauben wollte, verglich ich noch einmal die Adresse auf meinem Zettel mit dem Hausschildchen. Aber ich mußte es glauben, da lag kein Fehler vor.

Nun wollte ich wissen, was dies für eine Frau ist. Wie sie ist, das wußte ich ja schon, nämlich verrückt, und von diesem Entschluß konnte mich kein Mensch mehr abbringen. Also klingelte ich und wartete gespannt, wer öffnen würde. Die Türe wurde aufgemacht, und vor mir stand dieses verrückte Weib, das Denise hieß und sagte:

»Ah, da bist du ja. Ich habe schon auf dich gewartet.«

»Ich konnte leider nicht früher kommen, da ich noch etwas zu erledigen hatte.«

Das hört sich immer gut an, wenn man sagt, daß man noch etwas zu erledigen hatte.

»Komm rein, oder willst du vor der Türe stehenbleiben?«

»Nein, das nun auch wieder nicht.«

Dann ging ich ins Haus, und mich setzte es fast auf den Arsch, als ich die Einrichtung sah. Am Boden lagen teure Teppiche, an den Wänden hingen schöne Bilder, die ebenfalls nicht billig aussahen, und die Möbel, die im Flur standen, schienen ein Vermögen wert zu sein. Diese Denise mußte über ein ganz beträchtliches Bankkonto verfügen, dachte ich mir. Auf einmal kam ein Mädchen herein, in einer Geschwindigkeit, als wenn sie etwas von mir umsonst bekommen würde. Sie hatte eine kleine, weiße Schürze um. Sie war das Hausmädchen. Ich war nicht schlecht erstaunt, als ich das alles sah. Das Mädchen hielt mir den ausgestreckten Arm hin, was nur bedeuten konnte, daß sie mir meinen Mantel abnehmen wollte. Also zog ich ihn aus und gab ihn ihr. Sie verschwand damit, genauso schnell wie sie gekommen war. Ich war noch nie in den Kreisen, wo die Leute Hausmädchen und solche Sachen hatten. Das war für mich alles eine Nummer zu groß.

Diese Denise war also reich, und ich überlegte auf einmal, wie ich an ihr Geld rankommen konnte. Ich mußte sie nur anständig bezirzen, mich mit ihr verloben, warten, bis sie mich an ihr Konto ranließ und dann mit ihrem Geld verschwinden. Die Sache ist sogar legal, und mir könnte niemand etwas anhaben. Ich brauchte diese dumme Kröte nicht gleich zu heiraten, um an ihr Geld zu kommen. So hatte ich also meinen Schlachtplan entworfen, und ich wollte ihn ausführen.

Denise führte mich ins Wohnzimmer. Es war eingerichtet wie ich es nur von Filmen her kannte. Überall stand das Geld herum, und ich war mittendrin. Dann fragte mich Denise:

»Willst du noch etwas Trinken, bevor wir zum Essen gehen?«

Etwas zu trinken konnte ich gebrauchen, denn ich hatte mich von diesem Anblick der Geldverschwendung noch nicht erholt.

»Ja.«

»Was willst du?«

»Was hast du da?«

»Was du willst, und wenn du einen besonderen Wunsch hast, dann kann man es besorgen lassen.«

So etwas hätte ich mir denken können. Im Film hatten sie auch immer alles und wenn nicht, dann ließ man es besorgen. Ich hätte mir also die Frage ersparen können. Jetzt mußte ich mir natürlich etwas Besonderes ausdenken, etwas, das sie nicht hatte, denn so schindet man Eindruck, und ich könnte ihr dann sagen, daß ich mir das gleich gedacht hatte.

»Dann gib mir einen Persico bitte.«

Das war ein stinknormaler Kirschlikör, den wir immer in unserer Stammkneipe gesoffen hatten.

»Den habe ich nicht da.«

»Das habe ich mir gleich gedacht, und deswegen habe ich extra noch gefragt.«

»Ich kann aber welchen besorgen lassen.«

»Nein, das ist nicht so schlimm. Dann trink ich eben einen Whisky.«

»Scotch oder Burbon?«

Dieses Weib mußte immer fragen, und ich hätte mir denken können, daß sie beide Sorten dahatte. Die Sache ging mir langsam aber sicher auf den Geist.

»Scotch, bitte.«

Wenn sie jetzt noch fragen sollte, welche Marke, dann hau ich ihre Scheißbar zusammen. Sie fragte aber nicht mehr, sondern reichte mir kurz darauf meinen Drink. Ich kam mir richtig unsicher vor, denn ich wußte nicht, wie ich mich verhalten sollte. Also nahm ich mir vor, so zu sein, wie ich es immer war. Ich setzte mich mit meinem Glas einfach in einen Sessel, kippte den Whisky in einem Zug runter und streckte ihr das leere Glas wieder hin. Als wäre sie mein Dienstmädchen, sagte ich zu ihr:

»Schenk mir noch einen ein.«

Sie sagte nichts, sondern nahm das Glas, ging zur Bar, goß wieder etwas hinein und brachte es mir. Dann setzte sie sich mir gegenüber in einen Sessel und fragte mich:

»Wohin gehen wir zum Essen?«

»Das weiß ich nicht. Ich kenne mich in Nice nicht aus, und außerdem hast du mich eingeladen, und so mußt du das Lokal aussuchen.«

»Okay, da hast du recht.«

Auf einmal war ich richtig stolz, weil ich die Situation so gut meistern konnte. Wie ein King saß ich im Sessel und tat so, als wenn ich mein ganzes Leben in diesen Kreisen verbracht hätte. Das machte ein wenig Eindruck auf Denise, denn sie fragte mich:

»Gefällt dir mein Wohnzimmer?«

»Ja, man kann's lassen. Warum?«

»Ach nichts, ich meinte nur so.«

Nun hatte ich ihr einen Schuß verpaßt. Sie dachte bestimmt, daß ich irgendein Trottel von Millionärssohn wäre, der nichts wie Faulenzen im Kopf hat und sich deswegen in Frankreich an der Côte d'Azur herumtrieb. Dabei war ich gar nicht reich, und wenn man es genau betrachtete, war ich sogar arm. Wenn sie gewußt hätte, wer ich war, hätte sie mich bestimmt sofort an die Luft gesetzt. Dann unterhielten wir uns über belanglose Sachen, wie das Wetter, nur um die Zeit totzuschlagen. Auf einmal schaute sie auf die Uhr und meinte: »Ich glaube, wir können uns jetzt auf den Weg machen. Ich kenne ein ganz tolles Lokal. Bis wir dort sind, ist genau die richtige Zeit zum Essen.«

Dann drehte sie sich um und ging aus dem Zimmer. Ich blieb einfach sitzen und wollte erst aufstehen, wenn mir das Mädchen meinen Mantel brachte. So macht man das am besten. Es fällt dann auch nicht auf, daß man normalerweise seinen Mantel selber von der Garderobe holte. Und siehe da, da kam auch schon das Mädchen mit wiegenden Hüften hereinspaziert und hatte meinen Mantel über dem Arm. Ich stand auf, ging auf sie zu, und sie hielt mir den Mantel so hin, daß ich nur noch hineinschlüpfen mußte. Wenn ich sie aufgefordert hätte, ihn zuzuknöpfen, hätte sie es bestimmt gemacht.

Auf einmal kam Denise wieder angewackelt und meinte:

»Ich habe uns ein Taxi bestellen lassen, denn ich will nicht mit dem Wagen fahren. Wenn wir etwas getrunken haben, ist es zu gefährlich.«

Nun wurde ich frech und fragte sie:

»Hast du keinen Chauffeur?«

»Nein, ich fahre immer selber.«

Die Frage hatte gesessen, auch wenn sie es sich nicht anmerken ließ. Sie wollte immer Komplimente hören, das hatte ich mittlerweile schon mitbekommen. Aber den Gefallen machte ich ihr nicht, auch wenn ich sonst öfters welche gebe. Dann klingelte es an der Tür. Dies konnte nur das Taxi sein.

Wir setzten uns beide auf die hinteren Sitze, und Denise sagte dem Fahrer die Adresse. Der Fahrer nickte nur und fuhr gleich los. Dann sagte Denise zu mir:

»Es ist ein wunderbares Lokal. Ich gehe öfters dort essen. Mein Mädchen hat uns vorhin einen Tisch bestellt.«

Das hörte sich schon wieder an, wie es die in den Filmen immer sagten. Ich stellte mich darauf ein, in einem Bonzenlokal zu essen. Wenn dies ebenfalls so war wie im Film, dann konnte ich mir vorstellen, was dort los war. Ich wollte mir eine Zigarette anstecken, stellte aber fest, daß ich mir vorhin die letzte Kippe herausgenommen hatte. Also sagte ich zu Denise:

»Gib mir bitte eine Zigarette!«

Sie kramte in ihrer Handtasche und hielt mir eine Packung Royal hin, denn sie rauchte nur dieses schwache Kraut. Ich nahm mir eine raus, und sie gab mir auch gleich Feuer dazu. Ich stellte fest, was mir am Mittag entgangen war, daß das Feuerzeug aus Gold sein mußte. Ich konnte mir nicht vorstellen, daß es kein Gold war, denn die Reichen verabscheuen bekanntlich unechte Dinge. Am liebsten hätte ich es ihr weggenommen und ihr beigebracht, daß rauchen ungesund ist. Aber dieses Weib hätte es vielleicht aus dem Fenster geschmissen. Ihr traute ich alles zu. Als sie sich auch eine angesteckt und die Sachen wieder in ihrer Handtasche verstaut hatte, meinte sie:

»Gleich sind wir da, nur noch um ein paar Ecken. Du wirst staunen, wie gemütlich es dort ist.«

Ich konnte mir nicht vorstellen, daß ein Bonzenschuppen gemütlich sein konnte. Und so stellte ich wieder einmal fest, daß Denise doch nicht ganz klar im Oberstübchen war. Dann hielt der Wagen an und Denise sagte zum Fahrer:

»Schicken Sie mir die Rechnung nach Hause, Sie haben meine Adresse und meinen Namen.«

»Ja, Mademoiselle Bounard.«

Mir blieb fast die Spucke im Hals stecken, als ich dies hörte.

Nicht einmal die Rechnung eines Taxis zahlte sie bar. Wir stiegen aus und der Wagen brauste davon. Nun standen wir vor einem älteren Haus, das von einem kleinen Transparent beleuchtet wurde. Die Sache kam mir irgendwie spanisch vor. Ich hatte mit einem riesigen Laden gerechnet, wo an der Türe ein paar uniformierte Idioten standen. Aber da stand nicht ein einziger, und es war auch nirgendwo ein großer Eingang zu sehen. Ich wollte sie fragen, ob wir vielleicht an der falschen Ecke ausgestiegen wären, aber das unterließ ich doch lieber. Nun war ich gespannt, was als nächstes kommen würde. Sie ging auf den kleinen, beleuchteten Eingang zu, und ich folgte ihr. Ich fragte mich, was so ein reiches Biest, wie sie es war, in solch einem Haus wollte. Sie ging tatsächlich in dieses Lokal, und ich wußte nicht mehr, was ich von dieser Frau halten sollte. Sie brachte mich total durcheinander. Als sie die Eingangstüre öffnete, quietschte diese ein wenig, und nun war ich ganz sicher, daß in diesem Lokal keine Bonzen verkehrten, denn wo Bonzen waren, quietschten keine Türen. Dann standen wir im Lokal: Es war zwar kein kleines, aber auch kein großes, genau ein Zwischending, wie es viele von ihnen gibt. An den Wänden hingen alle möglichen Sachen, und die Stühle sowie die Bänke waren mit kleinen Sitzkissen gepolstert. Es sah wirklich gemütlich aus und entsprach genau meinem Geschmack. Dann kam ein älterer Mann hinter der Theke hervor und lief genau auf uns zu. Vor Denise blieb er stehen, gab ihr die Hand und begrüßte sie wie einen alten Freund. Dann drehte sie sich um und sagte zu ihm, wobei sie mit der Hand auf mich wies: »René, darf ich dir Fritz vorstellen?«

Der Mann kam näher an mich heran, gab mir die Hand und sagte: »Guten Tag, Fritz. Es freut mich, dich kennenzulernen.«

Ich glaubte, ich wäre zu Hause, denn man wurde gleich mit dem Vornamen angesprochen und die Leute verhielten sich wie alte Bekannte. Genau so mußte es sein, dachte ich mir. Da mich der Mann mit dem Vornamen angeredet hatte, machte ich es genauso und sagte:

»Es freut mich ebenfalls, dich kennenzulernen, René.«

Er strahlte mich an und führte uns zu dem Tisch, der für uns reserviert war. Er war schon für uns gedeckt und die Speisekarten lagen aufgeschlagen darauf. Denise und ich setzten uns hin und bestellten gleich etwas zu trinken. Als René weg war, fragte sie mich:

»Na, wie gefällt es dir hier?«

»Es ist wunderbar. Genau wie ich mir ein anständiges Lokal vorstelle.«

»Ich finde es auch toll hier. Es gibt keine Hektik, und man kommt sich wie zu Hause vor. So ist es viel gemütlicher, und man fühlt sich wohl.«

Das war das erste vernünftige Wort, das ich aus ihrem Mund gehört hatte, seitdem ich sie kannte. Aber das konnte ich ihr nicht sagen, aber trotzdem antwortete ich ihr:

»Ja, du hast vollkommen recht. Hier fühlt man sich wie zu Hause.«

Sie freute sich richtig, daß ich dies gesagt hatte, und sie meinte:

»Du bist ein bemerkenswerter Mann. So etwas wie dich habe ich noch nie kennengelernt.«

Du wirst noch merken, wie bemerkenswert ich bin, dachte ich mir, wenn ich mit deinem Schotter weg bin. Mir fiel auf einmal Jeanette ein, und ich wurde von einer Sekunde zur anderen traurig. Sofort versuchte ich, diese Gedanken zu verdrängen, denn ich wußte, daß ich mir damit das Leben schwer machen würde. Ob ich nun dasaß und weinte oder lachte, davon würde sie auch nicht wieder lebendig. Denise merkte nichts von meinem kurzen, traurigen Augenblick.

Dann wurden die Getränke gebracht, und wir bestellten das Essen sowie eine Flasche Wein. Die Aperitifs, die wir vor uns stehen hatten, dienten nur dazu, den Appetit anzuregen. Ich hatte mir sowieso nur eine Kleinigkeit zu essen bestellt, da ich am Hafen das Fischragout gegessen hatte. Als der Kellner wieder weg war, fragte mich Denise:

»Deine Familie muß sehr reich sein?«

Ich wußte im ersten Moment nicht, was ich sagen sollte, und so nahm ich mein Glas und prostete ihr zu. Sie nahm ihres ebenfalls und prostete zurück. Als ich mein Glas abgesetzt hatte, sagte ich zu ihr:

»Zwischen reich und reich gibt es einen großen Unterschied. Wir besitzen zwar einen Reichtum, aber sind trotzdem nicht reich.«

»Das verstehe ich aber jetzt nicht so richtig.«

»Das brauchst du auch nicht zu verstehen. Es langt, wenn ich es tue.«

Meine Familie war wirklich reich, aber nicht an Geld, sondern an Dummheit und Unbarmherzigkeit. Das meinte ich damit und sonst gar nichts. Aber das wollte ich ihr nicht erklären, denn es ging sie nichts an. Wenn ich nur schon das Wort »Familie« hörte und dabei noch von meiner sprach, dann drehte sich mein Magen. Aber das war mein Problem, und die gingen sie genauso wenig etwas an wie, ob ich reich, dumm, arm oder sonstirgendetwas bin. Dann lenkte sie vom Thema ab, und wir sprachen über das Lokal und alle möglichen Kleinigkeiten. Von ihrer eigenen Familie erwähnte sie kein einziges Wort, obwohl mich das am meisten interessiert hätte. Aber sie danach fragen wollte ich nicht.

Dann kam das Essen, und ich muß sagen, daß es ausgezeichnet war. In einem Sternehotel hätte man nicht besser essen können. Da ich aber an keinen Wein gewohnt war, spürte ich schon die ersten beiden Gläser, die ich getrunken hatte. Da ich vorher schon Whisky in mich hineingeschüttet hatte, wirkte der Wein nun sehr schnell. Die Unterhaltung mit Denise wurde lockerer, und ich überlegte auch nicht mehr, ob das Weib, das vor mir saß, eventuell einen Sprung in der Schüssel hatte. Nach dem Essen, trank ich einen starken Mocca, damit ich den Wein besser verarbeiten konnte.

René, der Wirt, setzte sich zu uns an den Tisch und unterhielt sich mit uns. Er hatte viele Alltagsprobleme, und die interessierten mich, da ich ebenfalls mit der Gastronomie zu tun hatte. Er meinte, daß sein Geschäft von Jahr zu Jahr schlechter liefe. Aber dies war in der Gastronomie überall der Fall. In der Saison machte er aber immer noch sein bestes Geschäft und konnte sich so gut über Wasser halten. Aber wie die meisten Franzosen jammerte auch René über alles, was ihm gerade in den Sinn kam. Stundenlang saßen wir da und unterhielten uns und lachten miteinander. Das Lokal hatte sich geleert, und es waren fast keine Leute mehr da. Nun wollten wir ebenfalls aufbrechen, und so verabschiedeten wir uns von René, der uns noch ein Taxi bestellt hatte. Denise bot mir an, mit ihr in die Villa zu fahren, um dort noch etwas zu trinken. Ich wußte, daß ich nicht mehr ganz nüchtern war, und doch willigte ich ein. Mir war ihr Geld mittlerweile egal geworden, aber nicht, weil ich es nicht mehr haben wollte, sondern weil ich nicht dauernd an ihre Bankkontos denken wollte, die sie sicher zur Genüge hatte. Dann wollte ich nicht alleine im Hotelzimmer bleiben, da sich dort wieder dasselbe Dilemma einstellen und ich nur an Jeanette denken würde. Aber ich mußte sie so schnell wie möglich vergessen, genauso wie ich Rita vergessen hatte. Als das Taxi da war, verabschiedeten wir uns noch einmal von René, der immer noch neben uns stand und uns sagte, wie sehr er sich über unseren Besuch gefreut hatte. Dann machten wir uns schnell auf den Weg zum Taxi. Ich hatte Denise noch nicht geküßt, obwohl ich wußte, daß sie nur darauf wartete. Auf einmal beschloß ich aus heiterem Himmel, Denise noch diese Nacht zu vernaschen. Warum, wußte ich nicht, es kam einfach über mich.

Als wir im Wagen saßen, gab Denise dem Fahrer die Adresse an, und der Fahrer brauste los. Als ich den Fahrer genauer anschaute, stellte ich fest, daß es der Raser war, dem ich schon einmal mein Leben anvertraut hatte. Sofort klopfte ich ihm auf die Schulter und sagte:

»Sie brauchen gar nicht so schnell zu fahren, sonst steige ich auf der Stelle aus und nehme einen anderen Wagen.«

Denise schaute mich an, als wenn ich gerade vom Mond gelandet wäre.

Dann antwortete mir der Fahrer:

»Wenn Sie meinen, dann fahre ich eben langsamer. Aber ich habe Ihnen das letztemal schon gesagt, daß ich noch nie einen Unfall gebaut habe.«

»Das ist mir gleich, ob Sie schon einmal einen Unfall gebaut haben oder nicht. Aber ich möchte nicht der erste sein, mit dem Sie einen machen. Ich glaube, wir haben uns verstanden.«

»Also gut, ich fahre wie eine Schnecke, damit ihnen nichts passiert. Sie haben anscheinend überhaupt kein Vertrauen zu den Taxifahrern.«

»Nein, das habe ich nicht. Und es ist immerhin mein Leben, das Sie da spazierenfahren.«

Dann drehte ich meinen Kopf spontan zu Denise und gab ihr einen Kuß auf die Stirn, da sie mich immer noch wie ein Weltwunder anschaute. Damit hatte sie nicht gerechnet und schaute mich nun noch dümmer an als vorher. Dann setzte ich mich gemütlich zurück und steckte mir eine Zigarette an. Denise setzte sich ebenfalls ganz zurück. Während der ganzen Fahrt sprachen wir kein weiteres Wort, denn jeder hing seinen eigenen Gedanken nach.

Der Fahrer hatte sich am Riemen gerissen und war langsamer gefahren. Im Haus mußte ich diesesmal meinen Mantel selber aufhängen, denn das Mädchen hatte Feierabend. Denise und ich gingen in das Wohnzimmer, und sie holte aus der Bar eine Flasche Sekt. In der Bar war ein kleiner Kühlschrank eingebaut, und so war die Flasche Sekt gut durchgekühlt. Die Bonzen tranken viel Sekt und Champagner, da dies das Getränk der Reichen war. Mir selber schmeckte das Zeug nicht besonders, und ich bekam immer schnell einen Rausch davon. Wenn ich einmal etwas zu feiern hatte, rührte ich das Zeug an, aber selber machte ich nie eine Flasche auf. Wir saßen jeder in einem Sessel, und Denise schenkte ein.

Nach ein paar Minuten stand Denise auf und setzte sich auf die Lehne meines Sessels. Dann legte sie ihren Arm um meinen Nacken und gab mir einen Kuß auf die Stirn, dann auf die Nase und zuletzt auf den Mund. Ich wußte, daß das Spiel seinen Anfang genommen hatte. Auf einmal sagte Denise zu mir:

»Komm, ich zeige dir meine Bibliothek! Du wirst staunen, wie groß sie ist.«

Dann nahm sie meine Hand und zog mich hinter sich her. Ich

konnte gar nicht so schnell aus dem Sessel springen, wie sie losrennen wollte. Also sagte ich, ohne zu überlegen:

»Halt Liebling, mach langsam!«

Sie blieb mitten im Schritt stehen, drehte sich um und schaute mich mit einem sanften Blick an. Ich wollte gar nicht Liebling sagen, es war mir nur so herausgerutscht. Aber sie verstand es anscheinend ganz anders, nämlich total ernst und auf sich bezogen. Dann sagte ich zu ihr, um nicht dazustehen wie ein Idiot:

»Was ist, du wolltest mir doch deine Bibliothek zeigen?«

Sie drehte sich wieder um, drückte meine Hand ein wenig fester und zog mich wieder hinter sich her. Ich hatte schon gedacht, sie will mir wegen diesem einen Wort um den Hals fallen und mich vergewaltigen. Als ich in der Bibliothek stand, fielen mir bald die Augen aus dem Kopf.

So viele Bücher hatte ich noch nie gesehen. Überall standen Regale, die voll damit waren. Alle hatten einen Ledereinband, ob sie klein waren oder groß. Alleine die Einbände waren ein Vermögen wert. In der Mitte des Raumes standen vier gemütliche Ledersessel und ein kleiner runder Tisch mit einer Marmorplatte. Der Boden war mit einem teuren Teppich ausgelegt, und an der Decke hing ein Leuchter, der einen normalen Arbeiter bestimmt zwei Monatslöhne gekostet hätte, wenn er ihn hätte kaufen wollen. Die Beleuchtung war genau abgestimmt, so daß man in diesem Raum optimal lesen konnte. Ich hatte noch nie so etwas wie diese Bibliothek gesehen. Die Decke war mit Holz getäfelt, und an der Wand klebte eine Seidentapete.

Auf einmal fragte mich Denise:

»Na, wie gefällt sie dir?«

Ich war noch gar nicht fähig, ihr zu antworten, da ich immer noch erstaunt war über den ganzen Prunk, der in diesem Raum herrschte. Als ich mich gefangen hatte, sagte ich zu ihr:

»Die ist wirklich nicht schlecht.«

»Die habe ich selber einrichten lassen, denn mein Innenarchitekt wollte mir eine einrichten, wie sie andere auch haben. Und das wollte ich nicht.«

»Das kann ich mir vorstellen, daß andere nicht dieselbe haben.«

»Mir gefällt sie auch wahnsinnig, aber ich habe kaum Zeit, um mich darin aufzuhalten.«

»Hast du eigentlich die ganzen Bücher gelesen?«

»Nein, so gut wie gar keins, denn ich sammle sie nur. Ich will einmal von jedem Buch, das es auf der Welt gibt, ein Exemplar haben und damit die größte Bibliothek besitzen, die es überhaupt gibt.«

»Wenn du so weitermachst, dann hast du bald die größte.«

»O nein, die habe ich noch lange nicht.«

Sie war richtig begeistert von ihrer Bibliothek. Sie sagte mir, daß sie schon einige Tausend dafür ausgegeben hätte. Allein das Geld, das in diesem Raum stand und lag, hätte mir gereicht, um eine ganze Wohnung einzurichten. Und diese Welt betrieb den Raum als Hobby, genauso wie die Geldausgeberei. Das war für mich unbegreiflich. Man hätte auf so etwas wie diese Bibliothek ohne weiteres verzichten können. Diese Welt der Reichen war mir so etwas von unbekannt, daß ich mich nie würde wohlfühlen können bei diesem ganzen Luxus und dem ganzen Drum und Dran.

Ich hatte nichts gegen eine gut eingerichtete Wohnung, die gemütlich ist, aber diese hier täte mir nicht behagen, denn man wurde regelrecht vom Geld erdrückt. Ich drehte mich um und verließ die Bibliothek, um keinen Wutanfall zu bekommen. Dieser Raum war ein bißchen zuviel für mich. Denise folgte mir ins Wohnzimmer. Auf dieses Erlebnis mußte ich etwas trinken. So ging ich an die Bar und schenkte mir einen Whisky ein. Der Whisky brannte wohltuend in der Kehle, und ich fühlte mich gleich ein bißchen wohler. Als ich mich umdrehte, stand Denise hinter mir. Sie schaute mich wieder mit diesem sanften Blick an, dem kein Mensch widerstehen konnte. Die meisten Frauen haben einen solchen Blick, und ich war immer ganz verwirrt, wenn mich eine von ihnen so ansah.

Ich stellte das Glas hinter mir auf den Schrank, legte die Arme um Denise und küßte sie aus einer plötzlichen Eingebung heraus. Sie konnte nicht schlecht küssen, und man hätte meinen können, sie hätte einen Kurs mitgemacht. Das heizte mich an, und so fing ich an herumzufummeln. Auf einmal machte sie sich frei von mir und sagte:

»Jetzt noch nicht, wir kennen uns doch kaum.«

»Da hast du recht.«

Ich setzte mich wieder in einen Sessel. Aber wieso eigentlich nicht, fragte ich mich. Ich bin schon mit anderen Weibern am selben Tag ins Bett gegangen, nachdem wir uns kennengelernt hatten. Aber vielleicht ist es in dieser Gesellschaft anders und man muß sich erst ein halbes Jahr kennen, bevor man miteinander in die Falle geht, dachte ich mir. Sie kam auf einmal zu mir, setzte sich auf die Lehne und streichelte mir sanft über mein Haar. Dann küßte sie mich auf die Stirn und ließ sich einfach in meine Arme fallen. Nun wußte ich gar nicht mehr Bescheid. Erst macht sie sich frei von mir, dann kommt sie auf einmal wieder und wirft sich mir in die Arme, als wenn sie es nicht mehr erwarten könnte, endlich mit mir in die Falle zu gehen. Da soll ein Mensch noch schlau werden und nicht durchdrehen.

Was dann im Wohnzimmer geschah, brauche ich nicht zu schreiben, denn dies kann sich jeder denken.

Nach der ersten Runde meinte Denise, daß ich die ganze Nacht über dableiben sollte, und so zogen wir uns ins Schlafzimmer zurück. Schlafzimmer ist eigentlich falsch ausgedrückt, denn man sollte besser sagen Schlafsaal. Die Räumlichkeiten waren nämlich riesig groß.

Es war genauso prunkvoll wie alles andere. Auf dem Boden lag ein ganz großer, langhaariger, weißer Hirtenteppich, auf dem man durch den ganzen Saal gehen konnte, ohne sich kalte Füße zu holen. Ein großer Spiegelschrank brauchte fast eine ganze Wand, und das Bett, das im Saal stand, war an allen Ecken und Enden automatisch. Im Schlafzimmer war ebenfalls eine Hausbar, die kein bißchen schlechter war als die des Wohnzimmers.

Am oberen Ende des Bettes waren eine ganze Menge kleiner Hebel. Der eine ließ das Bett vorne hochgehen, der andere hinten, so daß man im Bett bequem sitzen konnte. Ich wollte

Denise schon sagen, daß dieses Bett altmodisch sei, weil es keinen Hebel hatte für das automatische Vögeln. Aber das unterließ ich lieber. So hatte ich dem Bett noch einiges voraus. Auch standen in diesem Zimmer eine ganze Menge kleiner Kommoden, und ich hätte allzu gerne gewußt, für was sie dies alles brauchte.

Überhaupt, was brauchte eine alleinstehende Frau, wie sie es war, ein solches Schlafzimmer? Ich konnte es kaum glauben, für was alles auf der Welt Geld zum Fenster rausgeworfen wird.

10

Ich wachte auf, als mein Kopf von einem stechenden Schmerz durchfahren wurde. Im ersten Augenblick wußte ich nicht, wo ich mich befand. Aber als ich neben mir die nackte Denise sah, wußte ich sofort wieder, wo ich war. Sie saß einfach pudelnackt auf der Bettdecke und lächelte mich frech an. Als sie sah, daß ich wach war, sagte sie zu mir:

»Ich habe schon gedacht, du willst überhaupt nicht mehr aufwachen.«

»Warum, wie spät ist es denn?«

»Kurz vor zwölf.«

»Gestern hatte ich ganz nett einen sitzen. Der letzte Drink hat mir zu schaffen gemacht.«

»Du warst nicht nur blau, sondern auch gut.«

»Was meinst du mit gut?«

»Du hast mich ganz schön ins Schwitzen gebracht, hier auf der Spielwiese. Das schafft nicht jeder.«

»Ach so, ich weiß, was du meinst.«

Das hätte ich mir gleich denken können, daß sie die Bumsorgie von gestern nacht meinte. Aber in meinem Kopf hämmerte es ununterbrochen, und da ist man noch nicht so in der Lage, einen klaren Gedanken zu fassen. Ich fragte sie:

»Hast du mir eine Kopfschmerztablette?«

»Ja, einen Moment.«

Sie holte mir aus ihrem Nachttisch zwei starke Pillen, die sie mir liebevoll verabreichte. Ich lag da wie tot und wartete auf die Wirkung der Tabletten. Denise hatte sich quer über das Bett gelegt, so daß sie mit dem Kopf auf meiner Brust lag. Auf einmal fing sie an, mich abzuküssen und fuhr von meinem Brustkorb langsam abwärts. Ich hatte echt keine Lust, eine Nummer zu schieben, und deshalb hielt ich sie am Bauchnabel an und zog sie langsam wieder nach oben.

»Was ist los, hast du keine Lust?«

»Nein, ich bin noch ausgelaugt von gestern und fühle mich auch nicht gerade wie Mister Universum.«

»Also gut, dann frühstücken wir eben.«

»Ja, das ist eine bessere Idee.«

Sie drückte auf eine Klingel, die oberhalb des Bettes war und deckte sich zu. Sofort kam das Hausmädchen von gestern abend hereinspaziert und fragte, was wir wünschten.

Denise bestellte das Frühstück. Die armen Hausmädchen, dachte ich, die müssen schon etwas mitmachen, bis sie Rente bekommen. Ich lag ganz still auf dem Bett, und das Hausmädchen wiederholte die Bestellung ihrer Chefin, die sie auf einem Zettel notiert hatte. Orangensaft, halbe Grapefruit, weichgekochtes Ei und allen möglichen Ramsch. Ich fragte mich, wer das alles essen sollte. Auf einmal fragte sie mich:

»Liebling, willst du auch noch etwas bestellen?«

Ich wußte gar nicht, was ich sagen sollte, denn sie hatte schon alles bestellt, was man zu einem Frühstück überhaupt essen konnte. So sagte ich einfach:

»Nein, Hauptsache es ist Kaffee dabei.«

Dann schickte sie das Hausmädchen wieder weg. Ich war echt gespannt, auf was für einem Tablett sie das alles ins Schlafzimmer befördern wollte. So ein Riesending gab es doch gar nicht. Ich steckte mir eine Zigarette an, und Denise kuschelte sich an mich. Ich hätte mir nie träumen lassen, daß ich eines Morgens mit einer steinreichen Frau im Bett liegen und sogar noch mit ihr frühstükken würde. Denise drehte sich zum Schaltpult und drückte auf einen Knopf. Leise Musik erklang aus allen Ecken. Dann bediente sie noch ein paar Hebel, so daß ich auf einmal saß statt lag.

Ein solches Ding würde ich mir nie in die Wohnung stellen, dachte ich mir. Ich müßte dafür einen Führerschein machen, denn wenn man dort auf einen falschen Knopf drückte, hätte man vielleicht tot sein können. Man weiß nie, ob in so ein Ding nicht eine Selbstschußanlage eingebaut ist, oder sowas Ähnliches.

Dann kam das Hausmädchen wieder mit einem Wagen, der voller Fressalien war. In der Mitte stand eine große Kanne, und ich wußte, daß dies der Kaffee war, den ich dringend nötig hatte, um wieder in Schwung zu kommen. Das Hausmädchen holte unter dem Wagen zwei so komische Dinger hervor, die man braucht, um im Bett zu frühstücken. Eines davon reichte sie mir und das andere Denise. Dann schob sie den Wagen an das Bett und fragte, ob wir noch einen Wunsch hätten. Da wir nichts mehr wünschten, verschwand sie aus dem Schlafzimmer. Ich legte das komische Ding zur Seite, griff nach einer Tasse und der Kaffeekanne und schenkte mir ein. Ich fragte Denise nicht, ob sie auch eine Tasse will, denn sie bediente sich selber. Ich aß nichts, aber sie haute sich die Vitamine nur so in den Rachen. Das meiste, was sie aß, war Obst und solche Sachen, die nicht dick machten. Sie hatte einen Fimmel und glaubte, daß, wenn man dick ist, erstens nicht mehr schön sei und ein paar Jahre früher ins Gras beißen würde. Aber jeder hatte seinen eigenen Tick, und so machte ich mir nichts daraus. Hauptsache war, daß sie mich mit ihrem Tick in Ruhe ließ. Nach dem Frühstück, das bei mir nur aus zwei Tassen Kaffee bestand, fragte ich Denise, wo die Dusche sei, denn ich hatte eine nötig. Sie hatte auch Lust auf eine Dusche, und so ging sie gleich mit. Da ich mich mittlerweile an den Prunk in diesem Haus gewöhnt hatte, konnte ich mir die Dusche schon vorstellen. Es war tatsächlich ein riesiges Bad, mit allem möglichen Zeug, was man sich nur vorstellen kann. Ich stellte mich gleich unter die Brause. Denise zog ihren Morgenmantel aus und stellte sich zu mir. Da sie wußte, daß ich kein Interesse an einer Nummer hatte, ließ sie auch jeglichen Versuche bleiben, mich anzumachen. Danach zog ich mich an und setzte mich in das Wohnzimmer.

Auf einmal schoß mir eine Frau in den Kopf, die ich schon fast vergessen hatte: Rita. Warum konnte ich nicht sagen. Der Gedanke war auf einmal da und genauso die Folgen dieses Gedankens. Ich saß total perplex im Sessel, und in meinem Kopf fing es an zu wirbeln. Da lag ich mit einer Frau im Bett und war vielleicht schon Vater. Was machte Rita alles mit in Deutschland, ohne mich? Ich hatte sie alleine gelassen, als sie hochschwanger war. Dies kann nur ein Charakterschwein machen und kein anständiger Mensch. Und ich war anscheinend so eines. Ich kotzte mich selber an und wäre am liebsten vor mir selber weggelaufen. Das war alles für mich so unbegreiflich. Was soll ich nur machen, fragte ich mich. Erst hatte ich es mit Jeanette getrieben und mich sogar in sie verliebt. Dann mit Denise, nur hatte ich mich in sie nicht verschossen. Aber Rita liebte ich immer noch und auch mein Kind, das sie vielleicht schon auf die Welt gebracht hatte. Auch wenn ich es mit anderen Weibern trieb, wußte ich dennoch, daß ich sie immer gerne haben werde. Aber ich wußte auch, daß ich nicht zu ihr zurückgehen konnte. Denise würde ich nie lieben können, denn sie war in einer ganz anderen Welt geboren, in die ich niemals hineinpassen würde. Sie war ein ganz anderer Typ als ich, und so könnte es nie klappen mit ihr.

Auf einmal legte Denise, die ich beim Eintreten nicht bemerkt hatte, die Arme um mich und küßte meinen Nacken. Ich schrak sofort aus meinen Gedanken auf und nahm wieder die Realität wahr, die um mich herum war. Dann machte ich mich von ihr frei, stand auf, ging zur Bar, schenkte mir einen Drink ein und nahm mir vor, Denise zu sagen, daß ich nicht über ein Bankkonto mit einigen Millionen verfüge und in Wirklichkeit ein armer Schlucker sei. Als ich den Drink in der Hand hatte, drehte ich mich zu ihr hin und fing an, zu sprechen:

»Denise!«

»Ja, was ist? Du bist auf einmal so komisch. Ist dir nicht gut?«

Weiter als zu ihrem Namen kam ich nicht, denn mir würgte

irgend etwas die Kehle ab. Ich war nicht in der Lage, diesen einen Satz zu sagen, der sie über mich aufklären sollte. Dabei wäre es doch so einfach gewesen, nur einen Satz zu sagen, wie zum Beispiel:

»Denise, ich muß dir sagen, daß ich kein Geld habe und ein Verbrecher bin.« Nur diesen einen Satz, aber es war mir nicht möglich. Ich versuchte es noch einmal und sagte:

»Denise, ich ...«

»Was ist denn Fritz?«

Ich kam einfach nicht weiter, und deshalb sagte ich nur zu ihr:

»Ach nichts.«

Mir wurde bewußt, daß mein alter Feigling wieder in mir war. Immer wenn ich einmal vor einer Entscheidung stand, oder es darum ging, etwas auszustehen, was mich selbst betraf, kam dieser Schweinehund zum Vorschein. Aber irgendwie mußte er doch zu bekämpfen sein. Auf einmal riß mich Denise wieder aus den Gedanken.

»Liebling, was ist denn mit dir los? Du siehst mich so ernst an. Habe ich etwas falsch gemacht?«

»Nein, du hast nichts falsch gemacht. Ich habe nur gerade an etwas gedacht. Aber das ist nicht so wichtig.«

Für mich war es aber doch wichtig, denn es ging um mich. Eines war mir klar, ich mußte weg von ihr. Aber damit würde ich nur meinem inneren Feigling wieder den Triumph überlassen. Das war auch nicht das, was ich wollte. Ich konnte doch nicht immer vor mir selber weglaufen. Ich schob meine Gedanken zur Seite und sagte zu Denis:

»Laß uns ein bißchen spazierengehen. Egal wo, Hauptsache wir kommen raus, und außerdem ist mir nicht gut.«

Mich kotzte alles an. Das Haus von Denise, das ganze reiche Gehabe und ich mich selber. Aber dennoch brauchte ich die Nähe eines Menschen, und da ich hier niemanden kannte außer Denise, mußte ich mit ihr vorliebnehmen. Denise sagte zu mir:

»In Ordnung, ich war schon lange nicht mehr so richtig spazieren, wie ich es früher immer gemacht hatte.«

Als ich vor dem Haus stand, atmete ich tief durch, und mir tat die frische, leicht kühle Luft richtig gut. Dann fing ich an, einfach loszulaufen, und Denise folgte mir wie mein Hündchen. Wir sprachen die erste Zeit kein einziges Wort. Später erzählte mir Denise von den Leuten und ihren Villen. Die meisten waren Bonzen und hatten Villen, die die reinsten Paläste waren. Ich hörte ihr nicht richtig zu, sondern schaute mir die Landschaft und das Meer an. Da wir auf einem Berg spazieren gingen, konnte man wunderbar über ganz Nice hinwegsehen. Es war ein Panorama, wie ich es nur aus Zeitschriften kannte. Mir wurde wieder einmal bewußt, daß die Reichen alles hatten. Sie besaßen sogar die schönsten Flecken der Erde, und die Armen haben gar nichts. Nicht einmal vor der Natur machen die halt. Erschrekkend, aber wahr. Aber ich schob diese Gedanken beiseite, denn ich wollte mir dadurch nicht den Genuß des schönen Anblickes versauen lassen, indem ich mich mit den Bonzen auseinandersetzte.

Auf einmal fing ich an zu fantasieren. Ich stellte mir vor, daß ich auf der höchsten Stelle des Berges ein kleines bescheidenes Häuschen stehen hätte, dort ein zufriedenes Leben führte, mit Rita und meinem Kind, ohne Sorgen, Streß und Ärger, wie ein kleiner Fürst in seinem eigenen Paradies. Ich sah es schon richtig vor mir, als ich da stand und das Panorama in mich hineinsog. Aber Denise riß mich aus meinen Träumereien in die Realität zurück, denn sie hatte ihre Arme um meine Hüfte gelegt und mir einen Kuß auf die Wange gedrückt. Ich legte meinen Arm ebenfalls um ihre Hüfte, und so spazierten wir wieder weiter. Nice war ein kleines Paradies. Über zwei Stunden gingen wir durch die Gegend, als ich merkte, daß ich Hunger hatte. Also gingen wir in das nächste Café. Ich wollte mir den Bauch mit Kuchen vollschlagen, denn ich hatte Lust auf etwas Süßes.

Denise bestellte sich einen Obstkuchen, der nicht viel Kalorien hatte. Ich hingegen bestellte mir drei Stück Torte, die die reinsten Kalorienbomber waren. Denise schaute mich zwar skeptisch von der Seite an, aber sagte kein Wort, denn sie hatte schon gelernt, daß ich mir beim Essen keine Vorschriften machen ließ. Im Nu hatte ich die drei Stück verputzt. Zwar aß ich nicht immer in diesem Tempo, aber ich machte es trotzdem, da ich nicht essen wollte, wie es die feinen Pinkel machen. Nach jedem Bissen eine Pause machen und sich mit der Serviette dann den Mund abwischen. Solche Zeremonien mochte ich nicht, auch wenn man sie manchmal anwenden muß. Den ganzen Firlefanz hatte ich schon gelernt, in der Hotelfachschule und in der Praxis, wo ich gearbeitet und gelernt hatte.

Als ich meine Kuchenstücke vertilgt hatte, trank ich einen Kognak, der der Verdauung diente. Dann bezahlten wir, aber nicht bar, denn Denise schrieb einen Scheck aus. Sie hatte kein Kleingeld oder so etwas in der Tasche, um eine kleine Rechnung zu bezahlen. Für jeden Scheißdreck schrieb sie einen Scheck aus oder ließ sich die Rechnung nach Hause schicken. Als ich mich anbot zu bezahlen, meinte sie, daß ich ihr Gast sei und sie alles übernehmen würde. Jedesmal wenn ich so etwas sah, wurde mir in Erinnerung gerufen, daß ich in eine ganz andere Welt gehörte. Immer wieder wurde mir dadurch auch klar, daß ich bald von dieser Frau verschwinden mußte, da dies keine Zukunft für mich war. Ich mußte immer etwas zu tun haben, und wenn ich meinen Lohn dafür bekam, konnte ich zumindest sagen, daß ich dieses Geld mit meinen eigenen Händen verdient habe und es dementsprechend auch ausgeben kann. Ich arbeitete gerne und besonders in meinem Beruf, da er mir Spaß machte und sehr viel Abwechslung bot. Mein Chef sagte ab und zu zu mir einen Spruch, den ich nie vergessen werde:

»Jeder Koch ist ein Künstler, aber nicht jeder Künstler ein Koch.« Er hatte etwas Wahres an sich, denn es ist wirklich eine Kunst, ein Essen so zu machen, daß es schmeckt und das Auge reizt, denn dieses ißt bekanntlich mit.

Das war mein Beruf, und ich hätte vieles darum gegeben, ihn wieder ausüben zu können, statt hier mit einem reichen Weib durch die Gegend zu schlendern und die Zeit mit Gewalt tozuschlagen und andere Leute zu beklauen. Aber mein Beruf war nur noch ein Traum.

Eine ganze Woche hielt ich dieses Weibsbild aus, das nur mit

Schecks um sich warf. Deshalb hatte ich sie auch schon im Geheimen Schecklilli getauft. Ab und zu ging ich in mein Hotel, aber die meiste Zeit verbrachte ich mit ihr in ihrer Villa. Diese eine Woche kostete mich Nerven, wie ich sie mein ganzes Leben noch nicht gebraucht hatte. Eines Abends krachte es dann eben, was auch kommen mußte, denn ein normaler Mensch hält sowas nicht lange aus.

Denise meinte, daß sie wieder Schecks ausfüllen müßte, und so sagte ich zu ihr, da der Betrag nicht hoch war:

»Du könntest dir ruhig einmal angewöhnen, ein wenig Kleingeld bei dir zu haben, damit du nicht für jeden Mist einen Scheck ausfüllen mußt.«

»Das ist doch egal. Meine Schecks sind immer gedeckt.«

»Das glaube ich dir gerne, aber wenn man wegen ein paar Francs einen Scheck ausschreibt und das täglich, dann kommt man sich doch ein wenig idiotisch vor.«

»Ich mache das gerne. Dann wissen die Leute immer gleich, daß ich Geld habe und etwas Besseres bin als sie.«

Dieser Satz war zuviel für mich, und so bekam sie von mir ein saftiges Kontra.

»Du bist nicht besser als ein Clochard, der an der Straße sitzt. Da hast du dich aber ganz gewaltig in den Finger geschnitten, denn du bist nur ein Weib, das Schecks ausschreiben kann und sonst nichts.«

»Das ist eine Frechheit, was du da sagst.«

»Das ist keine Frechheit, sondern Tatsache. Außer Schecks ausfüllen kannst du noch mit einem Koffer voll Bücher durch die Gegend fahren und einem auf die Nerven gehen.«

Dann drehte ich mich um, griff nach meinem Mantel, zog ihn an und wollte das Lokal verlassen, in dem sich diese Szene abgespielt hatte. Aber ich war so richtig in Fahrt. So drehte ich mich nochmals zu ihr um und sagte:

»Zwischen uns ist es aus. Ich gehe heute in mein Hotel, packe meine Koffer und verschwinde von hier. Adieu!«

Dann drehte ich mich mit einem eleganten Schwung herum und verließ das Lokal. Mir war einfach der Kragen geplatzt, dafür konnte ich nichts. Es war klar, daß mir der Gaul einmal durchgehen würde, da dieses ganze Gehabe eines Menschen, der in eine ganz andere Kategorie gehörte, einmal einem auf den Wecker gehen mußte. Wenn sie nicht gesagt hätte, daß sie etwas Besseres wäre, hätte ich vielleicht nicht so gewaltig auf den Putz gehauen. Aber sie war eben nichts Besseres. Sie vögelte genauso wie die Armen, schob sich das Essen ebenfalls unter der Nase rein und ging auf die Toilette wie die anderen. Was war also an ihr anders? Nichts, nur daß sie Geld hatte. Und wieder mußte ich feststellen, daß Geld Macht ist und nicht der Verstand oder sonst etwas. Dieses verdammte Geld regiert die Welt. Man wird immer ein Nichts bleiben, solange man kein dickes Bankkonto besitzt.

Ich fuhr mit dem Taxi zur Wohnung von Denise, packte dort meine Klamotten zusammen und fuhr weiter zu meinem Hotel. Als der Wagen vor dem Hotel anhielt, fragte mich der Fahrer:

»Soll ich die Rechnung wieder zu Mademoiselle Bounard nach Hause schicken?«

Als ich das hörte, kam mir fast die Galle hoch. Der glaubte anscheinend, daß ich nicht in der Lage war, eine gewöhnliche Rechnung bar zu bezahlen. Da hatte sich der Trottel aber ganz gewaltig geirrt, denn ich war nicht die Schecklilli, und deshalb sagte ich zu ihm:

»Nein, ich bezahle bar, denn Mademoiselle Bounard ist nicht mein Kindermädchen.«

Ich zog einen Geldschein aus der Tasche und gab ihm diesen Fetzen Papier, von dem alles auf der Welt abhängig war. Dann sagte ich zu ihm:

»Stimmt so, den Rest können Sie behalten.«

Im Hotel lief mir der Portier über den Weg, und ich bestellte bei ihm eine Flasche Martini mit allem Drum und Dran. Da ich nicht viel Worte machte, sondern nur die Bestellung aufgab und mich wieder rumdrehte und verschwand, wußte er, daß ich eine miese Laune hatte, oder mir eine Laus über die Leber gelaufen war. In meinem Zimmer setzte ich mich in den Sessel und wartete auf den Martini. Er wurde mir schnell gebracht, und ich schenkte mir ein Glas davon ein und schüttete ihn in mich hinein.

Ich verfluchte in diesem Moment die ganze Welt der Reichen und alles, was damit zu tun hatte. Wie ein Idiot saß ich im Sessel und überlegte, fluchte und soff. Als ich meine erste Flasche Martini leer hatte, bestellte ich noch eine, die ich genauso köpfte wie die erste. Als ich richtig blau war, legte ich mich samt den Kleidern ins Bett und schlief meinen Rausch aus.

Als ich aufwachte, fühlte ich mich wie das Elend persönlich. Als ich aufgestanden war und an mir heruntersah, wurde es mir noch elender. Meine Kleider waren total zerknautscht, die Knie wackelten, und ich dachte, es wären meine ersten Gehversuche, als ich ins Bad laufen wollte. Der Spiegel zeigte mir noch eine weitere Katastrophe, und der Tag war für mich damit schon so gut wie gelaufen. Meine Augen waren geschwollen, das Haar durcheinander, die Lippen trocken und spröde. Meine ganze Visage kotzte mich an.

Aber ich wollte aus dieser jämmerlichen Figur wieder einen anständigen Menschen machen. Ich duschte, rasierte mich, zog frische Kleider an und schaute mich dann wieder im Spiegel an. So sah die Sache schon wieder viel besser aus. Ich fühlte mich wieder einigermaßen als Mensch. Dann trank ich einen starken Kaffee mit einem Aspirin, um den Kater wegzuspülen. Danach packte ich meine Sachen, bezahlte meine Hotelrechnung und ging zum Bahnhof. Ich wollte nach Marseille zurück und Salem treffen.

Auf der Fahrt nach Marseille erlebte ich eine Überraschung. Denn als der Schaffner kam, staunte ich nicht schlecht. Es war der alte Mann, der mir und Jeanette den ersten Strafzettel verpaßt hatte. Ich war gespannt, ob er mich wieder erkennen würde. Als er mich sah, blieb er vor mir stehen und sagte:

»Wir kennen uns doch.«

»Ja, wir kennen uns.«

»Aber woher?«

»Aus dem Zug.«

»Ah, jetzt weiß ich es wieder. Du warst der mit dem Mädchen, die sich geschworen hatten, immer schwarzzufahren und dabei aneinander zu denken. Aber wo hast du denn deine Kleine gelassen?«

Mein Gesicht fiel sofort zusammen, und ich sagte mit bedrückter Stimme:

»Sie ist tot. Von einem Wagen überfahren worden, in Marseille.«

»Das tut mir leid, sie war ein nettes Mädchen.«

»Ja, das war sie. Aber jetzt will ich nicht mehr davon sprechen, denn man kann nichts daran ändern, und ich bekomme nur meinen Moralischen.«

»Ja, das kann ich verstehen.«

Dann setzte er sich zu mir ins Abteil, und wir sprachen über ganz belanglose Dinge. Man sah ihm an, daß ihn Jeanettes Tod ein wenig bedrückte, da er sie gekannt hatte, wenn auch nur flüchtig. Er fragte mich nicht nach meinem Ticket, denn er wußte, daß ich keines bei mir hatte.

In Toulon am Bahnhof stieg er kurz aus, um etwas zu erledigen. Bevor der Zug wieder abfuhr, saß er schon bei mir im Abteil. Der alte Mann zog aus seiner Tasche eine kleine Flasche Kognak mit zwei Plastikbecherchen und schenkte jedem von uns etwas ein. Bis Marseille wurde keine Kontrolle mehr gemacht, denn wir tranken das ganze Fläschchen leer und hatten keine Lust aufzustehen, um ein paar Schwarzfahrer zu erwischen. Einmal sagte er:

»Die Schwarzfahrer, die heute im Zug sitzen, haben wieder einmal Glück, denn ich werde heute keinen einzigen Strafzettel verteilen. Das haben sie dir und deiner Kleinen zu verdanken. Schade, daß sie nicht mehr hier ist.«

In Marseille verabschiedete ich mich von ihm und machte mich auf den Weg zu Salem. Ich freute mich richtig, ihn wiederzusehen.

Als ich vor Salems Tür stand und klingelte, war er es, der mir die Tür öffnete. Er umarmte mich und sagte fröhlich:

»Ich dachte schon, du wärst wieder nach Deutschland zurück. Du warst eine ganze Woche weg und hast nichts von dir hören lassen.«

Dann ließ er mich los und zog mich in die Wohnung, drückte mich im Wohnzimmer in einen Sessel und fragte mich:

»Na, was hast du alles angestellt?«

Ich hatte noch nicht ein einziges Wort gesagt, und so sagte ich:

»Guten Tag.«

Daraufhin schaute er mich verdutzt an und fing an zu lachen.

»Stimmt, ich habe dich noch gar nicht zu Wort kommen lassen. Also erzähl aber, was du alles gemacht hast. Ich bin neugierig, wie du dich durch die Welt geschlagen hast, in dieser einen Woche.«

»Ich brauche erst etwas zu trinken.«

Er schenkte uns beiden einen Whisky ein, und ich erzählte ihm alles. Er hatte sich fast kaputtgelacht, als er das hörte. Dann fragte ich Salem nach Ted und Vallerie. Er bekam ein ganz düsteres Gesicht, wie es nur Ägypter kriegen konnten, denn Salem war einer.

»Die beiden sind wie vom Erdboden verschwunden.«

»Was soll denn das heißen?«

»Ted und Vallerie hatten sich gestritten. Ted war angesoffen und schlug Vallerie in seinem Suff windelweich, worauf sie ihn sitzengelassen hat und spurlos verschwunden ist. Ted war bei mir und erzählte die ganze Geschichte, und wir versuchten, sie zu finden. Das gelang uns aber nicht, und kurz darauf war auch Ted wie vom Erdboden verschluckt. Das Drama hat sich genau zwei Tage nachdem du weg warst abgespielt.«

Scheiße! dachte ich. Ted war ein guter Kamerad.

Ich hätte Ted sagen sollen, wohin ich gehe. Dann wäre er mir vielleicht nachgefahren, anstatt abzuhauen. Ich fragte Salem:

»Was wird nun aus den Geschäften, die wir abgezogen haben?«

»Das weiß ich selber nicht. Alleine ist es echt Scheiße, das weißt du selber. Das einzige, was wir machen können, ist einen neuen Mann suchen. Aber woher sollen wir den so schnell kriegen?«

»Laß mal sein, wir werden schon jemanden finden. Mir wird schon etwas einfallen, und wenn wir einen Penner von der Straße holen müssen.«

»Penner«, das war das Stichwort. Man konnte auch einen Penner von der Straße holen. Das wäre nicht die schlechteste Idee. Aber wie sollte man das wieder anstellen? Ich konnte doch nicht einfach zu einem hingehen und ihn fragen, ob er Lust hätte, ein paar krumme Dinger zu drehen.

Wir ließen das Thema fallen, denn wir wußten beide, daß dies im Moment sowieso nicht zu lösen war. Salem machte mir das Angebot, bei ihm zu wohnen. Ich nahm das Angebot an und Salem freute sich darüber. Dann machte er den Vorschlag, daß wir an diesem Abend ein wenig nach Nice oder Cassis ins Kasino fahren könnten, um uns dort ein wenig zu amüsieren.

Ich wollte eigentlich nicht in dieses Milieu zurück, aus dem ich eben abgehauen war. Aber da ich Salem nicht kränken wollte, stimmte ich seinem Vorschlag zu, und so beschlossen wir, als erstes in das Kasino von Cassis zu gehen und später in das von Nice. In Nice wollten wir übernachten und am nächsten Tag nach Monte-Carlo fahren, um uns dort die Stadt und das Kasino anzusehen. Salem versprach mir, nicht zu hoch zu spielen und meinte: »Mein Freund, ich bin in den Kasinos wie zu Hause, und ich verspreche dir, daß ich dir etwas zeigen werde, daß dir die Augen aus dem Kopf fallen werden. Dort habe ich früher einmal etwas gemacht und aufgegeben, da ich keine Lust mehr dazu hatte.«

Ich war gespannt, was ich an diesem Abend erleben würde. Salem hatte einige Tricks in den Taschen, und so freute ich mich auf den Abend.

Am frühen Abend setzten wir uns in den Wagen und fuhren nach Cassis.

11

Als wir vor dem Kasino standen, war ich schon richtig ungeduldig. Ich war gespannt, was es an diesem Abend zu sehen gab. Wir stiegen aus und gingen auf den hellbeleuchteten Eingang zu. Man durfte erst mit einundzwanzig Jahren hinein, und deshalb meinte

Salem, wenn man mich nach dem Ausweis fragen sollte, solle ich sagen, ich hätte ihn vergessen. Aber er glaubte weniger, daß man mich nach meinem Alter fragen würde, da ich älter aussah, als ich in Wirklichkeit war. Wir betraten die Eingangshalle und standen vor einem Türsteher, der nicht gerade ein freundliches Gesicht hatte. Er führte uns zur Garderobe und später an die Kasse, an der wir den Eintritt bezahlten und die Jetons kauften. Ich selber kaufte keine, sondern nur Salem. Aber wie mir aufgefallen war, hatte er nicht viel genommen, und das wunderte mich ein bißchen, da die meisten Spieler immer eine ganze Menge von den Dingern holten. Es war wirklich komisch, denn von den paar Jetons, die er gekauft hatte, gab er mir noch ein paar ab und machte sich auf den Weg zum Roulettetisch. Dort stellte er sich hin, schaute die Croupiers und den Spieltisch an und machte vorerst gar nichts. Ich dagegen schaute mich ein wenig im Laden um, aber es war alles uninteressant, denn jeder kennt heutzutage ein Kasino. Ganz gemütlich lief ich zur Bar, da ich etwas trinken wollte, denn ich hatte eine ganz trockene Kehle. Die Jetons steckte ich in meine Tasche, da ich keine Lust hatte, zu spielen und sowieso Glücksspiele nicht mochte. Lieber schaute ich mich in der Bar um, was es dort für Frauen hatte. Da saßen auch ein paar nette Weibsbilder herum, die man schon gerne vernaschen würde, wenn es so ohne weiteres gehen würde. Ich setzte mich auf einen Barhocker und wollte mir einen Drink genehmigen, als mir Salem einfiel, der bestimmt auch etwas trinken wollte. Also bestellte ich für ihn einen Whisky. Ich schnappte das Glas und machte mich auf den Weg zum Roulettetisch. Salem sah mich nicht kommen, denn er war mit dem Spiel beschäftigt. Ich wußte, daß Spielen eine Sucht sein kann, und ich fragte mich, ob Salem einer dieser Süchtigen war. Als ich bei ihm stand, fielen mir fast die Augen aus dem Kopf. Aus ein paar Jetons, die er an der Kasse geholt hatte, waren mittlerweile einige mehr geworden. Salem hatte schon einen ganzen Stapel davon in der Hand. Wir waren doch noch nicht lange da, und er hatte schon gewonnen. Das war für mich unbegreiflich, denn normalerweise verlor man sein Geld ziemlich schnell, wenn man nicht Tausende von Francs darauflegt, um seine Chancen zu vergrößern. Er mußte ein Glück haben, das nicht normal war. Dieser Mann war ein Wunder, denn er verstand, aus jeder Kleinigkeit etwas zu machen, und jedesmal, wenn er Schwierigkeiten hatte, kam er aus ihnen heraus. Ich hatte noch nie erlebt, daß er einmal bei einer Sache, die wirklich schwierig und aussichtslos war, aufgegeben hatte. Er überlegte und probierte solange, bis er eine Lösung gefunden hatte und sie für ihn richtig erschien.

In einem günstigen Moment stellte ich ihm seinen Whisky hin und sagte:

»Hier, ich habe dir etwas zu trinken gebracht.«

»Ich habe dich schon lange bemerkt und auch gesehen, wie du an den Tisch gekommen bist.«

Ich war überrascht, denn ich war davon überzeugt, daß er mich nicht bemerkt hatte. Aber ich hatte mich wieder einmal getäuscht. Nun wußte ich auch, daß er kein süchtiger Spieler war, denn wenn er einer gewesen wäre, dann hätte er mich bestimmt nicht bemerkt. Ich wollte Salem fragen, wie er es angestellt hatte, daß aus den paar Jetons, die er gehabt hatte, eine ganze Handvoll wurde. Aber das unterließ ich, denn einige Spieler schauten mich schief an, da ich nur am Tisch stand und mit meinem Gerede das Spiel störte. Auf einmal erinnerte ich mich an meine Jetons, die ich in der Tasche hatte. Ich griff in die Jackentasche, holte sie heraus, schaute sie einen kurzen Augenblick an, warf einen Blick auf den Spieltisch und legte die Jetons auf die Achtzehn, da dies mein Alter war. Dann sagte ich zu Salem:

»Wenn ich etwas gewinnen sollte, was ich aber nicht glaube, dann nimm es für mich mit.«

»Okay, mache ich. Du bist mit fünfzig Prozent am ganzen Geschäft beteiligt.«

Das störte anscheinend schon wieder, denn einige Leute schauten mich und Salem dumm von der Seite an. Ich machte mich auf den Weg zur Bar, denn ich wußte, daß das Geld, das auf dem Tisch lag, hoffnungslos verloren war. Ich brauchte also nicht zu warten, bis es der Croupier an sich heranzog. Als ich in der Bar war, setzte ich mich zu einem Mädchen, das ganz alleine an der Theke saß und mit einem stieren Blick auf ihr Glas schaute. Sie war anscheinend traurig, denn nur wenn man etwas auf dem Herzen hatte, saß man so irgendwo herum. Der Barkeeper kam zu mir und wollte wissen, was ich trinken wollte. Da ich Lust auf einen schönen, kalten Martini hatte, bestellte ich mir gleich einen doppelten. Das Mädchen schaute kurz auf, um zu sehen, wer sich neben sie gesetzt hatte. Ich wollte sie fragen, was sie bedrücke, aber ich ließ es bleiben, denn ich wollte an diesem Abend nicht den Seelsorger spielen. Probleme hatte ich selber genug, und so war es nicht nötig, daß ich mich mit anderen Leuten auseinandersetzte. Dann kam mein Martini, und ich widmete mich diesem, was mir sinnvoller erschien als alles andere, was sich im Moment um mich herum abspielte.

Mir fiel nicht auf, daß ich nun genauso wie das Mädchen neben mir auf mein Glas schaute und dasselbe traurige Gesicht machte. Auf einmal sprach mich das Mädchen an:

»Sie scheinen auch nicht gerade glücklich zu sein.«

»Warum denn?«

»Na, Sie schauen so traurig aus.«

»Das kann nicht sein, denn ich bin nicht traurig.«

»Aber dafür ich, und das langt.«

»Wissen Sie was? Wir sagen lieber ›Du‹ zueinander, denn dieses dämliche ›Sie‹ kann ich nicht hören.«

»Ja, das können wir machen, denn ich mag es auch nicht besonders.«

»Also, ich heiße Fritz. Und wie heißt du?«

»Nathalie.«

»Das ist ein schöner Name, der gefällt mir.«

Das hörte sich zwar schwachsinnig an, aber was soll man anderes sagen.

»Ja, mir gefällt er auch. Aber du bist kein Franzose.«

»Nein, ich bin Deutscher, aber lebe in Frankreich.«

»Das hab ich mir schon gedacht, daß du Deutscher bist. Das sieht man dir richtig an.«

»Wieso sieht man es mir an?«

»Du bist groß, blond, blauäugig und hast einen Akzent, wie ihn nur die Deutschen haben, wenn sie französisch sprechen.«

Komisch, aber ihre schlechte Laune schien wie weggeblasen, denn ihr Gesicht war freundlich, und sie lächelte sogar ein wenig, wenn ich mich nicht täuschte. Ich mußte irgendwie etwas an mir haben, was die Leute aufmunterte, denn mir ging es immer so, wenn ich mit jemandem sprach, der schlecht gelaunt war, daß er nach ein paar Worten wieder lachte oder seine Sorgen nicht mehr so ernst nahm. Vielleicht lag es daran, daß ich jeden duzte, als würde ich ihn schon lange kennen. Aber das ist meiner Meinung nach normal. Später gewöhnte ich es mir ab, da es manche Leute als eine Beleidigung ansahen, wenn man sie einfach dutzte. Für mich sind alle Menschen nur Menschen, auch wenn manche meinen, daß sie etwas Besseres wären. Ich sprach mit Nathalie eine ganze Weile, und sie erzählte mir, warum sie eine schlechte Laune gehabt hatte.

Das war ganz einfach, denn ihr Freund war ihr abhanden gekommen. Besser gesagt, er war abgehauen, nachdem sie sich gestritten hatten. Nun wollte sie sich sinnlos besaufen und ihre ganzen Sorgen, die sie mit ihrem Freund hatte, im Alkohol ertränken. Sie machte es anscheinend genauso wie ich es öfters, besser gesagt, immer gemacht hatte. Ich habe mich auch immer besoffen, wenn ich mit einem Problem nicht fertig geworden bin. Aber was sollte man auch machen, wenn man keinen Menschen hatte, mit dem man über seine Probleme sprechen konnte? Man ist immer alleine und einsam und fast der Verzweiflung nahe. Was bleibt einem noch übrig? Die Flucht in den Alkohol. Ich hatte nur ganz selten jemanden, mit dem ich sprechen konnte, und so kann ich mit anderen Leuten fühlen, denen es genauso geht. Menschen, die überhaupt kein Gefühl in sich haben, die lachen einen aus, wenn man ihnen von seinen Sorgen berichtet. Heute schaue ich mir die Leute zweimal an, bevor ich ihnen etwas von mir erzähle, denn meistens wird es ins Lächerliche gezogen, und man fühlt sich hinterher noch elender, als man sich vorher gefühlt hatte. Wenn das einem ein paarmal passiert, dann wundern sich die Leute, daß man mißtrauisch wird. Dabei ist es ihre eigene Schuld, wenn man sich nicht mehr mit jedem unterhält, der einem über den Weg läuft. Manchmal findet man noch verständnisvolle Menschen, aber diese sind sehr selten geworden und scheinen langsam auszusterben.

Aber ich hörte mir Nathalies Probleme an und sagte nichts, solange sie sprach. Man soll nie etwas sagen, wenn man nicht weiß, um was es geht.

Sie hatte Streit mit ihrem Freund, weil sie ihm gesagt hatte, daß er nicht soviel Geld verspielen solle. Sie selber hielt nichts von der Spielerei und allem, was damit zu tun hatte. Lieber hätte sie das Geld für einen wohltätigen Zweck gespendet, als es in ein Kasino zu tragen. Ich selber hielt ebenfalls wenig vom Spiel, und so konnte ich sie gut verstehen. Ich teilte voll und ganz ihre Meinung, daß die ganzen Spielhallen und Kasinos geschlossen werden sollten und das Geld, das dort jährlich verspielt wird, jemandem zukommen zu lassen, der es für etwas Besseres verwenden und dringend gebrauchen konnte. Aber diese Gedanken sind nicht ausführbar, so daß man sich darüber nicht den Kopf zerbrechen sollte. Ich wollte zwar an diesem Abend nicht den Seelsorger spielen, aber bevor ich mich richtig versehen hatte, war ich schon mitten im Gespräch und sprach darüber, was ihr Freund und was sie falsch gemacht hatte. Zum Schluß entschied sie sich, daß es besser wäre, wenn sie ihrem Freund keine Chance mehr geben und unter diese Beziehung einen Schlußstrich ziehen sollte. Sie meinte wortwörtlich:

»Wenn er mich wegen einer Lappalie sitzen läßt, dann läßt er mich auch später wegen irgendwas, das ihn mehr interessiert, einmal sitzen. Für mich ist Schluß, und er braucht nicht zu mir zurückzukommen, denn dann werde ich ihm sagen, daß er sich zum Teufel scheren soll.«

So schnell kann heutzutage eine Freundschaft zu Ende sein, dachte ich mir dabei.

Plötzlich stand Salem hinter mir. Er klopfte mir auf die Schulter, legte mir eine Handvoll Jetons auf den Tresen und sagte:

»Das sind genau dreiunddreißigtausendfünfhundert Francs.«

Ich dachte, ich habe nicht richtig gehört. Aber als er die Zahl nochmals wiederholte, weil ich ihn danach gefragt hatte, glaubte ich es. Dann sagte er:

»Das ist dein Anteil. Als du vom Tisch weggegangen bist, kam die Zahl, auf die du gesetzt hattest. Ich glaube, es war die Achtzehn. Und so hast du das Fünfunddreißigfache von dem gewonnen, was du gesetzt hattest.«

»Das kann aber nicht sein.«

»Ich habe dir gesagt, daß du mit fünfzig Prozent am ganzen Gewinn beteiligt bist, und das ist die Hälfte vom Pott.«

Ich konnte nicht glauben, daß er gewonnen hatte. Er hat das Spiel bestimmt irgendwie manipuliert oder beschissen. Davon war ich hundertprozentig überzeugt. Also fragte ich ihn:

»Da hast du doch bestimmt etwas gedreht. Ich kauf dir nicht ab, daß du dies alles, mir nichts dir nichts, gewonnen hast.«

»Naja, ein klein wenig habe ich schon lange Finger gemacht. Aber das erzähle ich dir später, denn hier sind zu viele Leute, und die haben verdammt gute Ohren, wenn man von einem Spieltisch mit ein paar Moneten aufgestanden ist.«

Also hatte ich doch recht gehabt, daß er wieder einmal am Glücksrad gedreht hatte. Aber mir sollte es recht sein, und so steckte ich die Jetons in meine Jackentasche.

Dann stellte ich Salem Nathalie vor, die unser ganzes Gespräch mitangehört hatte. Aber er hatte nichts gesagt. Er gab ihr die Hand und meinte:

»Ihr scheint eine wichtige Diskussion gehabt zu haben, sonst hätte mich Fritz nämlich bemerkt. Es ist immer gut, wenn man sich mit einem Menschen unterhalten kann. Aber versau mir den Jungen nicht, denn er ist ein anständiger Kerl.«

Salem sagte immer, was er dachte, ohne ein Blatt vor den Mund zu nehmen. Dies ist mir lieber, als wenn ich angelogen werde und später die Wahrheit über einen anderen erfahren muß. Eines wunderte mich aber an Salem ganz gewaltig. Ich hatte ihn noch nie mit einer Frau gesehen. Zwar wußte ich, daß er sich ab und zu eine angelte, aber dabeigewesen war ich noch nie. Vielleicht würde ich es auch nie erleben, ihn mit einer Frau zu sehen. Er dachte oft an seine verstorbene Frau und das Kind, das er verloren hatte, das wußte ich. Er mußte die Frau sehr geliebt haben, denn er ging regelmäßig auf den Friedhof, obwohl sie schon lange tot war. Aber dennoch war er immer freundlich und lustig. Hilfsbereit war er genauso, und man merkte nicht, daß er immer noch einer Frau nachtrauerte, die niemals wieder zurückkommen würde. Salem war ein Mann mit Herz und ich hatte ihn gerne. Nach der Flasche Sekt, die wir bestellt hatten, beschlossen wir aufzubrechen, um nach Nice zu fahren, um dort ins Kasino zu gehen. Nathalie fragte mich, ob sie mitfahren dürfte, und so fragte ich Salem, weil ich nicht wußte, wie ich mich entscheiden sollte. Salem bestand darauf, daß sie mitging, da sie einen guten Eindruck machte. Mir kam die ganze Sache ein wenig komisch vor, denn Salem grinste immer so merkwürdig, und ich wußte nicht, was dies zu bedeuten hatte. Also sagte ich zu ihr, daß sie mitfahren könnte, und sie freute sich, als wenn sie ihr erstes Abendkleid bekommen hätte. Ich wußte, daß es Nathalie auf mich abgesehen hatte, aber ich machte ihr keine Offerten, denn ich hatte vorläufig genug von Frauen. Ich gab Salem die Jetons, die ich in der Tasche hatte, um sie an der Kasse zu wechseln, und ich selber bezahlte die Rechnung in der Bar. Als er von der Kasse zurückkam und mir ein Bündel Francnoten in die Hand drückte, staunte ich nicht schlecht. Dann gingen wir zu dritt zur Garderobe und holten unsere Mäntel, die wir normalerweise nicht brauchten, da wir mit dem Wagen da waren. Aber es sah eben vornehmer aus, wenn man seinen Mantel auf dem Arm spazieren trägt.

Beim Einsteigen merkte ich, daß Salem mich mit Nathalie verkuppeln wollte. Er legte nämlich seinen Mantel und den von Nathalie auf den Beifahrersitz, nahm mir meinen vom Arm und sagte:

»Setz du dich bitte nach hinten zu Nathalie und leiste ihr ein wenig Gesellschaft. Die Mäntel können wir auf den Beifahrersitz legen.«

Dann grinste er mich verstohlen an, und ich wußte, was er vorhatte. Nathalie schien es ebenfalls zu wissen, denn sie setzte sich gleich auf den Rücksitz und machte mir Platz. Die beiden hatten dies wahrscheinlich schon abgesprochen, als ich auf der Toilette war. Ich sagte nichts, sondern nickte nur, grinste Salem genauso an und setzte mich neben Nathalie auf den Rücksitz. Salem setzte sich ans Steuer, und schon waren wir auf dem Weg nach Nice.

Nach einer Weile rutschte Nathalie etwas näher an mich heran. Sie legte den Kopf an meine Schultern und meinte:

»Du hast mir heute abend sehr geholfen, und ich finde dich sehr nett. Ohne dich wäre ich schon blau und täte immer noch meinem Freund nachtrauern, der mich doch nicht liebt.«

Ich sagte darauf nichts, denn ich war ein wenig verlegen. Was sollte ich auch sagen? Ich war nun einmal so. Salem schaute einmal in den Rückspiegel und sah uns an. Dann sagte er mit einem listigen Ton:

»Das hätte ich mir gleich denken können. Kaum sitzen sie nebeneinander, haben sie sich auch schon in den Armen.«

»Und das auch noch so unbeabsichtigt«, sagte ich darauf.

Salem wollte es noch genauer wissen und legte eine Kassette mit schöner, langsamer Musik, die ich sowieso gerne hörte, ein. Wenn solche Musik lief, konnte ich immer träumen, denn ich war nicht für das dämliche Discogehämmer, das immer dasselbe war. Ich liebte die Musik der Verliebten, wie man in Frankreich sagte. Ich legte meinen Kopf ein wenig fester auf Nathalies Schultern und fing an zu träumen. Ich wußte, daß ich romantisch und sentimental veranlagt war, und so träumte ich von einem lodernden Kaminfeuer, einem schönen Zuhause, das ich nie hatte, einer Familie und von all dem, was ich nie hatte und doch begehrte. Aber ich würde es nie erreichen, da mein Weg in die Heimat verbaut war und ich dazu verdammt war, ein Verbrecher zu sein. Nach einer Weile kullerten mir sogar die Tränen herunter, obwohl ich gar nicht weinte. Aber sie kullerten einfach aus meinen Augen, und ich konnte nichts dagegen machen. Nathalie hob ihren Kopf und gab mir einen Kuß auf die Wange. Auf einmal sagte sie im Flüsterton, damit es Salem nicht hören konnte:

»Du weinst Fritz? Was ist mit dir los?«

»Ich weine nicht, Kleines, ich weine nicht.«

Doch plötzlich weinte ich doch, und ich wußte nicht warum. Ich drückte Nathalies Kopf sanft an meine Schulter und wischte mir mit dem anderen Arm die Tränen von der Wange. Was war mit mir los? Man kann doch nicht weinen, ohne einen Grund zu haben. Ich verstand mich selbst nicht, und so nahm ich Nathalies Kopf in die Hände und küßte sie sanft auf den Mund. Warum ich das tat, wußte ich nicht. Mir war danach zumute, und so machte ich es eben. Nathalie legte ihren Kopf wieder auf meine Schulter, und so fuhren wir weiter, und keiner sagte mehr ein Wort.

Als ich wieder ganz ruhig und ausgeglichen war, hob Nathalie den Kopf, nahm mein Gesicht in die Hände, drückte mir einen zärtlichen Kuß auf den Mund und legte ihren Kopf wieder auf meine Schulter. Ich fragte sie ganz leise:

»Für was war der?«

»Weil du ein netter Kerl bist und ich dich irgendwie gerne habe, aber noch nicht weiß, wieviel, weshalb und warum.«

Nun war ich total durcheinander, denn ich wußte nicht, wie sie es meinte. Aber ich fragte sie nicht, denn ich war mit mir selbst beschäftigt. Ich drückte Nathalie ein wenig fester an mich, als wenn ich Angst hätte, sie zu verlieren. Ich glaubte langsam, daß ich nicht normal sei, denn so dämlich wie an diesem Abend hatte ich mich noch nie verhalten. Mir kam der Gedanke, zu einem Psychiater zu gehen, der einmal in mich hineinschauen sollte, um zu sehen wie es in meinem Kopf aussieht. Aber den Gedanken warf ich schnell wieder zur Seite, denn einen Psychiater braucht man erst, wenn man nicht alle Tassen im Schrank hatte. Und die waren bei mir alle noch vorhanden.

Dann waren wir endlich in Nice vor dem Kasino und stiegen aus. Ich nahm Nathalie an der Hand und ließ sie erst vor dem Eingang wieder los. Das Kasino war ein wenig größer als das von Cassis und ein bißchen vornehmer. Geld hatten wir genug, und wir konnten es uns leisten, in den Schuppen zu gehen. Diesmal sagte Salem zu mir:

»Ich werde nicht spielen, sondern nur zusehen. Ich habe für

heute genug gespielt, aber zuschauen kann ich immer. Manchmal macht es mir noch mehr Freude, als wenn ich selber am Tisch sitze.«

Nathalie und ich schauten uns ein wenig um und steuerten dann die Bar an. Salem blieb an einem Tisch stehen und schaute dem Spiel zu. Wir kümmerten uns nicht weiter um ihn, da uns das Spiel nichts bedeutete. Die Bar war groß, und wir setzten uns in eine Ecke, damit wir nicht wie auf dem Präsentierteller saßen. Es waren nicht viele Leute da, da sie noch alle am Spielen waren und erst später in die Bar kommen würden, wenn sie ihr Geld verloren hatten. Dann würden sie ihr letztes Geld noch für einen Drink ausgeben und nach Hause gehen. Am nächsten Tag stehen sie wieder am Spieltisch und hauen wieder Geld auf den Kopf, bis sie einmal merken, daß sie schon Hunderttausende von Francs verspielt haben, ohne zu gewinnen, außer die Erfahrung, daß sie beim Spiel nur immer verloren hatten.

Aber es gibt auch Menschen, die nie einsehen, daß sie immer nur verlieren, und diese spielen bis zu ihrem Ruin. Und ruiniert ist man heutzutage sehr schnell.

Wir bestellten beide einen Martini. Nathalie erzählte mir, daß ihr Vater eine Seifenfabrik hat, besser gesagt, daß er Hygieneartikel herstellte. Ihre Mutter war sehr selten zu Hause, da sie sich immer um geschäftliche Angelegenheiten kümmern mußte. Aber auch wenn ihre Eltern daheim waren, hatten sie keine Zeit für sie. Sie sah sie nur ab und zu, denn sie wurde von einem Kindermädchen aufgezogen und betreut. Wenn ihre Eltern sie nicht gebrauchen konnten, dann wurde einfach das Kindermädchen gerufen. Später, als sie größer war, bekam sie Geld, wenn sie sie loswerden wollten. Dann hatte sie ein paar höhere Schulen besucht, mit denen sie nun fertig war. Sie mußte sich überlegen, was sie später einmal werden wollte, und so wie sie sagte, wollte sie gerne Ärztin werden, da sie anderen Menschen helfen wollte, die in Not waren. Aber dazu hätte sie weiter zur Schule gehen müssen. Doch sie hatte keinen Bock mehr und wollte sich ein wenig ausspannen. Das war für mich sehr verständlich, und ich war erstaunt, daß sie so gebildet war. Sie erzählte mir ihr ganzes Leben, und als sie damit fertig war, waren über zwei Stunden vergangen. Auf einmal sagte sie zu mir:

»Gib mir bitte einen Kuß. Den habe ich mir nun redlich verdient.« Ich gab ihr einen ziemlich langen, denn wir saßen in einer Ecke und waren gut abgeschirmt von den anderen. Als ich sie noch im Arm hielt, sagte eine bekannte Stimme hinter uns:

»Kaum läßt man sie alleine, sind sie nur noch am Poussieren.«

Wir fuhren sofort auseinander und schauten Salem an. Neben ihm stand eine Frau, die ungefähr um die fünfunddreißig Jahre war. Diese schaute uns ebenfalls an und unterdrückte ein Lächeln. Dann sagte Salem:

»Darf ich euch die Dame einmal vorstellen?«

»Ja, warum denn nicht?«

»Also, das ist Mademoiselle Doumonte. Das ist Fritz und Nathalie, die wir gerade in dieser hübschen Pose erwischt haben. Aber ihr könnt ruhig Cristine zu ihr sagen. Du hast doch nichts dagegen, Cristine, oder?«

»Nein, mir ist es auch lieber, wenn ich mit dem Vornamen angesprochen werde.«

Nun hatte ich endlich einmal die Gelegenheit, Salem zuzusehen, wenn er eine Frau erobert. Ich war noch ganz baff, denn ich hatte nicht damit gerechnet. Dann setzten sich Salem und Cristine zu uns und bestellten beim Kellner eine Flasche Sekt.

Ich betrachtete ein wenig Cristine und mußte feststellen, daß sie sehr gut aussah und Salem einen guten Geschmack in bezug auf Frauen hatte. Sie war nicht klein, aber auch nicht groß, hatte eine gute Figur und ein hübsches Gesicht. Sie hatte lange braune Haare, die ihr über die Schultern hingen, mit einer leichten Dauerwelle. Sie war sehr gut angezogen, und ich mußte feststellen, daß sie ein sehr hübsches Mädchen war, wenn man zu einer Frau in diesem Alter noch Mädchen sagen darf.

Wir saßen da und unterhielten uns über allen möglichen Kram. Nach über einer Stunde fiel Salem ein, daß er mal wieder tanzen könnte. Da Nathalie und Cristine damit einverstanden, ja begeistert waren, war ich ebenfalls nicht dagegen, obwohl ich ein schlechter Tänzer war. Cristine und Salem kannten ein Tanzcafé, das zu später Stunde noch offen war.

Im Auto saßen Nathalie und ich wieder hinten und die anderen beiden vorne. Man konnte sehen, daß es zwischen ihnen gefunkt hatte, und ich freute mich und hoffte, daß vielleicht Cristine aus Salem wieder einen Mann machte, der glücklich sein, eine Familie haben und endlich seine verstorbene Frau vergessen würde. Salem war an diesem Abend anders als sonst, und ich glaubte sogar, daß er in Cristine verliebt war, auch wenn er sie noch nicht lange kannte. Ich hatte ihn zwar nie in Begleitung einer Frau gesehen, und deshalb konnte ich mich auch täuschen. Aber das glaubte ich weniger, denn so etwas habe ich im Gefühl.

Das Tanzlokal war nicht weit vom Kasino entfernt. Es war eine Art Disco, aber nicht mit lauter Musik und so einer miserablen Einrichtung, wie man sie in Discotheken vorfindet. Die Musik war nicht schlecht, denn einmal spielten sie langsame und ein andermal schnelle Musik.

Salem und Cristine machten sich auf den Weg zur Tanzfläche, denn es wurde ein Song gespielt, den er sehr mochte. Ich konnte diesen Tanz nicht, und so bat ich Nathalie, erst auf die Tanzfläche zu gehen, wenn etwas kam, was ich auch tanzen konnte. Sie verstand mich und gab mir einen Kuß, weil ich nicht irgendwelche Ausreden erfand, sondern klipp und klar sagte, daß ich ein beschissener Tänzer war. Aber Salem und Cristine schwoften wie die Weltmeister, und ich fragte mich, warum sie sich nicht gegenseitig auf die Füße traten. Dann kam ein langsamer Stehblues, den ich ebenfalls tanzen konnte, und so ging ich mit Nathalie auf die Fläche. Als wir an den andern beiden vorbei kamen, sagte Salem:

»Ich habe schon gedacht, ihr wollt gar nicht tanzen und nur zuschauen, wie wir uns amüsieren.«

»Von amüsieren ist keine Rede, wenn man zwei linke Beine hat wie ich«, sagte ich zu ihm.

Der Stehblues war einfach zu tanzen, aber als dieser zu Ende war, wollte ich von der Fläche verschwinden, denn es kam etwas, bei dem ich mir bestimmt Knoten in die Beine getanzt hätte oder Nathalie danach Gehprothesen gebraucht hätte. Also sagte ich zu ihr:

»Komm, laß uns verschwinden, das kann ich nicht.«

»Nein, ich bring es dir schnell bei.«

»Das ist ein Ding der Unmöglichkeit. Das kann ich nie.«

»Ach bitte, lerne es mir zuliebe.«

»Aber mache mir keine Vorwürfe, wenn du danach nicht mehr laufen kannst, weil ich dir ein paar Zehen blaugetreten habe.«

»Das macht nichts, ich habe meine Schuhe schon verstärken lassen. Du wirst sehen, es ist ganz einfach.«

Da Nathalie mir noch ein wenig Mut machte, versuchte ich es eben. Am Anfang war es also wirklich mies, und ich bin ihr einigemale auf den Füßen gestanden. Aber nach und nach bekam ich die Sache in den Griff, da Nathalie eine sehr gute Lehrmeisterin war. Dann fing es mir sogar an, Spaß zu machen, und sie sagte einmal zu mir:

»Ich glaube, daß ich die Stahlkappen aus den Schuhen nehmen kann. Du kannst schon tanzen wie ein junger Gott.«

Ich mußte lachen, denn ich wußte, daß es noch nicht besonders war, und deshalb sagte ich zu ihr:

»Wenn du wirklich meinst, daß ich tanzen kann wie ein Gott, dann laß uns jetzt an den Tisch gehen, denn ich habe einen Durst, daß ich bald umfalle. Nachher können wir einmal probieren, ob ich alles behalten oder wieder alles vergessen habe.«

Also gingen wir zurück an unseren Tisch, an dem die anderen Beiden saßen. Salem meinte gleich:

»Ihr seid ein wunderbares Paar, und es macht einem richtig Spaß, euch beim Tanzen zuzuschauen. Man kann dabei nur lernen.« Ich wußte, daß er nur einen Witz gemacht hatte.

Aber Nathalie ließ nicht locker, und so lernte ich an diesem Abend das Tanzen. Nachdem ich einmal das Gefühl dafür bekommen hatte, ging es einwandfrei. Einmal tanzte ich sogar mit Cristine, die mich lobte.

Bis in die Nacht hinein waren wir dort und zum Schluß noch die einzigen Gäste. Es war irgendwie komisch, ganz alleine auf der Tanzfläche zu stehen und ein Mädchen in den Armen zu haben.

Als wir aufbrechen wollten, fiel mir ein, daß wir überhaupt keine Zimmer hatten, da wir in Nice übernachten wollten.

Also sagte ich zu Salem:

»Hast du schon überlegt, wo wir heute Nacht überhaupt schlafen sollen, wir haben gar keine Zimmer bestellt?«

»Irrtum mein Freund, ich habe schon angerufen und welche bestellt. Schon im Kasino von Cassis habe ich dies gemacht. Ja, ich denke eben immer ein paar Schritte voraus.«

»Und als wir in Nice im Kasino waren, habe ich ein zweitesmal angerufen und für dich ein Doppelzimmer bestellt.«

Ich habe gedacht, mich haut es aus den Socken, als ich das hörte. Ich schaute Nathalie an und stellte fest, daß sie knallrot angelaufen war. Salem hatte also gewußt, daß ich vielleicht schon in dieser Nacht mit Nathalie ins Bett gehen würde, oder wollte. Ich konnte darauf nichts mehr sagen und schaute noch einmal Nathalie an, die immer noch einen roten Kopf hatte. Dann beugte ich mich zu ihr und fragte sie ganz leise:

»Willst du heute nacht bei mir schlafen oder alleine?«

Sie wurde noch roter, als sie schon war und sagte mir leise ins Ohr: »Bei dir, wenn ich darf.«

Ich nickte und war nun gespannt, ob sich Salem ebenfalls ein Doppelzimmer bestellt hatte. Soviel ich wußte, war Cristine in Nice wohnhaft. Ich hätte zu gerne gewußt, ob er alleine schlief oder mit ihr im Hotel oder vielleicht sogar bei ihr zu Hause. Ich fragte ihn aber nicht, denn ich würde es spätestens vor dem Hotel erfahren. Also bezahlten wir unsere Rechnung, die zwar nicht riesig war, denn das Lokal war billig, und setzten uns in Bewegung. Als ich an die frische Luft kam, spürte ich den Alkohol doppelt und dreifach, denn mir wurde es kurz schwindelig. Ich mußte mich kurz bei Nathalie abstützen, und dann war es auch schon wieder vorüber. Vielleicht war es auch nur, weil es draußen kalt war und wir die ganze Zeit im Mief gesessen hatten. In Windeseile brauste Salem zu dem Hotel, in dem er die Zimmer gemietet hatte. Dort stiegen Nathalie und ich aus, Salem und Cristine blieben im Wagen sitzen. Als ich das bemerkte, fragte ich Salem:

»Was ist denn los? Warum steigt ihr nicht aus?«

»Ich will noch schnell Cristine nach Hause bringen.«

»Wo schläfst du eigentlich heute nacht?«

Erst schaute er mich an, dann Cristine, die ihm leicht zunickte und den Kopf senkte. Dann sagte Salem:

»Bei Cristine. Und jetzt hau endlich ab, du Teufel!«

Ich trat einen Schritt zurück, und Salem brauste davon.

Wir gingen an die Rezeption und trugen uns als Herr und Frau Mertens ins Gästebuch ein. Die erste Nacht bezahlte ich im voraus und gab dem Portier ein anständiges Trinkgeld. Dann bestellte ich bei ihm, da ich noch etwas trinken wollte, eine Flasche Martini mit Eis und Zitrone. Er versicherte mir, daß er sich selber um die Bestellung kümmern wollte, was bestimmt auf das Trinkgeld zurückzuführen war. Dann gab er mir den Schlüssel für das Zimmer und wollte uns nach oben begleiten. Gepäck hatten wir so gut wie keines, außer einer kleinen Tasche, in der mein Waschzeug war und ein paar andere Kleinigkeiten, die ich schnell eingepackt hatte. Ich sagte dem Portier aber, daß er sich lieber um den Martini kümmern sollte.

Salem schien eines der besten Zimmer bestellt zu haben, das dieses Hotel hatte, sogar ein Telefon war da. Kaum waren wir richtig im Zimmer, war auch schon der Portier mit der Flasche Martini da. Er stellte das Tablett auf den Tisch und verschwand wieder.

Wir tranken zusammen einen Martini und sprachen miteinander. Dann kam Nathalie zu mir in die Arme, und wir poussierten eine Zeitlang rum. Als ich scharf war wie ein Rettich, genauso wie sie, hob ich sie hoch, legte sie aufs Bett und wir spielten dann das, was jeder auf der Welt gerne spielt.

Eines mußte ich Nathalie lassen. Sie hatte einiges mehr an Erfahrung und Ausdauer auf diesem Gebiet, denn ich war hinterher fix und fertig. Ich liebte sie aber nicht, denn ich empfand für sie nicht das, was ich für Jeanette oder Rita empfunden hatte. Es war nur der Spaß am Sex, und weil ich nicht allein sein wollte. Erst gegen Morgen machten wir Feierabend. Wir tranken noch den Rest des Martinis, der schon warm war und schliefen dann ein.

Gegen ein Uhr mittags wachte ich auf. Sanft weckte ich Nathalie auf, denn ich hasse es selber, wenn mich jemand grob weckt.

Zum Aufstehen hatte weder ich noch Nathalie Lust, und so griff ich nach dem Telefon. Sofort meldete sich der Zimmerservice, und ich sagte:

»Hier ist Zimmer 56, Herr und Frau Mertens. Ich hätte eine Bestellung zu machen.«

»Was darf es sein, Herr Mertens?«

»Ich hätte gerne ein Frühstück für zwei Personen aufs Zimmer.«

»Haben Sie soeben Frühstück gesagt, Herr Mertens?«

Das war für den Mann anscheinend unbegreiflich, daß um diese Zeit jemand frühstücken wollte, und deshalb sagte ich zu ihm:

»Ja, ich habe gesagt, ein Frühstück für zwei Personen, auf das Zimmer. Ist daran etwas unklar?«

»Nein, es ist alles in Ordnung. Ich habe verstanden.«

»Und wenn es geht, bringen Sie mir noch ein Aspirin mit.«

»Das geht alles in Ordnung. Haben Sie noch einen besonderen Wunsch, in bezug auf das Frühstück?«

»Nein, Hauptsache es ist Kaffee dabei, und den bitte nicht zu schwach.«

»Gut, ich habe Ihre Bestellung aufgenommen. Das Frühstück wird so schnell wie möglich gebracht.«

»Danke.«

Dann legte ich den Hörer wieder auf die Gabel und mußte lachen. Der hatte bestimmt gedacht, daß ich verrückt sei, oder zumindest nicht ganz normal.

Wir blieben einfach im Bett liegen und warteten auf das Frühstück. Das einzige, was ich machte, war, daß ich mir eine Zigarette ansteckte. Ich konnte es einfach nicht lassen, auf nüchternen Magen zu rauchen, da ich es schon seit einer Ewigkeit machte.

Dann klopfte es an der Türe, und ich rief, daß die Tür offen wäre. Der Kellner kam herein und schob einen großen Servierwagen vor sich her, den er vor das Bett stellte, und ich sagte zu ihm:

»Sie können ihn stehen lassen, wir bedienen uns selber.«

»Jawohl, Monsieur.«

Dann drehte er sich um und verschwand schnell wieder aus dem Zimmer.

Ich machte mich über den Kaffee her. Nathalie dagegen stürzte sich auf das Frühstück wie ein hungriger Wolf, der schon tagelang nichts mehr zu essen gehabt hatte. Sie futterte alles kreuz und quer durch den Garten, was auf dem Wagen stand. Sie mußte einen Magen haben wie eine Kuh. Mir hingegen genügte es, wenn ich eine Tasse Kaffee hatte und eine Zigarette. Daraus bestand in letzter Zeit mein Frühstück, denn ich aß morgens nichts mehr. Warum dies so war, wußte ich selber nicht.

Nach dem Frühstück sehnte ich mich nach einer Dusche, und da Nathalie dieselben Sehnsüchte hatte, gingen wir zusammen unter die Brause.

In dem Hotel war alles vorhanden, sogar ein Fön, den ich aber nicht brauchte, denn ich hatte kurze Haare, die sehr schnell trocken waren. Dafür stand Nathalie mit dem Fön fast eine halbe Stunde vor dem Spiegel. Mein Vater wollte immer ein Hotel haben wie dieses, aber er starb leider, bevor ihm dieser Wunsch in Erfüllung gehen konnte.

Als Nathalie fertig war und so hübsch wie sie war aus dem Bad kam, machte sie den Vorschlag, ein wenig spazieren zu gehen. Ich stimmte ihr zu, und so nahmen wir unsere Mäntel und gingen hinunter. Für Salem hinterließen wir eine Nachricht. In der Empfangshalle traf ich den Kellner, der uns das Frühstück gebracht hatte. Ich griff in meine Tasche, holte fünfzig Francs heraus, drückte sie ihm in die Hand und sagte:

»Das ist noch für das Frühstück. Ich konnte vorhin leider nicht aus dem Bett, da ich nichts anhatte.«

Der Kellner grinste verschmitzt und sagte:

»Das habe ich mir gedacht, aber wir sind nicht scharf auf Trinkgeld, und Sie sind nicht verpflichtet, uns welches zu geben.«

»Das weiß ich, aber ich gebe immer Trinkgeld.«

»Also, auf Wiedersehen, wir sind bald wieder zurück, und halten Sie mir einen Tisch für vier Personen frei, denn wir haben Gäste zum Abendessen.«

»In Ordnung, ich werde Ihnen einen reservieren.«

Wir machten einen ausgedehnten Spaziergang, und wieder war ich von dem Panorama, das Nice bot, gefangen genommen. Auch Nathalie war begeistert davon, obwohl sie es schon länger kannte, da sie öfters in Nice war. Wir gingen noch in ein Café, das auf dem Weg lag und kamen gegen Abend wieder ins Hotel zurück. Kaum standen wir in der Empfangshalle, kam der Kellner, dem ich aufgetragen hatte, uns einen Tisch zu reservieren, auf mich zu und meinte:

»Herr Mertens. Da warten ein Herr und eine Dame auf Sie und Ihre Frau.«

Das konnte nur Salem sein. Wir gingen zum Tisch, und er sagte:

»Na, ihr Herumtreiber. Seid ihr auch wieder einmal im Lande? Ich habe schon gedacht, ihr würdet gar nicht mehr kommen.« Er grinste mich dabei an, wie es seine Art war.

»Was heißt hier Herumtreiber? Du bist heute morgen auch nicht gekommen, und wir haben auf dich gewartet.«

Wir hatten zwar geschlafen, aber irgend etwas mußte ich ihm unter die Nase binden.

»Das kann aber nicht sein, denn ich habe heute morgen angerufen. Und da du dich nicht gemeldet hast, obwohl du im Zimmer warst, wie mir der Portier gesagt hatte, nahm ich an, daß ihr euch einmal richtig ausgeschlafen habt.«

Der Schuß mit dem Warten ging ins Wasser, und alle mußten lachen. Salem war so gut wie gar nicht übers Ohr zu hauen, stellte ich mal wieder fest. Aber ich hatte kein Telefon an diesem Morgen gehört, genausowenig wie Nathalie. Nachdem ich Cristine begrüßt hatte, die ganz ruhig da saß und immer noch vor sich hinlächelte, setzten wir uns an den Tisch. Dann gaben wir unsere Bestellung auf und unterhielten uns.

Nach dem Essen beschlossen wir, nach Monaco zu fahren, das nur vierzehn Kilometer von Nice entfernt war. Dort solle es sehr schöne Lokale geben und alles andere, was man brauchte, um einen Abend zu gestalten. Monaco oder Monte-Carlo soll die reichste Stadt und der reichste Staat sein, da es dort nur Bonzen und nochmals Bonzen hatte, so wie mir Salem erklärte. Dort soll sich angeblich Gott und die Welt treffen, meinte er. Ich hielt zwar nichts davon. Dort gab es bestimmt nur die eingebildeten Reichen, die an den Tischen flüsterten, da sie Angst hatten, daß ein anderer mitbekommen könnte, was sie für krumme Geschäfte machten. Und sie flüsterten auch, weil man nicht so laut sprach in diesen gehobenen Kreisen. Aber dennoch willigte ich ein.

Schon als wir in Monaco einfuhren, merkte man, daß diese Stadt überreich war. Vielleicht bildete ich es mir nur ein, weil mir Salem erzählt hatte, daß es dort nur Reiche gab. Dem ersten Polizisten, den ich sah, sah man an, daß er nicht für einen Hungerlohn arbeitete, denn er trug eine Uniform, die maßgeschneidert sein mußte. Jeden, der an ihm vorbeiging, grüßte er mit einem leichten Kopfnicken, und mir schien es, daß er den ganzen Tag nur auf der Straße stand und mit dem Kopf nickte. Wir fuhren direkt in die Stadtmitte, und ich stellte fest, daß es in dieser Stadt bald mehr Bullen gab als Einwohner, denn an jeder Ecke stand einer der gestriegelten Gesetzeshüter, schaute dumm in die Weltgeschichte und nickte mit dem Kopf. Die Stadt war auch nicht dreckig, wie es zum Beispiel Marseille war. Nirgendwo entdeckte ich einen Clochard, die es in Frankreich doch so massenhaft gibt. Weder stand irgendwo einer, noch saß einer auf der Straße mit einem Schild vor dem Bauch und bettelte. Gar nichts gab es in dieser Beziehung. Es war eine mustergültige Stadt, wie sie sich die Bonzen anscheinend vorstellen, ohne Müll und den Abschaum der Menschheit.

Dort konnte man erleben, wie die Betrüger, die die Welt

regierten, lebten und sich andere Leute, die kein Geld haben, zu Untertanen machten. Diese Stadt war meiner Meinung nach die Stadt der Verbrecher und nicht Marseille, oder eine andere Großstadt, in der man eine hohe Kriminalität registrierte.

Wir fuhren zum Hafen, wo wunderbare Jachten und Segelschiffe standen, sowie ein kleines Schiff und ein Passagierdampfer. Salem sagte auf einmal:

»Da der Dampfer! Das ist kein Schiff einer Gesellschaft, sondern ein Privatdampfer von einem dieser Herren hier in der Stadt.«

Ich dachte, mir rollt es die Fußnägel auf, als ich das gehört hatte. Dieses Ding mußte einige hunderttausend Francs kosten, wenn nicht sogar Millionen. Ich kannte mich mit den Preisen solcher Dinger nicht aus, aber eins wußte ich, daß so ein Schiff ein Schweinegeld kostete. Anhand dieses Schiffes konnte man sich vorstellen, was für Leute diese Stadt verbarg und wieviel Geld sie hatten. Da konnte es einem richtig schwindelig werden, als normaler Arbeiter, der sich solche Summen von Geld nicht vorstellen kann.

Gott sei Dank entfernten wir uns vom Hafen, bevor ich noch einen Wutanfall bekam, ausstieg und eine der Luxusjachten demolierte.

Salem fuhr weiter und hielt vor einer Discothek. Auch ihr sah man an, daß sie nicht billig war und eine gewisse Art von Leuten beherbergte, die man reich nannte. Ich hatte irgendwie Angst vor dieser Stadt, aber konnte mir nicht erklären, wieso und weshalb. Es war für mich wie eine andere Dimension, in die ich von einer Minute zur anderen geschleudert wurde, ohne zu wissen, wo ich mich befand und weshalb. Vielleicht kam ich mir nur hilflos vor und hatte deshalb Angst vor dieser Stadt, aber ich konnte es nicht begründen.

Wir stiegen aus und gingen in diese Discothek. Die Musik spielte nicht laut, und so konnte man sich gut unterhalten. Aber an der Einrichtung sah man sofort, daß es eine bessere Disco war als die, die ich normalerweise besuchte. Die Leute waren auch anders angezogen, als ich es gewohnt bin. Sie hatten keine verwaschenen Jeans an.

Dies waren alles Leute, die Geld besaßen und noch nie in ihrem Leben richtige Sorgen hatten und auf ihren eigenen Beinen stehen mußten. Dies waren Söhne und Töchter, die allesamt aus Häusern stammten, in denen man Mangel an Geld nicht kannte. Keiner von ihnen hatte jemals in seinem Leben auf etwas verzichten müssen, weil es vielleicht zu teuer oder unerreichbar für sie war. Nein, diese Leute bekamen immer, was sie wollten, weil sie das nötige Geld dazu hatten.

Und ich, der arm und ein Verbrecher war, stand unter ihnen, und sie dachten, ich wäre einer von ihnen, weil ich gut angezogen war und nicht so herumlief, wie ich es normalerweise tat, nämlich salopp. Wenn ich nun in einer verwaschenen Jeans, T-Shirt und Sportschuhen hineingegangen wäre, hätten sie mich bestimmt angeschaut wie einen Bekloppten. Sie hätten sich bestimmt gefragt, was einer wie ich in solch einer Disco will, denn dort verkehrten nur anständige Leute. Aber da man gut angezogen war, schaute man kurz hin und wieder weg, da man zu ihnen gehörte. Ich hatte Lust, zu einem dieser feinen Pinkel zu gehen und ihm ins Gesicht zu schreien, was er für mich ist. Aber dies machte ich nicht, da sich so etwas nicht gehörte.

Wir setzten uns an einen Tisch und bestellten unsere Getränke. Ich fühlte mich nicht wohl in diesem Laden, aber da ich niemandem die Freude verderben wollte, verhielt ich mich so, als wenn es mir auch gefallen würde. Als man einmal eine Schmuserrunde spielte, ging ich mit Nathalie tanzen. Ich nahm sie in den Arm, wie es sich bei einem Stehblues gehörte und fühlte mich irgendwie geborgen und nicht mehr so alleine. Solange ich sie in den Armen hatte und ihre Nähe spürte, wußte ich, daß jemand bei mir war. Ich glaubte, daß sie mich in diesem Moment beschützte, auch wenn ich es war, der die Arme um sie gelegt hatte. Salem und Cristine gingen später selber auf die Tanzfläche und hielten sich in den Armen. Als schnellere Musik gespielt wurde, ging ich mit Nathalie wieder an unseren Tisch zurück. Ich hatte Lust, einfach aufzuspringen und zu gehen, an den Strand zu laufen und dort mit jemandem spazieren zu gehen, um die ganze Stadt und ihre Reichen zu vergessen. Nathalie schien zu merken, daß ich mich nicht wohlfühlte und fragte mich:

»Was ist los mit dir, Fritz? Gefällt es dir hier nicht?«

»Nein, das ist mir alles zuwider hier. In solch einem Laden fühle ich mich einfach nicht wohl.«

»Was soll denn das heißen?«

»Ganz einfach. Ich kann das Volk hier nicht ausstehen.«

Sie verstand mich zwar nicht, aber nickte. Sie meinte wahrscheinlich, daß ich etwas gegen die Disco hätte oder gegen die Leute, die drinnen saßen. Sie wußte aber nicht, daß ich gegen alles und alle einen Groll schob. Ich sagte es ihr aber nicht, da sie mich sowieso nicht verstanden hätte, und wenn man es genauer betrachtete, war sie selber eine von diesen Reichen, da ihre Eltern auch eine Menge Geld hatten. Einmal mußte ich ihr sagen, daß ich nicht einer von diesen Bonzen bin, und dann würde sich herausstellen, was sie für eine war. Sollte sie nichts dagegen haben, daß ich kein Reicher war, dann ist sie anders als die anderen. Hätte sie aber etwas dagegen, dann war sie keinen Heller besser als die anderen Bonzen.

Ungefähr zwei Stunden hielt ich es in dem Laden aus. Dann sagte ich zu Salem und Nathalie:

»Ich muß mal an die frische Luft, denn mir ist schlecht.«

Salem und Cristine nickten nur, und Nathalie meinte:

»Ich gehe mit dir raus, wenn du nichts dagegen hast.«

»Also gut, komm mit.«

Ich nahm sie an der Hand und ging mit ihr aus der Disco. Auf der Straße lief ich einfach drauflos. Wohin, das wußte ich nicht, denn ich wollte einfach weg von diesen Idioten, da ich sie nicht mehr sehen konnte. Als wir eine Viertelstunde gelaufen waren, sagte auf einmal Nathalie zu mir:

»Fritz, was ist los mit dir? Es macht mich ganz krank, nicht zu wissen, was in dir vorgeht.«

Ich dachte mir, daß sie das vielleicht ernst meinte und mich liebte. Aber ich konnte ihr nicht sagen, daß ich dieses ganze

Milieu verabscheute und ich lieber ein ganz einfacher Bürger wäre, der für jemanden sorgen und arbeiten wollte, der eine Familie und eine Frau haben wollte, die er liebte und die ihn liebte, und die er nicht wieder nach ein paar Wochen verlieren wollte. Also sagte ich zu ihr:

»Es ist alles in Ordnung. Mir gefiel die Disco nicht, und schlecht ist es mir auch ein wenig.«

»Das glaube ich dir nicht. Dann hättest du schon früher etwas gesagt und wärst an die frische Luft gegangen und hättest nicht die ganze Zeit dort gesessen. Ich habe schon von Anfang an gemerkt, daß mit dir etwas nicht stimmte.«

»Also gut. Mir ist nicht schlecht, aber ich möchte dir nicht sagen, was mit mir los ist.«

»Das ist okay, denn das glaube ich dir. Und ich respektiere deine Antwort. Aber wenn du mir etwas erzählen willst, was nicht stimmt, und ich merke es, dann bohre ich eben weiter, bis ich es weiß.«

Ich nahm sie in den Arm und küßte sie liebevoll. Sie klammerte sich an mich, als wenn ich ihr gesagt hätte, daß ich sie verlassen würde.

Dann legte ich meinen Arm um ihre Hüfte und schlenderte mit ihr weiter durch die nachtschwarzen Straßen. Da sie mich ab und zu anschaute, als wenn sie sich vergewissern wollte, ob bei mir alles in Ordnung sei, sagte ich zu ihr:

»Es ist alles okay, Liebling. Du brauchst dir keine Sorgen um mich zu machen. Und die Sache, die ich dir nicht erzählen will, ist auch nicht schlimm.«

Sie blieb auf einmal stehen, gab mir einen Kuß auf die Wange, schaute mir in die Augen und ging dann weiter. Wir schlenderten zur Disco zurück. Salem und Cristine saßen händchenhaltend am Tisch und unterhielten sich. Ich mußte grinsen, denn ich hatte Salem noch nie so gesehen. Diesmal nahm ich mir vor, mich so zu verhalten, wie ich mich immer verhielt, wenn ich in einer Disco war. Ob der Schuppen nun einer für feine Pinkel war oder nicht, interessierte mich keinen Deut mehr.

Ich hob den Arm hoch und rief nach dem Kellner, der an der

Theke herumlümmelte und nicht wußte, was er tun sollte. Der drehte sich um und schaute, wer nach ihm gerufen hatte. Als er mich mit erhobenem Arm sah, rief ich ihm zu, daß er an unseren Tisch kommen sollte. Alle Leute, die im Laden saßen, drehten sich um und schauten mich an, als wenn ich soeben eines der schwersten Verbrechen begangen hätte, das es überhaupt gibt. Normalerweise wartete man in so einem feinen Bumslokal darauf, daß der Kellner an den Tisch kam, oder man gab ihm ein dezentes Zeichen. Nathalie und Cristine schauten mich auf einmal genauso dumm an wie die anderen Gäste, und ich fragte Nathalie:

»Was ist denn los, warum schaust du mich so komisch an?«

»Na, weil man das nicht macht, nach dem Kellner schreien und ihm zuwinken.«

Diese Antwort veranlaßte mich, ein bißchen lauter zu sprechen, so daß es jeder hören konnte.

»Warum eigentlich nicht?«

»Weil sich das eben nicht gehört. Das kann man in einem Lokal machen, in dem normale Arbeiter verkehren, aber nicht hier.«

»Aber ich mache es trotzdem, denn es interessiert mich einen Scheißdreck, was für ein Lokal das ist und was für Vollidioten hier herumlaufen.«

Auf einmal spürte ich einen stechenden Schmerz in meinem Schienbein, denn Salem, der mir gegenüber saß, hatte mich getreten. Die ganzen Leute schauten immer noch zu uns rüber, und ich überlegte mir, ob ich ihnen nicht ein paar Grimassen schneiden sollte. Aber das ließ ich lieber bleiben, denn ich wollte keinen Aufstand provozieren. Nur weil ich nicht getuschelt hatte, wie einer dieser feinen Hosenkacker, glotzten sie mich an. Also sagte ich zu Nathalie leise, aber nicht zu leise:

»Also gut, Liebling. Man winkt dem Kellner nicht und schreit auch nicht nach ihm.«

Sie grinste und kniff mir in den Schenkel. Die Leute hatten sich wieder beruhigt. Ab und zu stierte noch einer an unseren Tisch rüber, aber das irritierte mich nicht. Der Kellner kam und schaute mich an, als wenn ich etwas Besonderes wäre, und so fragte ich ihn:

»Habe ich Ihnen etwas getan, daß Sie mich so komisch anschauen?«

»Nein.«

Der Kellner nahm die Bestellung auf und verschwand wieder. Nathalie flüsterte mir auf einmal in mein Ohr:

»Ich habe dich lieb. Du bist so anders als die Leute, die ich kenne.«

Ich war nicht anders als andere, und von meiner Sorte gab es Millionen auf der Welt. Sie hätte sich nur einmal in anderen Kreisen umsehen müssen. Aber das konnte ich ihr nicht sagen, und so gab ich ihr nur einen Kuß auf die Nasenspitze und zwinkerte ihr zu.

Da wir ziemlich früh zu Abend gegessen hatten, spürte ich, wie mein Magen knurrte und ich Kohldampf kriegte. Den anderen ging es nicht besser, und so beschlossen wir, irgendwo hinzufahren und uns etwas hinter die Kiemen zu schieben. Also bezahlten wir unsere Rechnung, um ein Lokal suchen, das uns noch etwas zu essen machen würde. Auf einmal fiel mir René ein, der aber seinen Laden in Nice hatte. Also machte ich den Vorschlag, nach Nice zu fahren, und da Cristine wußte, wo Renés Lokal war, und ich ihnen das Maul wäßrig gemacht hatte, fuhren wir nach Nice zurück. Als wir vor dem Lokal ausstiegen, schaute Nathalie ein wenig komisch, da wir vor einem alten Haus stehen blieben, das bloß von einem kleinen Transparent beleuchtet wurde. Aber als wir alle im Lokal standen, meinten sie, daß es wunderbar sei. René stand hinter der Theke, und als er mich sah, erkannte er mich sofort wieder. Er kam auf mich zu und begrüßte mich, als wenn er mich schon jahrelang kannte. Ich machte die anderen mit ihm bekannt und fragte ihn, ob er uns noch etwas zu Essen machen könne. Da er uns noch etwas machen lassen wollte, führte er uns zu einem Tisch.

Bis in die Nacht hinein saßen wir noch bei René und unterhielten uns. Ich trank nicht viel Alkohol, da ich mich dort richtig wohl fühlte und nicht wieder mit einem kleinen Rausch ins Bett wollte. An diesem Abend lernte ich noch Renés Frau kennen, die eine Spanierin war. Sie arbeitete ab und zu in der Küche, da sie gerne kochte. Nathalie und ich, sowie Salem und Cristine, saßen ganz eng nebeneinander. Das mußte René irgendwie irritiert haben, der auch bei uns am Tisch saß, denn er sprang auf einmal auf, ging aus dem Lokal und kam ein paar Minuten später mit Ines, seiner Frau, zurück.

Ines sah für ihr Alter sehr gut aus, und ich freute mich, daß wir eine gemütliche Runde waren und aus diesem Abend doch noch etwas Gutes geworden war. René war ganz stolz, daß er mir seine Frau vorstellen konnte. Erst gegen Morgen brachen wir auf.

Salem fuhr mich und Nathalie ins Hotel, und er schlief wieder bei Cristine. Mir fiel auf, daß beide, Salem und Cristine, unsterblich ineinander verliebt waren. Man sah es ihnen schon aus weiter Entfernung an.

12

Drei volle Tage verbrachten wir in Nice. Wir fuhren in der Landschaft herum und schauten uns ein paar Orte an, die in der Umgebung waren. Immer wenn ich auf einem Berg oder einer Erhebung stand und mir das Panorama betrachtete, war ich begeistert.

Nach diesen drei Tagen fuhren Nathalie und ich wieder ab. Salem hingegen wollte noch bei Cristine bleiben, denn ihn hatte es erwischt. Einmal sagte er mir, daß er sie sogar heiraten wolle. Ich freute mich für ihn, denn er war wie verwandelt. Nun konnte er vielleicht seine verstorbene Frau und das Kind ein wenig vergessen und wieder das haben, was er brauchte und vermißte.

Salem gab mir die Schlüssel seines Wagens und machte mir das Angebot, seine Wohnung zu benutzen, solange ich sie brauchte. Ich nahm das Angebot an, denn ich wollte unser Geschäft weiter betreiben, wie wir es bisher gemacht hatten.

Ich hatte keinen Führerschein, und deshalb fuhr Nathalie bis nach Cassis. Dort stieg sie aus, da sie in Cassis wohnte. Ich wußte nicht, ob sie bei ihren Eltern lebte oder eine eigene Wohnung besaß. Ich hatte ihre Telefonnummer, und ich mußte ihr versprechen, sie sobald wie möglich anzurufen und mich bei ihr sehen zu lassen. Das letzte Stück nach Marseille fuhr ich alleine, und ich hielt erst an, als ich vor Salems Wohnung stand. Während der Fahrt hatte ich Angst, daß mich die Polizei anhalten und mich nach den Papieren fragen könnte. Ich war total verschwitzt, als ich ankam, obwohl es nicht warm war an diesem Tag, denn wir hatten erst Februar.

In Salems Wohnung angekommen ging ich zuerst duschen, damit ich nicht stank wie ein Igel. Danach setzte ich mich in einen Sessel, mit einem Whisky in der Hand und dachte nach. Ich wußte, daß ich für Ted einen Ersatz brauchte, da ich das Geschäft nicht alleine machen konnte. Dieser Ersatz mußte so schnell wie möglich her, denn Salem würde das Geschäft nicht mehr machen, da er nun bald in festen Händen war und sein altes Leben, das er bisher geführt hatte, aufgeben würde. Salem würde ich bestimmt sehr vermissen, denn er war wirklich ein Kamerad, wie man ihn selten findet. Aber mein größtes Problem war der Ersatz für Ted, und ich fragte mich, woher ich ihn nehmen sollte. Eine ganze geschlagene Stunde saß ich im Sessel und überlegte, wie ich dieses Problem lösen sollte, aber mir fiel ums Verrecken nichts ein. Als ich Hunger hatte, beschloß ich, irgendwo etwas Essen zu gehen. Also zog ich mich an und machte mich auf den Weg zum Hafen, da ich dort ein Lokal kannte, das hervorragend war. Unterwegs lief ich an dem Park vorbei, in dem immer die Clochards saßen und sich besoffen. Da schoß mir ein Gedanke durch den Kopf, den ich schon einmal hatte. Vielleicht konnte ich einen von diesen Jungs dazu bringen, bei mir mitzumachen. Nun war aber wieder die Frage, wie ich das anstellen sollte. Ich konnte doch nicht einfach hingehen und einen fragen, ob er Lust hätte, ein Verbrecher zu werden. Da ich noch genug Geld hatte, hatte ich auch noch genug Zeit, mir etwas einfallen zu lassen. Ich schaute den Clochards eine Zeitlang zu, wie sie sich sinnlos die Rotweinpullen in den Schädel knallten und in diesem Park herumlungerten. Als ich genug von diesem Anblick hatte, ging ich weiter. Sie taten mir irgendwie leid, denn sie hatten alle keine Heimat mehr, oder besser gesagt, kein Zuhause, wie es viele auf der Welt besitzen. Ich hatte einmal ein Buch über Clochards gelesen, und deshalb konnte ich mir vorstellen, wie diese armen Teufel, die sie wirklich waren, sich durch das Leben schlagen müssen. Darin stand auch, daß die meisten nie wieder von der Straße wegkommen würden, da ihnen niemand half. Wenn sie es dann ein paar Jahre gemacht hatten, dann waren sie abgesoffen und hatten nur noch den einen Gedanken, zu saufen und irgendwann zu sterben. Diesen Menschen ging es dreckig, und ich finde es bedauerlich, daß sich andere Leute mit Geld den Arsch abwischen können und die Clochards dahinvegetieren und langsam krepieren müssen. Ich selbst hätte nie auf der Straße sitzen und betteln können, wie es diese Leute machten, denn dies wäre für mich eine Erniedrigung gewesen, die ich mir nicht hätte vorstellen können. Vorher würde ich mir eine Kugel in den Kopf hauen, hatte ich mir geschworen, und das stand für mich auch fest.

Ich ging also essen, und selbst während des Essens überlegte ich, wie ich einen dieser Jungs dazu bringen könnte, bei mir mitzumachen. Der Gedanke ging mir nicht mehr aus dem Kopf, und ich zermarterte mir krankhaft den Schädel, aber mir fiel nichts ein. Am Abend rief ich Nathalie an, da ich jemanden brauchte, mit dem ich mich unterhalten konnte. Ich machte mit ihr aus, daß wir uns im »Big-Ben« von Cassis treffen würden. Also setzte ich mich ins Auto und fuhr zu unserem ausgemachten Treffpunkt. Bei der zweiten Fahrt ohne Führerschein hatte ich weniger Angst, von den Bullen erwischt zu werden. Das ist immer so, daß man beim erstenmal Angst hat, und wenn man es öfters macht, dann meint man, es sei die normalste Sache der Welt. Anders war es, wenn ich betrunken war, denn dann hatte ich gar keine Angst, etwas Ungesetzliches zu tun, da man sich nicht überlegt, was man macht. Da dachte ich meistens: Alles Scheiße, so wie bei dem Einbruch in das Café, der der Anfang meiner Verbrecherkarriere war.

Aber nun war es für mich etwas anderes, denn ich mußte klauen und betrügen, weil ich nicht betteln und nicht verrecken wollte wie ein reudiger Hund. Aber dennoch hatte ich einen Grundsatz bei der ganzen Sache, nämlich, daß ich nie einen Armen beklauen würde, sondern nur die Reichen, denn sie haben es verdient und sind meiner Meinung nach da, um beklaut zu werden. Sie beklauen nämlich die Armen, und so haben sie es sogar verdient, Tag und Nacht beklaut zu werden.

Das »Big-Ben« ist eine ganz normale Discothek, die nicht schlecht ist, aber auch keine für diese eingebildeten Pinkel.

Als ich dort ankam und mich in der Disco umschaute, wartete Nathalie schon auf mich. Sie saß an einem Tisch und winkte mir zu, als sie mich sah. Ich setzte mich zu ihr und bestellte mir etwas zu trinken. Eigentlich hatte ich keine große Lust, mich in einer Discothek zu unterhalten. Da Nathalie und ich nebeneinander saßen, blieb es nicht aus, daß wir miteinander schmusten. Ich wollte mir ihr alleine sein und mich ein wenig mit ihr unterhalten, und deshalb fragte ich sie:

»Weißt du keinen Platz, an dem wir alleine sein und uns ein bißchen unterhalten können?«

»Doch, bei mir im Appartement.«

»Was, du hast ein Appartement hier in Cassis und wohnst nicht bei den Eltern?«

»Nein, ich wohne alleine, das habe ich vergessen, dir zu sagen.«

»Dann können wir zu dir gehen?«

»Aber da werde ich mich nicht mit dir unterhalten.«

»Was willst du denn sonst machen?« fragte ich sie mit einem verschmitzten Lächeln.

»Dich vernaschen und sexuell mißbrauchen.«

»Das stelle ich mir ganz amüsant vor. Also laß uns bezahlen und zu dir fahren.«

Ich stand auf, nahm sie an der Hand, zog sie hinter mir her, drückte dem Kellner einen Schein in die Hand und machte, daß wir aus der Disco kamen. Da Nathalie sich in Cassis auskannte und sie mir nicht den Weg erklären mußte, ließ ich sie ans Steuer.

Ich hatte angenommen, daß ihr Appartement außerhalb von Cassis läge, aber ich hatte mich geirrt, da wir in wenigen Minuten schon wieder Halt machten. Nathalie wohnte in der vierten Etage eines Appartementhauses. Ich konnte mir schon vorstellen, wie ihre Wohnung aussah, und so war es auch. Das Appartement war zwar nicht so luxuriös eingerichtet wie die Wohnung von Denise, aber man konnte sehen, daß sie Geld hatte. Mir sollte es mittlerweile egal sein, dachte ich mir, denn ich brauchte nur jemanden, der in meiner Nähe war. Wir setzten uns ins Wohnzimmer und genehmigten uns einen Drink. Dort machten wir ein wenig Spaß und unterhielten uns. Als es später wurde, zogen wir uns auf das Bett im Schlafzimmer zurück und unterhielten uns auf eine andere Weise. Sie schien mich wirklich sexuell mißbrauchen zu wollen, denn sie...

Ich blieb die ganze Nacht bei ihr, und es tat mir gut, zu wissen, daß sie bei mir war.

Am Morgen frühstückten wir miteinander, und ich fuhr später wieder nach Marseille zurück. Ich mußte ihr versprechen, daß ich sie, sobald ich wieder Zeit hatte, anrufen oder zu ihr kommen würde.

In Marseille hatte ich mein altes Problem wieder am Hals, nämlich, wie ich an einen neuen Partner herankommen würde. Den ganzen Tag lungerte ich in den Straßen von Marseille herum, in der Hoffnung, daß sich eine Gelegenheit für eine Bekanntschaft mit einem dieser Clochard ergäbe. Aber sie ergab sich nicht, und ich sah schon, wie ich meine nächtlichen Streifzüge alleine machen würde, was ein Ding der Unmöglichkeit war.

Den Abend verbrachte ich immer in Cassis bei Nathalie. Morgens fuhr ich dann wieder nach Marseille zurück. Tagsüber trieb ich mich in den Straßen von Marseille herum, was ich volle vier Tage machte. Die Hoffnung, einen Partner für meine Geschäfte zu finden, hatte ich schon aufgegeben.

Am fünften Tag, als ich morgens von Cassis kam, kaufte ich mir an einem Kiosk eine deutsche Tageszeitung und setzte mich in ein schäbiges Café am Hafen. Dort bestellte ich mir eine Tasse

Mocca und fing an, die Zeitung zu studieren, da ich wissen wollte, was eigentlich in Deutschland so alles passierte.

Ich las gerade die politische Seite durch, als sich jemand an meinen Tisch setzte. Gemütlich hielt ich weiter meine Zeitung oben und las, als mich der Mann ansprach. Erst auf französisch, worauf ich nicht reagierte, da ich in Ruhe die Zeitung lesen wollte. Aber als er mich auf einmal auf deutsch ansprach, holte ich tief Luft und nahm dieses deutsche Käseblatt runter.

»Sind Sie Deutscher?«

»Ja, aber ich lebe in Marseille.«

»Sind Sie schon lange in Frankreich?«

»Allzulange noch nicht.«

»Verstehen Sie kein Französisch?«

»Doch schon, aber ich war gerade in die Zeitung vertieft.«

Mir kam die Sache schon vor wie ein Verhör, denn der andere fragte nur und stellte sich nicht vor. Auf einmal sagte er:

»Ich heiße Peter Steiger und bin Österreicher.«

»Freut mich, ich heiße Fritz Mertens.«

Nun wußte ich wenigstens, daß er aus Österreich war und wie er hieß. Also ein Bulle war er jedenfalls nicht, denn ich hatte noch nie einen österreichischen Bullen in Frankreich gesehen. Außerdem war er nicht gerade besonders angezogen und unrasiert. Er machte einen richtigen gehetzten Eindruck, als wenn er vor irgend etwas Angst hätte, denn er schaute sich pausenlos in der Gegend um. Wir sprachen eine ganze Weile über Deutschland und Österreich, als er auf einmal sagte:

»Scheiße, ich muß verschwinden.«

Ich wußte nicht, was das zu bedeuten hatte. Also schaute ich mich kurz um und ich sah, daß vor dem Café zwei Bullen standen und sich unterhielten. Vor diesen beiden ging ihm die Muffe und nun wußte ich auch, daß er gesucht wurde, denn wer solche Angst vor der Polizei hat, ist auf der Flucht und hat etwas angestellt. Ich reagierte sofort und sagte zu ihm:

»Wenn es einen Hinterausgang gibt, dann verschwinde durch ihn!«

»Es gibt einen, aber ich weiß nicht, wohin ich gehen soll.«

»Warte am Anfang der Rue de Rom auf mich. Ich komme gleich nach. Vielleicht bin ich schon vor dir dort.«

»Okay, mache ich. Also, ich warte auf dich.«

Er stand auf und verschwand hinter der Türe, auf der »WC« stand. Dort mußte irgendwo der Hinterausgang sein. Als er weg war, rief ich den Kellner und bezahlte die Rechnung. Dann machte ich mich ebenfalls aus dem Staub, aber nicht durch die Hintertür. Langsam und gemütlich, als wenn ich nichts zu befürchten hätte, ging ich aus dem Café und an den Bullen vorbei. Aber die Polizisten beachteten mich nicht, und so ging ich zum Wagen, den ich in der Nähe des Cafés geparkt hatte, setzte mich hinein und beobachtete aus den Augenwinkeln die Bullen. Dann fuhr ich zur Rue de Rom, an der Peter schon wartete. Ich fuhr an den Randstein heran und hupte kurz. Er reagierte sofort und kam auf den Wagen zu, stieg ein und atmete erleichtert auf. Ich fuhr noch ein wenig durch die Stadt und machte vor Salems Wohnung Halt. Dann nahm ich ihn mit hoch, und er erzählte mir, warum er gesucht wurde. Ich hatte mich geirrt, denn er hatte kein krummes Ding gedreht. Er war von der Legion desertiert und deshalb zur Fahndung ausgeschrieben. Auf Deserteure waren die Bullen scharf, da sie teilweise ausgediente Legionäre und dem öffentlichen Dienst beigetreten waren, und so konnte ich mir gut vorstellen, wie sie ihn durch die Gegend hetzten. Er zeigte mir seine Militärpapiere, und ich stellte fest, daß er schon drei Jahre Dienst hinter sich hatte. Nach drei Jahren war er also abgehauen, und wenn sie ihn erwischen täten, würde es ihm sehr dreckig gehen. Er hatte einfach die Schnauze voll, da er sich nicht mehr anschnauzen lassen und durch den Dreck kriechen wollte. Als er mir alles erzählt hatte, fragte er mich:

»Kannst du mir nicht irgendwie helfen?«

»Kannst du noch nach Österreich zurück?«

»Nein, dort suchen sie mich, weil ich unterhaltspflichtig bin, und wenn sie mich dort erwischen, komme ich gleich in den Knast.«

Er war also wirklich arm dran, denn er wurde überall gesucht und wußte sich nicht mehr zu helfen. Auf die Straße konnte ich ihn nicht einfach setzen, denn sonst würde ich ihn der Polizei in die Hände spielen. Was sollte ich also mit ihm machen?

Ich mußte ihn bei mir behalten, bis sich die Sache ein wenig beruhigt hatte. Deshalb sagte ich zu ihm:

»Du kannst vorläufig hier bleiben. Aber ich will dir gleich sagen, daß dies nicht meine Wohnung ist.«

»Wem gehört sie denn?«

»Einem Freund von mir. Der ist zur Zeit in Nice und ich weiß nicht, wann er zurückkommt.«

»Aber ich kann hier bleiben?«

»Ja, vorläufig auf jeden Fall. Wir werden schon eine Lösung finden.«

Er freute sich wie ein kleines Kind und bedankte sich immer wieder bei mir. Aber ich mußte trotzdem Salem anrufen und ihm Bescheid sagen. Ich hatte einfach über seinen Kopf hinweg gehandelt, und das war nicht gerade das Beste. Ich rief ihn gleich an und erklärte ihm die ganze Geschichte. Er hatte nichts dagegen, daß Peter bei ihm in der Wohnung war, aber er bat mich aufzupassen, da man wildfremden Leuten nicht blindlings vertrauen soll. Dann sagte er mir, daß Cristine auf eine Heirat eingewilligt hätte, und er in Zukunft keine krummen Geschäfte mehr machen würde. Ich war ganz überrascht, denn ich hatte nicht gedacht, daß es so schnell gehen würde. Nun, ich wollte das Geschäft weiter machen. Salem versprach, mir die Adressen zu geben, damit ich wußte, wo und wie ich etwas verkaufen konnte. So wie es aussah, würde ich bald wieder einen Partner haben. Die Wohnung wollte Salem noch nicht auflösen, denn damit wollte er warten bis nach der Heirat, und das konnte noch eine Weile dauern. Nach dem Gespräch wendete ich mich wieder Peter zu. Mir fiel auf, daß er nichts Richtiges zum Anziehen hatte und deshalb fragte ich ihn:

»Hast du keine anderen Klamotten?«

»Nein, und das ist auch gestohlen, da ich keine Zeit hatte, mich besser anzukleiden.«

»Dann müssen wir dir erst etwas Anständiges besorgen.«

Wir stellten gemeinsam eine Liste auf. Ich mußte die Sachen

besorgen, da er sich nicht auf die Straße traute, solange es hell war. Er hatte zwar Geld, aber dieses langte niemals, um sich einigermaßen einzukleiden, und so sagte ich ihm, daß ich die Kosten für seine Sachen übernehmen würde. Die paar Francs, die er noch hatte, sollte er für sich aufheben. Er würde mir das Geld irgendwann zurückgeben können, denn ich hatte mir vorgenommen, ihn zu meinem Partner zu machen. Ich würde die Sache auch ohne Salem schaukeln können. Peter konnte vielleicht schon ahnen, daß ich kein Engel war, aber Genaueres konnte er nicht wissen. Da ich Peter noch nicht vertrauen konnte, behielt ich seine Militärpapiere, die er mir gegeben hatte. Ich mußte irgend etwas gegen ihn in der Hand haben, wenn ich außer Haus ging, um Besorgungen zu machen. Nicht daß er die Wohnung ausgeräumt und sich aus dem Staube gemacht hätte, aber er verstand, daß ich fürs Erste seine Papiere behalten wollte. Ich machte mich auf den Weg, um die Klamotten zu besorgen. In mir war ein ungutes Gefühl, denn ich kannte ihn nicht, aber abhauen konnte er auf gar keinen Fall. Ich suchte ihm anständige Kleider aus. Sie waren nicht zu teuer und nicht zu billig, denn er sollte nicht auffallen, wenn er sich irgendwo bewegte. Als ich alles hatte, stellte ich fest, daß er sich auch rasieren mußte, und so besorgte ich ihm noch eine komplette Ausrüstung. Dann machte ich mich wieder auf den Weg nach Hause.

Als ich die Wohnungstür aufschloß, und ich keinen einzigen Laut hörte, dachte ich, daß er sich aus dem Staub gemacht hatte. Aber das war nicht der Fall, denn als ich ins Wohnzimmer kam, lag er im Sessel und schlief. Er mußte ziemlich erschöpft gewesen sein, wenn er in einer fremden Wohnung einschlief und doch nicht wußte, ob ich die Bullen holen würde. Ich stellte die ganzen Pakete ab, ging an die Bar und machte mir etwas zu trinken. Da ich ihn nicht wecken wollte, verhielt ich mich leise. Er würde von selbst aufwachen, dachte ich mir. Ich setzte mich mit meinem Drink in einen Sessel und steckte mir eine Zigarette an. Mein Feuerzeug ließ ich anscheinend zu hart auf den Tisch fallen, denn auf einmal schreckte

Peter hoch und schaute sich im Zimmer um. Als er feststellte, daß alles in Ordnung war, setzte er sich in den Sessel zurück und meinte:

»Ich habe dich nicht kommen hören. Mir sind einfach die Augen zugefallen, denn ich hab seit zwei Tagen nicht geschlafen.«

»Ich habe alles besorgt, du mußt es nur noch anprobieren. Die Klamotten müßten aber normalerweise passen, denn ich habe alle Größen bekommen, die du mir angegeben hast. Rasierzeug ist auch dabei, damit du aus deinem Gesicht die Matte rauskratzen kannst.«

»Kann ich mir auch etwas zu trinken machen?«

»Ja, bedien dich. Es steht alles zu deiner Verfügung. Nur an die Privatsachen von meinem Kumpel darfst du nicht gehen. Aber ihn wirst du bestimmt auch bald kennenlernen.«

Dann schenkte er sich einen Whisky ein und trank ihn in einem Zug leer. Als er sein Glas wieder nachgefüllt hatte, setzte er sich in den Sessel zurück und meinte:

»Ich hatte schon Angst, daß du mich an die Bullen verpfeifen würdest.«

Was sollte ich bei der Polizei, dachte ich mir, denn ich hatte selbst genug Dreck am Stecken. Wenn die mir einmal auf die Schliche kommen würden, dann säße ich bestimmt für ein paar Monate, wenn nicht sogar Jahre, hinter Gittern. Also sagte ich zu ihm:

»Wie kommst du darauf, daß ich zu den Bullen gehen würde?«

»Man kann heutzutage keinem mehr trauen, und ich bin dir ausgeliefert, da du meine Papiere hast.«

»Ich bin selbst froh, wenn ich keinen Bullen sehe.«

Damit wollte ich ihm nur andeuten, daß ich auch kein Engel war und er keine Angst haben mußte. Das schien er zu verstehen, denn er nickte. Ich dachte, er würde seine Klamotten nie anprobieren und deshalb sagte ich zu ihm:

»Nun schau mal, ob die Kleider passen. Wenn nicht, dann gehe ich sie gleich umtauschen.«

Er probierte sie, und sie paßten wie angegossen. Dann ging er duschen und machte sich zurecht wie ein anständiger Mensch. Als er danach vor mir stand, war ich erstaunt, denn er sah wie ein anderer Mensch aus. Da er dunkelblonde Haare hatte, schlug ich ihm vor, sie zu färben. Er ging auf meinen Vorschlag ein, und ich machte mich auf den Weg, um ein Färbemittel zu besorgen. Hellbraun hielt ich für die richtige Farbe. Die Verkäuferin stimmte mir zu, als ich seine Haarfarbe nannte. Schon eine Stunde nach dem Kauf des Mittels hatte Peter eine andere Haarfarbe. Er war nicht mehr wiederzuerkennen. So, wie er nun aussah, konnte er ohne weiteres an einem Bullen vorbeilaufen, ohne daß dieser ihn nach den Papieren fragte und im Fahndungsbuch nachschaute. Ich machte Peter den Vorschlag, daß er sich aufs Ohr hauen sollte, damit er wenigstens ein bißchen Schlaf hatte und nicht so erschöpft war. Da er aber Hunger hatte, und wir nichts im Kühlschrank hatten, beschlossen wir, in ein Restaurant zu gehen, um dort etwas zu essen. So konnten wir auch ausprobieren, ob er bei einem Bullen auffiel, wenn wir an einem vorbeiliefen. Also machten wir uns auf den Weg. Obwohl wir an mehreren Bullen vorbeigelaufen waren, wurden wir nicht angehalten und nach den Papieren gefragt. Peters Tarnung war also perfekt, und er konnte sich nun wieder frei bewegen. Wir aßen gemütlich etwas, und ich rief noch Nathalie an und sagte ihr, daß ich an diesem Abend nicht kommen könnte, da ich keine Zeit hätte. Sie war zwar damit einverstanden, aber dennoch ein wenig enttäuscht, denn sie wollte mit mir essen gehen und hatte schon alles arrangiert. Aber ich versprach ihr, daß ich am nächsten Tag vorbeikommen würde. Peter und ich hatten vor, zu Hause zu bleiben, denn ich hielt es für angebracht, daß sich Peter einmal richtig ausschlief, bevor er mir vor lauter Müdigkeit umkippte. So machten wir es auch. Peter haute sich aufs Ohr, und ich schaute den ganzen Abend fern.

Am nächsten Morgen sah die Welt für Peter ganz anders aus, denn er war fit und hatte ausgeschlafen. Wir gingen erst frühstücken und setzten uns später in ein anderes Café, denn ich hatte vor, Peter zu fragen, ob er bei mir mitmachen wollte. Eigentlich hatte er keine andere Möglichkeit. Also erzählte ich ihm die ganze Geschichte und schenkte ihm reinen Wein ein. Dann sagte ich ihm, was man dabei verdienen konnte und fragte ihn, ob er mitmachen wollte. Er war nicht überrascht, denn er hatte sich gedacht, daß ich mir auf illegale Art und Weise mein Geld besorgte. Aber er wollte gerne mitmachen, auch wenn er noch nie mit solchen Geschäften zu tun gehabt hatte. Ich erzählte ihm, daß ich auch noch nicht lange dabei wäre, und das schien ihn irgendwie zu beunruhigen, und so versicherte ich ihm, daß ich schon ganz gut Bescheid wüßte.

Der Fall war also geklärt und ich hatte wieder einen neuen Partner. Nun mußte ich noch Salem anrufen wegen der Adressen, denn ich wußte nicht, wo und wie ich die Ware verkaufen sollte. Aber das mit den Adressen hatte noch Zeit genug, denn ich wollte mit ihm nicht am zweiten Tag schon einen Bruch machen. Zuerst mußte ich ihn noch ein wenig kennenlernen, da man solche Sachen nicht blindlings machte. Ich nahm mir vor, mit ihm ein wenig in der Gegend herumzugondeln und ihn auch Salem vorzustellen. Also rief ich Salem an und machte mit ihm einen Zeitpunkt aus, an dem wir uns treffen und vielleicht essen gehen konnten. Ich wollte Nathalie mitnehmen, da ich ihr eine Verabredung versprochen hatte, und so war dies eine gute Gelegenheit. Dann klärte ich Peter noch auf, daß er gegenüber Nathalie und Cristine nicht erwähnen dürfte, was wir für Geschäfte machten. Er verstand es und wußte nun über fast alles Bescheid.

Wir fuhren noch am selben Tag nach Cassis, holten dort Nathalie ab und darauf weiter nach Nice. Wir waren mit Salem zum Essen verabredet. Da wir uns vorgenommen hatten, ein paar Tage in Nice zu bleiben, weil es auch für Peter besser war, wenn er einige Zeit nicht in Marseille war, hatten wir unsere Koffer gepackt und mitgenommen. Als Nathalie Peter kennenlernte, fand sie ihn sympatisch, und ich war gespannt, was Salem sagen würde. Aber Peter machte einen guten Eindruck, und so konnte ich mir nicht vorstellen, daß er etwas gegen ihn haben könnte. Ich vertraute Peter und hatte ihm auch die Militärpapiere wieder zurückgegeben. Er war nun einer von uns, und in diesem Geschäft mußte man ein wenig Vertrauen haben, auch wenn es manchmal sehr schwer ist. Diesmal war ich es, der jemanden dazu verführte, etwas Ungesetzliches zu machen, und ich erschrak darüber, als es mir bewußt wurde. Irgendwie schämte ich mich auf einmal, da ich jemanden in eine solche Sache hineinzog, nur um mir selbst aus der Patsche zu helfen. Aber was sollte ich machen, ich konnte mich doch nicht auf die Straße setzen und betteln oder verhungern. Ich wollte leben, wie es nun einmal ein anständiger Mensch tat. Wenn ich die Möglichkeit gehabt hätte zu arbeiten, wie es viele Tausende machen, ich hätte sofort mit dem Mist aufgehört. Ja, ich hatte Angst, Angst vor der Zukunft, Angst vor dem, was mir blühte. Kein Mensch war da, mit dem man hätte darüber reden können und der einem auch wirklich geholfen hätte, der mir geholfen hätte, wieder das zu werden, was ich einmal war. So konnte ich es aber nicht, da ich selber diesen Weg eingeschlagen hatte und zu feige war, mich in Deutschland der Polizei zu stellen.

In Nice gingen wir alle zu René, der sich wie ein Schneekönig freute. Für Nathalie, Peter und mich hatte ich Hotelzimmer bestellt. Bevor wir von Marseille weggefahren waren, hatte ich Peter fünftausend Francs gegeben, denn es würde einen besseren Eindruck machen, wenn er sein Zeug selbst bezahlte. Er wollte es anfangs nicht annehmen, aber als ich ihm sagte, daß er es zurückbezahlen müßte, wenn er selber Geld hätte, nahm er es doch. Wenn ich so überlege, schmiß ich danach mein Geld nur so um mich, und dabei hatte ich doch gar nicht soviel von dem Zeug. Ich kam mir schon selbst wie ein Reicher vor. Zwar hatte ich nicht Millionen, aber dafür Tausende. Aber auch mit ein paar tausend Francs konnte man etwas anfangen.

Salem war zufrieden mit Peter, und er meinte sogar, daß man ihm vertrauen könnte. Dies sagte er gleich nach den ersten zwei Stunden, nachdem er ihn kennengelernt hatte. Wenn Salem gesagt hätte, daß ich ihm den Laufschein geben sollte, hätte ich es gemacht, da er mehr Ahnung hatte von den Geschäften als ich.

Abends gingen wir ins Hotel, und Nathalie war froh, daß sie mich nun für sich alleine hatte. Irgendwie brauchte ich sie auch, denn es zog mich immer zu ihr. Liebe war es eigentlich keine, denn ich empfand für sie immer noch nicht das, was ich für Jeanette und Rita empfunden hatte, auch wenn ich sie nun schon ein paar Tage kannte. Ich hatte vor, noch zwei bis drei Tage in Nice zu bleiben und dann mit Peter wieder zurück nach Marseille zu fahren, um mein erstes Ding mit ihm zu drehen. Salem hatte schon einen an der Hand, der ein paar Motoren brauchte. Diese Außenbordmotore waren nicht schwer zu besorgen, wenn sie nicht einer bestimmten Marke entsprechen mußten. Insgesamt fünf Stück wollte dieser Typ haben und sie auch gleich bar bezahlen. Das war natürlich ein anständiges Geschäft für uns, und so wollte ich es über die Bühne bringen, damit es mir nicht durch die Lappen ging. Die drei Tage, die wir blieben, gestalteten wir ziemlich bunt. Wir machten Fahrten in die umliegenden Orte, gingen tanzen, ins Kino und was es sonst noch so alles gab. In der Umgebung von Nice kannte ich mich schon ganz gut aus, wie in meiner Heimat.

Salem gab uns wieder seinen Wagen, um unsere Arbeit zu erledigen. Er hatte nur Angst, daß, wenn man uns einmal erwischen würde, er ebenfalls in der Sache drinhängen würde und die Bullen ihn genauso aufs Korn nähmen wie uns.

Nathalie setzte ich in Cassis ab und fuhr weiter nach Marseille. Salem hatte mir ein paar Adressen gegeben, bei denen ich bestimmte Waren verscheuern konnte. Ich wußte, daß die meisten Leute, mit denen ich in Zukunft Geschäfte machte, Araber waren, und Salem hatte mir geraten, auf der Hut zu sein, damit sie mich nicht ablinkten. Sie würden zwar ihren Mund halten und schweigen wie Gräber, aber dennoch mußte man immer aufpassen, daß sie einem nicht übers Ohr hauten.

In Marseille kundschafteten wir ein paar Sachen aus. Die Motoren, die wir brauchten, hatten wir schnell gefunden, und nun ging es nur darum, wann wir sie uns aneignen, und wo wir sie hinbringen sollten.

Ich ging zu dem Araber und sagte ihm, daß die Dinger noch in derselben Nacht geliefert würden und zwar alle fünf auf einmal. Der freute sich darüber, drückte mir eine Adresse in die Hand und meinte, daß ich sie dort hinbringen sollte. Es war keine Kunst, einen Motor zu klauen, aber es war eine, ihn so herzurichten und die entsprechenden Papiere zu besorgen, daß man ihn benutzen konnte und bei einer Kontrolle nicht gleich verhaftet wurde. Aber das ging mich nichts an, denn dies machten wieder andere, die eine Ahnung davon hatten, denn ich hatte davon keinen blassen Schimmer.

In der Nacht stahlen wir die Motoren. Es war wirklich ein Kinderspiel, denn wir klauten sie von den Jachten, die nicht in der Nähe eines Bootshauses lagen. Wir holten alle auf einmal, weil am nächsten Tag die Gefahr bestand, daß die Bootsleute oder Wärter aufpaßten, wenn sie bemerkt hätten, daß Motoren fehlten. So aber war das Risiko kleiner, die Sache das reinste Kinderspiel und alles erledigt. Die Motoren hatten ein ganz nettes Gewicht und ich merkte die Ladung beim Fahren. Die Übergabe ging wie geschmiert, denn wir lieferten die Dinger ab, bekamen sofort zwanzigtausend Francs dafür, denn es waren gute Motoren, und das Geschäft war abgeschlossen. Das Geld teilten wir durch zwei. Peter gab mir die fünftausend Francs wieder zurück, die ich ihm gegeben hatte. So hatten wir unser erstes Geschäft alleine hinter uns gebracht, und das so erfolgreich, wie es nur ging.

Danach drehten wir noch ein paar Dinger, die ebenfalls nicht viel Geld einbrachten.

Ich wollte mir etwas anderes einfallen lassen, das mehr Geld brachte.

Fast jeden Abend fuhr ich nach Cassis zu Nathalie. Wenn ich in der Nacht ein Ding gedreht hatte, ging ich erst gegen Morgen hin. Peter hatte sich ebenfalls eine Freundin zugelegt, die ich fast nicht zu Gesicht bekam.

Da ich aber etwas anderes machen wollte als immer nur die kleinen Dinger, saß ich ab und zu da und grübelte. Ich hatte viele Araber kennengelernt, und sie betrachteten mich alle als den Nachfolger von Salem. Wo und wie ich etwas verkaufen mußte, wußte ich mittlerweile. Ich hatte viel Zeit und konnte mir so einiges überlegen. Ich wußte, daß mir etwas einfallen würde. Als ich eines Mittags im Sessel saß und mir wieder den Kopf zerbrach, fiel mir auch etwas ein.

Da ich eine Vorliebe für Segelschiffe hatte, nahm ich mir vor, den Bonzen ihre Jachten, die für sie nur Spielzeuge sind, zu klauen und zu verscheuern. Ich mußte mir nur die richtigen Schiffe aussuchen, nämlich die, die in Buchten standen und nicht genügend abgesichert waren. Dann würden die Versicherungen nichts ausspucken, da die Dinger nicht gut genug abgesichert waren, und ich hätte damit einem Bonzen eine Menge Geld abgeknöpft, denn er mußte den Schaden dann selber blechen. So ein Segelschiff soll nicht gerade billig sein, soviel ich weiß. Ich besprach die Sache mit Peter, und er war sofort einverstanden mitzumachen. So ging ich in einen Laden und besorgte mir Bücher über das Segeln, damit ich ein Schiff auch von der Stelle bringen würde. Als ich die Sache im Griff hatte, brauchte ich nur noch eine Adresse, bei der ich ein Boot verkaufen konnte. Dies war die schwerste Sache an dem ganzen Plan, denn nicht jeder kaufte eine gestohlene Jacht. Man mußte nämlich einiges daran ändern, damit man sie wieder verkaufen konnte. Wenn man später, nach dem Verkauf, feststellen würde, daß sie gestohlen war, tät es wieder einen Reichen erwischen, da man ihm das gestohlene Schiff natürlich wegnehmen würde. So hatte ich gleich zwei Fliegen auf einen Streich und hatte noch gut daran verdient.

Ich rief Salem an und erzählte ihm meinen Plan. Er holte erst einmal tief Luft, bevor er etwas sagen konnte. Er war der Meinung, daß es schwer wäre, jemanden zu finden, der gestohlene Jachten kauft und sie dann auch noch umbaut. Aber dennoch wollte er sich sofort nach einem Käufer umsehen und mir Bescheid geben. Da Peter von der Navigation eine Ahnung hatte, denn er fuhr eine Zeitlang zur See, würden wir auch dahinkommen, wo wir hinwollten. Wenn Salem nun einen Käufer fand, konnte das Unternehmen beginnen.

Wenn ich heute über meine damaligen Pläne nachdenke, dann glaube ich manchmal, daß ich verrückt gewesen sein muß.

Aber es muß auch Verrückte auf der Welt geben, sonst haben die Gescheiten nämlich nichts vom Leben.

Mit Peter fuhr ich einen Teil der Côte d'Azur ab, um die Buchten anzusehen, in denen Jachten standen. Ich wollte nicht überstürzt handeln und die ganze Sache bis ins kleinste Detail planen. Salem hatte zwar noch keinen Käufer gefunden, aber dennoch fingen wir schon an, die ganze Sache von Kopf bis Fuß zu planen und auszukundschaften. Wir hatten schnell zwei schöne Jachten entdeckt, die sehr günstig lagen und deren Besitzer große Villen am Hang hatten. Denen würden die gestohlenen Jachten bestimmt nichts schaden, denn sie hatten genug Geld. Es langte mir schon, wenn sie sich ärgerten, weil ich ihnen ihr Spielzeug wegnahm. Es müßte eigentlich keine Schwierigkeit sein, bei Nacht und Nebel die Dinger mit einem kleinen Ruderboot aus der Bucht zu ziehen. Da es Jachten waren, brauchten wir auch keinen Motor, denn der würde nur unnötig Krach machen.

Es kam nur noch auf die Adresse an, die Salem besorgen sollte, vorausgesetzt, er bekam eine. Dann mußte das Unternehmen nur noch genau abgesprochen und durchdacht werden, damit keine Fehler passierten. Ich mußte Salem auch noch fragen, was man für eine solche Jacht verlangen konnte, denn ich hatte keine Vorstellungen von Preisen, da ich nicht wußte, was so ein Schiff kostete.

Eines Tages rief mich Salem an und teilte mir mit, daß er jemanden gefunden hätte, der ein solches Schiff kaufen und auch umbauen wollte. Er brauchte dazu aber zwei Schiffe, und wir sollten sie vorher fotografieren, damit man einen ungefähren Preis ausmachen konnte. Ich machte fast einen Freudensprung, als ich es erfuhr. Dann gab er mir eine Adresse, zu der ich gehen sollte, mit den Fotos der Jachten, um mich dort mit dem Mann über den Preis zu einigen. Er mußte mir auch noch ein paar Instruktionen geben für das Unternehmen. Also rief ich den Mann an, um mit ihm einen Termin auszumachen. Komischerweise hatte ich keine Angst und war richtig stolz, einen solchen Plan ausgeheckt zu haben. Aber die Angst würde bestimmt wieder in mich fahren, dann wenn wir dabei waren, das Ding zu drehen. Aber ich wollte es mit aller Gewalt machen, da konnte passieren was wollte, ich würde meinen Plan nicht über den Haufen werfen. Das hatte ich mir geschworen. Die Sache war also klar, denn ich hatte noch mit dem Mann am selben Tag gesprochen. Er hatte bei mir beide Jachten bestellt, die ich fotografiert hatte. Wir wollten das erste Schiff schon die darauffolgende Nacht klauen. Wir vereinbarten die Zeit und den Bestimmungsort, an dem die Jacht übernommen und bezahlt werden sollte, denn geklaute Ware zahlt man nicht auf Raten. Nun wollten Peter und ich an dem Abend, bevor wir das Ding drehten, ein bißchen zu unseren Mädchen. Ich fuhr nach Cassis und wollte mich mit Peter am nächsten Morgen wieder treffen, um unseren Plan für das Unternehmen vorzubereiten und noch einmal durchzudenken.

Ich verbrachte einen schönen Abend mit Nathalie, aber sie merkte, daß ich angespannt und nervös war. Als sie mich fragte, was mit mir los wäre, antwortete ich mit einer Ausrede, denn ich hatte ihr nichts von unserem Plan erzählt. Sie wußte sowieso so gut wie gar nichts von mir.

Am nächsten Morgen fuhr ich wieder nach Marseille. Ich traf mich mit Peter in einem Café. Wir besprachen den Rest unseres Planes. Wir mußten noch ein kleines Ruderboot besorgen, das sollte keine Schwierigkeit sein, denn ich kannte genug Halunken in Marseille, die bestimmt eines auf Lager hatten. Und so war es auch.

Am Mittag brachten wir das Ruderboot zu der Stelle, an der wir es ins Wasser lassen wollten. Dann fuhren wir mit dem Wagen und dem Anhänger die paar Kilometer zum Bestimmungsort, wo wir das Schiff übergeben sollten und stellten dort beides ab. Mit dem Zug fuhren wir wieder zurück und machten es uns in einem Café gemütlich. Im Ruderboot hatten wir noch etwas zum Trinken verstaut, da wir dort mindestens eine Stunde verbringen mußten. Punkt ein Uhr nachts wollten wir unsere Aktion starten. Im Café sprachen wir noch einmal die ganze Sache durch, damit wirklich nicht die kleinste Kleinigkeit schiefgehen konnte. Ab und zu wechselten wir das Café, damit wir bei den Kellnern nicht auffielen. Man konnte nicht stundenlang im selben Lokal sitzen, ohne daß sich die Leute wunderten.

Um elf Uhr wollten wir uns auf den Weg machen, aber schon um zehn kroch in mir ein ganz komisches Gefühl hoch. Es war wieder mein alter Feigling in mir. Ich spielte mit dem Gedanken, das ganze Unternehmen abzublasen, aber ich machte es nicht, da ich es durchstehen wollte, und wenn es mich den Kopf kosten sollte. Außerdem wollte ich vor Peter nicht kneifen, da er sich auf mich verließ.

Die Warterei zerrte an den Nerven, und ich merkte, daß auch Peter von Stunde zu Stunde nervöser wurde. Ich wußte, daß wir beide Angst hatten, aber nun war die Sache organisiert, geplant, abgesprochen und mußte durchgeführt werden, ob wir wollten oder nicht.

Endlich schlug die Uhr elf, und wir konnten mit dem Unternehmen beginnen.

Wir machten uns auf den Weg zu unserem kleinen Ruderboot. Wir gingen den kleinen Küstenweg entlang. Dieser war nicht ungefährlich, und wir mußten höllisch aufpassen, denn auf der einen Seite ging es etliche Meter senkrecht hinunter. Wenn man dort hinunterfiel, war man tot, auch wenn sich die Wellen unten an den Klippen brachen. Denn diese Klippen, die wie große Zähne aus dem Wasser herausragten, waren scharf wie Rasierklingen, so daß man einen Sturz unmöglich überlebte. Vorsichtig und langsam liefen wir den Weg entlang und sprachen kein einziges Wort miteinander. Ich schwitzte wie ein Schwerarbeiter, mein Hemd war klatschnaß, denn ich hatte einen regelrechten Schweißausbruch.

Wir brauchten ein wenig länger, als wir geplant hatten. Aber das machte nichts, denn wir mußten noch bis ein Uhr warten. Als wir auf dem Ruderboot waren, war es ein paar Minuten nach zwölf. Dort setzten wir uns erst einmal hin und verschnauften ein wenig. Dieser Weg war einfach höllisch und kostete Nerven.

Salem saß nun bestimmt zu Hause und bangte um uns,

dachte ich mir, denn er wußte, wann wir das Unternehmen abzogen.

Als ich mich von diesem verdammten Küstenweg wieder erholt hatte, fragte ich Peter:

»Willst du auch einen Kaffee mit Schuß?«

»Einen Kaffee mit was?«

»Mit einem kleinen Kognak drin, für die Nerven.«

»Ja, das kann ich gebrauchen, denn meine Nerven sind zum Zerreißen angespannt.«

»Meine auch, und deshalb habe ich vorgesorgt.«

Ich hob die Plane des Ruderbootes hoch und holte eine Thermosflasche, zwei Plastikbecher und einen Flachmann hervor. Ich schenkte jedem von uns eines dieser nervenberuhigenden Getränke ein. Als ich den ersten Schluck genommen hatte, merkte ich, wie sich eine Wärme in meinem Bauch ausbreitete. Auch Peter tat es gut, denn er sagte:

»Das tut gut, ich fühl mich schon besser.«

Dann war es soweit. Wir ließen das Boot ins Wasser gleiten. Noch eine Viertelstunde; aber diese verdammten fünfzehn Minuten zerrten an den Nerven. Sie wurden fast zur Qual, und ich dachte, ich müßte verrückt werden. Wenn ein Mensch so etwas noch nie mitgemacht hat, kann er sich nicht vorstellen, wie ein paar Minuten jemanden fertigmachen können.

Endlich war es ein Uhr. Wir mußten aus der einen Bucht hinausrudern und in die nächste hinein, denn dort lag das Schiff. Die Strecke war nicht weit, vielleicht gerade zwei Kilometer, aber dieses Stück wurde zu einer Ewigkeit.

Wir wechselten uns immer ab, einmal ruderte er und dann wieder ich. Kein einziges Wort wurde gesprochen, denn wir wußten, was zu tun war. Die Jacht lag nur noch hundert Meter vor uns, und ich konnte ihre Umrisse genau erkennen. Stück für Stück kamen wir ihr näher. Dann waren wir bei ihr angelangt und vertauten unser Ruderboot.

Peter und ich stiegen auf die Jacht und stellten fest, daß sie nicht so klein war, wie sie vom Land aus aussah. In mir wurde es ruhiger, und ich konnte mich voll konzentrieren. Wir befestigten ein Tau am vorderen Teil des Schiffes und dies wiederum an unserem Ruderboot. Dann machten wir den Anker los und die beiden Trossen, die die Jacht an zwei Pfeilern, die steil aus dem Wasser ragten, festhielt. Als die Jacht nun von allen Seilen befreit war, sprangen wir so schnell es ging in unser Ruderboot, denn es trieb langsam auf die Klippen zu, die wie scharfe Zähne aus dem Wasser schauten. Zu zweit saßen wir an den Rudern und legten alle Kraft hinein, die wir hatten. Langsam aber sicher bewegten wir uns aus der Bucht hinaus. Immer wieder schielte ich zur Villa hinauf, die über uns auf dem Hang lag, in der die Besitzer dieser Jacht seelenruhig schliefen und nicht ahnten, was unter ihnen vorging. Wir kamen immer weiter aus der Bucht hinaus, und wir hatten den gefährlichsten Teil schon fast hinter uns. Wenn nämlich jemand gesehen hätte, wie wir sie aus der Bucht zogen und Alarm geschlagen hätte, dann wäre das Spiel aus gewesen.

Je weiter wir hinauskamen, um so höher wurden die Wellen, und unsere Nußschale schaukelte ganz nett. Dann waren wir endlich weit genug draußen, und wir konnten die Segel setzen. Wir vertauten das Ruderboot an der Jacht und setzten uns rüber. Wir brachen die Kajüte auf, damit wir das ganze Schiff in den Griff kriegten. In der Kabine lag ein guter Außenbordmotor, und ich beschloß, ihn anzuschließen, da wir weit genug draußen waren und uns niemand hören konnte. Innerhalb von drei Minuten hatte ich den Motor montiert und zum Laufen gebracht, denn in dieser Beziehung hatte ich schon genug Erfahrung. Die Jacht nahm nun Fahrt auf zu ihrem Bestimmungsort. Während Peter sie steuerte, versuchte ich das Segel einzufädeln, was für mich nicht einfach war, denn ich hatte es noch nie in meinem Leben gemacht. Aber ich rief mir das Buch, das ich gelesen hatte, wieder in Erinnerung. Nach einer Viertelstunde hatte ich es geschafft. Der Wind war gut, und ich setzte das Segel, nachdem ich an ein paar Leinen gezogen hatte, bis es die richtige war. Wir hatten nun volle Fahrt, da der Wind aus der richtigen Richtung kam. In diesem Moment hätte ich vor Freude schreien können, denn alles hatte geklappt wie am

Schnürchen, und nun würden wir den Rest ebenfalls schaffen. Da Peter genau wußte, wohin wir fahren mußten und die Sache beherrschte, ging ich in die Kabine hinunter, um mich ein wenig umzusehen, was so alles auf der Jacht vorhanden war. Wir waren nun ein ganzes Stück von dem Ort entfernt, an dem wir sie gestohlen hatten, und so konnte ich die Taschenlampe benutzen, die ich bei mir hatte. Ich knipste sie an und hatte die ganze Kabine vor mir. Wir fiel fast die Kinnlade herunter. In dieser Jacht sah es aus wie in einem kleinen Wohnzimmer eines Appartements. Darin befanden sich Bänke, die man zu Betten umbauen konnte, ein großer Tisch, eine kleine Bar, eine versteckte Toilette, ein Gaskocher sowie Schränke, die an der Bordwand befestigt waren, eine Beleuchtung und noch vieles mehr. Ich war erstaunt über das Schiff, denn ich hatte noch nie eines von innen gesehen. Als ich alles durchstöbert hatte, fand ich auch eine Flasche Kognak, mit der ich sofort zu Peter ging, denn ich wollte unseren Erfolg feiern. Ich setzte mich neben ihn an das Ruder, und wir genehmigten uns jeder einen anständigen Schluck aus der Pulle und Peter meinte:

»In einer halben Stunde müßten wir dort sein.«

»Dort erledigen wir den Rest und machen danach ein paar Tage Urlaub. Oder was meinst du dazu?«

»Das ist keine schlechte Idee.«

»Ich hätte nie gedacht, daß es so einfach ist, eine Jacht zu klauen.«

»Ich auch nicht. Das war das reinste Kinderspiel, auch wenn ich nervös war.«

»Die zweite, die wir ihm versprochen haben, werden wir nach unserem Urlaub liefern.«

»Die hat noch ein bißchen Zeit.«

»Was meinst du, wie der morgen schaut, wenn er merkt, daß sein Schiffchen verschwunden ist? Das würde ich zu gerne mit ansehen. Ich würde mich halb totlachen.«

»Ich auch, Fritz, aber wir können unmöglich zu ihm hingehen und sagen, daß wir sein dummes Gesicht sehen möchten, nachdem er festgestellt hat, daß sein Spielzeug weg ist.«

»Ich würde tausend Francs dafür geben, wenn ich es sehen könnte. Dieser dreckige Geldhai hat es nicht anders verdient.«

»Du kannst die Reichen nicht verputzen?«

»Nein, ich hasse sie wie die Pest, da es elendige Hunde sind.«

»Haben sie dir etwas getan?«

»Nein, nicht nur mir, sondern der ganzen Menschheit. Die nützen die Armen aus, um sich so etwas wie dieses Ding hier leisten zu können. Immer ist der Arbeiter der Dumme. Die Reichen dürfen alles machen, weil sie Geld haben. Sie benützen das viele Geld, um das zu machen, was man nicht machen darf.«

»Ich kann dich verstehen. Aber du kannst auch nicht alle über einen Kamm scheren. Es gibt auch Reiche, die setzen sich für ihre Arbeiter ein und sind anständig.«

»Die kannst du aber an einer Hand abzählen.«

»Das stimmt auch wieder. Aber ich wollte nur sagen, daß nicht alle gleich sind.«

Ich erklärte Peter meine Ansichten über die Reichen, und er konnte mich verstehen. Er wollte zwar immer noch nicht alle über einen Kamm scheren, aber ich machte es trotzdem.

Dann kamen wir an unserem Bestimmungsort an. Ich machte das Segel herunter, und Peter startete den Motor. Der Übergabeort lag außerhalb der Stadt, und es war nur ein kleines Bootshaus mit einem Steg. An der einen Seite des Steges ging eine Betonrampe in das Wasser, und genau dort sollten wir anlegen. Das Anlegen an den Steg war keine Schwierigkeit, denn man konnte das Schiff auf den Meter genau steuern. Dort vertauten wir es, und ich gab mit der Taschenlampe das abgemachte Zeichen, mitten in die pechschwarze Nacht hinein. Kurz darauf wurde es mit einem Autoscheinwerfer erwidert, und man hörte einen Motor anspringen.

Der Wagen fuhr langsam auf uns zu und hielt knapp vor uns an. Der Mann, mit dem ich verhandelt hatte, stieg aus und kam auf uns zu. Er schüttelte mir die Hand, gratulierte mir zu meinem Erfolg und fing an, die Jacht zu begutachten. Dann gab er ein Zeichen, und zwei weitere Männer stiegen aus. Er erklärte mir, daß dies seine Kollegen seien, die mit ihm zusammen arbeiteten. Die Jacht war genau das, was er sich vorgestellt hatte. Sie mußte nun aus dem Wasser gehoben werden. Der Wagen wurde von einem der Männer gewendet und so hingestellt, daß der Anhänger auf der Betonrampe stand, die unter das Schiff führte. Einer der Männer ging mit einer Tasche in das Bootshaus und kam ein paar Minuten später in einem Taucheranzug wieder heraus. Ich konnte mir nicht vorstellen, was der Mann im Taucheranzug machen wollte, und so schaute ich ihm interessiert zu, wie er langsam die Rampe hinunter ging, ins Wasser. Der andere Mann hatte den Anhänger an der Seilwinde befestigt. Langsam ließ er nun den Anhänger die Rampe hinunterfahren, und der Taucher verschwand unter Wasser. Der Anhänger fuhr ins Wasser unter die Jacht, und es war nur noch das Seil zu sehen, an dem er hing. Ich war gespannt, wie die Sache weitergehen würde, denn ich hatte noch nie gesehen, wie man ein Schiff von der Größe aus dem Wasser holte und das auch noch illegal. Nach einer Weile kam der Taucher wieder hoch und gab dem anderen Mann, der an der Winde stand, ein Zeichen. Auf diesen Wink hin zog dieser langsam das Seil an. Mir fielen bald die Augen aus dem Kopf, denn es war so unglaublich, was ich da sah.

Der Mann, mit dem ich gesprochen hatte, machte die Seile, mit denen das Schiff an den Steg gebunden war, los und die Jacht bewegte sich auf einmal auf die Rampe zu.

Langsam hob sich die Jacht, die nun auf dem Anhänger stand, aus dem Wasser. Wie ein Geisterschiff bewegte sie sich die Rampe hinauf und stand zum Schluß da, als wenn sie nie im Wasser gewesen wäre. Dann ging der Taucher wieder in das Bootshaus und kam wenige Minuten später in seinen Zivilkleidern zurück. Darauf richteten sie zu zweit die Verstrebungen und Gurten des Anhängers, so daß die Jacht bombenfest darauf befestigt war. Dann fuhren sie den Wagen heran, der ein paar Meter von der Rampe entfernt stand und koppelten den Anhänger wieder an. Ich kam aus dem Staunen nicht mehr heraus, da ich nicht glauben konnte, was ich gesehen hatte. Ich war noch ganz perplex, als der Mann mir ein Bündel mit Geldnoten hinstreckte und sagte:

»Das sind achtzigtausend Francs. Mehr gibt es nicht, denn ich habe noch eine ganze Menge Arbeit mit dem Ding. Wenn du die zweite lieferst, kannst du mich anrufen. Du hast meine Nummer. Ich möchte dich auch gleich warnen. Wenn du bei den Bullen einmal singen solltest, dann kannst du gleich dein Testament machen. Ich hoffe, wir haben uns verstanden.«

»Ja, es ist alles klar. Wenn ich die Zweite bringe, rufe ich an.«

»Okay, das war's dann. Adieu, bis zum nächstenmal.«

»Auf Wiedersehen!«

Dann setzten sich die drei in den Wagen und fuhren davon. Wie ein großer, weißer Geist bewegte sich das Schiff in die pechschwarze Nacht hinein und mir lief ein kalter Schauer den Rücken hinunter. Ich stand total verwirrt auf dem Steg und war nicht fähig, meinen Blick von der Stelle zu wenden, an der vor ein paar Minuten noch die Jacht gestanden hatte.

Peter holte mich wieder in die Wirklichkeit zurück, indem er sagte:

»Laß uns den Wagen holen und dann das Ruderboot aus dem Wasser bringen. Ich will hier nicht unbedingt übernachten.«

Ich hatte das dicke Geldbündel immer noch in der Hand. Ich gab Peter gleich dreißigtausend Francs. Salem bekam ein Viertel des ganzen Geldes für die Vermittlung der Adresse. So war das Geld gerecht aufgeteilt. Dann machten wir uns auf den Weg, um den Wagen zu holen, den wir nicht weit vom Bootshaus entfernt geparkt hatten. Das kleine Ruderboot hatten wir schnell auf dem Anhänger befestigt. Dann machten wir uns auf die Socken nach Marseille. Das Boot lieferten wir dort ab, wo wir es geholt hatten. Es war also alles perfekt gelaufen. Vor lauter Freude umarmte ich Peter, denn mein Plan war wirklich genial und ich hatte das erreicht, was ich wollte.

Peter ging danach zu seiner Freundin, und ich beschloß kurzerhand, zu Nathalie zu gehen, auch wenn es schon fast Morgen war. Dort wollte ich auch gleich Salem Bescheid geben, der bestimmt auf meinen Anruf wartete. Als ich bei

Nathalie aufkreuzte, konnte sie es fast nicht glauben. Ich hatte sie aus dem Schlaf geholt, und als sie wieder voll durchblickte, freute sie sich, daß ich gekommen war.

Dann hängte ich mich ans Telefon, und als ich Salem am Apparat hatte, war seine erste Frage:

»Ist alles in Ordnung gegangen, Fritz?«

»Besser kann es nicht gehen, Salem.«

»Herzlichen Glückwunsch! Du hast dein erstes großes Ding selber geplant und auch ausgeführt. Eines Tages wirst du einer der ganz Großen sein.«

»Noch lange nicht. Wenn ich ein paar große Dinge gedreht habe und ich eine Million auf der Bank habe, dann kannst du sagen, daß ich einer von den Großen werden kann.«

»Ich habe die ganze Zeit am Telefon gesessen, als ihr das Ding abgezogen habt. Mann, du glaubst gar nicht, wie froh ich bin, daß es geklappt hat.«

»Ich auch, aber es war eigentlich ein Kinderspiel.«

Dann erzählte ich ihm bis ins kleinste Detail, wie die Sache abgelaufen war. Als ich den Hörer auflegte, war ich richtig stolz auf mich. Dabei sollte man auf so Sachen nicht stolz sein, sondern sich in Grund und Boden schämen. Aber ich schämte mich nicht, denn ich sah es als gute Tat an, wenn ich einen Reichen beklaute.

Ich ging zu Nathalie, die ich hinausgeschickt hatte, weil sie nicht wissen sollte, was ich für ein Strolch war. Ich weiß heute noch nicht, warum ich ihr es damals nicht gesagt hatte, aber sie sollte es noch erfahren, wer und was ich war.

Peter wollte in Marseille bei seiner Freundin bleiben, obwohl ich ihm das Angebot gemacht hatte, am nächsten Tag mit mir und Nathalie nach Nice zu Salem zu fahren. Also fuhr ich mit Nathalie allein, denn ich war mit Salem verabredet. Ich übergab ihm seinen Anteil von dem Geschäft mit der Jacht, und er bedankte sich dafür, er konnte das Geld im Moment gut gebrauchen.

An diesem Nachmittag ging ich in ein Juweliergeschäft, denn

ich wollte Nathalie ein Geschenk kaufen. Warum, weiß ich auch nicht, denn es fiel mir aus heiterem Himmel ein. Was ich ihr kaufen wollte, wußte ich nicht, aber für mich stand fest, daß ich ihr etwas kaufen wollte. Im Juweliergeschäft hatten sie eine große Auswahl, und ich konnte mich fast nicht entscheiden, was ich für sie nehmen sollte, denn alles, was mir auf den Tisch gelegt wurde, war schön und echt. Am liebsten hätte ich alles gekauft, aber zum Schluß entschloß ich mich für ein Paar Ohrringe, die mir besonders gefielen. Dann marschierte ich noch in ein Blumengeschäft und holte für Nathalie einen Strauß Nelken. Rosen kaufte ich ihr keine, denn diese hatte Jeanette geliebt. Und ich wollte keiner anderen Frau Rosen schenken.

Mit meinen Errungenschaften machte ich mich auf den Weg zu Nathalie und übergab ihr die Geschenke. Sie freute sich wie ein kleines Kind, denn es war mein erstes Geschenk, das ich ihr machte. Die Ohrringe standen ihr hervorragend. Am Abend waren wir von Salem bei René zum Essen eingeladen. Also kam mir der Gedanke, daß ich René und Ines ebenfalls ein Geschenk kaufen könnte. Die beiden würden sich bestimmt darüber freuen. Als ich Nathalie davon erzählte, war sie genauso begeistert wie ich. Also machte ich mich zusammen mit Nathalie nochmals auf den Weg. Ich wollte das Geschenk für Ines kaufen und Nathalie das für René.

Da Ines gerne kochte, kaufte ich ihr einen ganzen Satz französischer Kochbücher, die sie bestimmt gebrauchen konnte. Ich hätte ihr auch irgendeinen anderen Schund kaufen können, aber so wußte ich, daß sie sich darüber freuen würde. Nathalie ließ sich für René etwas Besonderes einfallen; sie kaufte ein Set Kristallgläser, die eine ganze Menge Geld kosteten. Es waren wirklich sehr hübsche Gläser, und ich beneidete René fast darum. Wir ließen die Geschenke schön einpacken, und da wir nun Cristine auch etwas schenken wollten, beschlossen wir, ihr einen schönen Strauß Blumen zu kaufen. Die Geschenke und Blumen ließen wir im Kofferraum des Autos liegen, da es eine Überraschung werden sollte.

Als wir alle zusammen bei René versammelt waren, gingen Nathalie und ich hinaus und holten die Geschenke. Ines und René fingen an zu weinen, als wir ihnen die Mitbringsel übergaben. Cristine war ebenfalls ganz gerührt. Salem verkündete anschließend ganz offen, daß er Cristine bald heiraten werde. Dann gab er eine Lokalrunde aus, und es schien, als wenn alle Leute sich mit uns freuten.

Dann bestellten wir das Essen, und Ines ging in die Küche, um die Sache zu überwachen, damit auch alles richtig gemacht würde, denn sie wollte ihren liebsten Gästen nur das Beste servieren. Auf einmal fragte Cristine:

»Wollt ihr vielleicht auch einmal heiraten?«

»Das weiß ich nicht«, gab ich ihr zur Antwort.

Ich wußte aber schon, daß ich Nathalie niemals heiraten würde. Ob sie mich heiraten wollte, das wußte ich nicht, und es war mir auch egal.

»Aber Fritz, du kannst doch nicht Junggeselle bleiben. Einmal wirst du auch unter die Haube kommen.«

»Ja einmal schon. Es fragt sich eben nur wann. Aber ich werde nicht wie andere ewig ein Junggeselle bleiben, das verspreche ich dir, Cristine. Und wenn ich dich heiraten müßte. Aber jetzt lassen wir das Thema Heiraten, denn dabei kommt sowieso nichts Gescheites heraus.«

»Wenn du einmal heiraten solltest, dann lädst du mich und Salem auf jeden Fall ein, das mußt du mir versprechen.«

»Okay, das verspreche ich dir, und nun ist Schluß mit der Heiraterei hier am Tisch.«

Alle mußten lachen, als ich dies gesagt hatte. Ich lachte nicht mit, denn mir war es auf einmal nicht mehr lustig zumute, denn ich war sauer auf alle, die eine Familie hatten und ein Zuhause. Bei meinem Verbrecherleben würde ich immer alleine sein und einmal würde mir die Einsamkeit das Genick brechen. Ich wollte auch nur einmal das besitzen, was andere alle haben.

Damit ich nicht den ganzen Abend versaute, ging ich an die Theke zu René und genehmigte mir einen dreistöckigen

Whisky, den ich in einem Zug runterleerte, um meine Laune wieder anzuheben. Der Alkohol war anscheinend doch mein Freund, und auf ihn konnte ich mich immer verlassen. Er versagte nie, denn schon nach ein paar Minuten fing der Dreistöckige an zu wirken, und ich wurde wieder etwas lustiger. An diesem Abend schluckte ich einiges in mich hinein, daß ich am Ende einen Rausch im Gesicht hatte, der nicht mehr schön war. Ich wußte nicht, wie ich ins Hotel kam, denn so besoffen war ich. Die anderen mußten mich hingebracht haben, anders konnte ich es mir nicht vorstellen.

Am Morgen, als ich aufwachte, lag zwar Nathalie neben mir, die mich aber nicht interessierte, denn es ging mir verdammt dreckig. Mir war schlecht und ich meinte, in meinem Magen fände eine Revolution statt. Kaum war ich richtig wach, mußte ich auch schon kotzen. Ich sprang aus dem Bett, rannte auf die Toilette, hängte meinen Kopf über die Scheißhausschüssel und reierte wie noch nie in meinem Leben.

Gleich kommen mir die Gedärme aus dem Ranzen, dachte ich mir. Als ich fertig war, merkte ich, daß es mir geholfen hatte, denn mir war auf einmal nicht mehr schlecht. Meine Kopfschmerzen waren zwar noch da, aber trotzdem hatte mir die Prozedur geholfen. Dann putzte ich mir schnell die Zähne, da Nathalie nicht merken sollte, daß ich gekodert hatte. Als ich wieder im Bett war, betrachtete ich Nathalie, die leicht in sich zusammengekrümmt schlief; wie ein kleines Kind. Sie war eigentlich ein anständiges Mädchen, aber hatte dennoch einen großen Fehler. Sie war reich, und ich war arm. Was würde sie sagen, wenn sie die Wahrheit über mich erfahren würde, fragte ich mich. Würde sie toben und meinen, daß ich es nur auf ihr Geld abgesehen hatte, beziehungsweise auf das ihrer Eltern? Oder würde sie es nicht interessieren, wer und was ich war? Würde sie das alles ignorieren und so weitermachen, wie bisher? Oder würde sie einfach Schluß machen, weil ich nicht reich war und damit nicht in ihre Familie paßte?

Eine ganze Weile saß ich da und dachte über sie nach, als sie sich auf einmal streckte und wach wurde. Als sie die Augen aufgeschlagen hatte, schaute sie mich an und sagte:

»Liebling, du bist schon wach?«

»Ja, warum sollte ich nicht?«

»Nach deinem Rausch, den du gestern hattest, müßtest du eine Alkoholvergiftung haben und jetzt noch klinisch tot sein.«

»War ich so zu?«

»Zu ist kein Ausdruck mehr dafür. Du warst nicht einmal mehr in der Lage, alleine zu laufen. Salem und ich haben dich hergebracht und ins Bett gelegt...«

»War ich anständig oder habe ich randaliert?«

»In deinem Zustand konntest du gar nicht randalieren. Du bist einfach dagesessen und hast dich vollaufen lassen. Du hast also weder randaliert noch dich irgendwie unanständig benommen. Das einzige, was du warst, war besoffen.«

»Junge, Junge, da hatte ich ganz nett einen sitzen.«

Ich war froh, daß ich mich nicht unanständig benommen hatte. Warum ich mich auf einmal so dem Alkohol hingegeben hatte, konnte ich mir nicht erklären. Auf einmal schämte ich mich, daß ich mich so besoffen hatte. Ich hätte mich wenigstens ein wenig am Riemen reißen können und nur soviel trinken, damit ich nicht wie ein total besoffenes Schwein wirkte. Dann fragte mich Nathalie:

»Fritz, kannst du mir etwas erklären?«

»Was, mein Liebling?«

»Salem hat gestern Abend, als wir dich hergebracht haben, etwas zu mir gesagt, was ich nicht verstand.«

Was hatte ihr wohl Salem erzählt? In meinem Gehirn fing es an zu arbeiten.

»Was hat er dir denn erzählt, was du nicht verstehst?«

»Erzählt hat er mir eigentlich nichts. Er meinte, daß ich auf dich aufpassen sollte, denn du würdest mich sehr brauchen, auch wenn du mir es nicht zeigst. Ich weiß nicht, was er damit meint?«

Mir fiel ein Stein vom Herzen, denn ich hatte schon gedacht, er hätte sie über mich aufgeklärt. Aber, was er damit meinte, wußte ich auch nicht, und so sagte ich zu ihr, denn mir schien die ganze Sache unwichtig:

»Ich weiß auch nicht, was er damit meinte. Am besten, du vergißt es wieder.«

»Wenn du meinst.«

Heute weiß ich ungefähr, was er damit gemeint hatte, denn ich bin mittlerweile drei Jahre älter geworden.

Ich wollte eigentlich über eine Woche in Nice bleiben, aber nach genau fünf Tagen hatte ich den Wunsch, wieder zu verschwinden, da ich keine Lust mehr hatte, mich dort zu vergnügen. Ich wollte nach Marseille zurück, dort Peter treffen und das andere Boot besorgen. Der Plan dafür stand fest, denn wir wollten es genauso machen wie beim erstenmal.

In Marseille traf ich Peter, und wir besprachen unser nächstes Ding, das wir drehen wollten. Dann setzten wir uns mit dem Käufer in Verbindung, und eine Nacht später zogen wir die Show ein zweitesmal ab. Das Boot wurde aus der Bucht gezogen, zum selben Bestimmungsort gefahren, dort aus dem Wasser geholt, dann abkassiert, und die ganze Sache war wieder über die Bühne gelaufen. Das Geld teilten wir genauso auf wie beim letztenmal. Salem bekam ein Viertel und wir teilten uns den Rest. Eine Jacht zu klauen war das reinste Spiel, wenn man es einmal gemacht hatte und wußte, wie die ganze Sache ablief.

Da ich nicht soviel Geld brauchte wie ich zur Verfügung hatte, deponierte ich den größten Teil bei Salem. Ich vertraute es ihm ohne Bedenken an. Er hatte es nicht nötig, mir die paar Scheine streitig zu machen, denn er hatte selber genug und Cristine mehr, als sie brauchte, denn sie war reich.

Nach dem letzten Ding machten Peter, Nathalie und ich wieder einen kleinen Aufenthalt in Nice. Peter hatte diesmal sogar seine Freundin mit dabei, die man aber kaum zu Gesicht bekam.

13

Nach ein paar Tagen hatte ich auf einmal Krach mit Nathalie, da ich sie meistens alleine zu Hause sitzen ließ und sie nicht immer zu Cristine mitgehen konnte. Als sie deshalb eine Szene machte, ließ ich sie links liegen und machte mich aus dem Staub. Wenn sie mit mir geredet hätte, wie es sich gehört, dann hätte man darüber sprechen können. Aber ich ließ mich von ihr nicht anschreien, und bevor ich die Geduld verlor und ihr eine schmierte, verschwand ich lieber. Ich schlug nämlich aus Prinzip keine Frauen, da sie in dieser Beziehung so gut wie keine Chance haben. Also ging ich zu Peter, der ebenfalls ein Problem haben mußte, denn er hatte schon am frühen Morgen zur Flasche gegriffen. Was er für Probleme hatte, wußte ich nicht, und ich habe ihn auch nicht danach gefragt.

Wir beschlossen, zusammen einen zu trinken. Also machten wir uns auf den Weg, um uns eine anständige Bar zu suchen, in der wir es uns gemütlich machen konnten. Aber diese Cafébars waren alle dasselbe, und so beschlossen wir, in eine andere Stadt zu fahren. Wir hatten schon beide einen leichten Stich in der Birne, und Peter meinte auf einmal, daß wir nach Monaco verduften sollten, denn dort hätte es genügend Kneipen, in denen wir uns amüsieren konnten. Da wir nicht mit dem Wagen fahren wollten, nahmen wir den Zug. Vom Bahnhof von Monte Carlo aus machten wir uns gleich auf den Weg in die nächste Cafébar, blieben aber nicht lange, sondern machten uns auf den Weg in Richtung Hafen, denn dort waren ebenfalls noch einige Bars, die gut waren. Unterwegs zum Hafen blieben wir in verschiedenen Lokalen hängen. Am Hafen setzten wir uns wieder in eine Cafébar. Ich hatte schon einen gewaltigen Stich, und deshalb trank ich ab und zu einen Orangensaft. Peter hingegen schluckte nur und wollte sich anscheinend sinnlos besaufen. Aber er vertrug eine Menge Alkohol, da er bei der Legion das Saufen gelernt hatte. Als wir beide stark angetrunken waren, kamen wir auf die Idee, einen Spaziergang zu machen.

Wir wollten auch nach ein paar Mädchen Ausschau halten, denn mit unseren Weibern hatten wir nichts mehr zu tun. Meine hatte sowieso gesponnen, und deshalb war es mir so egal, als wenn in Las Vegas ein Fahrrad umfällt. Wir liefen ganz gemütlich am Hafenbecken entlang und schauten uns in der Gegend um. Mädchen gab es fast keine auf der Straße, und so setzten wir uns auf eine Bank. Unser Blick fiel genau auf die Jachten, die im Wasser sanft hin- und herschaukelten. Auf einmal sagte Peter zu mir:

»Mit so einem Ding jetzt eine Spazierfahrt machen, das wäre eine Sache.«

»Das würde mir bestimmt auch Spaß machen.«

»Mit der Gelben da drüben, die sieht echt gut aus.«

Er zeigte auf eine Jacht, die deutlich aus den anderen herausstach, da sie orangegelb bemalt war. Sie sah wirklich sehr hübsch, sportlich und luxuriös aus.

»Ja, die sieht gut aus. Was meinst du, was die gekostet haben muß?«

»Die kann unsereins nicht bezahlen. Das steht fest. Aber wenn man so ein Schweinegeld hat wie die hier, dann kann man sich noch etwas Besseres leisten, wie zum Beispiel den Dampfer da drüben.«

»Ich hätte die größte Lust, in eines der Dinger zu sitzen und damit abzuhauen.«

»Spazieren fahren würde ich auch gerne, aber damit abhauen, wäre nichts.«

»Wir könnten uns doch eine kleine Fahrt leisten mit dem Ding. Das würde keiner merken, wenn wir es uns für eine Stunde ausleihen.«

Am Hafen standen wenige Leute und die, die auf ihren Booten arbeiteten, würden ebenfalls nichts merken. Also faßten wir kurzerhand den Entschluß, in unserem Suff, den wir schon hatten, eine kleine Runde mit dem Ding, das sich so schön gelb abhob von den anderen, zu drehen. Wir wollten es später wieder zurückbringen, und es würde niemandem auffallen, daß das Schiff für eine oder zwei Stunden benutzt wurde. Auf die Idee, daß dies ein Diebstahl sein könnte, kamen wir nicht. Wir sprangen von der Bank auf, rannten zu dem Boot, nahmen einen leichten Anlauf und sprangen auf die Jacht. In meinem Halbrausch wäre ich fast daneben gesprungen und ins Wasser gefallen, wenn ich mich nicht noch im letzten Moment hätte festhalten können. Als wir auf der Jacht waren, benahmen wir uns, als wenn sie die unsere wäre. Wir machten sie startklar, und niemand sagte etwas zu uns. Im Gegenteil, die Leute, die auf den anderen Jachten arbeiteten, winkten uns zu und wir ihnen zurück. Komischerweise war die Kajütentüre nicht verschlossen. Es war aber niemand auf der Jacht, und so machte ich mir keine Gedanken darüber. Wir machten einfach weiter mit unseren Vorbereitungen.

Wir machten die Leinen los und starteten den Außenbordmotor. Keiner von uns beiden hatte irgendwie Hemmungen, mit dem Ding zu fahren. So etwas Verrücktes hatte ich mein Leben lang noch nie gemacht und ich hätte auch nie geglaubt, daß ich es je machen würde. Elegant steuerten wir die Jacht aus dem Ankerplatz hinaus und um die anderen Boote herum. Als wir an einer Jacht vorbeikamen, auf der Leute arbeiteten, wurde uns noch zugewunken und eine gute Fahrt gewünscht. Die dachten anscheinend alle, daß dies unsere Jacht wäre und kamen nicht auf den Gedanken, daß wir sie soeben geklaut haben. Außerhalb des Hafens stellte ich den Motor ab, zog die Segel hoch, und Peter saß gemütlich am Ruder und pfiff vor sich hin. Als das Segel oben war, legte Peter die Jacht in den Wind, denn er kannte sich hervorragend aus, und ich setzte mich zu ihm ans Ruder. Die Jacht hatte eine Fahrt drauf, als wenn sie eine Regatta gewinnen wollte. Wir waren ungefähr schon zwei Kilometer vom Hafen entfernt, als ich zurückschaute und mich fast der Schlag traf.

Aus dem Hafen war ein Küstenwachboot ausgelaufen und hielt genau Kurs auf uns zu. Ich sagte zu Peter:

»Schau mal da hinten!«

Peter drehte sich um und meinte:

»Das ist die Hafenpolizei, und wie es ausschaut, kommen sie genau auf uns zu.«

Die Hafenpolizei hatte ein riesiges Motorboot, das uns schnell näher kam. Da sie immer noch Kurs auf uns hielten und nicht abdrehten, wußte ich, daß sie etwas von uns wollten, und ich sagte zu Peter:

»Jetzt sind wir dran. Das war ein glatter Jachtdiebstahl, und die kommen uns jetzt holen.«

»Ach was, wir erklären denen, daß wir nur eine Runde fahren wollten und sie später wieder zurückgebracht hätten.«

Wir waren in unserem angesoffenen Zustand noch so naiv und glaubten, daß wir denen erzählen könnten, wir würden nur eine kleine Runde drehen.

Das Polizeiboot war nun schon sehr nahe und ein Mann, der am vorderen Teil des Schiffes stand und eine Maschinenpistole und Flüstertüte in der Hand hatte, schrie:

»Halten Sie an, oder wir schießen!«

Als ich das hörte, lief mir ein eiskalter Schauer über den Rücken, denn ich konnte nicht glauben, daß sie uns wegen einer Lappalie erschießen würden. Der Mann wiederholte es aber ein zweitesmal, und ich sagte zu Peter:

»Verdammt, halt bei Gott endlich an, bevor sie uns vom Wasser fegen! Die meinen es ernst!«

Peter hielt aber nicht an. An Deck des Polizeibootes waren nun drei Männer mit Maschinenpistolen, die auf uns zielten. Ich sagte es Peter, aber der hielt ums Verrecken nicht an, sondern sagte nur:

»Ach, die schießen doch nicht. Die reden nur Mist, wie sie es immer machen.«

Kaum hatte er den Satz ausgesprochen, als auch schon die ersten Schüsse knallten. Es waren zwar nur Warnschüsse, aber ich meinte, sie schießen auf uns. Ich fing an durchzudrehen und nahm das Messer, das an der Kajütentüre hing und schnitt einfach das Tau durch, das das Segel oben hielt, denn Peter hielt weiterhin nicht an. Es war wirklich zum Verzweifeln, und ich meinte, er wäre lebensmüde. Das Segel sauste runter und blähte sich seitlich auf. Wir hatten nun fast keine Fahrt mehr, und ich ging in die Kajüte hinunter, schmiß mich in die Koje und vergrub mein Gesicht im Kissen, denn ich wußte weder ein noch aus. Dann spürte ich an einer gewaltigen Erschütterung, daß das Polizeiboot an uns angelegt hatte. Ich zitterte am ganzen Körper vor Aufregung und Verzweiflung. Aber es kam niemand in die Kabine, und als ich mich wieder etwas erholt hatte, ging ich an Deck, um zu sehen, was passiert war. Dort sah ich dann die Überraschung. Wir wurden von dem Polizeiboot in die Richtung des Hafens abgeschleppt. Peter saß gemütlich auf der Ruderbank und rauchte eine Zigarette. Er machte, als wenn nichts passiert wäre, und ich schaute auf das Seil, das zwischen uns und dem Polizeiboot sich straff dahinzog. Ich konnte es einfach nicht begreifen, daß man auf uns geschossen hatte. Auf dem Boot der Polizei standen immer noch die drei Männer mit den Maschinenpistolen und beobachteten uns. Ich ging wieder in die Kajüte zurück, setzte mich auf die Koje und schlug die Hände vor das Gesicht, denn ich wußte, daß ich nun ins Gefängnis kam und kein Weg darum herum ging. Als ich den Gedanken einigermaßen verdaut hatte, ging ich zu Peter auf das Deck und setzte mich zu ihm. Er sagte gleich zu mir:

»Das Spiel ist aus und dem Deserteur der Legion geht es verdammt dreckig.«

Daran hatte ich nicht mehr gedacht, daß Peter ein Deserteur war und als solcher gesucht wurde. Sie würden ihn zur Legion zurückbringen, auch wenn Monaco ein eigener Staat war. Dort würden sie ihn in die Mangel nehmen, dann müßte er seine Strafe für den Schiffsdiebstahl absitzen, dann weitere sechs Monate einsitzen, weil er desertiert war, und wenn er entlassen wird, nimmt ihn die Militärpolizei und haut ihm anständig den Frack voll, und zuallerletzt würde man ihn strafversetzen, und das bedeutete, daß er nicht mehr nach Übersee durfte. Sie täten ihn also nach Strich und Faden fertigmachen. Nun saßen wir also richtig in der Scheiße und konnten nichts dagegen machen. Das ausgerechnet in Monaco, wo nur Reiche leben und diese auch noch über uns urteilen werden. Wenn wir über Bord gesprungen wären, hätte man uns erschossen, das war uns klar. Eine Flucht war also aussichtslos, und deshalb saß Peter da, als wenn nichts passiert wäre. Wir konnten nur noch warten auf das, was auf uns zukam, und das war nicht gerade das Angenehmste. Peter wußte, was ihm blühte, und ich konnte nicht verstehen, warum er so ruhig blieb.

Wir waren nur noch ein paar hundert Meter vom Hafen entfernt, als ein zweites Polizeiboot auslief. Das Boot, das uns abschleppte, verlangsamte seine Fahrt und machte dann halt, denn es wartete auf das andere, das langsam näher kam. Die drei Männer mit ihren Maschinenpistolen beobachteten uns genau und ließen uns nicht eine Minute aus den Augen. Ich war mittlerweile voll davon überzeugt, daß sie ohne zu zögern abdrücken und uns erschießen würden wie ein paar Hasen, die man versuchte zu jagen.

Das zweite Boot legte an unser Schiff an. Die Polizisten mit gezogenen Waffen zielten auf uns, als wenn wir die größten Verbrecher der Welt wären. Keiner von den Bullen kam auf die Jacht, sondern man befahl uns, auf das Polizeiboot hinüberzuspringen und dabei keine falsche Bewegung zu machen, denn sonst würden wir nicht lebendig im Hafen ankommen. Ich hatte Angst, daß einem dieser Revolverhelden zufälligerweise der Ballermann losging und mich das tödliche Stückchen Blei, das da herauskam, treffen würde. Sie hatten keine normalen Waffen, wie sie sonst üblich sind, sondern Trommelrevolver, wie man sie in Krimis und Wildwestfilmen sah. Als wir auf dem Boot waren, mußten wir uns sofort mit dem Rücken auf das Deck legen und die Arme hinter dem Kopf verschränken. Über jedem von uns beiden stand ein Bulle mit gezogener Waffe und zielte auf uns.

Der, der bei mir stand, sagte:

»Wenn du Dummheiten machen willst, möchte ich dir gleich davon abraten, denn ich habe einen sehr nervösen Zeigefinger, und das Ding kann ganz schnell losgehen.«

Diese Warnung hatte mir voll und ganz gelangt. Ich versuchte, mich nicht zu bewegen, nicht daß er dachte, dies wäre eine Dummheit, denn ich traute diesem Typ zu, daß er abdrückte, ohne mit der Wimper zu zucken. Der Bulle verstand keinen Spaß, das konnte man ihm von weitem ansehen, und ich wollte nicht wissen, wie viele er schon umgelegt hatte. Er war ziemlich schnell mit seinem Colt und glaubte anscheinend, er sei ein Sheriff, wie man sie in Filmen sah. Ganz ruhig blieb ich auf dem Rücken liegen und machte die Augen zu, damit ich nicht dauernd in die Mündung des Colts schauen mußte. Wenn ich weiterhin in das teuflische Ding geschaut hätte, wären mir vielleicht die Nerven durchgegangen und ich hätte eine Dummheit gemacht.

Dieser schießwütige Schweinehund wartete wahrscheinlich nur darauf, daß ich eine falsche Bewegung machte, damit er abdrücken konnte.

Dann waren wir im Hafen und legten an. Wir mußten aufstehen und die Hände in die Luft strecken. Ich sah, daß auf der Quaimauer sehr viele Neugierige standen und uns beobachteten. Dort standen auch noch unzählige Bullen, und ich dachte, daß die ganze Polizei von Monaco am Hafen war, um uns zu verhaften. Man zielte immer noch mit den Revolvern auf uns, und wir wurden aufgefordert, zum Polizeiauto zu gehen, das schon auf uns wartete. Dort mußten wir mit gespreizten Beinen und erhobenen Händen stehen bleiben, und wir wurden von einem Bullen schnell abgetastet. Jeder vierte Bürger in Monaco soll ein Bulle sein, hat mir einmal Salem gesagt und deshalb war es kein Wunder, daß so viele am Hafen standen. Dann legte man uns Handschellen um, und wir wurden in den Wagen gesetzt. Mit Blaulicht und Sirene wurden wir zur Wache gefahren, die nicht weit vom Hafen entfernt war, da wir schnell wieder hielten und aussteigen mußten. Wie der Abschaum des Abschaums wurden wir mit Gebrüll und Geschubse von den Polizisten in die Wache gebracht. Man hätte uns wenigstens wie anständige Menschen hineinbringen können und nicht mit solchen Ausdrücken, wie man sie uns an den Kopf warf. In der Wache wurden wir in eine Zelle gesteckt. Davor stellte sich ein Bulle auf und beobachtete uns. Nach dieser Prozedur kam ich mir richtig elend vor und wäre am liebsten auf der Stelle gestorben. Zum Überlegen blieb nicht viel Zeit, und Peter sagte zu mir:

»Wenn sie dich verhören, dann sagst du immer, daß wir alles gemeinsam gemacht haben. So können wir nichts Falsches sagen und sie kommen damit nicht weiter. Wenn sie einmal merken, daß wir beide immer dasselbe sagen, dann lassen sie uns in Ruhe. Und sage bloß nichts von den anderen Schiffen, denn sonst kommen wir nie wieder aus dem Knast raus. Wir sagen beide, daß wir nur eine Spazierfahrt machen wollten. Das war auch alles, was wir angestellt haben. Hast du mich verstanden?«

»Ja, hab ich.«

Dann ging schon die Türe zur Zelle auf, und ich wurde herausgeholt. Von zwei Polizisten wurde ich in Empfang genommen, und ich mußte mich total ausziehen. Meine Kleider wurden von oben bis unten durchsucht und abgetastet. Als sie alles genau kontrolliert hatten, konnte ich mich wieder anziehen. Danach schloß man mich wieder ein, und Peter kam an die Reihe.

Ich saß in der kleinen Zelle und wußte einfach nicht mehr weiter. Was würde auf mich zukommen? Wie lange werden sie mich einsperren, und was würde mit mir geschehen? fragte ich mich, als die Zellentüre wieder aufging und ich von zwei Bullen in ein Büro gebracht wurde, in dem vier Typen in Zivil saßen. Ich wußte, daß die vier mich verhören und mich nach Strich und Faden ausquetschen sollten. Der Stuhl, der vor dem Schreibtisch stand, wurde mir freundlich, was ich für ein Wunder hielt, angeboten, und ich setzte mich hin. Dann ging die Fragerei auch schon los. Man hatte sogar einen Polizisten aufgetrieben, der ein wenig Deutsch sprach. Wenn sie uns gefragt hätten, ob wir Französisch sprechen könnten, dann hätten sie sich die Mühe sparen können. Auf jede Frage, die sie mir stellten, sagte ich das, was ich mit Peter abgesprochen hatte, immer dasselbe, nämlich, daß wir es gemeinsam gemacht hatten. Das wurde ihnen anscheinend zu dumm, denn einer verschwand für kurze Zeit aus dem Büro. Nach einer Weile kam er wieder und flüsterte einem anderen etwas ins Ohr. Dann sagte dieser zu mir:

»Ihr habt euch abgesprochen, denn dein Freund sagt haargenau dasselbe wie du. Das macht aber nichts. Wir wissen, was ihr gemacht habt, und dein Freund ist übrigens ein Deserteur der Fremdenlegion. Den werden wir sowieso übergeben müssen.«

»An wen übergeben?«

»Natürlich der Legion. Sobald er verurteilt ist.«

Wer einmal weiß, was die Legion mit Deserteuren macht, der kann sich vorstellen, daß Peter etwas vor sich hatte, das man keinem Menschen wünschen mochte.

Aber daran konnte ich sowieso nichts mehr ändern, sondern mußte mich nun um mich selbst kümmern und daran denken, was auf mich zukam. Da man nun gemerkt hatte, daß Peter und ich uns nicht gegenseitig die Schuld in die Schuhe schoben, sondern immer dasselbe sagten, brachen sie das Verhör ab.

Dafür durfte ich dann ein zweitesmal für die Polizei Klavier spielen. Man nahm von mir die Fingerabdrücke, und es wurden Bilder gemacht.

Danach wurde ich in eine Zelle gebracht, die nicht besonders komfortabel war. Die Tür schloß sich mit einem lauten Knall. Ich setzte mich auf die Pritsche, die in der Zelle war, schlug die Hände vor das Gesicht und fing an zu weinen wie ein kleines Kind. Als ich mich wieder beruhigt hatte, saß ich nur noch da und stierte auf die dreckige Wand, die ich vor mir hatte. Ich war nicht fähig, auch nur einen einzigen klaren Gedanken zu fassen, denn so durcheinander war ich.

14

Die ganze Nacht saß ich in der Zelle, auf dieser komischen Pritsche. Einmal brachte mir ein Polizist etwas zu essen, aber da ich keinen Hunger hatte, nahm er es wieder mit.

Als es draußen langsam hell wurde, legte ich mich hin und schlief ein. Aber lange konnte ich nicht schlafen, denn ich wurde wieder geweckt und aus der Zelle geholt. Man teilte mir mit, daß ich in den Knast gebracht werde. Mir war alles scheißegal, denn ich mußte und hatte mich teilweise schon damit abgefunden, nun einen kleinen Teil meines Lebens hinter Gittern zu verschwinden. Dann legte man mir Handschellen um, und ich wurde in ein Polizeiauto gesetzt. Dort saß schon Peter, der zu mir nur ein müdes »Hallo« sagte. Er war anscheinend genauso fertig wie ich es war. In den Fond des Wagens setzten sich zwei von diesen schießwütigen Sheriffs, und die Fahrt in dem eleganten, vergitterten Staatswagen begann. Mitten durch die Stadt wurden wir gefahren und jedesmal, wenn wir an einer Kreuzung hielten, glotzten uns die Leute dumm an. Manche drohten uns sogar mit der erhobenen Faust, und ich wäre am liebsten ausgestiegen und hätte demjenigen eine verplettet. Dann waren wir endlich vor dem Knast, und vor uns öffnete sich ein großes Tor, durch das der Wagen in den Hof fuhr. Dort hielt er an, und wir wurden aus dem Wagen geholt. Man nahm uns die Handschellen ab, wir mußten in einem Buch unterschreiben und wurden durch ein weiteres Tor geführt. Nun befanden wir uns erst richtig im Knast, und mir lief ein Schauer den Rücken hinunter, als ich die vielen Gitter sah. Wie Tiere sollten wir in Käfigen gehalten werden, und ich konnte mir dies nicht richtig vorstellen, denn es hört sich abnormal an, wenn man es jemandem sagt, der noch nie im Gefängnis war. Ein Beamter, der in Zivil war, öffnete vor uns ein weiteres Tor. Wir wurden in einen Waschraum geführt, in dem zwei Brausen waren und mußten duschen, da dies jeder Neuankömmling machen mußte. Wir hatten nichts bei uns, da wir nicht wissen konnten, daß wir im Knast landen würden. Peter und ich stellten uns unter die Duschen, und er sagte auf einmal zu mir:

»Die anderen machen sich bestimmt schon Sorgen um uns!«

»Welche anderen?«

»Na, Salem und die Mädchen.«

Ich hatte noch nicht eine einzige Minute an sie gedacht, seit wir verhaftet waren. Das wunderte mich auf einmal selber und ich sagte zu Peter:

»Ach ja, die hatte ich ganz vergessen!«

»Die werden sich schon irgendwann melden, oder wir müssen ihnen schreiben. Aber Salem wird uns bald ausfindig gemacht haben.«

»Das glaube ich auch, daß er uns bald findet, denn er kennt bald jeden hier in der Gegend. Schreiben brauchen wir ihm bestimmt nicht.«

»Warten wir es ab. Vielleicht ist er auch früher da, als wir es erwarten. Er muß uns vor allen Dingen einen guten Anwalt besorgen, denn sonst machen die auf dem Gericht mit uns, was sie wollen.« An einen Anwalt hatte ich nocht nicht gedacht, und mir kam es schon vor, als wenn ich alles vergessen hätte. Aber Peter schien gar nichts zu vergessen, denn er dachte wie eine Maschine. Er sagte mir alles, was wir noch zu erledigen hatten, besser gesagt, was ich zu machen hatte, denn er wurde nach seiner Haft sowieso der Legion übergeben, und so wäre es ihm recht gewesen, wenn sie ihn für den Rest seiner Dienstzeit eingesperrt hätte.

Ich selbst war in bezug auf Sachen, die das Gericht betrafen, total ahnungslos, denn ich hatte nie groß etwas damit zu tun. Das einzige, was ich einmal mit einem Richter zu tun gehabt hatte, war ein Vorführungstermin wegen eines Ladendiebstahls, als ich fünfzehn Jahre alt war. Von diesem Richter bekam ich nach fünf Minuten Palaver eine Arbeitsauflage von acht Stunden, die ich im Krankenhaus absolvieren mußte. Aber diesmal ging es nicht um einen Ladendiebstahl, sondern um eine ernste Sache und die größte Scheiße, die daran war, war, daß es im Ausland war, denn dort handhaben sie solche Dinger noch ganz anders.

Nach dem Duschen wurde uns die Bettwäsche gegeben. Dann sperrte man uns je in eine Einzelzelle, da es nur solche in Monaco gab, wie ich später erfuhr. Nun war ich das erstemal im Knast, und ich wußte nicht, was ich machen konnte, um so schnell wie möglich wieder herauszukommen. Wenn ich nur gewußt hätte, was auf mich zukam, dann hätte ich mich bestimmt wohler in meiner Haut gefühlt.

In meiner Zelle richtete ich mich häuslich ein, soweit dies überhaupt möglich war, denn man hatte ja fast nichts.

Vor dem Mittagessen haute es mich fast aus den Latschen, als mich ein Beamter fragte, ob ich Bier oder Wein zum Essen haben wollte. Man mußte es zwar selbst bezahlen, aber ich hatte genug Geld in der Tasche. Es war das erstemal, daß ich hörte, daß man im Knast Alkohol trinken durfte. Das Essen überraschte mich, denn es war hervorragend. Später erfuhr ich von Benni, einem Belgier, der im Knast arbeitete, aber ebenfalls ein Gefangener war, daß die Frau des Direktors selbst kochte.

Am Nachmittag war Promenade, die aber nicht im Freien abgehalten wurde, sondern im Knast. Da erfuhr ich von Benni, daß im oberen Stockwerk sogar Frauen waren. Aber an diese kam man so gut wie gar nicht ran. Wenn die Männer Promenade hatten, dann waren die Frauen eingeschlossen, und andersrum war es genauso. Bennis Freundin saß ebenfalls in diesem Knast, und wenn ein guter Beamter da war, dann durfte er sich ab und zu mit ihr unterhalten. Sie war übrigens eine Deutsche, die aus München war. Peter war nicht auf der Promenade, da er sich erst damit abfinden mußte, wieder der Legion ausgeliefert zu werden. Als ich mit Benni sprach, machte er mir nicht gerade gute Hoffnungen auf die bevorstehende Verhandlung, denn er erzählte mir, daß ich nicht unter sechs Monaten Gefängnis davonkommen würde. Im Gegenteil meinte er sogar, da Monaco eine ziemlich reiche Stadt ist, deshalb sind auch die Strafen dementsprechend, wenn man sich an dem Eigentum eines dieser Geldhaie vergreift. Er meinte, daß sechs Monate die Mindeststrafe sei in dieser verdammten Stadt. Er erzählte mir von ein paar Fällen, bei denen die Leute eine viel höhere Strafe als sechs Monate bekommen und weniger angestellt hätten als wir. Je mehr er mir davon erzählte, um so depremierter wurde ich, denn ich wollte nicht im französischen Knast versauern. Als er dann noch meinte, daß ich mit einem Jahr rechnen müßte, war ich ganz fertig mit der Welt. Die Promenade war schnell zu Ende und ich war richtig froh, als ich in die Zelle zurück konnte, denn wenn mir Benni noch mehr solche Geschichten erzählt hätte, hätte ich in der kommenden Nacht bestimmt Selbstmord gemacht.

Die ganze Nacht schlief ich so gut wie gar nicht, denn ich mußte immer an das denken, was mir Benni gesagt hatte. Ich konnte mir nicht vorstellen, wie ich die sechs Monate, wenn nicht sogar ein ganzes Jahr im Knast verbringen sollte, und das nur wegen einer simplen Segelpartie. Wenn wir das Boot wirklich stehlen wollten, dann hätte ich wenigstens gewußt, warum man das mit uns machte. Aber so konnte ich es nicht verstehen. Es würde sich bei den Verhandlungen schon herausstellen, daß wir die Jacht nicht klauen wollten, dachte ich mir. Aber ich sollte falsch gedacht haben. Gottseidank wußten sie nichts von den anderen Jachten, die wir wirklich geklaut hatten.

Nach drei Tagen Untersuchungshaft hatten wir schon unsere Verhandlung. Salem hatte uns aufgestöbert und einen Anwalt besorgt. Als er im Knast war, um uns zu besuchen, hatte er mir eine Moralpredigt gehalten, die sich gewaschen hatte. Er meinte, wie man nur so dämlich sein kann und einen solchen Mist bauen. Aber er wollte uns helfen, so gut er konnte, und er versicherte mir auch, daß er bei der Verhandlung dabeisein würde.

Am Verhandlungstag wurden wir von einem Polizeiwagen abgeholt, der uns zum Schloß bringen sollte, in dem die ganze Show abgezogen wurde.

Ich hatte ein Gefühl in mir, das nicht zu beschreiben ist, denn es war eine Mischung aus Angst und Unbeholfenheit.

Am ganzen Körper zitterte ich, obwohl es nicht kalt war und ich auch nicht fror. Dann wurden mir die Handschellen abgenommen, und ich mußte zum Richter hinein. Der saß hinter einem Schreibtisch und fragte mich, wie ich zu der Sache stehen würde, und ob ich noch etwas dazu sagen wollte. Ich erzählte ihm, wie es sich abgespielt hatte, und daß es mir schrecklich leid tat. Der lachte mich aus, und ich konnte wieder gehen. Für ihn war ich schon im voraus verurteilt, das konnte man deutlich sehen. Vom Büro des Richters aus wurde ich in den Gerichtssaal gebracht, wo ich mich auf die Anklagebank setzen mußte. Peter ging ebenfalls zum Richter hinein und ich konnte mir vorstellen, daß es ihm nicht besser erging wie mir, bei diesem Arschloch.

Der Gerichtssaal war ein riesiges Ding. Es war alles in Holz gehalten, an der Decke hing ein teurer Leuchter, der bestimmt ein paar tausend Mark wert war, und man sah an diesem Saal, daß Monaco einen Haufen Geld beherbergt. Dann kam Peter, setzte sich zu mir auf die Anklagebank und sagte: »Diesem Dreckarsch von Richter könnte ich die Zähne in den Hals schlagen. So ein

Arschloch, wie das ist, soll über uns ein Urteil sprechen. Ich kann mir schon ausrechnen, was wir bei dem bekommen werden.«

Hinter uns saßen drei Bullen, die auf uns aufpaßten und etwas tiefer vor uns unser Anwalt. Dann mußten wir aufstehen, und die drei Richter kamen herein. Der Staatsanwalt und die Schreiberin, die übrigens ein sehr hübsches Girl war, standen schon an ihren Plätzen.

Der Richter, den wir schon kannten, eröffnete die Verhandlung und wir konnten uns wieder hinsetzen. Da jeder weiß, wie eine Verhandlung vonstatten geht, brauche ich sie nicht zu beschreiben.

Auf jedenfall wurden wir wegen Diebstahls einer Jacht zu sechs Monaten Gefängnis verurteilt, und Peter sollte danach der Legion übergeben werden. Die Verhandlung ging nicht lange, denn uns wurde sowieso nichts geglaubt. Der Anwalt redete sich das Mundwerk franslig, ohne daß es groß nützte. Der Anwalt sagte zu mir, als die Verhandlung zu Ende war:

»Vor einem Monat habe ich hier noch einen Fall wegen Heroinhandels verteidigt. Das war der Sohn eines dieser Bonzen hier. Der hat nur eine Geldstrafe bekommen. Aber da Sie nicht von hier sind und nicht das Geld haben, das die Leute hier haben, müssen sie sich mit einer solchen Strafe noch zufrieden geben, Herr Mertens.«

Als ich das hörte, wußte ich wieder einmal, daß das Geld die Welt regierte. Mein Anwalt war ein stinknormaler Kommunist und hatte vor dem Richter kein Blatt vor den Mund genommen. Er hatte alles versucht, um uns aus dem Knast zu holen. Aber es war vergebens, denn wir waren nicht reich.

Mich kotzte die ganze Welt an, und ich hätte diesen Richter erschlagen können, vor Wut. Ich wünschte mir, mitten im Urwald zu sein, bei den Buschmännern, die nicht so eine beschissene Welt hatten, wie sie in diesem Gerichtssaal zum Beispiel vertreten war.

Nach der Verhandlung wurden wir gleich ins Gefängnis zurückgebracht. Ich war total fertig mit der Welt, denn ich war es nicht gewohnt, eingesperrt zu sein wie ein wildes Tier. Peter sagte kein einziges Wort, und ich konnte mir denken, wie er sich fühlte, wenn er an seine Zukunft dachte, die nicht gerade rosig aussah.

Als wir im Knast waren, ging ich sofort in meine Zelle, legte mich aufs Bett und heulte Rotz und Wasser. Ich verfluchte alle Menschen dieser Welt, aber alle waren nicht an meinem Dilemma schuld. Es war nur ein kleiner Teil der Menschheit, der diese Erde so ungerecht und beschissen gemacht hat wie sie war und immer noch ist. Sechs Monate die Hölle, hämmerte es immer wieder in meinem Kopf und alles nur, weil wir von einem Bonzen die Jacht ausgeliehen hatten. Es hatte nichts auf dem Boot gefehlt, und das einzige, was kaputt war, war das Seil, weil Peter nicht angehalten hatte und ich es durchschneiden mußte, denn ich wollte mich nicht erschießen lassen. Nur wegen einem solchen Kinderstreich wollte man uns sechs Monate lang quälen.

Salem kam am Nachmittag zu Besuch und beteuerte, daß er sein Bestes getan hatte und es doch nicht ausgereicht hatte. Nach einer halben Stunde ging er wieder, und ich kam mir unendlich allein und verlassen vor. Ich kam mir elender als das Elend selber vor, denn die Einsamkeit ist ein schreckliches Gefühl.

Einen ganzen Monat blieb ich im Knast von Monaco. Eines Morgens teilte man mir mit, daß ich nach Nice verlegt werden sollte. Peter kam schon nach einer Woche von Monaco weg, denn er wurde in das Militärgefängnis verlegt, in dem er seine Strafe absitzen sollte. Ich war diesen Monat ganz alleine, denn ich saß die meiste Zeit in meiner Zelle. Ich wollte einfach meine Ruhe haben und nicht mit den anderen den ganzen Tag über Sachen, die sie angestellt hatten, reden. Das war mir wirklich zu dumm. Aber ich hatte das erstemal seit langem wieder über Rita nachgedacht, denn ich wollte nichts mehr von Nathalie wissen. Wegen ihrem blöden Benehmen hatte ich mich besoffen und diese Scheiße gemacht. Jedesmal mußte ich mich wegen so einer Frau in die Nesseln setzen.

Auch Rita hatte mich zur Verzweiflung gebracht, indem sie mit mir Schluß gemacht hatte, als sie schwanger war. Einmal hatte ich ihr sogar geschrieben und natürlich, wie zu erwarten war, keine Antwort erhalten.

Einen Tag später wurde ich nach Nice gebracht. Sie legten mir Handschellen an, verfrachteten mich in einen Polizeiwagen und fuhren mich, mit Blaulicht und Sirene, die vierzehn Kilometer nach Nice.

Im Gegensatz zu Monaco war das Gefängnis von Nice ein riesiges Ding. Man hatte mir schon gesagt, daß es auch schlechter sein soll, und ich bereitete mich innerlich darauf vor. Mir hatte der eine Monat in Monaco schon schwer zu schaffen gemacht, und nun kam ich in ein noch schlimmeres Gefängnis. In Nice waren ungefähr fünfhundert Gefangene, und als ich dort ankam, wurde ich in eine große Transportzelle gesteckt, in der schon andere warteten, daß sie in einen Zellentrakt eingewiesen würden. Dort sprach mich gleich ein Jugoslawe an, der gut Deutsch sprach und wegen einem Einbruch eingelocht worden war. Der Trottel wollte mich regelrecht für seine nächste Einbrechertour anwerben, wenn er wieder draußen wäre. Er erzählte mir, was er alles gemacht hatte und wollte mir auf diesem Gebiet etwas beibringen, wie er sagte.

In Nice bekam ich keine Einzelzelle, wie es in Monaco der Fall gewesen war, sondern wurde mit einem Deutschen zusammengelegt, der mich freudig begrüßte. Er hieß Jürgen, und man hatte ihn eingesperrt, weil er mit Drogen gehandelt hatte. Er klärte mich gleich über den Knast von Nice auf, da er dort schon einige Monate in Haft saß. Was ich von Jürgen hörte, baute mich nicht gerade auf, denn er sagte mir, daß ich bald von Nice wieder wegkommen würde. Nice wäre für mich angeblich nur eine Zwischenstation, meinte er, und sobald der nächste Transport fahren würde, käme ich nach Marseille. In Marseille war aber der schlechteste und härteste Knast von Frankreich, und ich fürchtete mich schon vor diesem Tag, an dem ich dorthin gebracht werden sollte. Aber vorläufig wäre ich in Nice, wo ich die nächsten Tage auch bleiben würde, meinte er.

Das Gefängnis war fast so wie in Monaco, nur daß man keinen Wein kaufen konnte, sondern nur noch eine Dose Bier für den Tag. Das Essen war auch ein bißchen schlechter, aber man konnte es noch gut essen. Mit den Beamten konnte man gar nicht sprechen, sie schlugen einem nur die Türe vor der Nase zu.

Ab und zu sprach ich mit Jürgen über meine Gefühle. Dann lachte er mich meistens aus, und einmal sagte er sogar:

»Mit deinen Gefühlsduseleien kommst du im Leben nicht weit, denn sowas darf man sich heutzutage nicht mehr leisten. Vergiß die Scheißweiber, denen du nachtrauerst, und werde ein Mann, wie es sich gehört. Am besten, du nimmst auf niemanden Rücksicht und denkst nur an dich. So kommst du am besten durchs Leben.«

Eigentlich hatte er recht, aber was sollte ich da machen, denn ich war nun einmal so. Ich konnte einen Menschen lieben und vergaß ihn dann nie. Andersrum konnte ich auch hassen und vergaß diesen Menschen genausowenig, wie zum Beispiel meine Mutter. Sie haßte ich wie die Pest, und wenn ich ab und zu an sie dachte, hätte ich sie töten können für das, was sie getan hatte.

Zehn Tage blieb ich in Nice, als ich eines Morgens den Befehl bekam, meine Sachen zusammenzupacken. Dann mußte ich damit in die Ankleidekammer und mich vor einem Beamten pudelnackt ausziehen, da er meine Klamotten filzen wollte. Meine Unterhose und meine Socken bekam ich wieder zurück und das andere verstaute er in einem Karton. Dann bekam ich von diesem Schnulli einen grauen Filzanzug, der wirklich ekelhaft aussah und noch dazu auf der Haut kratzte.

Als ich das ekelhafte Filzzeug anhatte und an mir hinunterschaute, wurde es mir fast schlecht, denn so dämlich war ich in meinem ganzen Leben noch nie angezogen gewesen. Dann wurde ich in eine von diesen großen Transportzellen eingeschlossen. Dort warteten noch andere, die ebenfalls dieses mistige Filzzeug anhatten.

Das Mittagessen, das wir an diesem Tag bekamen, war genauso ekelhaft wie die Klamotten, die wir anhatten. Ich aß nichts davon, sondern leerte es gleich in die Toilette.

Am Nachmittag um zwei Uhr ging es endlich los. Wir wurden alle aus der Zelle geholt. Dann wurden jeweils zwei Mann mit einer Kette aneinander gefesselt. Ich hatte noch nie mit Ketten einen anderen an mir drangemacht gehabt, und so war es für mich ein ganz komisches Gefühl. Aber das war noch nicht alles, denn es sollte noch schlimmer kommen. Als wir alle zusammengekettet waren, wurden wir in einen Bus gebracht, der in lauter kleine Gitterkäfige aufgeteilt war. Jeweils vier Leute wurden in einen solch kleinen Käfig gesetzt, und ich meinte, ich sehe nicht richtig, als ein Beamter nochmals mit Ketten winkte. Mit schweren Fußfesseln wurden wir nochmals zusammengekettet, als wären wir wilde Tiere. Dann wurde die Gittertüre zugesperrt und man saß da wie eine gezähmte Bestie. Wenn man einmal an den Hand- und Fußgelenken an jemanden gefesselt ist, kann man wirklich nur noch mit dem Kopf schütteln, denn dies war nicht mehr menschenwürdig. Einer der Gefangenen bekam gleich am Anfang Platzangst und fing an zu randalieren. Es war wirklich grausam, wie die Beamten den armen Kerl zusammendroschen, nur damit sie ihre Ruhe hatten. Ich sah weg, als sie ihn mit Schlagstöcken zusammenschlugen, denn es war mir zu brutal. Er konnte sich überhaupt nicht wehren, sondern schrie nur noch vor Schmerzen. Als man alle im Bus hatte, wurden die Türen geschlossen, so daß überhaupt keine Frischluft in den Wagen kam, außer wenn der Bus einmal in Fahrt war und es etwas durch die Ritzen zog.

Da man im Bus rauchen durfte, war der ganze Wagen noch vor der Abfahrt so eingenebelt, daß einem das Luftholen schwer zu schaffen machte, außer wenn man sich ebenfalls eine Kippe ansteckte, was ich auch tat. Für die Nichtraucher mußte es eine Qual gewesen sein, und sie hatten nicht einmal die Möglichkeit, etwas dagegen zu machen. Man hätte wenigstens von den Beamten erwarten können, daß sie ein Fenster ein wenig öffneten. Aber das taten sie nicht, obwohl man sie danach fragte. Die

Beamten spürten nichts von der ganzen Sache, denn sie hatten einen Extraraum, von dem aus sie beobachten konnten, was die gefesselten Gefangenen machten.

Dann fuhr der Bus endlich los, und ich wäre froh gewesen, wenn die Fahrt schon zu Ende gewesen wäre.

Vor und hinter dem Bus fuhren drei Motorräder und Wagen der Polizei. Sie hatten die Aufgabe, den Weg freizumachen, da der Bus nicht halten durfte. Wenn nun ein Feuer ausgebrochen wäre oder der Fahrer einen Unfall gemacht hätte, dann wären wir hoffnungslos verloren gewesen. Keiner hätte sich befreien können, da wir gefesselt waren und nicht einmal Platz hatten, um unsere Jacken auszuziehen. Wir hätten verbrennen müssen, wenn etwas passiert wäre.

Mit Menschen durfte man das machen. Aber wenn man nur zwei Hunde in diese Gitterkäfige gesperrt hätte, dann wäre sofort der Tierschutzverein dazwischen gekommen. Wir waren eben arme Schweine, die keine Millionen hatten, und so konnte man es sich mit uns erlauben.

Die Fahrt sollte über zwei Stunden dauern. Aber schon nach den ersten zwanzig Minuten stank es im Bus, als wenn man in einer Kadaververarbeitungsfabrik gestanden hätte. Es hatten nämlich zwei der Gefangenen in den Wagen gekotzt, da sie keine Möglichkeit hatten, diese Sache irgendwie anders zu erledigen. Man hatte weder eine Tüte, in die man hineinkotzen konnte, noch sonst etwas. Der Beamte sagte, man solle auf den Boden kotzen, da es verboten wäre, die Zelle aufzumachen. Aber man konnte nicht einmal genau auf den Boden kotzen, da der Platz nicht dazu da war. So mußten diejenigen, die reiern mußten, auf die Füße des anderen kotzen, der vor ihm saß. Es war nicht einmal die Möglichkeit gegeben auszutreten, wenn jemand auf die Toilette hätte gehen müssen. Wir hätten also sogar in den Wagen pissen müssen, wenn wir es nicht mehr ausgehalten hätten.

So etwas hatte ich noch nie miterlebt, und wenn ich es einmal in einem Buch las oder es mir jemand erzählt hatte, habe ich nicht glauben können, daß Menschen so unwürdig behandelt werden.

Aber nun mußte ich es glauben, da ich es selbst miterlebte. Der Bus blieb nicht eine einzige Minute stehen, nicht einmal eine einzige Sekunde, denn er durfte bei Rot über die Ampel fahren, während die Bullen vor uns den Weg freimachten. Der Busfahrer hatte einen Fahrstil, der mit dem eines Rallyefahrers zu vergleichen war. Der Bus wurde durchgeschüttelt, und mir war es nach einer Weile schlecht, weil ich an eine solche Raserei nicht gewohnt war. Aber ich beherrschte mich so gut ich konnte. Dann kam der Bus endlich im Knast von Marseille an, und im Bus stank es so extrem, daß es schon fast nicht mehr auszuhalten war. Es hing dicker Zigarettenqualm in der Luft, die Gerüche des Erbrochenen waren ebenfalls nicht zu ignorieren, und mir war es schlecht, als wenn ich eine ganze Nacht durchgesoffen hätte.

Man ließ uns noch eine ganze Weile im Bus sitzen, als wenn man beraten wollte, was man mit uns machen sollte. Wie Schlachtvieh saßen wir da und warteten darauf, zur Schlachtbank geführt zu werden. Einige, die dringend auf die Toilette mußten, fingen an zu wimmern, und ich konnte mir vorstellen, was das für ein mieses Gefühl ist, wenn man dringend auf die Toilette mußte und konnte nicht gehen.

Dann wurden wir endlich aus dem Bus geholt. Ich stellte fest, daß wir in einem großen Hof standen, der von riesigen Mauern umgeben war. Dieses Gefängnis sah wirklich nicht einladend aus. Ich stand kaum da und war damit beschäftigt, mir die Mauern anzuschauen, als ein riesiges Geschrei hinter mir losging.

Ich drehte mich um, damit ich sehen konnte, was los war. Einer, der aus dem Bus ausgestiegen war, hatte sich zur Seite gestellt und pisste, da er es nicht mehr ausgehalten hatte. Das schien den Beamten nicht zu behagen, und so schrien sie ihn an. Da dieser sich das nicht gefallen lassen wollte, brüllte er einfach zurück, was für ihn zum Verhängnis wurde. Die Beamten zogen ihre Knüppel heraus und droschen auf ihn ein, bis er am Boden lag und wimmerte. Da konnte ich mir schon ein leichtes Bild von dem Knast machen, und ich verstand, wenn andere sagten, daß Marseille der schlechteste Knast von Frankreich sei. Aber das bezog sich nicht nur auf die Beamten, sondern auch auf andere Dinge, die ich noch kennenlernen sollte. Den, den sie zusammengeschlagen hatten, schleppten sie weg wie ein Stückchen Dreck, das man nicht einmal anschauen sollte. Hier wurden aus Menschen Bestien gemacht, dachte ich mir. Als wir alle aus dem Bus waren, wurden wir durch einen Eingang geführt, über dem »Aufnahme« stand. Die, die auf die Toilette mußten, sollten sich melden. Es waren alle, ohne Ausnahme, die menschliche Bedürfnisse hatten. Das erstemal in meinem Leben war ich froh, daß ich keine schwache Blase hatte, denn auf der Toilette gab es fast eine Schlägerei, weil sie zwei gleichzeitig benutzen wollten.

Danach wurden immer drei Mann in eine kleine Zelle gesperrt, in der man warten mußte, bis man bei der Aufnahme drankam. Ich fühlte mich hundeelend und hätte am liebsten losgeweint. Aber da noch zwei andere mit mir in der Zelle waren, unterdrückte ich es, denn sie hätten mich bestimmt ausgelacht.

Als wir mit der Aufnahme fertig waren, wurden wir in ein Lager geführt, das mit einer ganzen Menge Regalen und Kartons angefüllt war. In den Regalen stapelten sich die Knastklamotten, und ich gab die Hoffnung auf, meine eigenen zurückzubekommen. Ich mußte das Filzzeug ausziehen und bekam von einem Beamten ein paar blaue Lumpen vor die Nase gelegt, die ich anziehen sollte. Da ich keinen Ärger wollte, zog ich das Zeug an, denn ich konnte mir denken, was sie mit mir gemacht hätten, wenn ich mich geweigert hätte. Ich wäre bestimmt genauso zusammengedroschen worden, wie sie es mit dem einen gemacht hatten, der an den Bus gepißt hatte.

Man bekam dann noch zwei Decken, Laken sowie das Eßgeschirr. Als wir alle unsere Sachen hatten, wurden wir in einen anderen Bau geführt und in Zellen eingesperrt, die jeweils drei Mann beherbergten. Ich schaute mich in der Zelle um und glaubte, mich knutscht ein Elch.

Es waren keine Schränke da, keine Waschbecken, kein Spiegel, nur Betten, die bis fast unter die Decke gingen, weil es ein dreifaches Stockbett war. Anstelle eines Waschbeckens war genau über der Toilette ein Wasserhahn, der die Waschgelegenheit sein sollte. Die Wände waren verschmiert und dreckig, und an der Wand hing ein kaputter Tisch, den man einklappen konnte. Ich konnte mir nicht vorstellen, daß jemand in einer solchen Zelle Monate hausen konnte. Aber mir wurde von meinem Kollegen gesagt, daß wir am morgigen Tag in eine andere Zelle kommen würden, die besser sei als diese. Je mehr ich mich in der Zelle umschaute, um so deprimierter wurde ich, denn wenn man noch nie in seinem Leben gehaust hatte wie ein Schwein, dann konnte man sich auch nicht vorstellen, daß man nun dazu gezwungen wurde. Oh Gott, wie weit hast du mich abrutschen lassen, daß ich mich nun schon über einem Scheißhaus waschen muß?

Aber die Franzosen, die mit mir in der Zelle waren, fanden die Zelle nicht schlimm, denn einer von ihnen sagte:

»Diesmal haben wir gar nicht so eine schlechte Zugangszelle erwischt. Die ist also noch echt gut, gegen die anderen.«

Da hat es mich fast auf den Arsch gehauen, als ich das hörte.

Dann gab es das Abendessen, das man nicht gerade als Essen bezeichnen konnte. In Nice und Monaco hatte man wenigstens etwas Anständiges zum Essen bekommen. Aber in diesem Knast bekam man überhaupt nichts Anständiges, außer anständig auf die Schnauze, wenn man aufmuckte. Das hatte ich schon mitbekommen und es langte auch.

Da ich diesen Saufraß nicht anlangte, machte ich mein Bett und legte mich hin, denn ich war todmüde, wie ich es schon lange nicht mehr war. Da ich das oberste Bett genommen hatte und beim Nachdenken immer auf die Decke stierte, kam ich mir vor, als wenn ich behämmert wäre. Dann schlief ich irgendwann ein.

Am Morgen wachte ich auf, als ein Beamter mit seinen Schlüsseln wie ein Vollidiot auf die Türe hämmerte. Dabei schrie er immer:

»Aufstehen, Aufstehen...!«

Das kann einen am frühen Morgen aus dem Häuschen

bringen, wenn man so gewaltsam geweckt wird, und deshalb schrie ich auf deutsch den Beamten an:

»Du verdammter Affenarsch, was fällt dir ein, am frühen Morgen so einen Krach zu machen?«

Gottseidank verstand er kein Deutsch, und deshalb schaute er mich an, als wenn ich ein Wunder wäre und sagte mir noch einmal, aber in einem freundlichen Ton, daß ich aufstehen solle, weil wir in einen anderen Zellentrakt verlegt werden sollten. Also schwang ich mich aus dem Bett und zog mich an. Dann wusch ich mich das erstemal in meinem Leben über einer Toilette. Ich kam mir richtig erniedrigt vor und schämte mich vor mir selbst, denn ich zählte mich auf einmal zu jenen Pennern, die an der Straße standen und bettelten.

Dann wollte ich etwas essen, aber mir verging der Appetit, als ich das knochenharte Brot in der Hand hatte, das einer der anderen in die Zelle geholt hatte. Anstatt etwas zu essen, packte ich mein Zeug zusammen. Dann kam auch schon wieder der Beamte, der so geschrien hatte. Da ich noch keine einundzwanzig Jahre alt war, mußte ich in das Jugendgefängnis, das außerhalb des Hauptbaus lag.

Man legte mir Ketten an, und ich wurde wieder wie ein Stück Vieh in einen Wagen verfrachtet. Dann fuhren wir aus dem Hauptbau heraus, die Straße ein Stück hinauf und wieder durch ein großes Tor hinein. Dort wurden wir aus dem Wagen geholt, und die Ketten wurden uns wieder abgenommen, denn über diese hohen Mauern konnte niemand fliehen. Dann brachte man uns zur Anmeldung, die sehr schnell erledigt war, denn man hatte schon auf uns gewartet.

Darauf kam ich in den Zellentrakt. Als ich meine Zelle sah, bekam ich fast einen Herzinfarkt, denn ich hatte noch nie einen solchen Schweinestall gesehen. In der Zelle flog der ganze Schaumgummi von der Matratze herum, die so ein Arschloch total zerrupft hatte. Papier und aller möglicher Abfall lag am Boden, die Toilette war dreckig, als wenn tausend Mann darauf geschissen hätten. Das ganze Ding war ein Dreckstall, wie man ihn nur selten zu Gesicht bekommt. So fragte ich den Beamten, ob ich nicht in eine andere Zelle könnte, da diese so dreckig sei. Dieser meinte aber nur, daß ich nicht im Hotel sei und sie ja sauber machen könnte. Also mußte ich mich mit dieser Zelle zufriedengeben, sowie noch zwei andere, die ebenfalls neu mit mir in der Zelle waren.

Fast zwei volle Stunden schrubbten wir die Zelle, bis sie einigermaßen sauber war. Mich kotzte der Laden total an, und als wir fertig waren, setzte ich mich auf mein Bett und schaute die Zelle an.

Auch hier gab es kein Waschbecken, sondern nur einen Wasserhahn über der Toilette. Ein Tisch von fünfzig auf dreißig Zentimeter, der an der Wand befestigt war und hochgeklappt werden konnte, sollte für drei Personen langen, wobei nicht einmal einer Platz daran hatte. Dann standen noch zwei Nachkriegshocker in der Zelle, ein dreistöckiges, metallenes Bett, und an der Wand hingen zwei Regale, die jeden Moment drohten herunterzufallen. Das war alles, was da war und ich konnte mir nicht vorstellen, wie ich da die nächsten Monate überleben sollte. Hier konnte man Schweine und Schlachtvieh einsperren, aber doch keine Menschen, dachte ich mir, als ich dasaß und mich in diesem Luxusappartement umschaute. Da wurden Milliarden für Waffen und allen möglichen Scheißdreck ausgegeben, aber junge Leute behandelte man so schäbig, als wenn sie keine Menschen wären. In solch einer Zelle wurden Verbrecher doch erst herangezogen und kein Mensch gebessert, was eigentlich der Sinn einer Haft hätte sein sollen. Es war wirklich hart für jemanden, der noch nie in einem Gefängnis war und besonders schwer in diesem von Marseille. Nach einer Weile zog ein Zellenkollege ein Packet Spielkarten heraus, und wir fingen an, uns die Zeit zu vertreiben. Was sollte man anderes machen in einem solchen Irrenhaus. Wenn man nur dasaß und auf die dreckigen Wände schaute, würde man mit der Zeit verrückt und hätte durchgedreht. Und Durchdrehen wäre bestimmt nicht gesund, bei diesen Beamten, die ihr Handwerk mit dem Knüppel verstanden.

Da einer meiner Zellenkollegen lange Haare hatte, wurde er

vor dem Mittagessen aus der Zelle geholt und zum Friseur gebracht. Als er wiederkam, hatte er ganz kurze Haare und man erkannte ihn fast nicht mehr. Man machte dies aus hygienischen Gründen, erfuhr ich später. Auch Vollbärte wurden aus hygienischen Gründen wegrasiert, was meiner Meinung nach eine komplette Idiotie ist.

Dann kam das Mittagessen, das auf einem Wagen durch die Gegend gefahren wurde und jeder an der Zellentür in Empfang nehmen mußte. Es war zwar nicht das Essen, wie ich es mir vorgestellt hatte, aber wenn man Hunger hatte, brachte man es mit Hängen und Würgen hinunter. Irgend etwas mußte man essen, damit man nicht vor die Hunde ging. Aber ich war mit hundertprozentiger Sicherheit davon überzeugt, daß es die Beamten einen Dreck interessierte, wenn jemand in der Zelle verreckte. Sie schienen alle total abgebrüht zu sein.

Nach dem Essen sollten wir uns duschen, weil wir später dem Arzt vorgeführt werden sollten. Als ich in die Dusche hineinging, haute es mich fast wieder rückwärts raus, denn dort sah es nicht besser aus als in den Zellen. Die Trennwände zwischen den einzelnen Duschen waren schwarz, so dreckig waren sie. Am Boden lagen leere Shampooflaschen, aufgeweichtes Papier, und teilweise lief eine Jauche rum, daß es einem schlecht werden konnte. Normalerweise müßte eine Dusche sauber sein, da man sich dort weiß Gott etwas holen konnte.

Auf dem Weg zum Arztzimmer kassierten wir einen Anschieß. Wir liefen nämlich mitten auf dem Gang auf das Arztzimmer zu, das am anderen Ende lag. Uns kam gemütlich ein Beamter entgegen und blieb vor uns stehen. Dann schrie er uns an, als wenn er nicht ganz sauber wäre. Die große Schnauze, die der Typ hatte, ging mir auf den Wecker, und ich hätte sie ihm am liebsten gestopft. Er schrie uns an, und wir wußten nicht einmal, warum. Aber als er fertig war und seine Schnauze wieder geschlossen hatte, fragte ich ihn, warum er so einen Aufstand gemacht hätte. Dann erklärte er uns, wenn auch nicht im freundlichsten Ton, daß wir immer mit der linken Körperseite an der Wand entlangzugehen hätten und nicht mitten auf dem

Gang. Nur die Beamten dürften in der Mitte laufen, und deshalb hätte er einen solchen Zirkus abgezogen. Das schönste an der ganzen Sache war, daß es eine Vorschrift des Hauses war. Der Beamte meinte, wenn er uns das nächstemal erwischen würde, kämen wir alle drei in den Bunker. Da ich nicht scharf war, das Rattenloch von Bunker kennenzulernen, liefen wir nun vorschriftsmäßig zum Arztzimmer.

Der Arzt machte keine anständige Untersuchung, so wie es sich normalerweise gehörte, denn er fragte nur, ob man ernsthaft krank sei, und das war auch schon alles. Es war ein richtiger Quacksalber, und ich war der Meinung, daß ein Medizinmann aus dem Busch einen Patienten besser behandeln konnte. Danach mußten wir wieder in die Zelle, und der Fall war erledigt. Schon nach diesem einen Tag hatte ich die Schnauze so voll, daß mir das erstemal der Gedanke kam zu flüchten. Aber das war in diesem Knast unmöglich, denn die Mauern waren zu hoch und die Türme, die darüber hinwegragten, waren nicht ungefährlich, da dort drinnen Beamte mit Gewehren saßen und auf alles schossen, was versuchte, den Fuchs zu machen. Eine Flucht war also sinnlos, denn wegen ein paar Monaten sich erschießen zu lassen, wäre ein schlechter Tausch gewesen.

Die Tage vergingen sehr schnell, und ich dachte immer öfters an Rita, die das Kind bestimmt schon zur Welt gebracht hatte. Ich schrieb ihr öfters, aber ich bekam nie eine Antwort. Eines Tages bekam ich aber einen Brief von meiner Großmutter. Sie schrieb mir, daß Rita einen Jungen zur Welt gebracht hatte, aber nicht den Namen des Kindes. Sie wußte nichts von Ritas Verhältnis zu mir, aber sie konnte sich ihren Teil denken. Sie schrieb mir auch, daß ich Rita nicht mehr schreiben sollte, weil meine Briefe nur Unruhe stiften würden. Ich hatte auf einmal wieder dieselben Gefühle für Rita, wie ich sie am Anfang gehabt hatte. Warum, das wußte ich nicht, aber es brachte mich bald zur Verzweiflung, daß ich einen Jungen in Deutschland hatte und nicht bei der Mutter und meinem Sohn war. Großmutter schrieb mir noch ein paar Briefe, und jedesmal stand darin, daß ich Rita in Ruhe lassen sollte, denn sie würde eine sehr glückliche Ehe mit

Mike führen. Ich konnte einfach nicht glauben, daß sie mit Mike glücklich war. Sie hatte ja einen Sohn von mir und mußte bestimmt immer an mich denken, wenn sie ihn anschaute. Aber da sie mir nicht schrieb, mußte ich es glauben. Wenn sie mir nur einmal geantwortet und geschrieben hätte, daß ich zurückkommen sollte, dann wäre ich auch bestimmt wieder nach Deutschland gegangen und hätte mich um sie gekümmert. Es machte mich krank, wenn ich an Rita dachte, und so sagte ich mir eines Tages: Nein, ich werde nicht nach Deutschland zurückfahren und ein neues Leben anfangen. Da Rita so glücklich ist mit ihrem Tyrannen von Mann, brauchte ich auch nicht zurückzufahren.

Ich überlegte, wie ich am besten aus Frankreich verschwinden konnte, denn ich wollte nach Afrika in den Dschungel. Dort wollte ich einfach von der Natur leben und alleine sein. Ich holte mir aus der Bücherei, die im Knast war, alle Bücher über Afrika, und je mehr ich über diesen Kontinent erfuhr, desto überzeugter war ich, daß dies genau das Richtige für mich war. Es würde zwar am Anfang ein wenig gefährlich sein, aber man konnte sich daran gewöhnen. Die ganze Welt sollte mich dann am Arsch lecken. Vielleicht würde ich noch eine Frau finden, die mit mir gehen würde, dachte ich mir. Dann wäre ich versorgt für mein ganzes Leben. Nun war für mich nur noch das Problem, wie ich nach Afrika kommen sollte. Nachdem ich eine Weile überlegt hatte, hatte ich eine Lösung gefunden.

Ich würde mir wieder ein Schiff klauen und mit diesem von Frankreich aus nach Afrika hinuntersegeln. Dann würde ich an Land gehen und den Rest mit dem Auto zurücklegen. Ich wollte mir auch noch eine Ausrüstung zulegen, denn ich konnte im Dschungel nicht mit bloßen Händen etwas aufbauen. Dazu war eine ganze Menge Zeug nötig, das ich für den Hüttenbau und andere Sachen brauchte, um mich dort anständig einzurichten. Ich beschloß, dort zu bleiben bis an mein Lebensende, und niemand sollte jemals wieder etwas von mir hören oder sehen. Wenn ich heute so darüber nachdenke, dann kommt mir die ganze Sache verrückt vor, die ich damals machen wollte.

Noch ehe ich entlassen wurde, wußte ich schon genau, was ich brauchte, und wie ich die Reise durchführen wollte. Mein Plan war bis in das kleinste Detail ausgedacht, meinte ich jedenfalls, was sich später noch als Irrtum herausstellen sollte. Aber meiner Meinung nach war er ausführbar, und ich fand keinen Fehler darin, den ich hätte ausbessern müssen. Für mich stand fest, daß ich nach Afrika in den Dschungel gehen würde, und niemand konnte mich davon abhalten.

Der Knast zerrte immer mehr an meinen Nerven und je näher meine Entlassung heranrückte, um so schlimmer wurde es. Ich verfluchte Rita, meinen Sohn, von dem ich nicht einmal den Namen kannte und alle anderen, die ich kannte. Keinen von ihnen wollte ich jemals wiedersehen und sie so schnell wie möglich vergessen.

Nach viereinhalb Monaten kam endlich der Tag meiner Entlassung. Frühmorgens hatte ich schon alles zusammengepackt und wartete auf den Beamten, der mich in die Umkleidekammer bringen sollte, in der ich meine eigenen Klamotten wieder ausgehändigt bekam. Endlich kam der Beamte, und wir gingen in die Kammer, um meine Kleider zu holen. Dann mußte ich noch in die Verwaltung, um mir meine Fingerabdrücke nehmen zu lassen. Es wurden auch nochmals Bilder von mir gemacht. Dann bekam ich meine Papiere ausgehändigt und den Entlassungsschein. Darauf ging ich zur Kasse, um mein restliches Geld abzuholen. Aber als ich es in der Hand hatte, wußte ich, daß mich die Schweine beschissen hatten. Dies war mir aber egal, denn ich mußte sowieso zu Salem, um dort mein Geld abzuholen, das ich ihm anvertraut hatte, und dann konnte mich Gott und die Welt kreuzweise. Ich würde nur noch ein paar Sachen erledigen und darauf sofort meine große Reise antreten, in den Dschungel von Afrika.

15

Die großen Tore öffneten sich, und ich stand endlich wieder vor den Mauern. Es war ein merkwürdiges Gefühl, und ich glaubte, neu geboren zu sein.

Ich machte mich sofort auf den Weg zum Bahnhof, denn ich wollte nach Nice zu Salem fahren, um dort mein Geld zu holen. Als ich langsam durch die Gegend schlenderte und die Leute anschaute, die mir entgegen kamen, glaubte ich immer, sie würden wissen, daß ich aus dem Knast kam. Aber das konnte keiner wissen, und deshalb hatte ich mir die Sache nur eingebildet. Auf einmal schämte ich mich vor mir selber, weil ich im Gefängnis war. Ich kam mir vor wie ein Stückchen Elend, das langsam durch die Straßen von Marseille strich. Als ich im Bahnhof war, wurde die Sache noch schlimmer, denn ich dachte, jeder würde mich anschauen und alles über mich wissen. Diesmal kaufte ich mir eine Fahrkarte, denn ich wollte nicht gleich am ersten Tag nach meiner Entlassung bei den öffentlichen Angestellten auffallen.

Ich fuhr nach Nice zu Salem. Im Zug trank ich gleich ein paar Biere, die ich schnell spürte. Als der Zug in Nice ankam, hatte ich schon einen halben Rausch im Gesicht, und so ging ich in das nächste Café, in dem ich schon einmal mit Denise gesessen hatte, um mir dort ein paar Tassen Kaffee einzuflößen, damit ich wieder ein bißchen nüchtern wurde, weil ich nicht halb besoffen vor Salem treten wollte.

Ich nahm mir ein Taxi und fuhr direkt zu Salem, der bei Cristine wohnte. Als ich im Wagen saß, durchrann mich wieder dieses komische Schamgefühl, weil mich der Fahrer einmal von der Seite anblickte, als wenn er feststellen wollte, woher ich kam. Auch bei ihm dachte ich, daß er wußte, woher ich kam, und deshalb sagte ich zu ihm, daß er auf die Straße schauen sollte und nicht auf mich.

Der Fahrer war sofort eingeschnappt und schaute nur noch auf die Straße, wie es sich gehörte. Vor dem Haus, in dem nun Salem wohnte, sagte ich zum Fahrer, daß er einen Augenblick warten solle, weil ich erst das Geld holen müßte. Darauf schaute er mich wieder so dämlich von der Seite an, so daß ich ihm am liebsten eine vor den Latz geknallt hätte. Er meinte darauf, daß er mit zum Haus gehen würde, um dort gleich zu kassieren, damit ich nicht noch einmal zurücklaufen müßte. Aber ich wußte genau, daß er mir nicht traute und nur aufpassen wollte, daß ich nicht durchbrannte. Also lief ich mit dem Fahrer an die Tür und klingelte. Sofort öffnete Cristine, und ich bat sie, schnell die Rechnung des Taxis zu bezahlen, was sie anstandslos machte.

Nachdem der Fahrer verschwunden war, ging ich mit Cristine in die Wohnung. Salem saß im Wohnzimmer und las gerade die Zeitung, als ich eintrat.

Er begrüßte mich freundlich, denn er hatte mich schon erwartet, aber nicht gewußt, wann ich kommen würde. Ich setzte mich zu ihm ins Wohnzimmer und fing an, mich mit ihm zu unterhalten. Ich erzählte ihm, daß ich für immer Frankreich verlassen würde, aber sagte ihm nicht, wohin, denn ich hatte Angst, daß er mich von meiner Entscheidung abbringen wollte. Deshalb sagte ich ihm einfach, daß ich zurück nach Deutschland gehen würde. Aber das war nicht mein Plan, und mir schien, als wenn Salem gewußt hätte, daß ich ihn angelogen hatte. Cristine, die ebenfalls im Zimmer saß und unsere Unterhaltung mitanhörte, war bestürzt, daß ich nicht zu ihrer Hochzeit mit Salem dasein würde, weil ich gesagt hatte, daß ich so schnell wie möglich abreisen täte. Sie wollten in vier Wochen heiraten und hatten damit gerechnet, daß ich Cristine zum Altar führte.

Ich wußte, daß dieser Besuch, den ich bei Salem machte, der letzte sein würde, und es tat mir weh, einen so guten Freund, wie er es war, zu verlieren.

Salem gab mir mein Geld zurück, das noch einige tausend Francs waren, und die ich dazu brauchen wollte, meine Reise zu finanzieren. Als ich mich verabschiedete, stiegen mir auf einmal Tränen in die Augen, und ich mußte mich schwer beherrschen, daß ich nicht auf der Stelle anfing loszuheulen. Als ich ins Taxi stieg, war ich froh, daß ich diesen Abschied hinter mir hatte. Ich ließ mich in das Hotel fahren, in dem ich schon einmal gewohnt hatte. Dort wollte ich noch ein bis zwei Tage bleiben und mich vom Knast erholen.

Im Hotel machte ich es mir gemütlich und soff mir einen an, damit ich diese ganze Scheißwelt wieder einmal vergessen konnte.

Am nächsten Tag kaufte ich alles, was man zu einer Reise in den Dschungel brauchte. Am Abend hatte ich alles, was ich brauchte. Dann beschloß ich, mir noch einen gemütlichen Abend in Nice zu machen und vielleicht eine Frau zu finden, mit der ich noch schnell eine Nacht verbringen konnte. Also warf ich mich in Schale und machte mich auf den Weg in die Stadt. Als erstes besuchte ich ein paar Bars, und auf einmal kam mir der Gedanke, daß ich mich bei René ein Letztesmal blicken lassen könnte. Als ich bei René im Lokal war und mich dort umsah, mußte ich feststellen, daß es gerammelt voll war. Aber ich fand dennoch Platz. René hatte keine Zeit, um mich groß zu begrüßen, denn er stand an der Theke und hatte zu tun. Ich hatte gerade beim Kellner meine Bestellung aufgegeben, als jemand von hinten seine Hände über meine Augen legte und fragte:

»Rate mal, wer ich bin!«

Ich wußte nicht, was ich sagen sollte, denn ich hatte keinen blassen Schimmer, wer es war. Da ich keine halbe Stunde raten wollte, nahm ich die Hände des Mädchens langsam von meinen Augen herunter und drehte mich um. Da traf mich fast der Schlag, denn es war Denise, die dastand und mich anstrahlte, als wenn sie einen Schatz gefunden hätte und nun wieder ein paar Schecks mehr ausschreiben konnte.

»Was machst du denn hier, Denise?«

»Ich bin zum Essen hergekommen, und da habe ich dich am Tisch sitzen sehen. Nun will ich dich fragen, ob du mit mir zusammen essen willst?«

»Und, wo willst du dich hinsetzen? Hier ist kein Platz mehr.«

»Ich habe mir einen kleinen Tisch reservieren lassen, der im Nebenzimmer steht. Du kannst gerne zu mir an den Tisch kommen.«

»Also gut, dann verziehen wir uns in das Nebenzimmer.«

Dann stand ich auf und ging mit ihr in das Nebenzimmer. Ich setzte mich mit Denise an einen Tisch, und wir tratschten über langweilige Sachen, die schon jeder wußte, aber über die man immer noch sprach. Auf einmal fragte sie mich:

»Wo warst du die letzten Monate?«

Ich wußte nicht, was ich darauf sagen sollte, denn ich hatte mir vorgenommen, die Nacht mit ihr zu verbringen. Weil ich ihr die Wahrheit nicht sagen wollte, sagte ich zu ihr:

»Ich war in Deutschland und habe meine Verwandten besucht.«

»Dann warst du aber lange weg.«

»Ja, ich habe auch eine ganze Menge Verwandte.«

Sie glaubte mir, daß ich verreist war, und wir sprachen wieder über belanglose Dinge, wie ich es von ihr schon gewohnt war. Gleich nach dem Essen verpaßte ich ihr einen satten Kuß, und ich wußte, daß das Rennen gewonnen war. Wir saßen noch eine Weile im Lokal, als sie auf einmal zu mir sagte:

»Komm, laß uns zu mir nach Hause gehen. Dort ist es viel gemütlicher.«

»Es ist doch noch früh am Abend. Laß uns lieber noch ein bißchen ins Casino gehen.«

»Ja, das können wir auch machen.«

Also bezahlte ich die Rechnung, denn sie hatte bestimmt nur wieder Schecks in der Tasche. Als René merkte, daß wir bezahlten, kam er schnell zu uns an den Tisch und verabschiedete sich. Ich sagte ihm nicht, daß es der letzte Abend gewesen wäre, den ich bei ihm verbracht hatte, denn Denise sollte nicht wissen, daß ich abhauen wollte.

Da Denise ihren eigenen Wagen hatte, fuhren wir damit zum Kasino. Sie fuhr sehr langsam, denn ihre Hände wanderten während der Fahrt immer zu mir hinüber. Nur wenn sie die zweite Hand zum Schalten brauchte, nahm sie sie von meinem Schenkel herunter. Ich fragte mich, warum sie auf einmal so anhänglich war. Gottseidank waren wir endlich beim Kasino, denn lange hätte ich die Grabscherei nicht mehr ausgehalten und

Denise noch im Wagen vernascht. Wir stellten den Wagen vors Kasino, stiegen aus und gingen hinein. Zum Spielen hatte ich keine Lust, und so machte ich mich gleich auf den Weg zur Bar. Denise blieb ab und zu an einem Tisch stehen und schaute dem Spiel zu. Ich blieb aber nicht bei ihr, sondern setzte meinen Weg zur Bar fort.

Als ich in der Bar stand, bekam ich bald einen Herzinfarkt. An der Theke saß Nathalie mit einem Kerl, der seine Hände an ihr hatte. Ich hatte mit ihr nichts mehr zu tun, denn ihre Briefe ließ ich immer unbeantwortet. Sie hatte mir einen letzten Brief geschrieben, der sich gewaschen hatte, denn in diesem hatte sie mich mit allen möglichen Schimpfwörtern betitelt, weil ich sie einfach abfahren ließ. Ich hatte sie eben einfach sitzen lassen, weil ich sie nicht liebte und sie der Anlaß dazu war, daß ich mich an diesem einen Tag besoffen und das Boot geklaut hatte, bei dem sie uns erwischten. Da sie mich noch nicht gesehen hatte, drehte ich mich um und verließ die Bar wieder, denn ich wollte ihr nicht über den Weg laufen, da ich Denise bei mir hatte. So wie ich Nathalie kannte, würde sie mir eine Szene machen und mir meine nächtliche Bettschwester verjagen. Das wollte ich auf gar keinen Fall, und deshalb ging ich schnell zu Denise zurück und sagte:

»Komm, laß uns gehen, mir ist nicht besonders gut.«

»Wir sind doch gerade erst gekommen.«

»Du kannst gerne hierbleiben, aber ich gehe.«

Als ich ihr das gesagt hatte, schaute sie mich an und meinte:

»Alleine will ich nicht hierbleiben. Dann gehen wir eben!«

»Das wird das beste sein.«

Ich nahm sie am Arm und machte, daß wir aus dem Laden verschwanden, bevor uns Nathalie sah und ein Spektakel machte. Unterwegs machte mir Denise ein zweitesmal den Vorschlag, zu ihr nach Hause zu gehen. Aber ich hatte noch keine Lust, mit ihr in die Federn zu gehen, denn dazu hatten wir noch die ganze Nacht Zeit. Also schlug ich ihr vor, ins Kino zu gehen. Sie ging komischerweise auf den Vorschlag ein, und so spazierten wir gemütlich zum nächsten Kino. Denise und ich saßen nebeneinander, was ein ganz großer Fehler war, denn ich hatte wirklich Mühe, etwas vom Film mitzukriegen. Laufend hatte sie ihre Hände an mir und fummelte rum. Ich hatte zwar schon ein paar Monate keine Frau mehr gehabt, aber daß ich so geil war und gleich eine Nummer im Kino hätte schieben können, das wollte ich nicht. Wenn ich eine Frau vernaschen will, dann will ich auch meine Ruhe dabei haben und nicht laufend mich umschauen müssen, ob mich jemand beim Ficken beobachtet. Also hielt ich ihre eine Hand immer fest und versuchte, die andere so ruhig wie möglich zu halten, damit sie nicht an meine empfindlichste Stelle des Körpers vordringen konnte. Als der Film zu Ende war, hatte ich eine Latte in der Hose und mußte ein paar Minuten warten, bevor ich aufstehen konnte. Es hätte schlecht ausgesehen, wenn ich mit einer ausgebeulten Hose durch die Gegend gelaufen wäre.

»Laß uns noch etwas trinken gehen, denn ich habe einen Wahnsinnsdurst.«

»Ja, ich auch. Da vorne ist eine Bar, in die können wir gehen.«

Also machten wir uns auf den Weg in die Bar. Dort genehmigten wir uns zwei Drinks und riefen dann ein Taxi an, denn Denise wollte nicht fahren, weil sie getrunken hatte. Bei ihr zuhause machten wir es uns im Wohnzimmer gemütlich, was aber nicht lange dauerte, denn wir waren schneller im Schlafzimmer, als wir unsere Gläser austrinken konnten. Die halbe Nacht trieben wir es miteinander, als ich mich endlich zur Seite legte und einschlief.

Gegen Mittag des nächsten Tages wachte ich erst wieder auf, als mich Denise kitzelte. Ich hätte bestimmt durchgeschlafen an diesem Tag, denn ich war noch müde, als ich die Augen aufschlug. Wir frühstückten im Bett. Das Hausmädchen begrüßte mich freundlich, als sie mich sah. Sie hatte mich anscheinend nicht vergessen. Denise tat die ganze Zeit so, als wäre sie unsterblich in mich verliebt. Mir kam es spanisch vor, denn ich hatte sie noch nie so anhänglich erlebt. Auch als wir zusammen duschten, hing sie an mir wie eine Klette. Ich konnte es mir einfach nicht erklären, aber ich sollte meine Überraschung noch erleben. Als wir dann angezogen im Wohnzimmer saßen, sagte sie auf einmal zu mir:

»Du Fritz, ich muß mit dir reden.«

Ich schaute auf, legte die Zeitung zur Seite und sagte zu ihr:

»Was ist denn?«

»Ich weiß nicht, wie ich anfangen soll, denn es ist ein heikles Thema.«

Nun war ich neugierig, denn komischerweise konnte ich mir nicht vorstellen, was es sein könnte. Deshalb sagte ich zu ihr:

»Fang eben einfach an mit dem Thema.«

»Also gut, wenn du meinst.«

Sie saß da, schaute mich ganz ernst an und mir kam die Sache immer komischer vor. Aber sie ließ nicht lange auf sich warten, denn nach einigem Hin- und Herrutschen auf dem Sessel sagte sie wie aus heiterem Himmel:

»Fritz, ich will dich heiraten.«

Ich glaubte, nicht richtig gehört zu haben, und nach einigem Warten fragte ich sie, um mich zu vergewissern:

»Was hast du eben gesagt?«

»Daß ich dich heiraten will.«

Ich hatte also richtig gehört, und mir zog es fast die Schuhe aus, denn so etwas hatte ich nicht erwartet, und so fragte ich sie:

»Warum denn so plötzlich?«

»Weil ich schwanger bin und das von dir.«

Nun blickte ich nicht mehr durch. Ich war doch im Knast, und wie konnte sie von mir schwanger sein, denn sie hatte noch nicht einmal einen kleinen Bauch. Man sah überhaupt nichts von einer Schwangerschaft. Da mußte doch etwas faul sein, dachte ich mir. Ich wußte nicht, was ich sagen sollte. Das war wirklich ein bißchen zuviel für mich, gleich nach meiner Entlassung.

»Fritz, freust du dich nicht darüber?«

Sie hatte gut reden, und ich fragte sie:

»Warst du schon beim Arzt?«

»Ja, es ist alles in Ordnung.«

»In welchem Monat bist du?«

»Im fünften.«

Das darf doch nicht wahr sein, dachte ich mir. Sie war im fünften Monat, und man sah gar nichts. Das gibt es doch gar nicht, und deshalb fragte ich sie:

»Ist der Arzt ganz sicher?«

»Na klar ist er sich da sicher.«

Die Sache war mir nicht ganz geheuer, und ich nahm mir vor, mit ihr zu irgendeinem Frauenarzt zu gehen und sie untersuchen zu lassen. Ich konnte mir nicht vorstellen und es auch nicht glauben, daß sie schon im fünften Monat war. Wenn sie es aber wirklich sein sollte, dann konnte es mein Kind sein. Aber wegen einem Kind würde ich sie nicht heiraten, denn ich liebte sie nicht und wollte auch nicht eine solche Ehe führen, wie es meine Eltern gemacht hatten. Also sagte ich zu ihr:

»Bevor ich dir sage, was wir machen, gehen wir zu einem Arzt. Der soll dich untersuchen, und wenn ich mit ihm gesprochen habe, sehen wir weiter.«

»Mein Arzt ist hervorragend. Zu ihm können wir gehen.«

»Nein, ich werde mit dir nicht zu deinem Arzt fahren, sondern zu irgendeinem, der mir gerade über den Weg läuft.«

»Aber ich habe vorhin meinen Arzt angerufen und einen Termin für heute nachmittag erhalten. Ich muß also sowieso zu ihm.«

»Dann sagst du eben den Termin ab, und wir gehen zu einem anderen.«

Ich traute ihr nicht, denn wenn sie mit ihrem Arzt etwas abgemacht hatte, würde ich nie die Wahrheit über sie erfahren. Mit Geld kann man auch Ärzte bestechen. Nein, ich wollte Gewißheit haben über die ganze Sache.

»Aber was soll denn das Fritz, warum willst du mich zu einem anderen Arzt bringen?«

Darauf gab ich ihr keine Antwort, denn sie konnte es sich selber denken. Aber ich sagte zu ihr:

»Wir gehen schon heute zu einem Arzt, denn ich werde mich sofort nach einem umsehen. Wenn du nicht mitgehen willst, dann hat sich der Fall erledigt, und ich weiß Bescheid.«

Sie schaute mich ganz entgeistert an, stand auf und verschwand aus dem Wohnzimmer in einem Tempo, das ich noch nie an ihr gesehen hatte. Wahrscheinlich wollte sie mir von einem anderen ein Kind unterschieben. Davon war ich nun überzeugt, denn sonst hätte sie nicht ein solches Theater wegen ihrem Arzt gemacht. Ich nahm das Telefon zur Hand und rief Salem an. Ihn fragte ich, was Cristine für einen Arzt hatte. Er wollte zwar wissen warum, aber das erzählte ich ihm nicht, sondern sagte nur, daß ich einen Frauenarzt bräuchte, der gut ist.

Er fragte Cristine und gab mir die Adresse ihres Arztes. Dann rief ich gleich den Arzt an und machte einen Termin für Nachmittag aus.

Dann holte ich Denise aus dem Schlafzimmer und setzte sie in ihren Wagen. Sie sprach kein einziges Wort mit mir, auch dann nicht, wenn ich sie ansprach, denn sie war beleidigt, und ich fing schon an zu bereuen, daß sich sie so schäbig hinstellte.

Anstandslos ging sie mit mir ins Wartezimmer, und ich meldete sie an. Dann sprach ich mit dem Arzt, gab ihm tausend Francs und bat ihn, Denise zu untersuchen und mir danach die Wahrheit zu sagen. Ich sagte ihm auch gleich, daß ich sie sowieso erfahren würde, nur ein paar Monate später. Außerdem müßte er mir die Untersuchung, beziehungsweise das Ergebnis schriftlich geben, denn ich wußte, daß Denise versuchen würde, ihn zu bestechen. Damit ich aber die Wahrheit erfuhr, mußte ich es so machen, auch wenn es nicht gerade die vornehme Art war. Er wußte also, wenn er mich anlog, daß er seinen Job als Arzt los wäre. Dann kam Denise dran, und ich wartete draußen, weil ich bei der Untersuchung nicht dabeisein durfte. Als Denise wieder aus dem Arztzimmer kam, ging ich wieder hinein.

Ich fragte gleich den Arzt:

»In welchem Monat ist sie?«

»Im dritten. Allerhöchstens im vierten.«

»Sind sie da ganz sicher?«

»Ja, und außerdem hat sie versucht, mich zu bestechen. Sie wird es ihnen wahrscheinlich selber sagen.«

»Ich bin ihnen sehr zu Dank verpflichtet.«

»Ich habe nur meine Pflichten erfüllt, wie dies jeder Arzt tut.«

Dann verabschiedete ich mich von ihm, ging aus der Praxis und ließ Denise einfach im Wartezimmer sitzen. Wenn sie mir die Wahrheit gesagt hätte, wäre es halb so schlimm gewesen, aber so war sie für mich nur eine kleine, reiche und verlogene Dirne, die versucht hatte, mich aufs Kreuz zu legen.

Sie hatte also nur einen Vater für ihr Kind gebraucht, damit sie ihren Eltern nicht sagen mußte, daß ihr Stecher sie sitzen gelassen hatte. Und ich hätte die Sache ausbaden sollen. Mit Speck lockt man Mäuse, hatte sie gedacht und es auf die linkeste Tour versucht, die es gibt, denn sie hatte mir vorgespielt, daß sie mich liebte. Auf der Straße winkte ich mir ein Taxi heran und ließ mich ins Hotel fahren. Dort setzte ich mich erst einmal in den Sessel und trank einen großen Whisky. Da ich einen ziemlichen Haß auf Denise hatte, schluckte ich ganz gewaltig und war deshalb schon am frühen Abend blau wie eine Haubitze. Ich ließ mir von einer Frau, die ich nicht liebte, nicht einfach ein Kind unterschieben und auch noch so hinterhältig. Sie hatte nicht einmal mit der Wimper gezuckt, als sie mich anlog und sagte, sie sei von mir schwanger. Sie war also nicht eine Nuance besser als meine Mutter, und so etwas sollte ich heiraten. Nein, lieber hänge ich mich gleich auf und erspare mir damit eine ganze Menge Ärger.

Am nächsten Morgen, als ich aufwachte, hatte ich wieder einmal einen ganz gewaltigen Kater. Ich ging gleich ins Bad und machte mich frisch, denn ich hatte vor, an diesem Tag nach einem Schiff zu suchen. Als ich fertig war mit meiner morgendlichen Wäsche, ging ich in ein Café und bestellte mir ein Frühstück, das nur aus einer Tasse Kaffee bestand. Als ich die Tasse anhob, stellte ich fest, daß ich zitterte wie Espenlaub. Also bestellte ich beim Kellner gleich etwas Alkoholisches. Mein Flattermann ging auch schnell weg, nachdem ich die Alkoholika in mich hineingeleert hatte. Es ist jedem bekannt, daß man am Morgen mit dem anfangen soll, mit dem man abends aufgehört hat.

Dann bestellte ich ein Taxi und fuhr zu Denise, um ihr die

Autoschlüssel, die ich noch bei mir hatte, zurückzubringen. Auf einmal machte ich mir Sorgen um Denise. Ich wußte aber nicht, wieso. Als ich an ihrer Haustür klingelte, öffnete mir das Mädchen. Sie schaute mich erst mit großen Augen an und bat mich dann, ins Haus zu kommen. Als ich im Flur stand, fragte ich sie:

»Wo ist Madame Bounard?«

»Sie schläft noch.«

»Ist sie auch in Ordnung?«

»Ja, sie war gestern nur ein wenig betrunken.«

»Sagen sie ihr, wenn sie aufwacht, daß ich ihren Wagen genommen habe und ihn später wieder zurückbringen werde.«

»Ja, das werde ich ausrichten.«

Dann drehte ich mich um und verschwand aus dem Haus. Ich hatte mir also umsonst Sorgen um Denise gemacht. So schnell ich konnte, setzte ich mich in den Wagen und fuhr aus Nice hinaus. Ich nahm die Küstenstraße nach Marseille und hielt ab und zu an, um über die Buchten hinwegzuschauen, ob nicht irgendwo eine Jacht stand, die mir gefiel. Diesmal war ich alleine und hatte keine Ahnung von der Navigation, aber das war mir so egal, wie sich eine Kuh für das Lesen interessiert. Als ich gemütlich weiterfuhr, entdeckte ich auf einmal das, was ich brauchte. Eine schöne weiße Jacht stand in einer Bucht, und sie sah so aus, wie ich sie mir vorgestellt hatte. Ich hielt an, stieg aus und schaute sie mir an. Sie lag dort in der Bucht wie eine kleine Königin, und für mich stand sofort fest, daß ich sie stehlen würde. Es würde auch eine Leichtigkeit sein, sie zu klauen, denn weit und breit stand weder ein Haus noch sonst etwas, von dem aus ich hätte beobachtet werden können. Je länger ich sie anschaute, um so fester wurde mein Entschluß, sie zu stehlen und mit ihr nach Afrika zu fahren. Ich setzte mich wieder ins Auto und fuhr nach Nice zurück. Dort kaufte ich noch ein paar Sachen, wie zum Beispiel Lebensmittel und wasserfeste Kleider. Im Hotel packte ich meine Sachen zusammen, ging an die Rezeption, bezahlte dort meine Rechnung, fuhr zurück zur Bucht, in der meine Jacht stand, versteckte dort meine ganzen Sachen, die ich mit dem

Wagen von Denise hinausgefahren hatte und fuhr wieder zurück nach Nice.

Ich wollte Denise ihren Wagen zurückbringen und mich von ihr verabschieden, denn sie tat mir irgendwie leid, denn sie konnte eigentlich nichts dafür, daß sie der Typ, der ihr das Kind gemacht hatte, sitzen gelassen hatte. Ich fuhr vor ihrem Haus vor, stellte den Wag ab, ging an die Türe und klingelte. Sofort wurde mir geöffnet, aber diesmal nicht vom Hausmädchen, sondern von Denise selbst. Sie mußte den gestrigen Abend gewaltig gesoffen haben, denn man sah es ihr immer noch an. Ich ging in die Wohnung und zog sie hinter mir her. Im Wohnzimmer setzte ich sie in einen Sessel und sagte zu ihr:

»Denise, ich will mich von dir verabschieden. Dann möchte ich mich bei dir entschuldigen, denn ich war gestern ziemlich grob zu dir.«

»Nein, du warst nicht grob zu mir, und jetzt bin ich ganz froh, daß es so gekommen ist. Ich bin dir bestimmt nicht böse.«

Irgendwie versetzten mir diese Worte Schnitte ins Herz, denn sie hörten sich so unendlich traurig an.

»Aber wieso willst du dich verabschieden?«

»Weil ich heute nacht Frankreich verlassen werde.«

»Kommst du nie wieder zurück, daß du dich verabschieden willst von mir?«

»Nein, ich werde nie wieder nach Frankreich zurückkehren.«

»Wohin gehst du?«

»Nach Afrika, und dort werde ich für eine Weile bleiben.«

Ich wollte ihr nicht sagen, daß ich dort für immer bleiben wollte, denn das ging sie nichts an.

»Und wieso kommst du nie wieder nach Frankreich zurück?«

»Weil ich die Schnauze voll habe von diesem Land.«

»Ist es wegen mir?«

»Nein, es sind viele andere Sachen, die mich nach Afrika treiben. Ach übrigens, hier sind deine Autoschlüssel.«

Sie nahm die Schlüssel, die ich ihr hinstreckte und hielt meine

Hand fest, stand auf, legte die Arme um meinen Nacken und gab mir einen Kuß auf die Lippen. Dann drehte sie sich um und sagte im Weggehen:

»Ich wünsche dir viel Glück und passe gut auf dich auf. Ich beneide die Frau, die dich zum Mann bekommen wird, denn sie wird einen guten Fang machen.«

Dann war sie aus dem Zimmer verschwunden, aber irgend etwas bedrückte mich, denn ich hatte ein ganz komisches Gefühl in mir. War es Mitleid mit Denise, oder war es der Abschied von soeben, fragte ich mich. Dann kam das Hausmädchen, und ich gab ihr zum Abschied die Hand, denn sie war ein nettes Ding. Damit mir die Sache nicht noch Tränen in die Augen trieb, machte ich mich so schnell wie möglich aus der Wohnung. Ich wollte mit dem Zug in die Nähe meiner Jacht fahren. Dort setzte ich mich in ein Café und trank etwas, da ich noch nicht zum Schiff gehen konnte, denn dazu war es noch zu früh. Aber da mir die Zeit zu lange wurde, ging ich in ein Kino und schaute mir einen Film an.

Dann war es endlich an der Zeit aufzubrechen und zum Schiff zu gehen. Ich wollte noch ein wenig die Gegend beobachten, um zu sehen, ob nicht doch jemand ein Auge auf die Jacht warf, denn ich wollte nicht wieder im Knast landen. Ich setzte mich auf einen Felsen und schaute ein bißchen in der Gegend herum. Es war alles so, wie man es sich wünschte, und ich brauchte nur zuzugreifen. Keiner paßte auf, und es mußte ein Kinderspiel sein, sie wegzufahren. Nun mußte ich mir etwas suchen, womit ich an die Jacht herankam, ohne naß zu werden. Also schaute ich mich ein wenig am Strand um. Ich fand auch etwas Passendes, nämlich ein kleines Ruderboot, das ein wenig versteckt in einer Hecke lag. Ich war nervös, denn ich hatte noch nie alleine ein solches Ding abgezogen. Unter meinem Proviant hatte ich eine Flasche Whisky, die ich mir nach einer Weile holte, denn ich brauchte dringend etwas Scharfes. Ich hatte ein wenig Angst und befürchtete, daß mich der Mut verlassen und ich den Schwanz einziehen würde, wie ich es schon öfters getan hatte in meinem Leben. Das durfte aber in dieser Nacht auf gar keinen Fall passieren. Zuviel durfte ich aber auch nicht trinken, denn sonst wäre ich vielleicht nicht mehr in der Lage gewesen, das Ding zu stehlen, oder man hätte mich sogar erwischt. Dann müßte ich ein ganzes Jahr ins Kittchen, denn in Frankreich verdoppelte sich jedesmal die Strafe vom letztenmal, wenn man erwischt wurde.

16

Dann war es endlich soweit. Ich nahm meine ganzen Sachen und ging damit an den Strand hinunter. Dort zog ich das kleine Ruderboot aus der Hecke. Ich verstaute alle meine Sachen darin und schob es ins Wasser. Auf einmal stellte ich fest, daß ich keine Paddel dazu hatte. Also machte ich mich auf die Suche, um etwas zu finden, mit dem ich paddeln konnte. Ich fand ein schönes Brett, mit dem es gehen mußte. Nun konnte ich meine Aktion starten. Es ging mit dem Brett hervorragend, und ich kam schnell vorwärts. Immer wieder schaute ich zurück, ob mich niemand beobachtete. Aber dort war keine Menschenseele zu sehen. Ab und zu fuhr oben auf der Straße ein Wagen vorbei, was mich aber nicht störte. Je näher ich an die Jacht herankam, desto größer erschien sie mir, und ich hoffte, daß ich sie alleine bedienen konnte, denn wenn dies nicht der Fall war, konnte ich mein Vorhaben vergessen.

Dann war ich endlich bei der Jacht und machte das Ruderboot an ihr fest. Meine Taschen, die ich mitgebracht hatte, schmiß ich an Deck und sprang selbst hinauf. Mir fielen bald die Augen aus dem Kopf, als ich sie mir näher betrachtete, denn man hatte an diesem Schiff nichts vergessen, und ich war davon überzeugt, daß ich sie alleine bedienen konnte. Alles war übersichtlich angelegt, so daß man nichts falsch machen konnte. Ich war noch ein wenig erschöpft von der Paddelei, und deshalb setzte ich mich zuerst einmal hin, um mich ein wenig zu erholen. Dann holte ich aus meiner Tasche einen Schraubenzieher, den ich mitgebracht hatte, um die Kajütentüre zu öffnen. Nach ein paar Minuten machte ich mich an die Arbeit. Zuerst brach ich die Kabinentür auf und schaute mich um, soweit es in der Dunkelheit möglich war. Da ich fast nichts erkennen konnte, nahm ich meine abgeblendete Taschenlampe und knipste sie an. Als ich die Kajüte nun vor mir hatte, fiel mir fast die Kinnlade runter, denn darin sah es aus wie in einem Wohnzimmer. Aber ich konnte mich nicht lange umschauen, denn ich mußte machen, daß ich aus dieser verdammten Bucht herauskam. Also schleppte ich mein Zeug in die Kajüte und schaute mir die Sachen an, die ich brauchte, um das Schiff in Fahrt zu bringen. Auf dem Boden, in der Kabine, lag ein großer Außenbordmotor, den ich aber nicht benutzen wollte. Dann schaute ich mir das Segel an und stellte fest, daß ich es nur einfädeln und hochziehen mußte. Da genug Wind vorhanden war, würde ich schnell verschwunden sein, bevor die Jacht jemand vermissen würde. Da sie mit der Vorderseite direkt auf das offene Meer zeigte, brauchte ich sie nicht einmal zu wenden. Als ich alles erledigt hatte, ging ich nach vorne, um den Anker hochzuziehen. Doch das Boot war an einer Boje festgemacht. Es waren eine ganze Menge Knoten im Seil, die ich nicht aufbrachte. Also ging ich in die Kabine und holte aus meiner Tasche das große Jagdmesser, das ich mir gekauft hatte. Als ich wieder an der Boje war, schnitt ich die Seile einfach durch. Wie ein Blitz ging ich an das Segel, denn nun bestand die Gefahr, daß ich abtrieb. Ich zog es mit ein paar kräftigen Zügen nach oben, und es blähte sich sofort auf. Die Jacht legte sich sofort in den Wind, und schon nach ein paar Sekunden merkte ich, wie sie Fahrt aufnahm. Es lief alles wie am Schnürchen, und die Jacht machte Fahrt, als hätte sie eine Regatta zu gewinnen.

Ich war ganz aufgeregt, als ich am Steuer saß und aus der Bucht hinausfuhr. Mit einem Affentempo schoß ich auf das offene Meer hinaus, in die Dunkelheit hinein. Mich durchflutete auf einmal ein Triumph, als wenn ich die Olympiade gewonnen hätte oder sonst einen Preis. Ich konnte mir das dumme Gesicht des Besitzers vorstellen, wenn er sehen würde, daß sein Spielzeug gestohlen wurde. Der Wind stand günstig, und ich segelte genau nach Süden. Ich machte das Ruder mit Gummiriemen fest, so daß es den Kurs beibehielt und nicht abtrieb. Dann ging ich in die Kabine hinunter, auf Entdeckungsreise. Ich stöberte alles systematisch durch, als wenn ich von der Polizei wäre und nach Beweismaterial suchte. Es war alles auf dem Schiff, von der Signalrakete bis zur Landkarte, und ich fand sogar noch eine Flasche Kognak. Ich genehmigte mir einen Schluck. Dann holte ich aus meiner Tasche etwas zum Essen, denn ich hatte einen höllischen Kohldampf. Ich machte es mir in der Kajüte gemütlich. Ich war ja nun mein eigener Kapitän. Ab und zu schaute ich auf den Kompass und vergewisserte mich, ob das Schiff den Kurs hielt. Ich war überglücklich, daß ich das Schiff hatte und meinem Ziel, das Afrika hieß, näher kam. Mein Weg in den Urwald hatte begonnen, und ich hätte vor Freude an die Decke springen können.

Als ich fertig mit essen war, ging ich wieder an Deck und setzte mich ans Ruder. Als ich da saß und die Meeresluft einatmete, als wenn es für mich neues Leben bedeutete, fing ich an zu spinnen, denn ich begann auf einmal, ein Seemannslied zu singen und das so laut, wie ich nur konnte. Wenn mich jemand gehört hätte, hätte er wahrscheinlich gedacht, daß sich ein Irrer auf dem Meer befand. Der Alkohol war es nicht, denn ich hatte nicht viel getrunken. Es war bestimmt die Freude, endlich verschwinden zu können. Aber ganz genau weiß ich es auch heute noch nicht, was mich damals veranlaßte, mich zu benehmen wie ein Irrer. Aber nach einer Weile beruhigte ich mich und saß ganz still am Ruder und lauschte dem Rauschen des Meeres. Die ganze Nacht saß ich am Steuer, und es schien, als wenn ich überhaupt nicht müde würde.

Als es hell wurde, schaute ich über das Meer, und ich konnte weder ohne noch mit einem Fernglas Land sehen. Ich befand mich also mitten auf dem Meer und weit und breit war niemand, außer ich. Es war einfach herrlich dahinzusegeln und zu wissen, daß ich meinem Ziel näher kam. Ich fühlte mich frei und ungebunden, glücklich und zufrieden, und das Rauschen des Meeres beruhigte mich irgendwie. Später kam die Sonne hoch, und es wurde sehr warm. Die See war ruhig, aber dennoch machte ich genügend Fahrt. Ich holte aus der Kabine eine

Luftmatratze, blies sie auf, legte sie auf dem Deck zurecht, band das Ruder fest, damit das Schiff weiterhin den Kurs behielt und legte mich in die Sonne. Da ich die ganze Nacht wach war, schlief ich ein, als wenn ich zu Hause wäre.

Als ich aufwachte war es schon später Nachmittag, und ich hatte einen Sonnenbrand. Ich schaute auf den Kompaß und stellte fest, daß ich ein wenig vom Kurs abgekommen war. Also stellte ich das Ruder wieder ein und fuhr weiter nach Süden. Ob ich in Tunesien oder Marokko landete, war mir egal. Aber nach Afrika kam ich auf jeden Fall, wenn ich nur nach Süden fuhr. Man konnte es nicht verfehlen. Als es anfing zu dämmern, nahm der Wind zu und ich setzte mich an das Ruder. Ich wollte die ganze Nacht wieder an Deck bleiben und dann tagsüber schlafen.

Also ging ich in die Kabine hinunter, packte mich anständig ein, zog mir eine Schwimmweste an, denn Vorsicht ist besser und setzte mich wieder ans Ruder. Es war schon dunkel, und der Wind hatte ein wenig zugenommen. Ich dachte mir, daß ich in der Nacht eine ruhige Kugel schieben könnte. Aber da hatte ich mich getäuscht, denn um Mitternacht wurde es ein bißchen ungemütlich auf dem Meer.

Auf einmal fing es an, stärker zu winden, und die Wellen wurden höher. Ich konnte nicht mehr genau nach Süden fahren, denn sonst wären die Wellen von der Seite gekommen, und es hätte die Gefahr bestanden, daß das Schiff kenterte. Als ich die ersten hohen Wellen von der Seite abbekam, legte sich das Schiff so schräg, daß ich glaubte, es würde umkippen. Jedesmal, wenn es so schief lag, hatte ich Angst um mein Leben. Die Wellen waren einige Meter hoch und ich bekam dadurch, daß sie von hinten unter das Schiff durchschossen, eine Wahnsinnsgeschwindigkeit, daß man meinen konnte, es ginge darum, eine Weltumsegelung zu gewinnen. Als ich schließlich überzeugt war, daß das Schiff nicht umkippen würde, verlor ich meine Angst, und mir fing die Sache an, Spaß zu machen.

Ich hatte einmal ein Buch über Seeleute gelesen, die den Gott der Meere, der die Stürme hervorrief, herausforderten. Als ich mich an diesen Schmöker erinnerte, fing ich an zu spinnen, denn ich wollte diesen Gott ebenfalls herausfordern und schrie deshalb in den nachtschwarzen Himmel hinein:

»Komm her, du Scheißgott der Stürme! Ich werde nun gegen dich kämpfen und dir beweisen, daß du mich nicht zum Kentern bringen kannst, denn ich bin stärker als du.«

Solche Sprüche schrie ich aus Gaudi, und ich machte mir einen Spaß daraus, gegen diesen Gott der Meere zu kämpfen. Die ganze Nacht über hielt der Sturm an, und ich machte diesen Blödsinn. Erst gegen Morgen wurde die See ruhiger. Ich war müde und spürte jeden einzelnen Knochen. Aber dieser Gott der Meere hatte es nicht geschafft, mich zum Kentern zu bringen. Ich döste am Ruder ein, und als es hell wurde, band ich es fest und legte mich auf die Luftmatratze. Die See war wieder ruhig, und ich fuhr genau nach Süden.

Meinen ersten kleinen Sturm hatte ich überlebt und sogar noch meinen Spaß daran gehabt, auch wenn ich anfangs Angst hatte, ersaufen zu müssen. Ich schlief bis um die Mittagszeit. Ich wachte auf, weil ich einen Wahnsinnshunger hatte. Auf einmal stellte ich fest, daß das Boot fast keine Fahrt mehr machte, denn es war eine Flaute eingetreten. Dagegen konnte ich aber nichts machen, und so ging ich in die Kabine, um mir etwas in den Magen zu schieben. Als ich gegessen hatte, schnappte ich den Außenbordmotor und befestigte ihn an der Halterung. Da die See total ruhig war, ging dies einwandfrei, und ich probierte ihn auch gleich aus. Der Motor lief wie geschmiert, und das Schiff machte gute Fahrt. Um nicht zuviel Sprit zu verbrauchen, stellte ich ihn wieder ab. Da ich nun nichts mehr machen konnte, nahm ich das Fernglas und schaute über das Meer. Es war aber nichts zu sehen. Kein einziges Schiff war in der Nähe. Also legte ich es wieder weg und knallte mich in die Sonne. So verbrachte ich den ganzen Nachmittag, und es kam erst gegen Abend wieder Wind auf. Ich setzte mich an das Ruder und segelte gemütlich durch die Gegend.

Die Nacht wollte ich wieder am Steuer verbringen, und wenn es sein mußte, auch wieder gegen diesen Gott der Meere kämpfen. Aber in der Nacht blieb es ruhig, und ich konnte sogar ein wenig schlafen.

Drei Tage verbrachte ich so auf dem Meer, als ich das erste Schiff sah. Ich schnappte mir sofort mein Fernglas und schaute es mir an. Es war ein Tanker, der ebenfalls nach Süden fuhr. Ich schaute ihm nach, bis er nicht mehr zu sehen war und dachte, daß ich in der Nähe von Afrika sein mußte.

Am vierten Tag sah ich eine Möwe, die mitten auf dem Meer herumflog. Ich wußte, daß Möwen immer in der Nähe von Land waren. Deshalb nahm ich mein Fernglas und suchte den Horizont ab. Aber ich konnte nicht das kleinste Stückchen Land entdecken, und so fuhr ich weiter und dachte mir, daß sich die Möwe vielleicht verirrt hatte.

Aber als ich zwei Stunden später wieder einmal nach dem Fernglas griff, weil ich in weiter Ferne etwas sah und hindurchschaute, wußte ich, daß die Möwe sich nicht verirrt hatte, denn vor mir war Land in Sicht.

Es war zwar noch weit weg, aber man konnte durch das Glas erkennen, daß es sich um Land handelte. Die ganze Sache sah aus wie eine Insel, und ich hielt auf die Stelle zu. Dies mußte bestimmt Afrika sein, dachte ich, denn ich war schon ein paar Tage unterwegs. Ich freute mich richtig auf dieses Stückchen Land. Auch wollte ich wieder einmal festen Boden unter den Füßen haben und die Leute dort kennenlernen. Vielleicht fand ich dort auch eine Frau für eine Nacht, denn ich war scharf wie ein Rettich, und es wäre nicht zu verachten gewesen, mit einer kurz eine Nummer zu schieben. Je näher ich diesem Land kam, desto ungeduldiger wurde ich. Ich konnte es nicht erwarten, dort anzukommen. Erkennen konnte ich noch nichts, aber ich würde bald dort sein, dachte ich mir, und die Sache genau unter die Lupe nehmen. Als ich schon kleine Häuschen erkennen konnte, freute ich mich und schaute nur noch durch das Fernglas.

Auf einmal fiel mir ein, daß ich den Anker noch nicht gerichtet hatte. Also zurrte ich das Ruder fest, ging nach vorne und richtete den Anker so gewissenhaft, wie ich nur konnte. Dann ging ich wieder zurück an das Steuer und schaute auf das Land, das schon ziemlich nah war. Nun konnte ich schon erkennen, daß die paar Häuser ein Dorf war, und ich nahm mir vor, dort in der Nähe zu ankern und mir die Sache anzusehen. Ich fuhr in eine kleine Bucht hinein und ankerte dort meine Jacht. Davor hatte ich das Segel herunter gemacht und war mit dem Motor hineingefahren. Es war ein Kinderspiel, dort zu ankern, und ich freute mich, daß ich mein Schiff so gut beherrschte. An Bord hatte ich ein kleines Schlauchboot mit allem Zubehör gefunden, das ich aufpumpte, um damit an Land zu fahren. Das kleine Ruderboot hatte ich unterwegs losgebunden. Dann wusch ich mich anständig, zog mir ein paar neue Kleider an, damit ich aussah wie ein anständiger Mensch, packte mir ein paar Sachen zusammen, da ich die Nacht an Land verbringen wollte, machte die Kajüte zu, setzte mich in das Schlauchboot und fuhr hinüber. Das Schlauchboot verstaute ich in einer Ecke, damit man es nicht gleich sah, wenn man daran vorbeiging. Dann suchte ich mir einen Weg, der in das Dorf führte, das nicht weit von meiner Anlegestelle entfernt war. Es führte ein kleiner Trampelpfad hinauf zur Hauptstraße, die ins Dorf führte. Von der Hauptstraße aus konnte ich einen Blick auf meine Jacht werfen. Sie lag still da wie eine kleine Königin. Langsam lief ich auf der Straße ins Dorf hinein. Als ich die ersten Häuser hinter mir gelassen hatte, mußte ich feststellen, daß dieses Dorf gar nicht so klein war, wie ich gedacht hatte. Aber das sollte mir nur recht sein, denn um so leichter würde ich dort ein Mädchen aufgabeln können. Die Leute, die mir begegneten, sahen nicht gerade wie Afrikaner aus, aber ich machte mir keine Gedanken darüber. Erst als ich die Schilder mit den Aufschriften sah, kam mir die Sache ein wenig spanisch vor. Es war alles auf französisch, und ich dachte, daß ich wieder in Frankreich wäre. Als ich dann vor einer Landkarte stand, auf der eine Insel abgebildet war, wußte ich, wo ich mich befand. Es gab keinen Zweifel daran, daß ich in Korsika war und somit immer noch in Frankreich. Ich war also noch nicht in Afrika. Aber ich war dennoch nicht enttäuscht. Ich nahm mir vor, Korsika ein wenig zu besichtigen. Sofort kaufte ich mir eine Landkarte und setzte mich ins nächste Café. Dort schaute ich mir die Karte an, und ich beschloß, die ganze Küste hinunterzufahren und ab und zu halt zu machen.

Danach ging ich in ein Lokal essen und erkundigte mich beim Wirt, wo eine Bar oder Discothek in diesem Ort wäre. Eine Disco gab es nicht, aber dafür ein Tanzlokal und ein paar kleine Bars. Nach dem Essen ging ich zuerst an einem Hotel vorbei und bestellte mir dort ein Zimmer. Dann machte ich mich auf den Weg zu diesem Tanzlokal. Als ich dort ankam, mußte ich feststellen, daß sich eine ganze Menge Freiwild herumtrieb, und ich wußte, daß ich diese Nacht nicht alleine schlafen würde. Dieses Dorf war ein kleiner Urlaubsort, und da es Sommer war, befanden sich schon eine ganze Menge Touristen dort. Ich ging also in das Tanzlokal hinein, denn ich wußte, daß die Urlaubsweiber gerne flirteten, und so sagte ich mir, daß die Jagd beginnen konnte. Ich saß kaum eine Viertelstunde im Lokal, als das erste Mädchen zu mir kam, mich anschaute und fragte, ob ich mit ihr tanzen wollte. Natürlich wollte ich, und so stand ich auf und ging mit ihr auf die Tanzfläche.

Ich nahm mir vor, daß ich diese kleine Biene diese Nacht vernaschen würde, denn sie sah gut aus und schien in dieser Beziehung ziemlich freizügig zu sein. Ich hatte sie bald im Arm. Sie war eine Schweizerin, die Urlaub auf Korsika machte und wie sie mir verriet, ganz alleine. Daß sie alleine war, fand ich gut, denn ich war scharf wie Nachbars Lumpi. Als sie mich fragte, was ich auf Korsika machte, sagte ich ihr, daß ich mit meinem Schiff hier sei und ebenfalls nur Urlauber wäre. Das »meinem Schiff« betonte ich natürlich ganz gewaltig, und sie dachte, ich hätte eine Menge Geld. Am Abend, als wir im Hotel waren, hatte ich sie auch schon im Bett, was meiner Meinung nach diese zwei betonten Wörter fertiggebracht hatten.

Am nächsten Morgen stand ich spät auf. Sie schlief immer noch, obwohl ich ein wenig Lärm machte, als ich meinen Arsch aus dem Bett schwang. Ich weckte sie, und wir frühstückten zusammen. Später ging sie in ihr Hotel, und wir verabredeten uns auf den Nachmittag. Als sie außer Sichtweite war, bezahlte ich mein Zimmer und machte mich auf den Weg zur Jacht, denn ich wollte verduften. Ich hatte keine Lust, in einem Ort hängen zu bleiben, denn ich wollte mir noch ein paar andere ansehen. Meine Jacht lag immer noch in der Bucht, wie ich sie zurückgelassen hatte. Ich fuhr gleich mit dem Schlauchboot hinüber, machte das Schiff klar und fuhr einfach die Küste hinunter.

Als es langsam dunkel wurde, ankerte ich in der Nähe einer Ortschaft, die einen Jachthafen besaß, in den ich aber nicht hineinfahren konnte, da ich keine Papiere für mein Schiff hatte. Also suchte ich mir wieder einen Ankerplatz, in einer etwas abgelegeneren Bucht. Diesmal ankerte ich genau unter einer Villa, von der aus mir die Leute zuschauten. Sie winkten mir zu und ich zurück. Eine Frau, die ebenfalls auf dem Balkon stand, rief mir zu, daß ich bei ihr vorbeikommen sollte. Ich war erstaunt darüber, aber nahm mir vor, bei ihr vorbeizugehen.

Als ich fertig war, fuhr ich mit dem Schlauchboot an Land. Dann ging ich den schmalen Weg hinauf zur Villa, blieb vor der Haustür stehen und klingelte. Ich war wirklich neugierig, was sie von mir wollte. Mir wurde die Türe geöffnet, und vor mir stand die Frau, die mich gebeten hatte, vorbeizukommen. Oh – la – la, dachte ich, denn die Frau sah nicht schlecht aus. Sie schaute mich von oben bis unten an, wie ich es ebenfalls gemacht hatte, und ich sagte zu ihr:

»Guten Tag, Sie haben mich gebeten, einmal bei Ihnen vorbeizukommen.«

»Guten Tag, kommen Sie doch bitte herein.«

Schlecht sah sie wirklich nicht aus, stellte ich ein zweitesmal fest und trat ein. Auf diesem Korsika schien es nur so von Frauen zu wimmeln, sonst würde ich nicht jeden Tag eine kennenlernen, denn so schön sah ich nun auch wieder nicht aus.

»Ich habe Ihnen vorhin zugeschaut, wie Sie ankerten.«

»Und habe ich es richtig gemacht?«

»Das weiß ich nicht, denn ich habe keine Ahnung von Schiffen.«

»Ich segle auch noch nicht lange.«

»Darf ich Ihnen etwas zum Trinken anbieten?«

»Ja, gerne.«

»Dann kommen Sie bitte mit.«

Sie führte mich durch das halbe Haus, und ich stellte fest, daß diese Villa schon fast ein Schloß war.

»Wo sind denn die Leute, die ich vorhin noch gesehen habe?« fragte ich sie.

»Alle in das Dorf gegangen. Das waren meine Eltern und noch ein paar Verwandte.«

»Dann haben Sie aber noch junge Eltern.«

»Ich bin auch erst dreiundzwanzig.«

»Dann sind Sie aber noch jung.«

Ich war zwar einiges jünger als sie, aber sah nicht wie neunzehn aus, und deshalb konnte ich dies sagen.

»Sie müßten auch erst in meinem Alter sein.«

Nun mußte ich lügen und sagte zu ihr:

»Stimmt, ich bin erst vor kurzem vierundzwanzig geworden.«

»Dann sind sie nicht älter als ich, denn ich werde auch bald vierundzwanzig.«

Langsam wurde es mir zu dumm, mich über unser Alter zu unterhalten, und deshalb fragte ich sie:

»Warum haben Sie mich gebeten, bei Ihnen vorbeizukommen?«

Sie schaute mich an, wurde ein wenig rot im Gesicht und sagte nach einigem Zögern:

»Ich wollte Sie kennenlernen, denn ich bin von Natur aus neugierig.«

Das war eine Überraschung für mich, denn damit hatte ich nicht gerechnet. Also sagte ich zu ihr, da ich mich noch nicht vorgestellt hatte:

»Das freut mich aber. Ich heiße übrigens Fritz. Den Nachnamen können wir weglassen, denn ich bin nicht so für Formalitäten.«

Sie lächelte mich an und sagte ein wenig zögernd:

»Ich heiße Jenny.«

Dann standen wir einen Augenblick da wie die Vollidioten

und wußten nicht, was wir sagen sollten. Damit wir nicht den ganzen Abend so dastanden, sagte ich zu ihr:

»Bekomme ich nun etwas zu trinken oder muß ich verdursten?«

Sie schaute mich an, lächelte und fragte:

»Was willst du denn?«

»Gib mir bitte einen Whisky.«

Sie machte mir schnell etwas zu trinken, gab es mir, und dann standen wir genauso behämmert da wie vorher. Also sagte ich zu ihr:

»So, jetzt kennen wir uns, und was machen wir nun?«

Sie schaute mich wieder an, drückte ein wenig herum und sagte:

»Ich wollte dich zum Essen einladen.«

Das hört sich immer gut an, dachte ich, aber sagte nichts.

»Ich hoffe, du lehnst jetzt nicht ab, weil es so plötzlich kommt.«

»Nein, so einer charmanten Dame wie dir kann man doch keine Einladung abschlagen. Das wäre ein Verbrechen.«

Das sagte ich so ernst, daß sie auf einmal lachen mußte.

»Du nimmst also an?«

»Natürlich! Mit größtem Vergnügen.«

Dabei dachte ich aber schon an ein anderes Vergnügen, was ich ihr aber nicht sagte, denn man soll nicht mit der Tür ins Haus fallen.

»Wollen wir hier essen oder irgendwo hinfahren?«

»Mir wäre es lieber, wenn wir irgendwo hinfahren würden, denn ich will etwas von der Insel kennenlernen.«

»Also gut, dann fahren wir irgendwo hin. Ich kenne ein ganz gutes Lokal, in das wir gehen können.«

»Okay, das Lokal mußt sowieso du aussuchen, denn ich kenne mich hier nicht aus. Du bist also mein Fremdenführer.«

»Warte hier einen Augenblick, ich will mir schnell etwas anderes anziehen.«

»In Ordnung, ich warte.«

»Es dauert nicht lange.«

Dann verschwand sie aus dem Zimmer, und ich ging an das Fenster und schaute über das Meer. Da die Türe zur Terrasse offenstand, ging ich hinaus und schaute hinunter. Unter mir schaukelte ganz leicht meine Jacht. Sie war nun mein Eigentum, und ich war stolz darauf. Ich versank in Gedanken, als ich auf einmal von Jenny angesprochen wurde:

»Ich habe schon gedacht, du wärst gegangen, als du nicht mehr im Zimmer warst.«

»Ich habe nur ein bißchen die Aussicht bewundert.«

»Wir können jetzt gehen, bevor meine Eltern wieder da sind. Sonst kommen wir nicht mehr aus dem Haus.«

»Also gehen wir.«

Ich hakte mich bei ihr ein, und wir gingen aus dem Haus. Vor der Garage blieb ich stehen, und sie holte den Wagen heraus. Es war ein dicker BMW, was ich mir schon gedacht hatte, denn sie fuhr bestimmt keinen Gogo, wenn sie in einem solchen Haus lebte. Ich setzte mich auf den Beifahrersitz, und sie fuhr los.

Sie fuhr die Küstenstraße entlang und machte bald vor einem Restaurant halt, das genau am Meer lag. Dort stiegen wir aus und gingen in das Lokal. Es war sehr gemütlich eingerichtet und ich dachte sofort an das Lokal von René in Nice, das auch sehr schön war. Es hatte eine wunderbare Aussicht auf das Meer, und wenn man genau hinhörte, konnte man das Rauschen der Wellen hören. Ich sah, daß das Lokal auch eine Terrasse hatte und sagte deshalb zu Jenny:

»Laß uns auf die Terrasse gehen. Dort ist es viel schöner.«

»Das wollte ich auch gerade vorschlagen.«

Also suchten wir dort einen Tisch und setzten uns. Dann kam auch schon der Kellner, und wir bestellten eine Flasche Wein und wollten die Speisekarte haben.

Als wir gegessen und noch ein wenig gesprochen hatten, schlug ich Jenny vor, mit mir Brüderschaft zu trinken. Sie wußte zwar nicht, wie es ging, aber sie wollte es trotzdem machen. Als wir getrunken hatten und ich ihr den Kuß gab, wie es üblich war, schaute sie mich erst entgeistert an und sagte dann:

»Nur deshalb wolltest du Brüderschaft trinken. Stimmt's?«

»Genau! Hättest du es nicht auch gemacht?«

»Das weiß ich nicht, aber könnte schon möglich sein.«

Dann zwinkerte sie mir zu und sagte:

»Wollen wir noch einmal Brüderschaft trinken?«

»Natürlich, ich mach es gerne.«

Dann wiederholten wir die Zeremonie noch einmal, und diesmal war der Kuß schon ein wenig länger.

Als ich keine Lust mehr hatte, im Lokal sitzen zu bleiben, machte ich Jenny den Vorschlag, einen Spaziergang zu machen, womit sie sofort einverstanden war. Wir liefen Hand in Hand den Strand entlang, blieben ab und zu stehen und hatten uns in den Armen.

Schließlich schlenderten wir wieder zum Auto zurück. Als wir beim Wagen ankamen, setzte ich mich an das Steuer, denn ich hatte weniger getrunken als Jenny. Es war ein Automatic, und so war es keine Schwierigkeit den Wagen zu fahren, auch wenn man angetrunken war und ihn nicht kannte.

Vor der Villa von Jennys Eltern stellte ich das Auto ab. Sie wollte nicht ins Haus gehen, sondern unbedingt mit mir auf die Jacht gehen. Daß sie gestohlen war, konnte keiner merken, und so hatte ich nichts dagegen. Also gingen wir gleich zur Bucht hinunter und setzten mit dem Schlauchboot über. Das erstemal in meinem Leben trieb ich es auf einem Schiff. Das sanfte Hin- und Hergeschaukel brachte einen richtig in Stimmung. Aber wir schliefen bald ein. Ich hatte Jenny die ganze Nacht im Arm, als wenn ich Angst gehabt hätte, sie würde mir weglaufen. Als ich am Morgen aufwachte, hielt ich sie immer noch fest. Ich machte für uns Kaffee und deckte den kleinen Tisch zum Frühstück. Ich hatte alles auf dem Schiff, und Jenny staunte, was man alles auf einer Jacht machen konnte. Sie hatte einen makellosen Körper, den sie beim Frühstück nicht verdeckte, denn sie saß pudelnackt am Tisch. Das machte mich an. Anstatt schwimmen zu gehen, vernaschte ich Jenny nach dem Frühstück. Danach gingen wir wie Adam und Eva ins Wasser und tobten uns aus. Anschließend legten wir uns auf das Deck und sonnten uns. Ich hatte mir meine

Badehose angezogen, aber Jenny lag da, wie sie geschaffen wurde.

Ich hatte Jenny versprochen, mich am Abend bei ihren Eltern vorzustellen, wozu ich allerdings keine große Lust hatte, denn ich wußte ungefähr, was sie von mir dachten.

Sie glaubten bestimmt, daß ich ein dahergelaufener Playboy mit einer Jacht sei und mich mit ihrer Tochter bloß vergnügen wollte. Ein wenig hatten sie schon recht, wenn sie so über mich dachten, denn ich machte wirklich nichts anderes. Aber das war mir egal, denn ich gab nichts auf die Meinung anderer. Gegen Abend zogen wir uns an und fuhren mit dem Schlauchboot an Land. Als wir in die Villa kamen, wartete man schon auf uns. Wir gingen ins Wohnzimmer, und der erste Satz, den Jennys Mutter sagte, fuchste mich schon, denn sie meinte:

»Ich hatte schon gedacht, du willst für immer auf diesem Schiff bleiben und gar nicht mehr nach Hause kommen.«

Ich wollte eine bissige Bemerkung zurückgeben, die ich auf der Zunge hatte. Aber ich schluckte sie runter und begrüßte die Leute überfreundlich. Dann wurde ich von Jennys Eltern von Kopf bis Fuß gemustert, als wenn ich gesagt hätte, ich wolle ihre Tochter heiraten. Die ganze Sache ging mir so auf den Geist, daß ich in einem Augenblick, in dem ich nicht beobachtet wurde, zu Jenny sagte:

»Laß uns verschwinden, bevor ich verrückt werde und deinen Eltern die Meinung sage.«

»Okay, ich kann dich verstehen. Mir wäre es auch nicht recht, wenn man mich so behandeln würde.«

Dann sagte Jenny zu ihren Eltern, daß wir noch ein wenig ausgehen wollten, und so verabschiedeten wir uns freundlich, so als würde es uns leid tun, schon gehen zu müssen. Als wir hinausgehen wollten, sagte Jennys Mutter zu ihr:

»Ich hoffe, daß du nicht wieder die ganze Nacht auf diesem Schiff verbringst. Du hast ein Bett hier im Haus.«

Dabei schaute sie mich an, als wenn sie mich fressen wollte. Ich konnte mir nun eine bissige Bemerkung nicht mehr verkneifen, und deshalb sagte ich zu Jenny schön laut, damit es ihre Mutter auch hören konnte:

»Ich hoffe, dein Bett ist breit genug für uns zwei.«

Darauf schaute ich zu ihrer Mutter, die im Sessel saß und nach Luft schnappte. Ich grinste sie dämlich an, nahm Jenny an der Hand und machte, daß wir aus dem Haus kamen.

Als wir vor der Haustüre standen, sagte Jenny zu mir:

»Meine Mutter hat bestimmt fast einen Herzinfarkt bekommen, als sie das gehört hat, was du gesagt hast.«

»Das macht nichts, sie braucht das einmal, damit sie sieht, daß du schon erwachsen und kein kleines Mädchen mehr bist.«

»Das meine ich auch, und jetzt ist Schluß mit dem Gerede über meine Eltern. Deswegen lasse ich mir nicht den Abend und die Nacht versauen.«

»Das meine ich auch.«

»Also, was machen wir jetzt?«

»Du bist doch der Fremdenführer. Also mußt du auch wissen, wohin wir uns verdrücken.«

»Okay, ich kenne eine gute Disco in der Nähe. Da können wir hingehen.«

»Disco hört sich immer gut an. Also, warum stehen wir hier noch rum?«

In der Nähe, würde ich die Disco nicht bezeichnen, denn wir fuhren fast eine halbe Stunde, bis wir am Ziel waren. Von außen sah der Laden schon einmal gut aus, und so stiegen wir aus und gingen hinein. Als wir in der Disco standen, war ich ganz erstaunt, denn sie war wirklich gut. Die Musik war nicht zu laut und nicht zu leise, sie war gut eingerichtet und vor allem sauber, was in den meisten nicht der Fall ist. Wir saßen eine ganze Weile in der Disco, als auf einmal eine Schmuserrunde gespielt wurde. Ich ging mit Jenny auf die Tanzfläche, und sie schmiegte sich ganz eng an mich. Dies hatte natürlich seine Folgen, denn mein Oschi reagierte sofort darauf.

Jenny merkte dies natürlich, denn sie war nahe genug an mir dran und meinte:

»Wir können schnell ins Auto gehen, wenn es schlimm ist.«

»Wenn du dich ein wenig von meinem kleinen Freund fernhalten würdest, bräuchten wir nicht ins Auto zu gehen.«

»Ich hätte nichts dagegen, denn ich habe mich nicht umsonst so angestrengt, deinen kleinen Freund soweit zu bringen.«

»Ich glaube, wir haben dazu noch die ganze Nacht Zeit. Und außerdem ist es im Wagen nicht besonders gemütlich.«

»Die Liegesitze sind hervorragend.«

»Nein, laß mal. Heute nacht wirst du deine Niederlage schon bekommen. Darauf kannst du dich verlassen.«

»Ich freue mich jetzt schon drauf.«

Dann hielt ich Jenny ein wenig von mir fern, damit meine Hose die Unförmigkeit wieder verlor. Gegen Mitternacht brachen wir auf und fuhren zurück. Jenny schlief wieder bei mir auf der Jacht.

Ich nahm mir vor, am nächsten Tag weiterzufahren, sobald der Wind günstig stand. Es konnte nicht wie bisher weitergehen, denn sonst würde ich nie nach Afrika kommen und ewig auf Korsika bleiben.

Am darauffolgenden Tag ankerte ich vor Bastia. In aller Herrgottsfrühe ging ich an Land, denn ich wollte dort den ganzen Tag verbringen. Ich bummelte gemütlich in den Straßen herum und war sehr beeindruckt von dieser Stadt.

Ich konnte zusehen, wie die Stadt langsam erwachte. Es liefen ein paar Jogger herum, die Geschäfte und Cafés wurden geöffnet, und allmählich füllten sich die Straßen mit Leuten, die zum Einkaufen gingen. Da ich die Lauferei nicht mehr gewohnt war, taten mir bald die Füße weh, und ich setzte mich in ein Café, um mich dort ein wenig zu erfrischen. Später kaufte ich mir an einem Kiosk das deutsche Revolverblättle, wie man es bei uns zu Hause nennt, setzte mich in einem Park auf eine Bank und schaute dem Treiben auf der Straße zu. Auch auf Korsika gab es Clochards, die im Park saßen und sich vollaufen ließen. Von meiner Bank aus beobachtete ich sie, und mir fiel ein Junge auf, der nur da saß und in der Weltgeschichte herumschaute. Er hatte neben sich eine Packung Milch stehen, was ich sofort merkte, denn sonst sah man nur Rotweinpullen, die sich die Penner in den Schädel knallten.

Dann schaute ich wieder auf die Straße und beobachtete einen kleinen Jungen, der sich von einem Obststand, der vor einem Geschäft stand, ein paar Früchte unter den Nagel riß, ohne Bezahlung, was man auch als Diebstahl bezeichnen könnte. Ich mußte herzhaft lachen, denn als der Ladenbesitzer es sah, rannte der mit einem Geschrei aus dem Geschäft, als wenn es um sein Leben ginge, und hinter dem Jungen mit den Früchten her. Nach einem kurzen Stück blieb er stehen, da er einsah, daß er zu langsam war. Der Ladenbesitzer schrie dem Jungen noch ein paar Schimpfwörter nach, wobei er die Faust hochhob und damit drohte. Die Leute blieben alle stehen und schauten den Schimpfwörter schreienden Mann entgeistert an, denn niemand schien zu wissen, um was es ging. Danach schlug ich die Zeitung auf und stellte fest, daß sich jemand zu mir auf die Bank gesetzt hatte, was ich nicht bemerkt hatte. Es war der Junge, der mir auffiel, weil er eine Milchtüte neben sich stehen gehabt hatte. Auf einmal sagte er auf deutsch zu mir:

»Guten Tag.«

Ich schaute ihn ganz entgeistert an, denn ich hatte gedacht, er wäre Franzose, da er sehr kurzgeschnittene Haare hatte. Nach einer Weile antwortete ich ihm genauso auf deutsch:

»Guten Tag.«

Auf einmal fragte mich der Kleine:

»Sie sind bestimmt Deutscher?«

»Ja, woher wußtest du das?«

»Wenn man diese Zeitung mit sich herumträgt, dann kann man nur ein Deutscher sein, denn die Franzosen lesen diesen Schrott bestimmt nicht.«

Es war wirklich eine der behämmertsten Zeitungen, die es überhaupt gibt, denn das meiste darin war erstunken und erlogen.

Deshalb sagte ich zu ihm:

»Ja, da hast du auch wieder Recht.«

»Haben Sie mir vielleicht eine Zigarette?«

»Ja.«

Ich griff in meine Tasche, zog eine Packung heraus, bot ihm eine an und steckte mir selbst eine in den Mund. Nun interessierte mich der Junge, und ich fragte ihn:

»Was machst du hier auf Korsika?«

»Die Urlauber beklauen, wenn sie nicht aufpassen.«

Er zog aus seiner Tasche einen Geldbeutel, hielt ihn mir hin, und ich stellte fest, daß es mein eigener war, den ich immer in der hinteren Hosentasche trug, und er sagte zu mir:

»Den hab ich Ihnen vorhin aus der Tasche gezogen. Aber weil Sie es sind, gebe ich ihn Ihnen wieder zurück. Es ist noch alles drin. Ich habe nicht einmal reingeschaut.«

Ich nahm den Geldbeutel, schaute den Jungen immer noch ganz entgeistert an und fragte ihn dann:

»Wie hast du den aus meiner Tasche gekriegt?«

»Als Sie auf die Straße schauten, habe ich ihn mit den Fingerspitzen ganz langsam herausgezogen, da er ein kleines Stückchen herausgeschaut hat.«

»Du scheinst auf diesem Gebiet ziemlich geschickt zu sein.«

»Das muß man, wenn man auf der Flucht ist.«

»Wieso auf der Flucht?«

»Ich bin aus Deutschland abgehauen, weil mich dort die Polizei sucht, und hier ernähre ich mich von der Klauerei, weil ich zum Betteln nicht das Zeug habe, so wie die da drüben.«

»Darf ich dich zu einem Drink einladen?«

»Das dürfen Sie immer.«

»Und tue mir bitte einen Gefallen. Laß das dämliche Sie weg, denn ich kann es nicht ausstehen. Sag einfach Fritz zu mir, das ist mir lieber.«

»Okay, dann sag ich ›Du‹ zu dir. Ich heiße übrigens Rudolf, aber du kannst Rudi zu mir sagen.«

»So, und jetzt laß uns irgendwo etwas trinken gehen. Ich habe einen Wahnsinnsbrand. Dort können wir uns weiter unterhalten.«

In einer Cafébar machten wir es uns gemütlich, und ich fragte den Kleinen aus. Er war älter als ich, was ich anfangs nicht glaubte, sondern erst, als er mir seinen Personalausweis zeigte. Ich hatte gemeint ich spinne, denn er war sogar drei Jahre älter als ich und sah dabei um einiges jünger aus als ich. Dann erzählte er mir, was er in Deutschland angestellt hatte und warum er abgehauen ist. Er hatte ein paar Autodiebstähle gemacht, sogar einen LKW. Als die Polizei ihm auf die Schliche gekommen war, haute er nach Frankreich ab, denn er hatte bereits ein paar Monate Strafe auf Bewährung auf dem Buckel, und wenn sie ihn erwischt hätten, wäre er auf jeden Fall im Knast gelandet. Ich konnte ihn gut verstehen, denn ich war ebenfalls abgehauen, weil ich nicht in die Kiste wollte. Als er in Marseille war, beschloß er, soweit wie möglich in den Süden zu gehen; bis nach Südafrika hinunter wollte er gehen.

Ich sagte ihm aber nicht, daß ich ebenfalls auf dem Weg nach Afrika war. Da Rudi noch genug Geld für eine Schiffspassage hatte, kaufte er sich ein Ticket nach Korsika. Nun saß er seit ein paar Wochen auf der Insel herum und hatte noch keinen großen Fisch erwischt, der ihm seine Reise weiter finanziert hätte. Bisher hatte es immer nur für das Essen gelangt, was er erbeutete, aber nie für ein weiteres Ticket. Er tat mir irgendwie leid, und ich wunderte mich, daß er mir dies alles erzählte. Auf einmal sagte er:

»Du scheinst auch nicht gerade freiwillig von Deutschland verschwunden zu sein.«

»Wie kommst du darauf?«

»Wenn du einer von den Urlaubern gewesen wärst, hättest du mir bestimmt nicht zugehört, denn die Urlauber wollen mit solchen Leuten wie ich es bin, nichts zu tun haben.«

»Aber deswegen muß ich nicht gleich auf der Flucht sein.«

»Du hast auch nicht nach der Polizei geschrien, als ich dir deinen Geldbeutel zurückgab. Und das ist für mich ein Beweis, daß du nicht gerade ein Engel bist.«

»Also gut, du hast recht. Ich bin auf der Flucht.«

»So etwas hatte ich mir schon gedacht. Aber wie bist du nach Korsika gekommen, hast du dir auch ein Ticket gekauft?«

Nun wußte ich nicht, was ich sagen sollte, und deshalb sagte ich ganz einfach zu ihm:

»Das kann ich dir nicht sagen und anlügen will ich dich nicht.«

Ich spielte mit dem Gedanken, ihn mitzunehmen, da ich wußte, daß er auch nach Afrika wollte, aber ich war mißtrauisch, und deshalb sagte ich nichts von meinem Schiff. Zuerst wollte ich ihn noch ein bißchen kennenlernen, bevor ich ihm dies anbieten würde. Es wäre ganz gut gewesen, wenn ich nicht alleine gewesen wäre, dann hätte ich nicht immer die ganze Nacht am Steuer sitzen müssen. Von Korsika bis Afrika war es noch ein ganz netter Fetzen, wie ich aus einem Atlas sehen konnte.

Wir saßen noch eine ganze Weile im Café, und ich lud dann Rudi zum Abendessen ein. Er freute sich riesig darüber und ich stellte fest, wie dreckig es ihm in der letzten Zeit ergangen sein mußte, denn nur, wer einmal gehungert hatte, konnte sich so über eine Einladung zum Essen freuen. Am späten Nachmittag gingen wir in ein Restaurant zum Abendessen. Ich selbst hatte den ganzen Tag noch nichts zu mir genommen und hatte deshalb einen Hunger, daß ich einen Ochsen hätte fressen können. Rudi schien sich ein wenig zu genieren, und deshalb sagte ich zu ihm:

»Du kannst dir bestellen, was du willst, denn ich habe wirklich genug Geld dabei. Also hau rein, wenn du Kohldampf hast.«

Er schaute mich komisch an und sagte:

»Wenn ich dich aber armfresse, will ich keine Beschwerden hören.«

Dann kam der Kellner und Rudi bestellte. Ich hatte wirklich schon eine ganze Menge Bestellungen gehört, aber die von Rudi übertraf alle. Man konnte meinen, daß er gleich für vier Personen bestellte. Das schönste an der Sache war, daß er das ganze Zeug verschlang und nicht die kleinste Kleinigkeit auf dem Teller zurückließ. Der Kellner schaute ganz dumm, als er den Tisch abräumte. Ich bestellte bei ihm noch etwas zu trinken, damit er nicht bei uns stehen blieb und gaffte, als wenn ein neues Weltwunder erschaffen würde.

Danach lud ich Rudi ein, mit mir in eine Disco zu gehen. Er nahm das Angebot an und wir machten uns auf den Weg. Als wir eine Disco gefunden hatten, setzten wir uns rein und unterhielten uns weiter. Ich hatte Rudi immer noch nicht gesagt, wie ich nach Korsika gekommen bin. Er wußte nur, weshalb ich aus Deutschland abgehauen bin. Um drei Uhr nachts sagte ich zu ihm:

»Ich werde jetzt nach Hause gehen und mich in die Falle hauen.«

»Wieviel Uhr ist es denn?«

»Schon drei vorbei. Wo schläfst du eigentlich?«

»Im Freien.«

»Das geht doch gar nicht.«

»Warum nicht, es ist doch warm.«

»Aber du kannst doch nicht einfach im Freien schlafen.«

»Ich suche mir im Park eine schöne Bank, und da hau ich mich drauf.«

Ich konnte mir das gar nicht vorstellen, daß er im Park auf einer Bank lag und schlief. Also fragte ich ihn:

»Wann hast du das letztemal in einem Bett geschlafen?«

»Das ist schon ein paar Wochen her.«

So etwas hatte ich mir gedacht, und deshalb sagte ich zu ihm, da er mir leid tat:

»Du kannst heute nacht bei mir pennen.«

»Wo schläfst du eigentlich?«

»Auf einer Jacht.«

»Auf was für einer?«

»Das erkläre ich dir später. Laß uns jetzt abhauen.«

Wir machten uns auf den Weg zur Bucht, in der die Jacht stand. Unterwegs erzählte ich Rudi, wie ich an das Schiff rangekommen war. Er wollte es mir erst nicht glauben, aber als er die Jacht sah, brachte er vor lauter Staunen den Mund fast nicht mehr zu. Ich hatte Platz genug zum Schlafen, und ich zeigte ihm, wo er pennen konnte. Er war ganz aus dem Häuschen, als er das alles sah. Aber er konnte sich immer noch nicht vorstellen, daß ich die Jacht geklaut hatte. Irgendwie hatte ich ein bißchen Vertrauen zu dem Kerl gewonnen, und ich erzählte ihm, daß ich auch auf dem Weg nach Afrika war. Ich hatte mir vorgenommen, ihm am nächsten Morgen den Vorschlag zu machen, mit mir zusammen zu fahren. Wenn wir in Afrika ankamen, würden sich unsere Weg wieder trennen, denn ich wollte nicht so weit hinunter wie er, sondern bloß bis in die Mitte des Kontinents. Da ich in aller Herrgottsfrühe aufgestanden war und den Tag über schon einiges getrunken hatte, schlief ich in der Nacht fest und tief.

Am nächsten Morgen, als ich aufwachte, schaute ich gleich nach Rudi, ob er noch da war. Er lag in seiner Koje und schlief wie ein Murmeltier. Ich machte schnell Frühstück, so wie ich es immer tat. Der Lärm, den ich dabei machte, weckte ihn auf. Er sagte mir freudig »Guten Morgen«, und daß er schon lange nicht mehr so gut geschlafen hatte wie in dieser Nacht. Dann frühstückten wir miteinander, wobei ich mich wieder auf eine Tasse Kaffee und eine Zigarette beschränkte. Auf einmal sagte Rudi zu mir:

»Ich habe einmal eine Frage an dich.«

»Was hast du auf dem Herzen?«

»Kannst du noch jemanden mitnehmen, nach Afrika?«

»Ja, Platz ist genug auf dem Schiff.«

Ich hatte das Thema noch nicht angeschnitten, da ich nicht wußte, wie ich es anfangen sollte, und so ersparte er es mir.

»Ich möchte gerne mit dir auf diesem Ding nach Afrika fahren. Das heißt, wenn du mich mitnimmst.«

»Das Angebot wollte ich dir sowieso machen.«

»Dann kann ich also mit dir zusammen runterfahren?«

»Ja, und ich bin froh, daß ich jemand bei mir habe.«

Rudi war ganz aus dem Häuschen, und er sprach von nichts anderem mehr, als von der Fahrt nach Afrika.

Einen Tag später erreichten wir Bonifacio und ankerten wieder in einer Bucht, die ein Stück von der Stadt und dessen Hafen entfernt war. Da es schon spät war, hauten wir uns in die Falle, denn es lohnte sich nicht, an Land zu gehen. Am nächsten Morgen drückte ich Rudi ein paar Geldscheine in die Hand, damit ich nicht immer für ihn bezahlen mußte. Dann gingen wir an Land. Am Abend wollten wir uns noch ein wenig amüsieren und ein paar Weiber anmachen. Aber jedes Girl, an das ich mich ranmachte, ließ mich eiskalt abblitzen, und deshalb war ich stinksauer. Die ganze Zeit hatte ich eine richtige Glückssträhne mit diesen Weibern und auf einmal lief gar nichts mehr. Also rettete ich den Abend, indem ich mir einen in die Birne knallte.

Als ich am nächsten Morgen aufwachte, hatte ich abnormale Kopfschmerzen. Ich glaubte, mir platze jeden Moment der Schädel. Also schluckte ich zwei Aspirin. Die Pillen wirkten schnell, aber in meinem Magen hatte ich ein Gefühl, als hätte dort eine Schlacht stattgefunden. Mit Segeln war an diesem Morgen nichts drin. Ich mußte mich zuerst in Ordnung bringen. Nachdem ich Kaffee getrunken hatte, etwas schwimmen war und mich an die Sonne gelegt hatte, ging es mir wieder besser. Es war schon Mittag, und wir wollten losfahren, da wir vor Einbruch der Nacht noch in Sardinien sein wollten. Also setzten wir die Segel und fuhren auf das offene Meer hinaus.

17

Der Wind stand günstig, und es wehte eine gute Brise. Es machte mir Spaß, über das Wasser zu schießen. Wir erreichten noch vor Einbruch der Dunkelheit Sardinien und fanden einen guten Ankerplatz in der Nähe einer Stadt.

An Land zu gehen lohnte sich nicht, da wir kein italienisches Geld bei uns hatten. Jedermann kennt den Spruch: »Ohne Moos, nichts los«. Also hauten wir uns in die Kojen und verbrachten den Abend mit schlafen, damit wir am nächsten Tag fit wären.

Am nächsten Morgen setzten wir über und gingen in die Stadt. In einer Wechselstube, die schon auf hatte, wechselten wir unser Geld, damit wir ein wenig auf Entdeckungsreise gehen konnten.

Es war eine richtige Urlauberstadt, und als es richtig warm war, sah man auf den Straßen ein paar nette, besser gesagt, hübsche Bienen. Rudi und ich machten zwei Weiber an und verbrachten den ganzen Tag mit ihnen. Am Abend gingen wir alle in eine Disco. Nach Mitternacht zogen wir uns in ein Hotel zurück. Als sich das Weib, mit dem ich gepennt hatte, morgens endlich verabschiedete, war ich heilfroh, daß sie weg war, denn sie war noch dümmer, als ich angenommen hatte. Am liebsten hätte ich sie mitten in der Nacht rausgeschmissen. Da ich aber nicht unhöflich bin, ließ ich sie die ganze Nacht bei mir. Ich hatte mich mit ihr für den Nachmittag verabredet, aber wußte schon im voraus, daß ich zu dieser Verabredung nicht erscheinen würde.

Als Rudi und ich gefrühstückt hatten, gingen wir zur Jacht zurück und stachen gleich in See.

Abends ankerten wir wieder und gingen an Land. Wir wollten uns nur ein wenig umsehen und wieder zurück an Bord gehen. Wir dachten, daß wir noch lange genug auf dem Meer sein würden, und so konnten wir uns ruhig ein wenig die Zeit an Land vertreiben. Es war nur ein Dorf mit einer Pizzeria. Dort verdrückten wir je eine Mafiatorte.

Am nächsten Morgen fuhren wir gleich weiter und faulenzten auf dem Meer herum wie die Götter. Einmal forderten wir eine andere Jacht zu einem Rennen heraus. Aber der Besitzer hatte keine Chance gegen uns, denn unsere Jacht war sehr schnittig und sportlich. Am Abend fuhren wir wieder an Land. Als ich das Abendessen machen wollte, stellte ich fest, daß die Wasserkanister fast leer waren. An Land spielten ein paar Kinder im Sand und ein bißchen abseits davon stand ein Strandhaus. Dort wollte ich hingehen und die Kanister auffüllen.

Nach dem Essen schmiß ich die Kanister in das Schlauchboot und fuhr alleine hinüber. Dort zog ich das Boot auf den Sand, schnappte die Wassertanks und lief auf das Strandhaus zu. Als ich ziemlich nahe heran war, kamen ein paar Leute aus dem Haus. Eine alte Frau, ein alter Mann und ein paar Jüngere erwarteten mich schon. Es fiel mir ein Mädchen auf, das ziemlich schüchtern sein mußte, denn sie schien sich hinter dem alten Mann zu verstecken. Sie hatte schwarze, lange Haare und, wie ich erkennen konnte, soweit dies ging, ein nettes Gesicht. Die Leute gaben mir die Hand und begrüßten mich. Das Mädchen, das mir aufgefallen war, gab mir ebenfalls die Hand, und ich stellte fest, als sie so vor mir stand, daß sie bildhübsch und noch blutjung war.

Ich sprach die Leute auf französisch an und wollte ihnen klarmachen, daß ich Wasser brauche. Aber sie schauten mich nur dumm an, denn keiner von ihnen konnte mich verstehen. Also versuchte ich es auf englisch, da ich kein Italienisch sprach, und diesmal verstand mich jemand, nämlich das Mädchen, das ich so schön fand, denn sie hatte mir geantwortet.

Ich sagte ihr, daß ich die beiden Kanister mit Wasser füllen wollte, und die anderen fragten das Mädchen gleich, was ich gesagt hätte? Sie übersetzte, und die Leute nahmen mir die Kanister sofort ab. Dann stellte mir das Mädchen die ganzen Leute vor. Ich war verblüfft, denn jeder war mit jedem verwandt. Ich blickte nicht mehr durch. Das Mädchen hieß Margherita, und mir fiel meine Großmutter ein, die genauso hieß.

Man lud mich gleich in das Haus ein, und es wurde eine Flasche Wein geöffnet. Margherita spielte die Dolmetscherin, und so unterhielt ich mich fast die ganze Zeit nur mit ihr.

Die Familie machte hier nur Urlaub. Sie kamen aus Nuoro, das im Landesinnern liegt. Ich mußte Margherita leider anlügen, denn ich konnte ihr nicht sagen, daß das Schiff gestohlen war und ich damit nach Afrika wollte. Das einzige, was an meiner Story stimmte, die ich ihr erzählte, war mein Name und daß wir von Frankreich kamen, besser gesagt, daß wir von dort losgefahren waren. Alles andere war gelogen, und sie glaubte mir jedes Wort. Sie fragte mich bald Löcher in den Bauch, und ich war zum Lügen gezwungen. Margherita war genauso alt wie ich, aber auch bei meinem Alter log ich, denn ich machte mich drei Jahre älter, als ich in Wirklichkeit war.

Nach einer Weile verzogen sich die anderen, und ich war mit ihr alleine im Zimmer. Mir war das Mädchen sehr sympathisch, und es hatte einiges in ihrem hübschen Köpfchen. Den ganzen Abend unterhielt ich mich mit ihr, und wir gingen sogar noch am Strand spazieren. Erst nach Mitternacht paddelte ich zum Schiff zurück, und als ich ankam, schlief Rudi schon. Ich nahm mir vor, einen Tag an dem Strand zu verbringen. Ob Margherita der Anlaß dazu war, wußte ich nicht genau, aber sie hatte etwas damit zu tun.

Als ich in meiner Koje lag, konnte ich nicht einschlafen, denn ich dachte die ganze Zeit an Margherita. Sie ging mir einfach nicht aus dem Kopf, und ich wußte, daß ich diesen einen Tag nur wegen ihr bleiben wollte. Da ich nicht einschlafen konnte, ging ich an Deck und setzte mich an die Reling. Mir schien es, als wenn ich mich schon am ersten Abend in dieses Mädchen verliebt hätte. Ich holte aus der Kajüte eine Flasche Whisky und trank einiges davon, bis ich merkte, daß ich müde war und einschlafen konnte.

Am Morgen, als ich aufwachte, hatte Rudi schon das Frühstück gemacht, und ich setzte mich an den Tisch. Ich sagte ihm, daß wir noch einen Tag länger hier bleiben würden. Er war damit einverstanden, und ich war froh, daß er mich nicht fragte, warum wir dablieben. Dann fragte ich Rudi, ob er mit an Land ginge, da ich gleich rüberfahren wollte. Er hatte auch Lust, denn er wollte sich ein bißchen umsehen.

Nach dem Frühstück paddelten wir zusammen rüber, und als Rudi sich aus dem Staub gemacht hatte, hielt ich nach Margherita Ausschau. Sie lag im Sand und döste vor sich hin. Ich setzte mich neben sie und betrachtete ihren Körper. Sie war wunderschön und ich träumte schon, mit ihr allein auf einer Insel zu sein, als sie mich auf einmal aus meinen Träumereien riß, denn sie hob den Kopf und schaute zur Jacht hinüber. Da ich aber auf der anderen Seite von ihr saß, sah sie mich nicht sofort. Erst als ich zu ihr sagte: »Hier bin ich«, drehte sie den Kopf und sah mich an. An ihrem Gesichtsausdruck konnte ich erkennen, daß sie überrascht war, und sie sagte: »Ich habe schon die ganze Zeit geschaut, ob ihr schon auf seid.«

Dann hielt sie auf einmal die Hand vor den Mund, als wenn sie etwas Falsches gesagt hätte. Ich mußte grinsen, denn nun wußte ich, daß sie auf mich gewartet hatte. Dann fing sie an zu lachen, da sie merkte, daß sie nichts Falsches gesagt hatte. Ich legte mich neben ihrem Badetuch in den Sand und unterhielt mich mit ihr. Als es zu heiß wurde, sagte sie, daß es in der Nähe ein Strandcafé gäbe und wir dort hingehen könnten. Ich ging auf ihren Vorschlag sofort ein, und wir bummelten dort hin. Ich war total happy, in ihrer Nähe sein zu dürfen und lief neben ihr her wie ein Gockel, der nicht ganz sauber war. Als wir in dem Café waren, sah ich Rudi mit einem Mädchen in einer Ecke sitzen. Wir gingen zu ihm an den Tisch, und ich stellte ihm Margherita vor und er mir seine neue Bekanntschaft. Sie war Österreicherin, die auf Sardinien Urlaub machte, und ich dachte mir gleich, daß dies ein neuer Grund wäre, noch einen Tag länger zu bleiben. Darüber wollte ich aber erst noch mit Rudi reden. Margherita hatte ihr Auto am Strandhaus stehen, und so beschlossen wir, irgendwo zum Mittagessen hinzufahren. Wir fuhren gemeinsam in eine kleine Ortschaft und aßen dort in einer Pizzeria gemütlich zu Mittag. Nach dem Essen setzten wir uns wieder in den Wagen und gondelten ein wenig in der Landschaft herum. In einer ländlichen Gegend hielt sie an und wir gingen ein bißchen spazieren. Wir schauten einem Schafhirten zu, wie er seine Schäfchen über die Felder trieb. Dort nahm ich Margherita das erstemal in die Arme und küßte sie.

Ihre Lippen waren weich wie Samt, und ich schwebte im siebten Himmel, als ich sie festhielt und ihre Nähe spürte. Ich hatte mich in das Mädchen verliebt, obwohl es sinnlos war, denn ich mußte bald wieder gehen und sie verlassen. Mein Herz klopfte, und das Blut hämmerte in den Adern, als ich sie im Arm hielt und sie den Kopf an meine Brust gelegt hatte. Dann sagte sie zu mir:

»Ich liebe dich. Schon als ich dich das erstemal gesehen hatte, habe ich es in mir gespürt.«

Mir ging es genauso, aber ich sagte nichts zu ihr, sondern hielt sie weiter in meinen Armen. In mir fing ein Gedanke an zu hämmern, der immer nur sagte: Ich muß sie verlassen, ich muß sie verlassen …!

Nur an das dachte ich, und mir schien, daß ich langsam verrückt wurde. Ich küßte sie noch einmal und ließ sie dann los. Ich war traurig, denn ich wußte, daß ich sie bei Nacht und Nebel verlassen würde, auch wenn ich es nicht wollte.

Den Rest des Nachmittags und den ganzen Abend verbrachte ich mit ihr, und ich hätte die Möglichkeit gehabt, mit ihr zu schlafen. Aber ich ließ die Finger von ihr, denn ich hatte meiner Meinung nach nicht das Recht, ein Mädchen wie sie es war, einfach zu nehmen und dann sitzen zu lassen. Das konnte ich mit anderen machen, aber nicht mit ihr. Ich brachte es nicht übers Herz, denn sie war so lieb und noch unberührt. Nein, sie sollte mich nicht als ein Schwein in Erinnerung behalten. Das wollte ich nicht. Mein Herz war schwer, als ich sie das letztemal küßte und mich von ihr verabschiedete. Sie wußte nicht, daß es der letzte Kuß war, aber ich dafür um so genauer. Es war fast Mitternacht, als ich zum Strand ging, denn ich wollte auf die Jacht zurück. Rudi wartete schon bei ein paar Leuten, die ein Lagerfeuer gemacht hatten und eine kleine Strandparty veranstalteten. Er hatte eine Stinkwut im Bauch, denn Petra hatte ihn versetzt. Wir paddelten auf das Schiff zurück, und ich sagte Rudi, daß wir noch in der Nacht abfahren würden. Er war ganz überrascht, aber fragte mich nicht warum und weshalb, denn er sah meinem Gesicht an, daß irgend etwas nicht stimmte. Als wir auf der Jacht waren, sagte ich zu Rudi, daß er alles klar machen sollte, denn ich müßte noch etwas erledigen. Ich ging in die Kajüte. Meine Gedanken waren bei Margherita, und als ich in der Kabine stand, die Schreibutensilien aus einem Fach holte und mich an den Tisch setzte, liefen mir die Tränen herunter. Ich war unendlich traurig und verliebt. Auf einem weißen Bogen Papier schrieb ich einen Abschiedsbrief an sie.

Liebste Margherita

Ich muß dich leider verlassen und bin deswegen sehr unglücklich. Glaube mir, es war eine sehr schwere Entscheidung für mich, und ich habe meine Gründe, die ich dir leider nicht sagen kann. Ich liebe dich von ganzem Herzen, aber es bleibt mir keine andere Wahl. Es war eine sehr schöne Zeit mit dir, auch wenn sie sehr kurz war. Aber bevor sich unsere Liebe in eine hoffnungslose Liebe verwandelt, werde ich gehen, denn wir können niemals zusammenbleiben. Ich bin dazu gezwungen, dies zu machen, denn von alleine würde ich dich nicht verlassen. Du wirst mich nicht verstehen, aber es hätte früher oder später doch so kommen müssen. Dann wäre es viel schlimmer, und das will ich dir und mir ersparen. Es ist schon schlimm genug, denn mir tut das Herz weh.

Wenn du diesen Brief liest, werde ich schon fort sein, aber immer noch an dich denken, denn ich habe dich sehr gerne. In Liebe

Dein Fritz

Den Brief steckte ich in einen Umschlag und verschloß ihn. Dann schrieb ich Margheritas Name darauf und ging an Deck. Rudi hatte das Schiff schon startklar gemacht und wartete auf mich. Ich setzte mich in das Schlauchboot und ruderte an Land. Dort ging ich zum Strandhaus, vor dem Margheritas Wagen stand. Ich klemmte den Brief unter den Scheibenwischer, daß sie ihn gleich sehen würde, wenn sie aus dem Haus kam. Dann ging ich langsam zum Schlauchboot zurück. Ich war traurig und fühlte mich unendlich alleine gelassen, denn mit jedem Schritt entfernte ich mich von ihr und schritt in die Einsamkeit hinein. Mit dem Boot ruderte ich zur Jacht zurück. Wir setzten sofort die Segel. Rudi war es gerade recht, daß wir losfuhren, weil er eine totale Pleite mit dieser Petra erlebt hatte. Das Schiff nahm langsam Fahrt auf in die schwarze, unendliche Nacht hinein.

18

Ich saß am Ruder und schaute die ganze Zeit auf das kleine Strandhaus, bis es in der Dunkelheit der Nacht verschwunden war. Mit einem guten Tempo fuhren wir auf das offene Meer hinaus und schwenkten erst nach einer ganzen Weile in Richtung Süden ein. Mitten auf dem Meer waren die Wellen um einiges höher geworden, denn dort pfiff der Wind stärker. Aber das war mir gerade recht, denn so konnte ich mich ein wenig abreagieren. Ich legte die Jacht in den Wind, so daß sie gegen die Wellen ankämpfte. Der Vorderteil hob sich und klatschte wieder ins Wasser. Rudi bekam ein wenig Angst, ging in die Kajüte und zog sich eine Schwimmweste an. Er saß einen Augenblick neben mir und verkroch sich dann in die Kabine. Ich war mit diesem kleinen Sturm alleine, und er machte mich regelrecht an. Du sollst mich kennenlernen, dachte ich und legte die Jacht so in den Wind, daß sie genau nach Süden fuhr. Ich wollte ihn bekämpfen. Das Ruder mußte ich mit ziemlichem Kraftaufwand halten, damit ich den Kurs beibehielt. Rudi ließ sich nicht blicken, sondern versteckte sich in der Kabine. Das Schiff hob und senkte sich immer wieder. Es klatschte auf das Wasser und die Gischt lief über den Bug nach hinten. Die ganze Nacht hielt ich den Kurs und kämpfte gegen den Sturm an. Es wurde langsam hell, aber der Sturm legte sich nicht. Im Gegenteil, gegen Morgen wurde er noch stärker, und ich konnte nicht mehr genau nach Süden fahren. Der Sturm war schon so stark, daß ich das Schiff so in den Wind legen mußte, damit es wenig Widerstand bot. Langsam merkte ich, wie ich die Kontrolle über die Jacht verlor und aus dem Kampf, den ich vorher mit dem Sturm geführt hatte, wurde bitterer Ernst. Die See tobte, wie ich sie noch nie erlebt hatte. Die Wellen waren haushoch, der Wind heulte, und die Jacht tanzte hin und her. Auf einmal fiel mir auf, daß ich keine Schwimmweste anhatte. Ich mußte mir unbedingt eine umlegen. Wenn etwas passieren sollte, wollte ich nicht wie eine Ratte ersaufen. Also zurrte ich das Ruder mit einem Seil fest, damit es sich nicht bewegen konnte. Dann ging ich in die Kajüte hinunter, wobei ich mich überall festhalten mußte, damit ich nicht über Bord ging. In der Kajüte band ich mir eine Weste um, und als ich gerade die letzte Schleife zumachte, hörte ich ein lautes Krachen. Irgendetwas mußte am Schiff kaputtgegangen sein.

Sofort ging ich wieder an Deck und sah die Bescherung. Es war echt zuviel für mich. Ich traute meinen Augen nicht. Ich konnte es nicht glauben, was ich sah. Das Ruder war aus der Verankerung gerissen und hing nur noch am Seil, mit dem ich es angebunden hatte. Das Schiff war nun nicht mehr zu steuern und damit dem Sturm hilflos ausgeliefert. Es war schon ganz hell und das Meer tobte immer noch. Diesmal ging es ums nackte

Überleben. Der Sturm konnte mit uns machen, was er wollte. Ich hätte das Ruder niemals festbinden dürfen und wenn, dann hätte ich das Seil ein wenig lockerer machen müssen, damit das Steuer Spielraum gehabt hätte und nachgeben konnte, wenn der Druck zu stark wurde. Aber das hatte ich nicht gemacht, und nun mußte ich zusehen, daß wir nicht kenterten. Also ging ich hin und machte das Segel runter, damit wir wie eine Nußschale auf den Wellen tanzten. Dann ging ich hinunter zu Rudi und sagte ihm, was passiert war. Der schaute mich erst entgeistert an und sagte dann, als wenn es nur eine Lappalie wäre:

»Mehr als verrecken können wir nicht.«

Eine ganze Stunde saßen wir in der Kajüte und bangten, als der Sturm endlich anfing nachzulassen. Aber die Gefahr zu kentern bestand immer noch, denn es konnte sich auch nur um ein paar Minuten Ruhe handeln, bevor er wieder richtig loslegte. Doch langsam legte sich der Sturm. Der Wind wurde weniger und die Wellen waren nicht mehr so hoch.

Als die Gefahr des Kenterns vorüber war, atmete ich erleichtert auf. Der Sturm war vorüber, und wir hatten ihn überlebt. Aber was sollten wir nun ohne Ruder machen, fragte ich mich. Die See war zwar noch rauh, aber es bestand keine Gefahr mehr. Rudi holte die Whiskyflasche hervor, nahm einen kräftigen Schluck und hielt sie mir hin. Ich machte ebenfalls einen anständigen Zug und fragte ihn:

»Hast du keine Angst gehabt, als ich dir sagte, daß das Ruder im Eimer ist?«

»Angst hatte ich bestimmt, mehr wie du. Aber ich habe sie versucht zu verbergen, damit wir nicht hohldrehten und vielleicht Mist gemacht hätten.«

»Ich kann dir sagen, ich habe vor Angst fast in die Hosen geschissen, als ich das Ruder gesehen habe.«

»Das kann ich mir vorstellen. Deshalb habe ich es mir nicht angeschaut.«

Dann setzte ich noch einmal die Flasche an und gab sie wieder Rudi.

»Hier, du kannst garantiert noch einen Schluck gebrauchen.«

Er nahm die Flasche, und ich ging an Deck, um zu schauen, ob ich vielleicht das Ruder reparieren konnte. Wir konnten noch nicht weit von Sardinien weg sein, dachte ich mir. Zuerst schaute ich mir den Bug an, ob dort noch alles in Ordnung war und der Sturm nichts kaputt gemacht hatte. Da dort aber alles ganz war, ging ich nach hinten und schaute mir das Ruder an. Aber dort gab es nichts zu reparieren, denn das Ruder war total aus der Verankerung gerissen und unmöglich wieder in Ordnung zu bringen. Ich ging wieder in die Kajüte und erzählte Rudi, wie die Lage aussah. Der fing an, wie aus heiterem Himmel, etwas zum Essen herzurichten, denn er meinte, daß man mit einem vollen Magen besser überlegen könnte. Also aßen wir etwas, und ich überlegte dabei, was wir machen konnten, um wieder an Land zu kommen. Aber es fiel mir ums Verrecken nichts ein.

Der Sturm legte sich ganz, und nach einer Weile sah die See aus, als wenn sie noch nie stürmisch gewesen wäre. Es wehte fast kein Wind, und ich wußte, daß eine Flaute eintreten würde. Wir saßen immer noch in der Kajüte und überlegten fieberhaft. Ein anderes Schiff um Hilfe rufen konnten wir nicht, denn sonst hätten wir uns gleich freiwillig im Knast melden können. Wir mußten uns also selber helfen und das so schnell wie möglich, bevor uns jemand entdeckte und die Lage durchschaute. Rudi saß ganz ruhig am Tisch, und ich sah ihm an, daß er nachdachte. Auf einmal sagte er zu mir:

»Mit dem Außenbordmotor kann man doch auch steuern?«

»Ja, aber nur, wenn er in Betrieb ist.«

»Wieviel Sprit haben wir noch?«

»Das weiß ich nicht. Aber warte mal, ich gehe schnell nachschauen.«

Ich wußte, was Rudi vorhatte, denn wenn der Sprit langen würde, könnten wir mit dem Motor an Land fahren. Ich stellte fest, daß wir noch anderthalb Tanks hatten. Dann schaute ich, ob der Motor noch in Ordnung war. Es war alles ok, und ich freute mich wie ein kleines Kind darüber. Ich ging in die Kajüte zurück und verklickerte Rudi die Sachlage. Als ich ihm sagte, wieviel Sprit wir noch hatten, meinte er:

»Langen könnte es, wenn wir nicht zu weit auf dem Meer draußen sind und die See so ruhig bleibt, wie sie jetzt ist.«

Ich schloß also den halbvollen Kanister an und startete den Motor. Am Anfang wollte er nicht anspringen, aber nach ein paar Versuchen klappte es doch noch. Wir fuhren genau nach Westen und die Sache ging einwandfrei. Nur der Sprit mußte ausreichen, sonst wären wir erneut aufgeschmissen.

Es kam wieder ein wenig Wind auf, und ich machte Rudi den Vorschlag, das Segel zu setzen, damit wir schneller vorankämen. Aber das war ein Irrtum von mir, und so machten wir es nach ein paar Minuten wieder runter. Nach einer halben Stunde war der halbvolle Kanister leer, und ich mußte den anderen anschließen. Es war noch kein Stückchen Land in Sicht, und ich gab die Hoffnung auf, es mit dem Motor zu schaffen. Wir mußten ziemlich weit von Sardinien abgetrieben sein. Ich saß am Motor und schaute öfters durch das Fernglas, ob nicht Land zu sehen war. Aber nichts konnte ich entdecken, und ich verlor den letzten Hoffnungsschimmer, den ich noch hatte.

Nach einer weiteren halben Stunde schaute ich noch einmal, durch das Fernglas, und ich ließ einen Freudenschrei los, denn ich sah Land. Ich schaute nochmals nach dem Sprit, und wir hatten noch fast einen halben Kanister. Wir konnten es also ohne weiteres schaffen, an Land zu kommen. Rudi machte Freudensprünge an Deck, und ich mußte ihn einmal festhalten, denn er wäre fast über Bord gefallen, weil er nicht aufpaßte.

Ich fuhr direkt auf das Land zu und hatte eine Wahnsinnsfreude in mir, weil wir die Sache so gut überstanden hatten. Da wir nun zu zweit nach Afrika fuhren, nahm ich mir vor, ein Schiff zu klauen, das ein wenig größer und stabiler ist als das, das wir hatten, denn ich wollte so etwas, wie wir in der Nacht erlebt hatten, kein zweitesmal mitmachen. Ich würde schon eine Jacht finden, das wußte ich genau, denn es gab genügend Urlauber auf Sardinien, die einen Haufen Geld hatten und sich ein Schiff leisten konnten.

Als wir noch ein paar hundert Meter vom Land entfernt waren, sagte ich zu Rudi, daß er das Segel hochziehen solle, denn ich wollte das Schiff treiben lassen, damit man nicht sehen konnte, wo wir an Land gegangen sind. Als wir noch ungefähr hundert Meter vom Land entfernt waren, legte ich das Boot um, so daß es nach Süden fuhr, stellte den Motor ab und setzte mich mit Rudi in das Schlauchboot. Dann machte ich die Leine los, und wir paddelten in Richtung Land. Unsere Jacht entfernte sich sehr schnell von uns, und es tat mir leid, sie verloren zu haben.

Kaum waren wir an Land, entluden wir das Boot, holten es aus dem Wasser, nahmen ein großes Tauchermesser, zerstachen und zerlegten es und vergruben die Teile, damit sie niemand finden konnte, schnappten die Seesäcke, von denen ich zwei nehmen mußte und setzten uns in Bewegung. Wir marschierten einfach landeinwärts, um auf eine Straße zu stoßen, wo uns jemand bis zur nächsten Ortschaft mitnehmen konnte, in der wir untertauchen konnten, denn man würde uns bestimmt suchen. Wir kamen schnell auf eine Straße, und es nahm uns auch gleich der erste Wagen mit, in dem zwei Weiber saßen, die nicht alle Tassen im Schrank haben mußten, denn sie kicherten ununterbrochen vor sich hin. Aber mir sollte es egal sein, denn ich wollte nur aus dieser Gegend verschwinden. Wir fuhren an der Küste entlang und konnten unser Schiff nochmals sehen. Es lag auf einem Riff, und ein anderer Segler näherte sich der gestrandeten Jacht. Dann fuhren wir ins Landesinnere. Etwas Besseres, als in die Mitte der Insel zu fahren, konnte uns gar nicht passieren, denn dort würden sie uns zuletzt suchen. Vielleicht dachten sie auch, wir wären ertrunken, denn den nächtlichen Sturm mußten sie auch an Land mitbekommen haben.

In der nächsten Ortschaft suchten wir uns erst Hotelzimmer, gingen darauf in eine Wechselstube und wechselten etwas Geld, denn wir hatten fast kein italienisches Geld mehr. Dann gingen wir in ein Schreibwarengeschäft und kauften eine Landkarte von Sardinien. Wir setzten uns in ein Café und studierten die Karte. Als uns der Wirt auf der Karte zeigte, wo wir uns befanden, stellten wir fest, daß wir noch nicht einmal die Hälfte der Insel hinter uns gelassen hatten.

Rudi und ich beschlossen, bis an das untere Ende der Insel zu fahren, dort ein neues Boot zu klauen und die Insel zu verlassen. Unsere nächste Station würde erst wieder Afrika sein. Rudi machte den Vorschlag, per Anhalter hinunterzufahren, denn so würde man am wenigsten auffallen. Es bestand immerhin die Gefahr, daß wir gesucht wurden, und deshalb mußten wir vorsichtig sein.

Wir gingen etwas essen und dann wieder zurück ins Hotel, denn wir waren hundemüde und mußten uns aufs Ohr legen, bevor wir im Sitzen einschliefen. Bevor ich einpennte, dachte ich an Margherita, die meinen Brief schon gelesen haben mußte. Sie war bestimmt traurig, genauso wie ich, weil wir uns verloren hatten. Arme kleine Margherita, dachte ich noch und mußte dann eingeschlafen sein.

Ich war immer noch nicht der hartgesottene Mann, der ich sein wollte. Es machte mir weiterhin zu schaffen, wenn ich ein Mädchen verließ, das ich gerne hatte. Wenn das so weiterging, dann würde ich nie einer von den Männern werden, denen es nichts ausmachte, ein Mädchen zurückzulassen, ohne später auch nur eine Minute an es zu denken, oder es zu vermissen.

Am nächsten Morgen marschierten wir mit unserem Gepäck aus der Stadt hinaus, setzten uns dort auf eine Mauer, die die Straße entlangführte und warteten auf ein Auto. Aber wir schienen zu früh unterwegs zu sein, denn es kam nicht ein einziger Wagen vorbei. Einmal kam ein Radfahrer, der mich aber nicht mitnehmen wollte, was auch verständlich war. In Sardinien schienen die Leute ziemlich spät munter zu werden, und deshalb blieben wir auf der Mauer sitzen und warteten.

Nach einer ganzen Weile kam endlich einmal ein altes, klappriges Auto angefahren, das sofort auf unser Zeichen anhielt. Am Steuer saß ein alter Mann, der genauso alt aussah wie sein Wagen. Aber er nahm uns mit, auch wenn er nicht bis ans untere Ende der Insel fuhr. Drei Dörfer weiter stiegen wir aus dem Wagen. Wir stellten uns wieder an die Straße und warteten. Schon nach ein paar Minuten hielt ein junger Typ an, der uns mitnahm. Leider schien er uns nicht ganz verstanden zu haben, denn als wir ausstiegen, merkten wir, daß der Fahrer wieder zurückgefahren war. Wir hatten es nicht bemerkt, da er über eine andere Straße fuhr. Ich biß mich vor lauter Wut fast selber in den Arsch.

Aber wir gaben nicht auf, sondern stellten uns noch einmal an die Straße, in der Hoffnung, daß uns jemand mitnehmen würde. Diesmal hielt eine ältere Dame. Sie fuhr mit uns in die richtige Richtung, und als wir nach einer guten Stunde wieder ausstiegen, waren wir in einer größeren Stadt. Die Mittagszeit hatten wir schon lange überschritten, und mein Magen knurrte wie ein hungriger Wolf. Also gingen Rudi und ich in eine Pizzeria essen. Wir studierten die Landkarte und stellten fest, daß wir unserem Ziel nur ein paar Kilometer nähergekommen waren. Das kam daher, daß wir nicht bolzengerade nach Süden fuhren, sondern mehr nach Westen. Aber wir gaben den Mut nicht auf und stellten uns nach dem Essen nochmals an die Straße. Autos fuhren diesmal genug vorbei, aber es hielt kein einziges an. Einmal kam sogar ein Polizeiwagen vorbei, aber die Bullen, die darin saßen, winkten uns fröhlich zu, denn auch bei ihnen hatten wir die Daumen rausgestreckt. Als wir nach eineinhalb Stunden immer noch keinen Wagen hatten, der uns mitnehmen wollte, gaben wir es auf und gingen in die Ortschaft zurück und suchten uns ein Hotel.

Nachdem wir uns geduscht und zurechtgemacht hatten, gingen wir etwas essen und danach in eine Disco. Dort schien es nur so von Weibern zu wimmeln, denn überall standen oder saßen welche. Manche tanzten sogar alleine auf der Tanzfläche herum.

Rudi schmiß sich sofort an eine heran, wogegen ich am Tisch sitzen blieb, denn ich hatte keine Lust, mich mit einer abzugeben, weil ich immer noch an Margherita dachte. Nach ein paar Stunden verschwand Rudi mit einem Mädchen, und ich konnte mir vorstellen, was er mit ihr machte. Ich selbst hatte mich an die Bar gesetzt und mich ziemlich vollgetankt. Dann bekam ich auch noch meinen Moralischen und dachte an all die Mädchen, die ich zurückgelassen hatte, oder die mit mir Schluß gemacht hatten. Da war Rita, die nichts mehr von mir wissen wollte, weil sie schwanger war. Dann Jeanette, die von einem Auto überfahren wurde und Margherita, die ich verlassen mußte, weil ich ihrer nicht würdig war. So würde es immer weitergehen, bis an mein Lebensende, dachte ich. Wenn man sich von den Frauen fernhalten würde, könnte einem so etwas nicht passieren. Aber man brauchte sie eben, wie die Luft zum Atmen.

Als ich sternhagelvoll war, machte ich mich auf den Weg ins Hotel. Dort haute ich mich in die Falle und pennte ein. Ab und zu brauchte ich einen anständigen Rausch, um nicht durchzudrehen, dachte ich damals.

Als ich aufwachte und auf die Uhr schaute, war es schon Nachmittag, und ich schaute nicht schlecht aus der Wäsche, als ich das feststellte. Ich wunderte mich, wo Rudi war, denn er stand sonst immer früh am Morgen auf und schlief nicht bis in den Nachmittag hinein. Als ich mich aufgerappelt, gewaschen und angezogen hatte, ging ich in sein Zimmer hinüber, das mal wieder nicht abgeschlossen war.

Dort lag er mit einem Mädchen im Bett und schlief, als wenn er die ganze Nacht durchgemacht hätte. Als ich mich umsah, sah ich auf dem Boden leere Weinflaschen herumliegen. Nun wußte ich, daß er eine harte Nacht hinter sich hatte, und so drehte ich mich um, ging aus dem Zimmer und machte die Türe zu. Ich ging hinunter, bestellte die Zimmer für eine weitere Nacht und machte mich auf den Weg in eine Pizzeria, die ganz in der Nähe war. Dort haute ich mir eine anständige Mafiatorte hinter die Kiemen und merkte gleich, wie es mir besser ging. Danach wollte ich wieder ins Hotel gehen und schauen, ob Rudi schon aufgestanden war.

Als ich in das Hotel kam, lief mir das Mädchen entgegen, das bei Rudi in der Falle gelegen hatte. Sie sah verorgelt aus, und ich konnte mir vorstellen, was er mit ihr getrieben hatte.

Dann ging ich in sein Zimmer, und als ich eintrat, wusch er sich gerade. Er sagte gleich:

»Ich glaube, wir haben heute ein wenig verpennt.«

»Ein wenig ist gut, wir haben den ganzen Tag verschlafen.«

»Bleiben wir heute noch hier, oder verschwinden wir nachher?«

»Nein, wir bleiben noch die Nacht und machen uns morgen früh auf die Socken.«

»Das ist gut, denn ich bin auf heut abend verabredet.«

»Mit wem denn?«

»Mit einem Mädchen, das ich gestern kennengelernt habe.«

»Ist es die, mit der du aus der Disco verschwunden bist?«

»Ja genau! Ich habe sie gestern nach Hause gebracht, weil es schon ziemlich spät war. Und heute morgen habe ich total verschlafen. Ich hätte sie schon früher nach Hause bringen und mich in die Falle hauen sollen.«

Von wegen nach Hause gebracht, dachte ich mir. Sie hatte die ganze Nacht bei ihm gepennt, und deshalb sagte ich zu ihm, der gerade dabei war, sich zu rasieren:

»Das Mädchen habe ich vorhin in der Hotelhalle getroffen. Sie muß die ganze Nacht im Hotel herumgeirrt sein, weil sie den Ausgang nicht gefunden hat. Sah ganz schön fertig aus, die Kleine.«

Dann mußte er lachen und ich stimmte mit ein.

»Du hast also schon gewußt, daß sie heute nacht bei mir geschlafen hat.«

»Ich habe sie sogar gesehen.«

»Aber wie denn?«

»Ich wollte dich wecken, und sie lag noch mit dir im Bett. Du hast vor lauter Eile wieder einmal vergessen, die Tür abzuschließen.«

»Scheiße, immer vergeß ich das.«

»Das ist doch nicht schlimm. Du bist doch erwachsen.«

»Aber es ist dein Geld, das ich verhure.«

»Ich habe dir schon einmal gesagt, daß mein Geld auch deins ist, solange wir zusammen sind.«

Dann klopfte ich ihm auf die Schulter und sagte:

»Wir treffen uns nachher in der Disco.«

Ich drehte mich um und verließ das Zimmer. Mir blieb noch genug Zeit, um ein wenig spazieren zu gehen. Ich schaute mir die Ortschaft an und merkte dabei nicht, wie die Zeit verging. Als ich auf die Uhr schaute, stellte ich fest, daß ich fast zwei volle Stunden durch die Gegend gelaufen war. Ich schickte mich, damit ich schnell in die Disco kam, denn Rudi wartete schon auf mich.

Als ich hineinkam, saß er schon mit seinem Mädchen im Arm da. Ich blieb nicht lange in der Disco, sondern verschwand bald wieder, weil mir schlecht war. Deshalb machte ich noch einen kleinen Spaziergang und versank dabei in Gedanken. Später ging ich ins Hotel zurück und knallte mich in die Falle, denn ich wollte für den nächsten Tag fit sein und nicht wieder verschlafen und in diesem Ort hängen bleiben.

Am nächsten Tag erreichten wir den unteren Teil der Insel und gingen als erstes an den Strand. Am späten Nachmittag machten wir uns dann auf die Suche nach einem Schiff, das irgendwo in einer Bucht stand und leicht zu stibitzen war. Wir fanden auch etwas, nur stand die Jacht genau vor einem Campingplatz, auf dem ein Haufen Leute waren. Man konnte das Ding nicht einfach wegfahren, denn das hätten sie bemerkt. Also setzten wir uns auf einen Felsen und beobachteten die Jacht sowie die Leute auf dem Campingplatz. Wir mußten die Sache zuerst bei Tag und dann bei Nacht beobachten, um dann im richtigen Augenblick zuzuschlagen. Es war ein sehr schönes Schiff und wie es schien auch robuster gebaut als unser letztes. Auch ein wenig größer schien es zu sein, und ich konnte mir gut vorstellen, daß es einem Sturm ohne weiteres trotzte. Die Jacht konnte bestimmt einiges aushalten, und so beschloß ich, sie und keine andere zu klauen. Bis in die Nacht hinein saßen wir dort und beobachteten alles, was sich um die Jacht herum abspielte. Wir fanden die Besitzer heraus, die oberhalb des Campingplatzes ihre Villa stehen hatten. Aber bis spät in die Nacht hinein waren die Leute auf und machten weiß Gott was. Erst gegen drei Uhr morgens wurde es ruhig, und man sah keinen mehr. Daraus mußte ich schließen, daß man erst gegen Morgen das Schiff klauen konnte, wenn alle schliefen und niemand etwas merken würde. Die Besitzer würden sowieso nichts merken, und das einzige Problem war, daß wir es nicht vom Strand aus stehlen konnten, denn wir mußten vom Meer herkommen. Also mußten wir noch nach einem Boot suchen, mit dem wir an das Schiff herankamen. Vom Campingplatz konnten wir keines nehmen, und so mußten wir uns am nächsten Tag in einer anderen Bucht danach umsehen.

Ganz einfach würde die Sache nicht werden, denn ich hatte noch nie ein Schiff geklaut, wenn ein paar hundert Menschen, nur einige Meter weit davon entfernt, in ihren Zelten schliefen. Deshalb bestand die Gefahr, daß wir eventuell gesehen werden könnten. Nur was derjenige, der uns sah, dann machte, darauf kam es an. Aber ich rechnete damit, daß er glaubte, wir seien die Besitzer und wollten schon im Morgengrauen auslaufen. Vielleicht würde uns auch niemand sehen, und so hätten wir dann ganz großes Glück gehabt.

Wir heckten den Plan ganz genau aus und jeder wußte, was er machen mußte, wenn es soweit war. Den Zeitpunkt legten wir nicht fest, denn wir wollten noch zwei Tage warten und uns auf der Insel ein wenig vergnügen.

19

Nachts um halb zwei Uhr stand ich auf und machte mich bereit. Dann ging ich zu Rudi ins Zimmer, der ebenfalls schon angezogen war. Wir schnappten unser Gepäck und verließen das Hotel. Mit Sack und Pack marschierten wir zur Bucht, in der wir das kleine Boot und den Motor zuerst stehlen mußten, um überhaupt an die Jacht heranzukommen.

Als wir in der Bucht waren, und ich auf die Uhr schaute, war es gerade erst zwei vorbei. Wir mußten also noch warten, denn wir waren zu früh. Auf dem Campingplatz schliefen bestimmt noch nicht alle, und die Sache wäre viel zu gefährlich gewesen, wenn wir sie schon so früh abgezogen hätten. Also setzten wir uns an eine Stelle, von der aus uns niemand sehen konnte. Dort steckten wir uns eine Zigarette nach der anderen an. Wir waren beide nervös, denn die Sache war wirklich ein wenig heiß. Aber wir waren entschlossen, sie durchzuziehen und nicht zu kneifen.

Genau um dreiviertel drei machten wir uns an die Arbeit. Wir nahmen das kleine Ruderboot und holten bei einem anderen den Motor. Ich montierte ihn an unser Boot und schob es nur gerade so weit ins Wasser, daß es noch im Sand auflag. Dann holten wir unsere Sachen und legten sie fein säuberlich hinein. Dies ging so schnell und leise vor sich, daß uns niemand hören konnte. Dann setzte sich Rudi in das Boot, und ich stieß es ab. Mit zwei Paddeln, die wir uns besorgt hatten, ruderten wir ein Stück aus der Bucht hinaus, denn am Strand standen ein paar Häuser, und so konnte ich den Motor nicht anmachen, weil man uns sonst gehört hätte.

Erst als wir ein ganzes Stück draußen waren, schaltete ich den Motor ein. Er war eigentlich zu stark für das kleine Boot, und deshalb mußte ich aufpassen, daß ich ihn nicht voll aufdrehte. Da die Bucht, in der die Jacht stand, noch ein ganzes Stück entfernt war, hatten wir die Zeit so bemessen, daß wir dort ankamen, wenn alles schlafen würde. Wir fuhren sehr schnell, und ich drehte den Motor so weit auf, wie es das kleine Boot zuließ. Nach einer Viertelstunde kamen wir an die Einfahrt der großen Bucht, in der die Jacht stand. Ich drehte den Motor ab, und wir paddelten den Rest des Weges bis zum Schiff. Wir legten an. Ich kletterte auf die Jacht und legte mich auf das Deck, damit mich niemand sehen konnte. Darauf streckte ich den Kopf hoch und schaute, ob an Land alles ruhig war und nicht doch noch jemand herumlief. Aber es war nicht ein einziger Mensch zu sehen. Die Leute schliefen alle, und so konnten wir beginnen.

Die Jacht war größer, als ich gedacht hatte. Wir wollten eigentlich das Schiff mit dem kleinen Motorboot aus der Bucht rudern und dann die Segel setzen. Das war aber unmöglich, denn die Jacht war zu groß für uns, um sie anzuschleppen. Ich beschloß, das Boot direkt aus der Bucht zu segeln und damit abzuhauen. Die Sache mußte eben schnell gehen, und wir durften nicht eine einzige Minute mehr verlieren.

Rudi kam ebenfalls auf das Schiff, und ich sagte ihm, was wir machen würden. Sofort trug er unser Gepäck an Bord, machte das kleine Ruderboot los und ließ es einfach treiben. Dann machten wir die Segel los, die mit Gummis so befestigt waren, daß sie nicht herumflatterten. Am vorderen Teil der Jacht lagen zwei Anker, und so wußte ich gleich, daß das Boot an einer Boje hing. Ich machte das Schiff von der Boje los, und Rudi zog das kleine Segel nach oben. Es wehte eine leichte Brise, so daß sich das Segel sofort aufblähte. Dann ging ich an das große Segel und Rudi setzte sich ans Steuer. Ich zog das große hoch, und die Jacht legte sich sofort in den Wind. Rudi steuerte es genau auf den Ausgang der Bucht zu. Wir hatten nur ein wenig Krach gemacht, und deshalb schaute ich mit klopfendem Herzen immer wieder aufs Land zurück, wo die vielen Zelte standen. Dort blieb aber alles ruhig. Kaum waren wir aus der geschützten Bucht heraus, als auch schon der Wind ein wenig kräftiger bließ. Das war für uns nur von Vorteil, denn je schneller wir von der Insel weg kamen, um so besser war es für uns.

Die Jacht machte gute Fahrt, und es freute mich, daß die Sache so gut geklappt hatte. Ich konnte mir schon vorstellen, was an dem Campingplatz für ein Theater sein würde, wenn man den Diebstahl entdeckte. Sie würden alle einen Herzinfarkt bekommen, denn es hatte bestimmt noch niemand vor einem voll belegten Zeltplatz eine Jacht geklaut, ohne daß es einer bemerkt hatte.

Das Land verschwand in der Dunkelheit, und ich löste Rudi am Steuer ab. Rudi brach die Kajütentüre auf, denn es befand sich kein Kompaß an Deck. Die Türe war schnell auf, und er hatte sofort einen Kompaß gefunden. Die Jacht hatte keinen Außenbordmotor, sondern einen eingebauten Dieselmotor. Schlüssel dafür waren vielleicht an Bord, und deshalb sagte ich zu Rudi, daß er sich einmal in der Kajüte danach umsehen sollte. Aber er fand keine, und so dachte ich mir, dann schließe ich das Ding einfach kurz. Danach setzte sich Rudi wieder ans Steuer, denn nun wollte ich mich mal in der Kajüte umsehen. Als ich sie betrat, setzte es mich fast auf den Arsch. Diese Jacht war noch besser eingerichtet als unsere erste. Die Kabine war um einiges größer und aller möglicher Kram befand sich darin. Ein Funkgerät, ein komisches Ding, das man benutzte, um Fische zu orten, ein Radio, eine Bar, und ich dachte mir, daß wir einen guten Fang gemacht hatten. Es war wirklich ein hervorragendes Schiff, und nun konnte es auf nach Afrika gehen.

Als es hell wurde, konnte man von der Insel schon nichts mehr sehen, und ich wußte, daß wir es geschafft hatten. Ich machte uns etwas zu essen, und Rudi band das Steuer fest. Ich hatte uns einen starken Kaffee gemacht, und wir fühlten uns ausgesprochen wohl auf dem Schiff, denn es war nun unser. Der Wind hielt an, und ich setzte mich nach dem Frühstück ans Steuer. Den ganzen Tag verbrachte ich am Steuer, denn ich wollte alles aus dem Schiff herausholen, um so schnell wie möglich nach Afrika zu kommen. Rudi hatte sich am Nachmittag aufs Ohr gelegt, denn er wollte für den ersten Teil der Nacht das Ruder übernehmen. Später würde ich den Rest machen, und Rudi konnte sich um drei wieder hinhauen.

Meiner Schätzung nach mußten wir spätestens am morgigen Abend die Nordküste von Afrika erreichen, wenn der Wind weiterhin anhielt.

Eigentlich hätte ich bis drei Uhr schlafen können, aber schon um zwei weckte mich Rudi, denn es wehte ein ziemlich starker Wind, und er traute sich nicht weiterzusteuern. Also zog ich mir eine Schwimmweste an, hockte mich an das Ruder und stellte mit Freude fest, daß es fast ein Sturm war. Ich machte das kleine Segel runter und ließ nur das große oben, denn dies langte, und ich konnte so besser steuern. Mir machte es richtig Spaß, das Schiff über das Wasser zu jagen. Rudi konnte nicht schlafen, da ihm der Wellengang zu hoch war. Also zog er sich ebenfalls eine Schwimmweste an und setzte sich zu mir ans Deck. Dann band er sich mit einem Seil an der Reling fest, damit er nicht über Bord gehen konnte, wenn ein Brecher kam. So saßen wir die ganze Nacht da, und ich spielte mit dem Schiff. Erst gegen Morgen wurde die See ruhiger, und ich war hundemüde.

Gegen neun Uhr trat eine Flaute ein, und wir standen mitten auf dem Meer und bewegten uns fast nicht mehr vom Fleck. Rudi und ich nutzten die Zeit und hauten uns aufs Ohr.

Als wir um zwei Uhr mittags aufwachten, hielt die Flaute

weiterhin an. Ich machte uns etwas zu essen, und wir saßen gemütlich an Deck, denn die Sonne brannte heiß, und es war ein herrlicher Tag. Man sollte nicht meinen, daß es ab und zu Stürme gibt und schon ein paar Stunden später sieht es so aus, als wenn es so etwas nicht gäbe.

Ich beschloß, mir den Motor anzusehen. Ich wollte wissen, ob er auch lief. Ich suchte noch einmal nach einem Schlüssel. Aber ich fand keinen, und deshalb mußte ich den Motor kurzschließen, ob ich wollte oder nicht. Der Motor ratterte wie eine Dampfwalze, und ich stellte ihn sofort wieder ab, als ich wußte, daß er lief. Die Flaute hielt immer noch an, und ich ärgerte mich bald dumm und dämlich, denn so kamen wir an diesem Tag bestimmt nicht vor die Küste von Afrika.

Erst gegen Abend kam wieder Wind auf. Diesmal haute sich Rudi aufs Ohr, denn ich wollte den ersten Teil der Nacht übernehmen.

Am nächsten Tag döste ich bis in den Nachmittag hinein, schaute ab und zu auf den Kompaß, und als ich einmal das Fernglas zur Hand nahm, um über das Meer zu schauen, sah ich in ein paar Kilometern Entfernung Land. Das mußte Afrika sein, und ich schrie vor Freude. Rudi kam gleich an Deck geschossen und fragte, was denn passiert sei. Ich zeigte es ihm, und er freute sich genauso, wie ich es tat. Wir hatten es also geschafft, bis nach Afrika zu segeln. Rudi holte aus der Kajüte etwas zu trinken, denn er war der Meinung, daß wir darauf anstoßen sollten. Wir müßten noch vor Einbruch der Dunkelheit das Land erreicht haben. Wir kamen dem Land immer näher und konnten schon erkennen, daß es sehr hügelig war. Ich wußte aber nicht, ob es sich um Algerien, Tunesien oder Libyen handelte, denn so genau konnte ich nicht segeln, ich war einfach nur immer nach Süden gefahren.

Es war noch hell, als wir die Küste erreichten, und deshalb fuhren wir sie ein Stück entlang, um uns einen anständigen Ankerplatz zu suchen. Die Landschaft sah zwar nicht sehr einladend aus, aber es war Afrika, und deshalb für uns das Schönste, was es gab. Als wir einen Platz gefunden hatten, an dem wir ankern konnten, machten wir das Schlauchboot fertig, packten alles zusammen, was wir brauchten, um eine Nacht im Freien zu verbringen und setzten über.

Als wenn ich noch nie auf dem Land gewesen wäre, setzte ich meinen Fuß darauf und war stolz, es geschafft zu haben. Nie im Leben hatte ich mir träumen lassen, daß ich einmal diesen Kontinent sehen würde. Dann war es auch noch auf Kosten von anderen, denn die Jachten hatten wir gestohlen. Wenn ich das jemandem in Deutschland erzählen würde, würde ich für verrückt erklärt. Man würde meinen, daß ich nicht alle Bretter am Zaun hätte. Aber ich hatte es geschafft, und niemand konnte mir nun weismachen, daß ich es nicht in den Dschungel schaffen würde. Wenn ich erst einmal dort wäre, dann könnten sie mich alle am Arsch lecken. Wir packten die Sachen aus dem Boot und suchten uns einen schönen Platz. Dort bauten wir das Zelt auf und machten ein Lagerfeuer. Dann machten wir uns etwas zu essen und unterhielten uns über Afrika, das keiner von uns kannte oder jemals gesehen hatte.

Unsere Landung feierten wir mit einer Flasche Whisky, die wir eingepackt hatten. An diesem Abend, glaube ich, war ich der glücklichste neunzehnjährige Junge, den es auf der Welt gab. Als wir die Flasche leer hatten, hauten wir uns in die Schlafsäcke und pennten. Wir hatten beschlossen, am nächsten Tag die Küste in Richtung Westen abzufahren, denn hier war weit und breit kein Mensch, der uns hätte eine Auskunft geben können.

Am nächsten Morgen schaute ich mich ein wenig in der Gegend um, aber ich sah weder ein Haus, noch traf ich einen anderen Menschen. Ich machte uns etwas zu essen und weckte Rudi, der immer noch wie ein Murmeltier schlief. Es war ein herrlicher Tag, denn die Sonne schien und es war warm. Rudi und ich beschlossen, ein wenig tauchen zu gehen und die Ausrüstungen auszuprobieren, die wir an Bord gefunden hatten.

Die Taucheranzüge passten wie angegossen. Als ich Rudi anschaute, mußte ich lachen, denn er sah aus wie einer der Froschmänner, die man in den Spielfilmen immer sah. Aber ich sah bestimmt nicht besser aus. Dann gingen wir ins Wasser und schwammen ein Stückchen hinaus. Bei unserer Jacht tauchten wir hinunter, und ich dachte, meinen Augen nicht mehr trauen zu können. Dort unten war es so schön, daß man dafür keine Worte mehr finden konnte. Das kann man sich gar nicht vorstellen, wenn man noch nie tauchen war. Ich hatte zwar schon oft Unterwasserfilme gesehen, aber dies war wirklich etwas Besonderes. Dort waren Fische, die alle möglichen Farben hatten. Der Meeresboden war voller Pflanzen und anderen Sachen, die bunt schimmerten. Ich sah Seesterne, Seeigel und vieles andere, das ich noch nie in freier Wildbahn gesehen hatte. Nur immer im Fernsehen oder im Zoo, aber noch nie so echt. Dann sah ich einen Tintenfisch, der vor mir flüchtete, und als ich an einer Felswand vorbeischwamm, eine Muräne, die ihren Kopf drohend aus einer Spalte streckte. Ich schwomm vorsichtig um sie herum, denn ich wußte, daß diese schlangenartigen Dinger gefährlich waren. So etwas Schönes hatte ich mein Leben lang noch nie gesehen, und ich verstand auf einmal die Tierschützer, warum sie so für die Erhaltung der Natur kämpften. Dann stieg ich wieder hoch und ging an Land.

Dann kam auch Rudi aus dem Wasser, und er hatte in seinem Fischnetz einen Fang, als wenn er damit auf den Markt gehen wollte. Als er bei mir war, zeigte er mir das Netz, und es waren Fische darin, die ich noch nie gesehen hatte. Auf einmal sagte er zu mir:

»Na, was hast du geschossen?«

»Nicht einen einzigen Fisch.«

»Das habe ich mir gleich gedacht. Deshalb hab ich auch ein paar mehr abgeknallt. Du hast dir bestimmt nur alles angeschaut und dabei ganz vergessen, daß wir heute unser Mittagessen selber jagen wollten.«

»Stimmt, ich hab nur gestaunt, als ich das alles gesehen habe.«

Dann erzählte ich ihm, was ich alles gesehen hatte, und als ich die Muräne erwähnte, sagte er:

»Gottseidank hast du nicht auf sie geschossen. Wenn du sie

nicht getroffen hättest, so daß sie total im Eimer gewesen wäre, wärst du bestimmt nicht mehr aufgetaucht.«

Rudi kannte sich mit Fischen sehr gut aus, denn er war früher mit seinem Vater sehr viel angeln gewesen. Wir nahmen die Fische aus und bereiteten sie über dem offenen Feuer zu. Es war der beste Fisch, den ich je gegessen hatte. Nach unserem selbstgejagten Mahl gingen wir wieder auf das Schiff zurück und stachen sofort in See. Wir fuhren einfach die Küste Richtung Westen entlang, in der Hoffnung, einmal auf eine Siedlung zu stoßen. Aber wir sahen nur ein kleines Steinhaus, das ich mit dem Feldstecher in einer kleinen Bucht ausgemacht hatte. Da dort auch ein kleines Fischerboot stand, fuhren wir in diese Bucht hinein, gingen an Land und schauten uns ein wenig um. Auf einmal kam ein Mann auf uns zu, der die ganze Zeit winkte. Wir liefen ihm ein Stück entgegen, und er sprach uns auf französisch an. Es war ein Fischer, der mit seiner Familie dort lebte und uns gleich zum Essen einlud. Als wir uns bekannt gemacht hatten, gingen wir mit ihm zu der Steinhütte. Wir befanden uns in Tunesien, das immer in den Reisebüros groß angeboten wurde. Als wir auf dem kleinen Hügel waren, auf dem das Steinhaus gebaut war, sahen wir, daß dahinter noch eine weitere Hütte stand, aus Stroh und Holz. Dort kamen auf einmal ein paar Leute und Kinder heraus, die uns entgegenkamen.

Ich war wirklich sprachlos, als ich das sah, denn zwei Männer, ein Kind sowie eine Frau sahen nicht aus wie der Fischer und die anderen, sie hatten eine hellere Hautfarbe und strohblondes Haar.

Als wir alle an der Steinhütte waren, gab es ein großes Händeschütteln. Dann stellten sich die Leute vor, die nicht aussahen wie Afrikaner. Sie waren alle aus Frankreich, und einer von ihnen war sogar ein Doktor. Dann waren da noch die Frau des Fischers sowie seine Kinder und wer weiß was noch alles. Auf jedenfall waren sie alle miteinander verwandt, außer den Franzosen, die dort nur Urlaub machten. Da wir den Leuten anscheinend sehr sympathisch waren, boten sie uns echten französischen Kognak an, den sie bei sich hatten. Wir setzten uns in Liege- und zusammenklappbare Gartenstühle vor die Steinhütte, wo der Fischer gerade dabei war, ein Feuer zu entfachen. Man erklärte uns, daß dort das Essen gekocht würde, und mir fiel auf, daß es bei dem Fischer so war, wie man früher gelebt hatte. Der Fischer und seine Frau bereiteten das Essen zu, und wir saßen da und unterhielten uns. Es war wirklich sehr toll und ich hatte noch nie so etwas mitgemacht. Man brauchte nicht immer in einer Disco zu sitzen oder in einer Bar, um sich dort den Rachen vollaufen zu lassen, dachte ich. Es ging auch so. Es machte mir wirklich Freude. Jeder sollte einmal so etwas mitmachen, denn dann würde man sehen, daß man mit der Hälfte von dem auskam, was man besaß und trotzdem glücklich ist. In Deutschland schaffen sie nur für die Miete, das Auto und ein bißchen etwas zum Essen. Aber richtig leben tun sie nicht. Denn jeder hat Angst, schlechter dran zu sein als der andere. Man muß dort mindestens das haben, was der Nachbar hat.

Dies war aber nicht der Fall bei dem Fischer, denn er schien zufrieden zu sein mit dem, was er hatte. Ich hätte nicht geglaubt, daß es noch so etwas auf der Welt gibt.

Das Essen, das man zubereitet hatte, war einfach köstlich. Es war eine Art von Fischsteak mit einer Suppe. Dazu gab es selbstgemachtes Brot, das aussah wie ein dicker Pfannkuchen. Den ganzen Abend saßen wir am Feuer und unterhielten uns. Die Franzosen hatten einen Wagen da, mit dem sie per Schiff zu diesem Fischer gekommen waren.

Da saßen ein Doktor, dessen Frau und Kind sowie ein Freund von ihnen mit zwei Verbrechern, die Schiffe klauten, bei einer Fischerfamilie in Afrika am Feuer, tranken französischen Kognak und unterhielten sich. Wenn das nicht verrückt ist, weiß ich auch nicht weiter. Wenn ich in diesem Moment einen Fotoapparat zur Hand gehabt hätte, dann hätte ich bestimmt ein paar Bilder geschossen. Leider hatte ich ihn auf dem Schiff und war zu faul, ihn zu holen, denn ich saß so gemütlich in dem Liegestuhl. Die Leute waren sehr nett, und der Fischer schaute immer, daß es uns gut ging. Seine Frau verduftete nach dem Essen, genauso wie die Kinder.

Später spielten wir Karten, und ich fand, daß die Sache immer lustiger wurde. So einen seltsamen, aber schönen Abend hatte ich selten erlebt, und ich hatte in diesem Moment alles vergessen, was mich seit Monaten bedrückte. Dies hatte ich einem Fischer aus Tunesien zu verdanken, der nicht einmal wußte, ob ich ein guter oder schlechter Mensch war. Dort war das Gegenteil von dem, was ich mein ganzes Leben mitgemacht hatte. Erst nachts um zwei Uhr gingen wir zurück auf unser Schiff und hauten uns in die Kojen. Am morgigen Tag wollten wir in aller Frühe tauchen gehen. Ich freute mich darauf, und deshalb wollte ich pünktlich und fit sein.

Wir kamen am nächsten Morgen rechtzeitig zum Frühstück und fuhren danach zum Fischen. Es waren nur die beiden Franzosen, der Fischer, Rudi und ich, die mit dem kleinen Boot die Küste hinauffuhren. Wir hatten alle unsere Tauchersachen dabei, nur daß wir diesmal keine Sauerstoff-Flaschen benutzten, sondern Schnorchel. In einer Bucht warfen wir den Anker, machten uns fertig und sprangen alle ins Wasser. Ich hatte mir vorgenommen, ebenfalls ein paar Fische zu schießen und nicht nur wieder das Unterwasserleben zu betrachten. Trotzdem war ich wieder fasziniert, als ich das alles zum zweitenmal sah. Meinen ersten Fisch hatte ich schon nach ein paar Minuten geschossen, denn es war keine Schwierigkeit, mit einer solchen Harpune, wie ich sie hatte, einen zu treffen.

Nach einer guten halben Stunde hatte ich genügend Fische und keine Lust mehr. Also schwamm ich wieder zurück zum Fischerboot, das ganz ruhig in der Bucht lag. Dort warf ich meinen Fang ins Boot und stellte fest, daß ich der erste war, der zurück war. Als ich auf dem Boot war, zog ich mich aus, trocknete mich ab, zog mir ein T-Shirt an, steckte eine Zigarette an und wartete auf die anderen. Die schienen überhaupt nicht mehr aus dem Wasser kommen zu wollen, denn ich wartete mich dumm und dämlich. Dann kamen sie endlich, und als sie ihren Fang auf das Boot warfen, fielen mir fast die Glotzer aus dem Kopf. Außer Rudi, der ebenfalls nur ein paar Fische geschossen hatte, schmissen die anderen kiloweise Fische an Bord. Das waren doch viel zuviel, dachte ich mir, die konnte man doch gar nicht alle essen.

Aber später erfuhr ich, daß wir nicht alle Fische behielten, sondern ein Teil im nahegelegenen Dorf auf dem Markt verkauft werden sollte. Der Fischer kaufte sich dann von dem Geld immer Mehl und andere Sachen, die er nicht selber machen konnte. Als alle auf dem Boot waren und sich ein wenig erholt hatten, fuhren wir zurück. Rudi und ich gingen auf unsere Jacht und erledigten dort ein paar Sachen. Die anderen fuhren ins Dorf, denn sie wollten die Fische abgeben, solange sie noch frisch waren. Später gingen wir wieder zur Steinhütte, vor der die Frau des Fischers das Mittagessen machte. Dort setzten wir uns hin und schauten ihr zu, wie sie es zubereitete. Dann kamen die anderen vom Dorf zurück, und wir aßen den Fisch, den wir selbst gejagt hatten. Wir verbrachten den ganzen Tag mit den Leuten und beschlossen, erst am nächsten Morgen weiterzufahren.

20

Es wurde ein großer Abschied, als wir uns am nächsten Morgen nach dem Frühstück aus dem Staub machen wollten. Mir kamen fast die Tränen, denn solch ein Abschiednehmen hatte ich noch nie erlebt. Die Leute kannten uns noch nicht einmal zwei Tage und hatten uns schon so gerne, daß sie über unsere Abreise betrübt waren.

Wir setzten die Segel und machten, daß wir aus der Bucht kamen, bevor wir es uns noch anders überlegten und ein paar Tage länger geblieben wären.

Den ganzen Morgen und Nachmittag saßen wir am Steuer. Als wir gegen Abend vor eine Stadt kamen, die auf der Landkarte, die mir der Doktor geschenkt hatte, eingezeichnet war, ankerten wir dort und verbrachten die ganze Nacht auf dem Schiff. Wir wollten uns die Stadt erst am nächsten Morgen ansehen, da wir nicht wußten, was uns dort erwartete. Gleich in der Frühe des nächsten Morgens machten wir uns auf den Weg dorthin. Ich war noch nie in einer afrikanischen Stadt gewesen. Sie war zwar nicht besonders groß, aber was wir sahen, war für uns etwas neues. Dort gab es keinen Supermarkt, der alles verkaufte, vom französischen Käse bis zum Schnürsenkel, sondern überall gab es nur kleine Geschäfte, in denen man lediglich bestimmte Sachen kaufen konnte. Der eine hatte nur Milchprodukte, der andere Backwaren, einer Gemüse und wieder ein anderer nur Fleisch. So hatte jeder die Chance, ein Geschäft aufzumachen und sein Geld zu verdienen, ohne die Konkurrenzkämpfe, die im allgemeinen herrschten.

Es hatte aber eine ganze Menge Touristen in der Stadt, die unter den Tunesiern regelrecht auffielen. Für mich war dies eine andere Welt, und ich war davon überzeugt, daß ich ebenfalls auffiel mit meinem strohblonden Haar.

Da die Ortschaft einen schönen Strand hatte, gingen wir zuerst diesen besichtigen. Dort lagen haufenweise Weiber herum, die aus den verschiedensten Ländern stammten. Wir setzten uns in den Sand und schauten uns ein wenig um. Da sah ich, ein paar Meter weiter, eine deutsche Zeitschrift auf einer Decke liegen. Aber auf dieser Decke lag niemand, und so wartete ich in der Hoffnung, daß dort ein Mädchen ihre Utensilien hatte. Der Tasche nach, die dort stand, konnte es sich um ein Mädchen handeln. Nach einer halben Stunde kam ein Mädchen in einem knappen Bikini direkt auf die Decke zugelaufen. Das Girl hatte eine Figur wie eine Achterbahn, und ich konnte mich nicht sattsehen. Das Gesicht war auch nicht zu verachten, und ich stellte fest, daß sie Spitze aussah. Sie setzte sich auf die Decke, die ich die ganze Zeit im Auge behalten hatte, und mein Herz fing an, schneller zu schlagen.

Ich stupfte Rudi, der selbst ganz geistesabwesend in der Gegend herumschaute. Er hatte sich schon eine Biene ausgesucht, die nicht ganz ohne war. Es hatte also keinen Wert, wenn wir uns gegenseitig das Maul wäßrig machten. Wir mußten angreifen, da jeder von uns beiden schon ein Ziel hatte. Ich gab Rudi noch ein paar Scheine von diesem tunesischen Geld, das wir in einem Hotel eingewechselt hatten, und wir machten uns an unsere Opfer heran. Plötzlich stellte ich mir vor, wie sie mich abblitzen ließ. Aber ich wollte es dennoch probieren, denn auch ein blindes Huhn findet einmal ein Korn.

Sie hatte sich auf den Bauch gelegt und sonnte sich den Rücken. Ich wußte nicht, wie ich dieses Weib anmachen sollte, da ich Angst hatte, etwas falsch zu machen. Also setzte ich mich neben sie in den Sand und griff nach der Zeitschrift, die sie in den Sand gelegt hatte. Dann fragte ich sie:

»Darf ich das Ding einmal anschauen?«

Sie hob den Kopf, schaute mich an und sagte:

»Wenn Sie sie schon in der Hand haben, erübrigt sich die Frage.«

»Das war nicht gerade ein besonderer Anfang«, dachte ich mir und legte die Zeitschrift wieder in den Sand. Dann sagte ich zu ihr:

»Eigentlich will ich sie gar nicht lesen. Ich habe nur einen Grund gesucht, sie anzusprechen.«

»Das habe ich mir gleich gedacht.«

»Und da ich es geschafft habe, weil ich meinen ganzen Mut zusammengenommen habe, können wir uns nun ein wenig unterhalten.«

Auf einmal mußte sie lachen und sagte dann, als sie sich beruhigt hatte:

»Wenn Sie soviel Mut brauchen, um ein Mädchen anzusprechen, dann können wir uns ruhig unterhalten, denn ich will Sie nicht deprimieren.«

»So schlimm ist es auch wieder nicht.«

Dann setzte sich das Girl auf, und wir unterhielten uns eine Weile. Nicht weit vom Strand entfernt war ein Hotel, in dem die Lady wohnte, die ich angemacht hatte und keine Deutsche war, sondern eine Schweizerin, die auch noch Heidi hieß. Wir hatten uns schon auf das »Du« geeinigt und sie schlug vor, in dieses Hotel zu gehen, um in der Bar etwas zu trinken, weil es ihr zu heiß am Strand wurde. Also bummelten wir dort hin und kamen dabei an Rudi vorbei, dem ich sagte, wohin wir gingen. Der kniff ein Auge zu und sagte zu mir, so daß es niemand hören konnte:

»Wenn ich die Kleine soweit habe, komme ich nach, denn sie wohnt dort vorne im Hotel.«

»Die andere auch«, sagte ich zu ihm und zwinkerte ihm genauso zu, wie er es gemacht hatte. Dann gingen wir in die Bar, die typisch europäisch eingerichtet war. Dort hockten wir uns hin und laberten weiter. Nach über einer Stunde klopfte mir auf einmal Rudi auf die Schulter. Er hockte sich mit seinem Girl neben uns ab, und wir machten uns gegenseitig bekannt. Heidi war ein sehr sympathisches Mädchen, und ich möchte sie nicht gerade als dumm hinstellen, aber man merkte schon, daß sie aus den Bergen kam. Dies war mir aber egal, denn es zählte nur, daß ich sie in mein Bett bringen würde, oder in ihr eigenes, aber mit mir zusammen. Alles andere war unwichtig. Wir gingen in das Restaurant, das ebenfalls in diesem Hotel untergebracht war und aßen dort zu Abend. Dieses Hotel war ein riesiger Kasten, und es schien, als wenn es alles darin gab. Als wir mit dem Essen fertig waren, gingen wir in die Disco, die ebenfalls im Haus war. Ich nahm mir vor, Heidi ein wenig betrunken zu machen, damit sie gefügiger würde. So etwas nennt man zwar ausnutzen, aber auch das war egal und zählte nicht. Also soffen wir ,was wir nur so in uns reinbrachten. Am Ende war ich so voll, daß ich nicht mehr wußte, wo vorne und hinten war. Anstatt daß ich Heidi besoffen machte, hatte ich nun mich betrunken. Mein Rausch war nicht von schlechten Eltern. Sie hatte zwar auch einiges getrunken, aber ich hatte einen Filmriß, wie man es so schön nennt. Ich weiß selbst nicht, warum ich soviel in mich hineingeleert hatte. Von dem Abend hatte ich nur den Anfang mitbekommen und sonst nichts.

Als ich am Morgen aufwachte, wußte ich nicht, wo ich war. Ich lag in einem weißen Bett und hatte ein Dröhnen im Kopf, als wenn mir einer mit dem Hammer auf den Schädel haute. Als ich mich genauer umschaute, stellte ich fest, daß jemand neben mir lag. Ich konnte das Gesicht nicht sehen, aber Rudi war es nicht, denn er hatte eine andere Haarfarbe und vor allen Dingen kürzere. Also schaute ich mir das Wesen genauer an, das mir seinen nackten Rücken zudrehte. Da sah ich auch, wer es war.

Heidi lag da und pennte wie eine Ratte. Wie kam ich in ihr Bett, und warum war sie nackt und ich noch fast angezogen, fragte ich mich. Das einzige, was ich ausgezogen hatte, waren meine Schuhe und das Hemd. Die Hose und alles andere hatte ich noch an. Und sie war pudelnackt. Ich schaute sie eine Weile an. Dann wurde mir die Sache zu dumm, und ich küßte sie auf den Nacken. Sie wurde sofort wach, drehte sich um, schaute mich an und sagte dann:

»Na, bist du wieder nüchtern?«

»Ja, es geht, wenn man das als nüchtern bezeichnen kann. Wie komm ich hierher, und was machst du hier im Bett?«

»Das ist ganz einfach. Du warst so blau, daß du nicht einmal mehr laufen konntest. Als ich deinen Freund fragte, in welchem Hotel ihr wohnt, wollte er es mir nicht sagen, sondern erzählte mir etwas von einem Schiff. Der war anscheinend auch schon blau, und deshalb nahm ich ihn auch nicht mehr für voll. So habe ich dich eben mit in mein Zimmer genommen. Der Kellner hat mir geholfen, dich nach oben zu bringen und dich ins Bett zu befördern.«

»Und wo ist mein Freund jetzt?«

»Ein paar Zimmer weiter, glaube ich.«

»Was macht er denn da?«

»Wahrscheinlich das, wozu du die ganze Nacht nicht in der Lage warst, weil du zu blau gewesen bist.«

»Das können wir ja noch nachholen.«

Wir blieben den ganzen Morgen im Bett und holten das nach, was ich in der Nacht nicht konnte.

Gegen Mittag gingen wir an den Strand. Ich hatte Heidi erzählt, daß mein Freund sie nicht angelogen hätte, und daß wir wirklich mit einem Schiff da wären.

Am Strand knallten wir uns in die Sonne und dösten vor uns hin. Im Laufe des Nachmittags kam Rudi mit seiner Biene, die er sich geangelt hatte und flackte sich neben uns in den Sand.

Am Abend gingen wir schön essen, und dann verzog sich jeder, mit seinem Weib. Ich ging mit Heidi noch ein wenig am Strand spazieren.

Punkt neun Uhr war ich am Strand, denn ich hatte zu Heidi gesagt, daß ich an die Rezeption gehen wollte, um mir ein paar Zigaretten zu kaufen. Ich hatte mir auch welche gekauft, ging aber nicht aufs Zimmer zurück, denn ich hatte die Absicht, mich klammheimlich zu verdrücken. Rudi hatte genau dasselbe gemacht. Er wartete schon, als ich ankam. Wir machten uns gleich auf den Weg zur Jacht, bevor die Weiber etwas merkten und anfingen, uns zu suchen. Mir machte es diesmal gar nichts aus, Heidi einfach sitzen zu lassen, denn ich brauchte sie nur fürs Bett.

Wir waren schnell bei unserem Schiff, machten es startklar und stachen in See. Wir fuhren zuerst nach Osten, da wir nicht wußten, wann wir die algerische Grenze passieren würden. Dann nach Norden, aus der Dreimeilenzone heraus, damit uns niemand sehen konnte. Dann fuhren wir nach Westen weiter, in Richtung Algerien. Wir wußten nämlich, daß irgendwo an der Grenze ein Polizeiboot patroullierte, und wir waren nicht scharf darauf, von diesem erwischt zu werden, denn die arabischen Knäste sollen die reinsten Höllen sein. Wir hatten vor, die ganze Nacht und den darauffolgenden Tag durchzusegeln, um hundertprozentig nach Algerien zu gelangen.

Einen Tag später legten wir an und stellten fest, daß wir schon ein ganz schönes Stück der algerischen Künste entlanggefahren waren. Wir schauten uns in der Ortschaft kurz um, in deren Nähe wir geankert hatten und gingen wieder an Bord zurück, denn wir wollten auf dem Schiff übernachten.

Am nächsten Morgen ging ich alleine an Land, denn ich wollte etwas Geld wechseln und ein paar Kleinigkeiten kaufen. Rudi blieb an Bord, denn er hatte keine Lust mitzukommen. Gegen neun Uhr verließ ich die Jacht und ging gleich in die Stadt.

Als ich mit unserem kleinen Ruderboot wieder zurückfahren wollte und nach unserer Jacht schaute, rutschte mir das Herz fast in die Hose. Ich kniff meine Augen noch einmal zu und schaute ein zweites Mal hin. Aber ich hatte mich nicht geirrt: Ich sah immer noch dasselbe Bild.

An unserer Jacht hatte ein Polizeiboot der Hafenwache angelegt. Auf unserem Schiff sah ich zwei Bullen stehen, und zwei weitere standen noch auf dem Küstenwachtboot. Rudi saß an Deck und schien einem der Bullen etwas zu erklären, denn er fuchtelte mit den Händen in der Luft herum. Nun hatten sie uns also doch erwischt, besser gesagt Rudi. Mich hatten sie nicht gesehen, denn ich war an Land und hatte mich gleich versteckt. Die beiden Bullen gingen in die Kajüte, und ich wußte, daß sie sie durchsuchen würden. Mein Herz klopfte wie verrückt, denn ich hatte Angst, daß sie Rudi verhaften würden. Was soll ich bloß machen, fragte ich mich. Ich kann doch Rudi nicht einfach in der Scheiße hängen lassen. Irgend etwas muß ich doch unternehmen. Aber was? Dann sah ich, wie die beiden Bullen wieder aus der Kajüte kamen. Der eine sagte etwas zu Rudi, denn der fuchtelte mit den Händen wild herum, wahrscheinlich weil Rudi nicht sehr gut Französisch verstand. Zu meinem Erstaunen gingen die beiden Bullen wieder auf das Polizeiboot zurück, legten ab und fuhren dann noch zweimal um unser Schiff herum, ehe sie sich entfernten. Der Hafen lag gerade um die Ecke, in der anderen Bucht, und ich konnte nicht verstehen, wie sie uns entdeckt hatten. Wahrscheinlich hatten sie eine Patrouillenfahrt gemacht und unser Schiff dabei entdeckt und sich gewundert, warum wir nicht in den Hafen fuhren. Ich blieb noch fast eine Stunde in meinem Versteck sitzen, damit mich niemand sehen konnte. Ich glaubte, daß man uns weiter beobachten würde, was sich aber als ein Irrtum herausstellte. Dann packte ich die Sachen, die ich gekauft hatte, schmiß sie in das Ruderboot und machte so schnell ich konnte, daß ich zur Jacht kam. Als ich dort war, nahm mich Rudi gleich in Empfang, und ich sah, daß er kreidebleich im Gesicht war.

Als wir alles verstaut hatten, gingen wir in die Kabine. Dort sagte mir Rudi, daß wir in den Hafen fahren und dort auf der Wache unsere Papiere vorzeigen müßten. Er hatte aber den Bullen erzählt, daß ich die Papiere mit an Land genommen hätte, und wir erst in den Hafen fahren könnten, wenn ich zurück wäre, denn er selbst dürfte das Schiff nicht steuern. Das hatte er ihnen erzählt, und die Idioten hatten alles geglaubt. Nun warteten sie darauf, daß wir in den Hafen kommen würden. Sie hatten das Boot nach Waffen und Schmuggelware durchsucht, aber nichts gefunden, da wir so etwas nicht hatten. Ich hoffte, daß keiner dieser verdammten Bullen mich gesehen hatte. Wenn sie nämlich wiederkämen und mich sähen, dann wären wir aufgeschmissen gewesen und hätten uns sofort vergessen können, denn die hätten uns auf der Stelle verhaftet.

Ich sagte Rudi, daß wir die Dunkelheit abwarten und dann abhauen würden. Nur mußten wir eben warten, bis die Nacht hereinbrach und es stockdunkel war. Rudi machte etwas zu essen. Schon die ersten Minuten der Warterei zerrten an meinen Nerven, denn ich wollte nicht in den Knast. Da es erst kurz nach Mittag war, hatten wir noch einige Stunden zu warten. Immer wieder schaute ich aus dem Kajütenfenster, um zu sehen, ob sich vielleicht das Polizeiboot in der Gegend herumtrieb und uns beobachtete. Wir saßen diesmal richtiggehend auf heißen Kohlen, und wenn sie kämen, hätten sie uns am Arsch.

Langsam wurde es dunkel, und wir aßen noch etwas zu Abend, damit die Zeit schneller verging. Alkohol hatten wir den ganzen Tag keinen Schluck getrunken, denn diesmal konnten wir uns nicht den geringsten Fehler leisten, sonst wären wir aufgeschmissen gewesen.

Dann war es endlich richtig dunkel, aber man konnte immer noch etliche Meter weit sehen. Dennoch mußten wir es riskieren, denn es würde nicht dunkler werden, das wußten wir. Wir machten alles klar und schauten, ob der Wind günstig kam. Er war überhaupt nicht günstig, und wir konnten nur hoffen, daß er auf See besser war als in der Nähe des Landes.

Dann zogen wir sämtliche Segel hoch, damit wir möglichst schnell aus dieser Bucht herauskamen. Wir konnten nur hoffen, daß sie uns vom Hafen aus nicht sahen, wenn wir aus der Bucht kamen. Kaum waren wir ein paar hundert Meter vom Land entfernt, als der Wind besser wurde und kräftiger blies. Ich legte die Jacht mit den ganzen Segeln, die wir gesetzt hatten, so in den Wind, daß sie über das Wasser schoß, als wenn der Teufel hinter ihr her wäre. Die Positionslichter hatten wir nicht angemacht, da sie uns verraten hätten. Es brannte nicht das kleinste Licht an Bord, so viehmäßig vorsichtig waren wir.

Nach einer vollen Stunde Bangen hatten wir die Gewißheit, daß wir es geschafft hatten, denn es ließ sich nicht einmal eine Möwe blicken, geschweige denn ein Patrouillenboot der Polizei. Sie würden wahrscheinlich noch ewig auf uns warten. Dann holte Rudi die Whisky-Flasche aus der Kajüte, denn wir hatten eine Stärkung wirklich nötig.

Die halbe Nacht über war das Wetter gut, als es sich dann auf einmal verschlechterte. Der Wind fing an zu blasen, und die Wellen wurden um einiges höher. Wir zogen uns die Schwimmwesten an und stellten uns auf eine stürmische Nacht ein. Und wahrhaftig, es wurde stürmisch. Die Wellen wurden immer höher, und der Wind pfiff stärker. Wir machten fast alle Segel runter, bis auf das Hauptsegel, denn es bestand die Gefahr, daß wir vom Wind zum Kentern gebracht werden konnten, weil er zuviel Angriffsfläche auf das Schiff hatte. Nun konnte die Lady, die wir unterm Arsch hatten, zeigen, was sie konnte. Nach Westen war es unmöglich zu fahren, und so fuhren wir eben wieder nach Osten, nämlich dahin, woher wir kamen, von Tunesien. Rudi verzog sich in die Kabine, da ihm die Wellen zu hoch waren. Er schaute, daß in der Kajüte alles in Ordnung blieb und die Sachen nicht durch die Gegend flogen. Ich saß am Ruder und schaute, daß ich den Sturm bewältigen konnte.

Nach einer Weile schien der Wind sich wieder zu drehen, und wir fuhren nach Westen. Wir hatten ein Affentempo drauf, obwohl wir nur ein Segel oben hatten. »Ihr verdammten Meeresgötter!« schrie ich einmal, als mir eine Woge Wasser ins Gesicht klatschte. Da mir die Wellen mittlerweile zu hoch waren, band ich mich mit einem Gurt fest, damit ich nicht über Bord gespült werden konnte. So einen Sturm wie diesen hatte ich noch nie mitgemacht, aber ich hatte keine Angst, denn ich wußte, daß wir diesmal ein sehr gutes Schiff hatten, und daß daran alles in Ordnung war. Ich kämpfte die ganze Nacht gegen den Sturm wie ein Wilder. Einmal fuhren wir nach Westen, ein andermal nach Norden oder Süden oder Osten. Es ging immer hin und her, denn der Wind drehte sich am laufenden Band, und die Wellen kamen von allen Seiten.

Erst als es schon hell war, wurde die See ruhiger, und um zehn Uhr war sie wieder, als wenn überhaupt nichts gewesen wäre. Die Sonne schien, und es wehte eine leichte Brise. Ich saß hundemüde am Steuer, denn die Nacht war hart. Ich machte das Ruder mit dem Gurt fest, der mir beim Sturm seine guten Dienste erwiesen hatte. Dann zog ich das Gummizeug aus, denn ich war klatschnaß. Dann ging ich in die Kabine, wo Rudi, mit einer Schwimmweste am Leib, in einer Koje lag und schlief. Land war keines zu sehen, und wir fuhren nach Westen. Ich wußte nicht, wie weit wir in der Nacht nach Norden, Süden, Westen oder sogar Osten gefahren waren. Wo wir uns also befanden, mußten wir erst noch herausfinden. Das Boot konnte nun ein paar Stunden alleine fahren. Also zog ich meine nassen Klamotten aus, stellte den Wecker auf ein Uhr mittags und haute mich ebenfalls in eine Koje. Ich schlief sofort ein.

Durch ein lautes Schrillen wurde ich wieder aus dem Schlaf gerissen und mit mir Rudi. Er schaute mich ganz entgeistert an und fragte mich:

»Ist der Sturm schon vorbei?«

»Ja, schon lange, und wir haben ihn gut überstanden. Ich weiß nur nicht, wo wir sind.«

Ich machte uns etwas zu essen, denn ich hatte einen Hunger, daß ich einen Bären hätte fressen können. Danach setzte sich Rudi ans Steuer, und wir fuhren wieder nach Süden, denn wir wollten an Land, um zu schauen, wo wir uns befanden. Wir brauchten ziemlich lange, bis wir Land sichteten. Es war kurz vor Einbruch der Dunkelheit, als wir endlich in einer Bucht ankerten. Am nächsten Tag wollten wir an Land. Dort würde sich dann herausstellen, wo wir waren.

Und als wir am nächsten Morgen an Land gingen und einem Fischer die Karte vor die Nase legten und ihn fragten, wo wir wären, und dieser mit dem Finger auf den Ort zeigte, wo wir uns befanden, fielen mir fast die Hosen runter.

Wir befanden uns nämlich wieder in Tunesien, und das auch

noch kurz vor der algerischen Grenze. Vor Wut biß ich mir fast selbst in den Arsch. Wenn es möglich gewesen wäre, hätte ich es bestimmt getan. Nun mußten wir also die ganze Strecke wieder zurück segeln, und wenn wir in See stachen, höllisch aufpassen, da in der Gegend ein Patrouillenboot der Polizei herumschwirrte. Ich hätte heulen können vor Wut, und deshalb ging ich mit Rudi wieder auf das Schiff zurück. Da die Jacht in dieser Bucht hervorragend stand, beschlossen wir, nicht weiterzufahren, sondern uns einmal richtig auszuschlafen. Aber ich konnte nicht schlafen, und so soff ich mir einen an, damit ich die Scheiße vergaß, die uns passiert war. Ich konnte es immer noch nicht fassen, daß wir so weit zurückgefahren waren. Als ich blau war, konnte ich gut einpennen, und ich schlief den Rest des Tages bis zum nächsten Morgen einfach durch.

Am Tag darauf fuhren wir weiter. Ich hatte wieder einen klaren Kopf, denn ich hatte lange genug geschlafen. Wir fuhren erst ein Stückchen nach Osten, dann auf das offene Meer hinaus, und als wir weit genug draußen waren, schwenkten wir nach Westen. So konnten wir das Polizeiboot umfahren, das eventuell dort in der Gegend auf Streife war.

Wir hatten vor, die ganze Nacht und den darauffolgenden Tag durchzufahren, ohne irgendwo anzuhalten und zu ankern. Die Zeit, die wir verloren hatten, mußte wieder wett gemacht werden. Unser Plan war, daß wir die ganze Nordküste abfahren wollten und um Afrika herum bis zum Äquator. Dort würde ich dann das Schiff verlassen, und Rudi konnte weiterfahren bis ans Ende dieses riesigen Kontinents. Er würde von mir mein ganzes Geld bekommen, bis auf ein paar Scheine, denn im Urwald braucht man kein Geld.

Am Mittag trat eine Flaute ein. Ich ärgerte mich bald schwarz deswegen, denn wir kamen nicht mehr vom Fleck. Erst gegen Abend kam wieder Wind auf, und wir konnten weiterfahren. Ich hoffte nur, daß die Nacht nicht wieder so stürmisch wurde wie die vorige Nacht. Aber sie war gut, und wir kamen ein ganzes Stück vorwärts.

Am zweiten Tag, an dem wir schon auf See waren, sagte ich zu

Rudi, daß er an Land fahren solle, denn wir müßten die Wassertanks auffüllen. Ich selbst haute mich in die Falle, denn ich war müde, weil ich den Rest der Nacht am Steuer gesessen hatte.

21

Ich weiß nicht, wie lange ich geschlafen hatte, aber ich wurde auf einmal aus der Koje geschmissen, weil ein wahnsinniger Stoß und Krach das Schiff durchzuckte und es schief legte. Ich rappelte mich auf und ging sofort an Deck. Da sah ich die Bescherung, und ich traute meinen Augen nicht. Das Boot richtete sich gerade wieder auf, als ich oben war.

Rudi hatte es auf Grund laufen lassen und somit festgefahren. Er stand an der Reling und schaute über sie hinunter ins Wasser. Ich spürte, wie langsam eine Wut in mir aufstieg. Aber vielleicht war noch etwas zu retten, und ich sprang samt den Klamotten ins Wasser und versuchte, das Schiff ein wenig zu bewegen. Aber ich brachte es nur einen halben Meter vom Fleck, dann stand es wieder fest. Das Schwert war in den Korallen verkeilt, so daß es sich nur ganz wenig vor- und rückwärts bewegen konnte, bevor es wieder anstieß. Ich kletterte ins Boot zurück und sagte zu Rudi:

»Los! Hilf mir die notwendigsten Sachen zusammenzupakken. Das Ding sitzt fest, und wir bringen es nicht mehr raus. Wir müssen über Land weiter.«

Ich hatte zwar eine Wut auf ihn, aber beherrschte mich, denn das hätte mir auch passieren können. Also gingen wir beide in die Kajüte und packten das Nötigste zusammen.

Wir mußten unbedingt aus dieser Bucht verschwinden, bevor jemand die Küstenwache alarmierte. Als wir alles gepackt hatten, gingen wir an Land. Oberhalb der Bucht war eine Straße, und wir versuchten gleich, ein Auto anzuhalten. Die ersten fuhren zwar vorbei, aber dann hielt doch noch eines. Da dies die Küstenstraße war, fuhren wir einfach nach Westen weiter. Ich war um jeden Meter froh, der uns von unserer gestrandeten Jacht entfernte. In einer Ortschaft stiegen wir aus und versuchten sofort, den nächsten Wagen zu erwischen. Wir hatten großes Glück. Dieser brachte uns wieder einen ganzen Fetzen weiter, und ich war sicher, daß sie uns nun nicht mehr so schnell erwischen würden, da wir ein ganzes Stück von der Jacht entfernt waren. Rudi und ich hatten unterwegs geplant, unseren Weg durch die Wüste fortzusetzen, damit wir doch noch an unser Ziel kämen. Das würde zwar nicht einfach sein, aber mit einem bißchen Glück dürfte es eigentlich gehen.

Am Nachmittag machten wir halt, setzten uns in ein Café, um uns dort ein wenig zu erfrischen. Dann gingen wir uns etwas zu essen holen, da wir zu faul waren, uns selbst etwas zu machen, obwohl wir einen Teil des Proviants mitgenommen hatten.

Danach verließen wir den Ort und suchten uns einen Platz zum Übernachten. In dem Ort gab es nämlich kein Hotel, außer einer billigen Absteige, in der man nicht schlafen konnte, weil sie nicht sauber war. Es war der größte Schweinestall, den ich je in meinem Leben gesehen hatte.

Also schlugen wir unser kleines Zelt auf, legten die Schlafsäcke hinein, machten ein Lagerfeuer und machten das Essen warm, das wir uns gekauft hatten. Als wir fertig waren, legten wir uns in die Schlafsäcke. Da ich dem Land nicht ganz traute, legte ich das Tauchermesser unter meinen Kopfteil, damit ich mich wehren könnte, wenn jemand über uns herfiel. Ich hatte schon viel davon gehört, daß Camper einfach überfallen, dann umgebracht und ausgeraubt worden sind. Das wollte ich vermeiden, so gut es nur möglich war.

Ich schlief in dieser Nacht nur mit einem Auge, denn es waren Geräusche zu hören, die ich noch nie gehört hatte und sehr ungewohnt waren. Ab und zu schaute ich aus dem Zelt, aber ich konnte niemanden sehen, der sich vielleicht dort draußen herumschlich. Als es wieder hell wurde, stand ich auf und machte Kaffee, denn ich konnte nicht schlafen, weil die Sache für mich ungewohnt war. Rudi hingegen schlief wie ein Murmeltier, und ich glaubte, nicht einmal eine Kanone hätte ihn wecken können. Ich versuchte ihn wachzurütteln, was gar nicht so einfach war, denn er trat einmal sogar nach mir. Aber als er endlich wach war, stand er sofort auf und kam aus dem Zelt.

Beim Kaffee schauten wir uns die Landkarte von Algerien an und bestimmten unsere Reiseroute, die wir an diesem Tag zurücklegen wollten. Wir wollten versuchen, bis zur Hauptstadt zu kommen, die aber noch ein ganz schönes Stück von unserem Standort entfernt war. In Algier wollten wir dann weitersehen und unsere Route durch die Wüste genau festlegen. Wir mußten uns so gut wie möglich für diese Tour ausrüsten, und ich wollte nicht, daß die ganze Sache scheiterte, nur weil wir etwas vergessen hatten. Das durfte auf gar keinen Fall passieren, denn dann könnten wir gleich freiwillig ins Gefängnis gehen. Dann stellten wir uns an die Straße.

Wir hatten zwar eine ganze Menge Autos erwischt und waren Algier näher gekommen, aber wir konnten es unmöglich an diesem Tag noch schaffen, die Stadt zu erreichen. Also machten wir in einer Ortschaft halt und setzten uns in ein Café. Dort schlugen wir die Landkarte auf und schauten uns die Strecke an, die wir noch vor uns hatten. Es waren ungefähr noch zweihundert Kilometer, die wir am nächsten Tag schaffen müßten. Da diese Ortschaft ein wenig größer war, fanden wir ein Hotel, in dem wir übernachten konnten.

Am nächsten Tag erreichten wir Algier, und als wir in die Stadt hineinfuhren, wurde es mir fast schlecht, denn so groß war sie. Wir fuhren durch unzählige Vororte, bis wir Algier dann endlich erreicht hatten. An einer Kreuzung ließ uns der Fahrer aussteigen. Nun standen wir in einer Stadt, die enorm groß war und in der wir uns nicht auskannten. Aber das war alles halb so schlimm, und so gingen wir einfach drauflos. Nach einer halben Stunde Fußweg, mit unserem schweren Gepäck, standen wir auch schon mitten im Getümmel. Wir waren in einer Einkaufsstraße gelandet. Ich habe wirklich schon Großstädte gesehen, aber Algier war erschreckend, denn dort stürzten Massen auf einen ein, daß sie einem fast erschlugen. Man konnte nicht einmal richtig gehen, denn immer stieß man an jemanden an, oder wurde angerempelt. An jeder Ecke war jemand, der etwas verkaufte oder zumindest versuchte, denn manche blieben trotz der vielen Menschen auf ihrer Ware sitzen. Wir versuchten, von der Straße wegzukommen.

Also verschwanden wir in eine kleine Seitenstraße und setzten uns dort auf eine Bank. Wir beschlossen, uns ein Zimmer zu suchen, denn mit unserem Gepäck konnten wir nicht stundenlang durch die Gegend laufen, da wir irgendwann zusammenbrechen würden. Als wir uns ein bißchen ausgeruht hatten, machten wir uns auf die Suche nach einem Hotel.

Wir fanden sehr schnell eines, denn in Algier gab es genug davon. Wir mußten das Zimmer im voraus bezahlen, da die Leute Angst hatten, ihre Gäste würden über Nacht abhauen. Das konnte uns nur recht sein, denn dann konnten wir verschwinden, wann wir wollten. Als wir uns ein wenig erfrischt und sauber gemacht hatten, beschlossen wir, uns die Stadt ein bißchen anzusehen, sowie die Leute, die dort lebten, denn es rannte wirklich alles herum. Vom Neger bis zum Chinesen waren alle Nationen vertreten. Unsere Messer hatten wir wieder mit Riemen an den Waden befestigt, denn Rudi meinte, daß man in solchen Städten wegen ein paar Kröten sogar totgeschlagen wird, weil es viele arme Menschen gab, die nichts zu essen hatten.

Zwar hatte ich das auch schon gehört, aber ich fand, daß dies alles ein klein wenig übertrieben war. Wenn man sich nur die Stadt ansah und sich nicht in den Nuttenvierteln herumtrieb, in denen die meisten Sachen passierten, war die ganze Show halb so wild. Da wir einen wahnsinnigen Hunger hatten, gingen wir erst einmal in einem arabischen Restaurant etwas Essen. Ich habe also schon oft fremdländische Sachen gegessen, aber die arabische Küche ist eine der besten, die ich kennengelernt habe.

Als wir fertig waren, machten wir uns auf den Weg in die unbekannten Straßen von Algier. Ich war neugierig, denn ich konnte nie genug davon bekommen, fremde Städte anzusehen.

Algier war eine Stadt, die mich faszinierte, aber auch ein wenig erschrecken ließ. Sie hatte zwei Seiten, nämlich die der Armen und die der Reichen. Man konnte das Elend sehen und den Reichtum, den andere hatten und doch nichts damit anfangen konnten, außer ihn sinnlos aus dem Fenster zu werfen.

Wir machten uns vom Restaurant aus mit einem Stadtplan, den wir gekauft hatten, auf den Weg. Als erstes besuchten wir das Armenviertel, und es konnte einem schon schlecht werden, wenn man das sah. Die Straßen waren dreckig, und es stank bestialisch, denn der Abfall lag auf den Straßen herum, und die Mülltonnen standen übervoll an den Randsteinen. Auf den Straßen lagen Leute herum, von denen man nicht wußte, ob sie tot oder lebendig, betrunken oder nüchtern waren, denn sie bewegten sich nicht und lagen still auf den Kartons, die sie unter sich ausgebreitet hatten, damit sie nicht auf dem blanken Asphalt lagen. Kinder, die sehr arm angezogen waren, spielten zwischen dem Müll und dem Unrat mit einem kleinen Ball. Andere spielten mit einer Katze, die mehr tot als lebendig war, und wieder andere beschäftigten sich mit einem kleinen jungen Hund. Eines der Kinder kam zu mir und streckte die geöffnete Hand hin. Es mußte wohl Hunger gehabt haben, dachte ich und langte in die Tasche, um ihm ein wenig Geld zu geben. Es war ein niedliches Kind, und es tat mir furchtbar leid, wie es vor mir stand und bettelte, mit einem traurigen Gesicht, und mich mit den großen, dunklen Augen anschaute. Ich drückte dem Kind einen Fünfzig-Dinarschein in die Hand, und als es dies sah, fiel es vor Dankbarkeit auf die Knie. Dann stand es wieder auf, rannte davon und verschwand um eine Ecke. Ich dachte an Monte-Carlo und all die Sachen, die dort herumstanden und ein Heidengeld wert waren. Hier aber, in Algier, hungerten kleine, unschuldige Kinder, die man mit diesem Zeug, das in solchen Bonzenstädten herumstand, sattbekommen konnte. Oh Gott, wie beschissen ist doch die Welt! Wenn ein Prominenter einen Schnupfen hat, dann steht das sofort in der Zeitung, aber von dieser Stadt mit ihrem ganzen Elend hörte man so gut wie gar nichts. Wenn ein Kind auf der Straße verhungert, interessiert das die Leute einen Dreck. Aber wenn irgendein Sänger oder sonst ein hohes Tier mal ein wenig krank ist, dann muß es sofort die ganze Welt wissen, und die Presse macht einen halben Aufstand.

Dann schauten wir uns in der Stadt weiter um und kamen auch in das Viertel, in dem die wohlsituierten Leute lebten. Dort merkte man nichts von dem Elend, das ein paar Straßen weiter herrschte. Da waren die Häuser und die Straßen sauber. Die Gärten waren gepflegt und die Wege mit Palmen bestückt. Man kam sich vor wie auf einem Horrortrip, denn man dachte an das, was man eben noch zuvor gesehen hatte. Aber auf einmal stand man in einer Straße, wo Prunk und Reichtum herrschte, daß es einem schlecht wurde. Dort verhungerten die Leute, und hier wußten sie nicht, wohin sie mit ihrem ganzen Geld sollten. Das ganze kotzte mich so an, daß ich mich entschloß, in mein Hotel zurückzugehen und mir die Decke über die Ohren zu ziehen. Rudi ging mit, und so verbrachten wir den Rest unseres Aufenthalts im Hotel. Am nächsten Morgen machten wir uns wieder auf den Weg, denn wir wollten noch eine Stadt besichtigen, die ebenfalls die Größe von Algier hatte. Sie war nur ein paar hundert Kilometer weiter und hieß Oran.

Wir hatten ganz schöne Mühe, von Algier wieder wegzukommen, denn wir mußten erst ein paar Kilometer laufen, um aus der Stadt herauszukommen. Autos fuhren eigentlich genug herum, aber keiner hatte angehalten, da niemand wußte, wohin wir wollten. Wir mußten erst auf die richtige Straße stehen, damit jemand anhielt.

Dort fanden wir schnell einen Wagen, der uns mitnahm. Wir schafften es, noch am selben Tag nach Oran zu kommen.

Dort war es nicht anders als in Algier, denn es gab genausoviel Elend und Reichtum. In einem Café beschlossen wir, daß wir von Oran aus mitten durch die Sahara fahren wollten. Da wir nicht auffallen durften, wollten wir dies per Autostop machen. Man brauchte nämlich für Algerien ein Visum und eine ganze Menge anderer Papiere, die wir nicht hatten, da wir illegal im Land waren, und so mußten wir vor einer Polizeikontrolle auf der Hut sein.

Die eine Nacht blieben wir im Hotel, am nächsten Morgen wollten wir uns dann auf unseren Trip in den Süden machen. Ich hatte Rudi einmal gesagt, daß ich in den Urwald wollte, um dort zu leben. Er war davon so begeistert, daß er nun ebenfalls mit wollte. Er fragte mich, ob ich nichts dagegen hätte, wenn er mitgehen würde, und ich hatte beschlossen, mit ihm zusammen in das große Abenteuer – Urwald zu gehen.

Da wir eine ganze Menge Whisky in unseren Taschen hatten, hatten wir vor, uns einen Richtigen anzusaufen. So machten wir es auch, und bevor es Mitternacht war, hatte ich einen Rausch im Gesicht, der nicht mehr normal war. Wie ich in mein Bett kam, wußte ich nicht, aber als ich morgens aufwachte, lag ich zumindest darin. Ich schwang mich aus dem Bett, und als ich mich gewaschen hatte, ging ich zu Rudi ins Zimmer, der überraschenderweise ebenfalls auf war und fröhlich vor sich hin pfiff. Ich stellte fest, daß es bei ihm in der Bude verdammt merkwürdig roch, und deshalb sagte ich zu ihm:

»Hier stinkt es wie in einem sibirischen Männerpuff.«

»Ein Puff ist es gerade nicht, aber es hat etwas damit zu tun.«

Ich blickte nicht durch, und deshalb fragte ich ihn:

»Was soll denn das heißen?«

»Ganz einfach, ich hab heute Nacht eine Hure im Bett gehabt.«

Als ich das hörte, zog es mir fast die Socken aus, obwohl ich keine anhatte.

»Wann hast du dir die Alte geholt?«

»Als du vom Stuhl gekippt bist, weil du blau warst wie tausend Russen, habe ich dich ins Bett gelegt, bin aus dem Hotel, habe so ein Flittchen auf der Straße angequatscht, sie mitgenommen, anständig durchgenudelt, weil ich es wieder einmal nötig hatte, und sie dann gegen Morgen wieder rausgeschmissen.«

Normalerweise ist es in Algerien verboten, eine Hure zu sein, aber dennoch praktizieren einige Frauen das horizontale Gewerbe, das sogar eines der ältesten auf der Welt sein soll. Ich sagte nur noch zu Rudi:

»Hoffentlich hast du aufgepaßt. Wenn nicht, dann hast du dir bestimmt einen Tripper eingefangen, und den bringst du im Urwald nicht weg, weil es dort nämlich kein Krankenhaus oder so was ähnliches gibt. Aber vielleicht findest du einen Medizinmann, der dir ein paar faule Wurzeln auf den Schwanz legt, damit er nicht abfault.«

Er lachte sich halb kaputt, als er das hörte, aber er wußte auch, daß ich nicht unrecht hatte, denn wenn er sich bei der Alten etwas eingefangen hatte, mußte er sich zwei Spritzen verpassen lassen, die wir nicht hatten.

Als wir gefrühstückt hatten, machten wir uns auf den Weg in die Sahara. Als erstes mußten wir wieder die richtige Straße finden, damit wir überhaupt aus der Stadt herauskamen. Ich hatte nämlich keine Lust, eine Ewigkeit an der Straße zu stehen, wie wir es in Algier gemacht hatten. Schon die ersten Wagen hielten alle an, aber wir konnten nur in einen einsteigen. Also suchten wir uns den aus, der am weitesten fuhr und stiegen dort ein.

Ich freute mich richtig, denn nun kam ich meinem Ziel näher. Auch wenn ich ein wenig Angst hatte vor dem Urwald, weil es dort nur so von Gefahren wimmeln soll. Aber was soll's, ich würde nun bald meine Ruhe haben vor dieser verdammten Scheißwelt, die nichts Gutes für einen übrig hatte. Wir fuhren ein ganzes Stück mit dem Fahrer mit. Als wir ausstiegen, spürten wir aber noch nichts von der Wüste. Im Gegenteil, um uns herum blühten die Kakteen, und die Olivenbäume waren grün.

Wir wollten an diesem Tag soweit wie möglich in Richtung Wüste fahren, und so machten wir gleich mit dem Autostop weiter. Wir fanden wieder einen Wagen, auch wenn die Straße nicht mehr so lebendig war wie die der Küste. Als es Abend wurde, hatten wir schon einige Kilometer hinter uns gebracht. In dem Ort, in dem wir waren, suchten wir uns einen Schlafplatz. Da es keine Hotels in diesem kleinen Ort gab, füllten wir unsere Wasserflaschen und suchten uns außerhalb eine Gelegenheit zum Pennen. Konserven und Lebensmittel hatten wir noch genug bei uns, und so konnten wir uns auch ein anständiges Abendessen kochen. Außerhalb des Dorfes fanden wir eine schöne Stelle, an der wir unser kleines Zelt aufbauten, ein Feuer machten und uns ein Essen zubereiteten.

Es war herrlich, so durch die Gegend zu ziehen und wie ein Wanderhirte zu leben. Auch wenn wir ab und zu in einem Hotel schliefen, konnte ich mir das Leben im Urwald gut vorstellen. Rudi und ich sprachen fast nur noch davon, und was wir dort alles machen und bauen wollten. Eine Stereoanlage oder einen Fernseher vermißten wir nicht, und wir waren zufrieden mit dem, was wir hatten. Als es dunkel wurde, gingen wir in unser Zelt, hauten uns in die Schlafsäcke und pennten gleich ein, denn ein Autotrip durch diese Gegend ist ganz schön anstrengend.

Am nächsten Morgen kochten wir uns einen anständigen Kaffee und studierten ein wenig die Landkarte. Danach gingen wir ins Dorf und füllten unsere Wasserflaschen auf, denn wir wollten wieder den ganzen Tag durchfahren und uns nirgendwo aufhalten.

So machten wir es, und am Nachmittag merkte man, daß wir der Wüste immer näher kamen. Das Land wurde kahler, man sah Kamele, und das Gras war so vertrocknet, daß ein Funke genügt hätte, um es in Brand zu setzen. Für uns war das sehr aufregend, denn wir hatten noch nie so etwas gesehen. Die Leute waren alle sehr freundlich, und teilweise luden sie uns auch zum Essen ein. Da es so viele waren, schlugen wir alle Einladungen aus, denn wir wollten keinen von ihnen beleidigen, indem wir eine annahmen und die anderen ausschlugen. Aber als wir später eine Einladung von einem richtigen Wanderhirten bekamen, nahmen wir an, denn wir waren neugierig, und ich wollte gerne wissen, wie dieser Mann lebte. Da er kein Haus hatte, sondern nur ein Zelt, das außerhalb des Dorfes stand, und er nur in dem Ort war, weil er etwas kaufen wollte, mußten wir noch ein Stückchen laufen. Als wir aber auf seine Behausung zuliefen, war ich sehr erstaunt und überrascht. Es war ein riesiges Zelt und sah von weitem aus wie eine große Halbkugel, die man einfach auf die Erde gelegt hatte. Vor dem Zelt war ein großer Hund, der anschlug, als er uns sah. Sofort kamen ein paar Menschen aus der Halbkugel heraus. Als wir beim Zelt waren, ging das große Händeschütteln los. Der Hirte stellte uns vor und machte uns mit den anderen bekannt. Sie freuten sich wahnsinnig, daß wir ihre Einladung angenommen hatten. Da der Wanderhirte französisch sprach, stellte er mir die ganzen Leute vor, die dort waren, und ich bekam einen Schreck, als ich hörte, daß dies alle seine Kinder waren, bis auf eine Frau, die nicht alt aussah, aber auch nicht mehr ganz jung. Eine Frau hatte der Hirt verloren, und dies war seine zweite. Sie hatte ihm ebenfalls schon drei Kinder geschenkt. Die anderen waren alle von seiner ersten Gattin. Als ich mich etwas umsah, stellte ich fest, daß hinter dem großen Zelt noch zwei kleinere standen. Acht Kinder waren es, vielleicht waren es auch mehr.

Ein paar hundert Meter weiter standen ein paar Kamele, die ebenfalls dem Hirten gehörten. Wir gingen in das große Zelt hinein. Es sah sehr gemütlich aus und war mit schweren Tüchern unterteilt. In der Mitte des Zeltes befand sich eine kleine Feuerstelle. Ich fand die Sache sehr toll. Wir setzten uns im Kreise um das Feuer, und der Mann fing an zu erzählen, da ich ihm einige Fragen gestellt hatte. Die Frau kochte nebenher etwas zu essen, aber mischte sich nicht in unser Gespräch ein, denn das durfte sie nicht, außer wenn sie etwas gefragt wurde. Der Mann zog schon sein ganzes Leben durch die Gegend, wie es schon sein Vater und die anderen Vorfahren gemacht hatten. Die ganze Familie zog mit, und sie waren anscheinend glücklich, denn ich sah nicht, daß auch nur einer den Kopf hängen ließ oder traurig über sein Leben war. Nein, alle sagten, daß sie zufrieden mit ihrem Leben wären, und es nicht bereuten, Wanderhirten zu sein. Mir würde es auch gefallen, wie diese Leute durch die Gegend zu ziehen. Ich fragte mich aber, von was sie eigentlich lebten, und so fragte ich den Mann danach. Sie hatten Schafe, die gerade im Dorf waren, weil einige von ihnen geschoren wurden und andere verkauft. Davon lebten sie, und wie sie sagten, sogar sehr gut, denn sie mußten nie hungern, hatten Kleider und mußten nicht leben wie die Bettler. Sie waren angezogen, wie man sich Wanderhirten vorstellte. Nach einer Weile hatte die Frau das Essen fertig, und so saßen wir um das Feuer und aßen aus Holztellern ein einfaches, aber gutes Essen.

Es war wirklich ein toller Abend, und ich fragte den Mann, ob er sein Leben als Wanderhirte aufgeben würde, wenn er sehr viel Geld hätte.

Er meinte nein, denn er würde sein Leben genauso weiterführen, wie er es bisher getan hatte. Das Geld würde er den Leuten geben, die es wirklich gebrauchen konnten. Außerdem würde Geld nicht glücklich machen, sondern nur den Charakter versauen. Um keinen Preis würde er sein Leben als Wanderhirte gegen ein anderes eintauschen, versicherte er mir, und ich glaubte es ihm, denn er war sehr ernst, als er dies sagte.

Als wir gehen wollten, weil wir noch unser Zelt aufschlagen mußten, meinte der Mann, daß wir es bei ihnen aufbauen sollten und er würde uns dabei sogar helfen, damit die Sache schneller ginge und wir uns noch ein wenig unterhalten könnten. So machten wir es und schlugen unser Zelt genau neben dem großen auf.

Aber aus einer Unterhaltung wurde nichts mehr, denn ich spielte mit den kleinen Kindern, da diese sehr drollig aussahen und ich Kinder gerne habe. Als es Zeit wurde, gingen wir in unser Zelt und hauten uns in die Schlafsäcke. Einschlafen konnte ich nicht, denn ich mußte immer an das denken, was mir der Mann alles erzählt hatte.

Am nächsten Morgen, nach dem Frühstück, zogen wir weiter. Es war eine Verabschiedung von diesen Wanderhirten, als wenn es unsere eigene Familie gewesen wäre. Im Dorf füllten wir noch unseren Proviant auf und machten uns dann wieder auf den Weg. Am Nachmittag konnte man schon sehen, daß wir der Wüste sehr nahe waren. Man konnte richtige Sanddünen sehen, und die Sonne brannte heiß, als wenn man in einem Backofen wäre. Aber wir waren sehr leicht gekleidet, und die Hitze machte uns nicht mehr soviel aus wie am Anfang unserer Reise.

Wenn wir in ein Dorf kamen, setzten wir uns in ein Café und tranken eine Limonade. Abends waren wir schon mitten in der Wüste. Man sah kein Gras oder sonstwelche Pflanzen. Nur in den Ortschaften standen ein paar Palmen. Trotzdem war die Landschaft unsagbar schön. Sie imponierte mir, und ich bewunderte sie. Da wir in dem Ort nicht bleiben wollten, sondern vorhatten, die ganze Nacht durchzufahren, denn wir wollten so schnell wie möglich durch die Wüste hindurch sein, stellten wir uns, als es schon dunkel war, wieder an die Straße. Wir mußten eine ganze Weile warten, bis uns ein Wagen mitnahm. Wir waren nicht sicher, ob wir die ganze Nacht durchfahren konnten, denn es sah nicht danach aus, daß genügend Autos unterwegs sein würden. Aber der Fahrer meinte, daß in der Nähe eine Ölgesellschaft wäre und von dort aus die ganze Nacht über LKWs unterwegs seien. Da sahen unsere Chancen wieder besser aus, als ich das gehört hatte.

Als wir ausstiegen, bedankten wir uns bei dem Mann recht herzlich. Er hätte sich gefreut, daß er uns kennengelernt hatte, meinte er. Nun standen wir erst einmal auf der Straße, und das eine ganze Weile, denn es kam kein einziges Auto.

Dann endlich, nach einer halben Ewigkeit, sahen wir zwar noch in weiter Ferne einen Wagen heranfahren. Das war unsere Chance. Es wurde nämlich nachts verdammt kalt in der Wüste, auch wenn sie noch so schön war. Da wir zu faul waren, die Taschen auszupacken und uns wärmere Klamotten anzuziehen, standen wir eben an der Straße und froren. Aber der Wagen hielt vor uns, und da er in unsere Richtung fuhr, stiegen wir in das mollig warme Auto ein. Es war ein älterer Herr, und da er kein Französisch sprach, konnten wir uns mit ihm nicht unterhalten. Aber das machte ihm anscheinend nichts aus. Rudi und ich unterhielten uns noch einen Augenblick, und dann saßen wir ebenfalls ganz ruhig im Wagen. Ich schaute auf die Straße, die die Scheinwerfer des Wagens erfaßten. Rudi nickte nach einer Weile ein, denn es war wirklich ein harter Tag gewesen. Ich selber schaute weiterhin auf die Straße, und ich merkte, wie sie mich langsam, aber sicher schläfrig machte und ich langsam einschlief. So fuhren wir eine ganze Zeitlang in die schwarze Nacht hinein, und wir kamen unserem Ziel immer näher.

auch unsere Ausweise. Auf einmal pfiff der andere, der dabei war, unsere Taschen auszupacken, durch die Zähne. In der einen Hand hatte er das Fernglas und in der anderen die Kamera. Sie schauten uns beide sehr durchdringlich an und sprachen etwas miteinander. Sie schienen sehr aufgeregt zu sein, und der eine sagte auf einmal ein Wort auf französisch, das mir durch Mark und Bein fuhr:

»Spionage!«

Ich saß wie gelähmt auf dem Stuhl und brachte kein Wort heraus, denn ich wollte etwas dazu sagen. Die schienen uns der Spionage zu verdächtigen, da wir ein Fernglas und eine Kamera bei uns hatten. Heutzutage besitzt jeder so etwas und braucht nicht gleich ein Spion zu sein. Als ich mich wieder gefaßt hatte, dachte ich, daß sich dies noch aufklären würde. Die schienen wirklich zu spinnen und wollten aus uns einen James Bond machen oder so etwas.

Sofort wurden wir in eine Zelle gesperrt, denn jeder Versuch, sich mit uns zu unterhalten, schlug fehl. Man hatte uns alles abgenommen und nur ein paar Zigaretten gelassen. Mein Feuerzeug hatten sie ebenfalls behalten und mir dafür eine Schachtel Streichhölzer gegeben. Nun saßen wir in einer kleinen Zelle und rauchten vor uns hin.

Den Plan einer Flucht, den wir ausgeheckt hatten, ließen wir sofort wieder fallen und hatten uns vorgenommen, die Suppe auszulöffeln, die wir uns da eingebrockt hatten. Wir sprachen nur deutsch, damit uns die Bullen nicht verstehen konnten, für den Fall, wenn sie an der Tür standen und uns belauschten. Man hatte uns für den Rest der Nacht jedem eine Matratze gegeben und ein paar Decken. Wir machten es uns ein wenig gemütlich und legten uns hin.

Ich konnte nicht schlafen, aber Rudi schien die Sache nicht viel auszumachen, denn schon nach kurzer Zeit pennte er wie ein Murmeltier. Still lag ich auf der Matratze und dachte nach, wie wir am besten wegkommen könnten. Aber es gab keine Möglichkeit mehr, denn wir saßen wie die Mäuse in der Falle. Wir mußten nun die Sache durchstehen, und ich hoffte, daß wir noch mit einem blauen Auge davonkamen. Der Morgen zog langsam herauf. Ich weckte Rudi, denn ich mußte ihm noch sagen, was ich mir die ganze Nacht über ausgedacht hatte. Wir mußten nämlich bei einem Verhör beide dasselbe sagen und nicht jeder etwas anderes. Rudi war schwer wach zu kriegen, aber nach ein paarmal kräftig Rütteln schlug er doch die Augen auf. Ich hatte mir in der Nacht genau zurechtgelegt, was wir beide sagen müßten, um am besten aus der Geschichte herauszukommen. Das erzählte ich Rudi und hörte ihn danach ab, um zu kontrollieren, ob er es auch behalten hatte, was ich ihm gesagt hatte. Er schien wie ein Computer zu sein, denn er hatte alles behalten. Es war ihm auch klar, daß wir uns nicht einen einzigen Versprecher leisten konnten. Der kleinste Fehler bedeutete für uns Knast, daß die Heide wackelte.

Bald darauf ging auch schon die Zellentüre auf, und wir wurden aufgefordert herauszukommen. Wir rappelten uns hoch und folgten dem Bullen, der uns wieder in ein Büro führte. Dort lagen unsere Sachen auf dem Tisch, und da sah ich erst, warum sie uns geholt hatten.

Auf den Tisch hatten sie ein paar Lebensmittel gestellt, die wir in Tunesien gekauft hatten und das natürlich auf den Packungen stand. Sie wußten also schon, daß wir in Tunesien waren. Daran hatte ich nicht gedacht, und ich mußte mir schnell etwas Neues einfallen lassen, denn wir wollten ihnen erzählen, daß wir per Autostop von Marokko gekommen waren. Aber uns wurden keine Fragen gestellt, sondern der eine Bulle packte alles zusammen, und mir sowie Rudi wurden ein Paar Handschellen umgelegt. Darauf führte man uns aus der Wache, und wir wurden in einen Wagen verfrachtet. Einer der Bullen setzte sich ans Steuer und der andere daneben. Was sie nun mit uns vorhatten, wußte ich nicht, und ich konnte mir auch nicht vorstellen, wo sie uns hinbrachten. Dann fuhren wir aus der Ortschaft heraus mitten in die Wüste hinein. Die ganze Sache kam mir sehr spanisch vor, und ich hätte nur zu gerne gewußt, was nun passieren würde. Zwei Stunden später wußten wir es, denn wir hielten vor einer riesigen Polizeiwache, in einem anderen Ort. Dort mußten wir aussteigen und wurden hineingeführt. Während der Fahrt hatte ich mir die Sache mit Tunesien überlegt, und mir war auch etwas eingefallen, was ich gleich Rudi sagte. Die Bullen konnten uns nicht verstehen, und so hatten wir genug Möglichkeiten, uns zu verständigen. Ich hatte schon ein wenig Muffe, denn ich wußte nicht, ob die Sache gut ausgehen würde. Von den afrikanischen Knästen hatte ich schon eine ganze Menge gehört, und ich war wirklich nicht scharf darauf, in einem zu landen, denn dort soll es den Gefangenen sehr dreckig gehen.

In der Wache wurden wir wieder in ein Büro geführt, wo wir uns auf zwei Stühle setzen mußten, die vor einem Schreibtisch standen. Es war eine ganze Horde Bullen um uns herum, und ich stellte fest, daß dies eine sehr große Wache war. Ich konnte mir schon vorstellen, wie sie uns gleich in die Mangel nehmen würden und nicht eher lockerließen, bevor sie nicht alles von uns wußten. Dann kam auf einmal ein Mann in das Zimmer, der keine Uniform anhatte. Er setzte sich an den Schreibtisch und schaute uns an, als wenn er darüber nachdachte, wo er uns schon einmal gesehen haben könnte. Dann fragte er, in einem sehr schlechten Deutsch, wie wir hießen. Nun hatten sie also einen Dolmetscher geholt, der aber meiner Meinung nach nicht viel taugte. Also mußten wir wieder ein wenig tricksen und das so, daß der Depp uns nicht verstehen konnte. Wir fingen einfach an, den Dialekt zu sprechen, der bei uns zu Hause gesprochen wurde. Den Namen hatte er verstanden, aber das andere, das ich noch sagte, nicht. So wußte ich genau, daß er uns nicht verstand. Er stellte uns ein paar Fragen, die wir nicht richtig kapierten, denn er sprach wirklich ein miserables Deutsch.

Nach einer halben Stunde gab er es auf, packte seine Sachen zusammen, sagte etwas zu den anderen, die ebenfalls noch im Zimmer standen und verließ den Raum. Ich mußte ein wenig grinsen, denn es war wirklich lustig, auch wenn die Situation, in der wir uns befanden, überhaupt nicht zum Lachen war. Dann schaute ich einmal auf den Zettel, den der eine Bulle neben mir immer bemalte und vor sich liegen hatte. Ich linste auf den Fetzen, und mir wurde es bald schlecht, als ich sah, was darauf stand. Es war nur ein Wort, das er dick und fett daraufgeschrieben hatte: *Prison.*

Das ist im Französischen das Wort für Knast, und der Bulle sah genau, daß ich es verstanden hatte. Er grinste mich dämlich an, und ich hätte ihm am liebsten eine anständige verbraten. Dann sagte er zu mir, in französisch, denn er schien genau zu wissen, daß ich ihn verstand:

»Bei uns stehen etliche Jahre auf Spionage und spätestens heute mittag seid ihr im Knast.«

Ich wollte darauf etwas sagen, aber ich hatte einen Kloß im Hals und konnte deshalb nicht antworten. Ich brachte kein Wort raus. Vielleicht war es auch gut so, denn sonst hätten sie gewußt, daß ich sie verstand, und sie hätten mich sofort in die Mangel genommen. Dann wurden wir in eine kleine Zelle gesperrt, die dreckiger war als die größte Mülldeponie, die wir in Deutschland hatten. Mann, ich war vielleicht fertig mit den Nerven, und ich sagte zu Rudi, der mich anschaute wie ein treues Pferd:

»Junge, heute mittag sitzen wir schon im Bau. Wir kommen nicht drumrum. Die denken echt, daß wir Spione wären, und dabei wollten wir doch nur in den Dschungel. Aber das wird sich noch aufklären, darauf kann ich meine Großmutter verwetten.«

»Und wenn du dich mit denen einmal unterhältst?«

»Das geht nicht. Die würden einem das Wort im Maul umdrehen. Wenn die anfangen, Arabisch zu quasseln, verstehe ich nichts, und sie legen mich aufs Kreuz. Nein nein, das lassen wir mal sein. Zum Schluß sagen sie noch, wir hätten einen gekillt.«

»Und was wollen wir jetzt tun?«

»Soviel ich weiß sind wir heute mittag schon im Knast. Dort schreiben wir so schnell wie möglich an die deutsche Botschaft, damit die ihren Arsch hier runterschwingen und uns helfen, aus der Scheiße zu kommen. Dann werden wir uns gleich einen Anwalt besorgen, der uns vielleicht gegen eine Kaution herausbringt. Geld haben wir noch genug bei uns. Und bei der Verhandlung müssen wir dem Richter die Story vom rosa Pferd erzählen, die sich gewaschen hat.«

»Hoffentlich bringen wir das hin.«

»Wenn nicht, können wir uns gleich begraben lassen.«

Dann saßen wir da und rauchten unsere letzten Zigaretten, die wir noch hatten. Wie die Idioten stierten wir auf die dreckige Wand, die vor uns war. Meine Nerven waren zum Zerreißen angespannt, und wenn noch etwas passiert wäre, was ich nicht mehr verkraften konnte, wäre ich bestimmt zum Amokläufer geworden.

Den Rest des Morgens verbrachten wir in dieser Scheißzelle und bekamen dort auch unser Mittagessen. Aber ich rührte den Fraß nicht an, denn er wäre mir bestimmt nach ein paar Minuten wieder hochgekommen.

Auf einmal ging die Türe auf, und es standen vier Bullen da. Der eine, der auf den Zettel herumgeschmiert hatte, winkte mit ein paar Handschellen und grinste wieder so unverschämt, daß ich die glatten Wände hätte raufgehen können. Dann holte man uns aus der Zelle und montierte uns die Armreifen.

Als wir für die Jungs nicht mehr abhauen konnten, führten sie uns zu einem Wagen, der vor der Wache stand, in den wir uns setzen mußten. Unser Gepäck sahen wir nicht. Es setzten sich noch ein paar Bullen in den Jeep und fuhren mit uns durch die Stadt. Vor einem riesigen gelblichen Gebäude blieben sie stehen und holten uns aus dem Wagen. Da sah ich erst, daß es sich nicht um ein Gebäude handelte, sondern um eine sehr hohe Mauer, und es konnte sich nur um den Knast handeln.

23

Wir gingen alle zusammen an das große Tor, und einer der Bullen drückte auf die Klingel, die dort angebracht war. Das Tor wurde von einem Mann, der keine Uniform trug, geöffnet, und wir marschierten in den Knast hinein. Kaum waren wir drinnen, als sich das Tor mit einem lauten Knall hinter uns schloß. Wir wurden in eine Tür hineingeschoben, die nur ein paar Meter von der Pforte entfernt war. Der eine Bulle wechselte mit dem Typ, der das Tor geschlossen hatte, ein paar Worte, nahm aus der Hand des Polizisten einen kleinen Schlüssel und kam auf uns zu. Wir mußten ihm die Handgelenke hinstrecken, und er schloß uns die Handschellen auf. Das war alles, was er vorläufig mit uns gemacht hatte, denn er sperrte uns darauf in einen kleinen Raum, in dem nur eine Bank stand, auf die wir uns setzten. Dann sagte Rudi auf einmal zu mir:

»Das hätte ich mir nie träumen lassen, daß ich einmal in einem arabischen Knast sitzen würde.«

Dann fing er auf einmal an zu lachen, als wenn ich ihm einen guten Witz erzählt hätte. Er saß einfach da und lachte sich bald kaputt, weil er in einem arabischen Knast war. Ich habe einmal gehört, daß Wahnsinnige sich so benahmen, oder besser gesagt, bevor sie wahnsinnig wurden. Nun glaubte ich fast, daß Rudi vor dem Wahnsinn stand, denn er benahm sich so.

Aber auf einmal mußte ich auch lachen, und so saßen wir in der kleinen Zelle und lachten wie die Idioten, dabei war die Scheiße, in der wir uns befanden, überhaupt nicht zum Lachen. Im Gegenteil, man hätte heulen können, denn wir wußten nicht einmal, ob wir jemals wieder aus dem Dreckloch herauskommen würden, oder ob wir die ganze Sache überlebten. In solchen Ländern konnte man spurlos verschwinden, und niemand hörte jemals wieder etwas von einem. Als wir uns wieder beruhigt hatten, saßen wir wie begossene Pudel auf der Bank. Gelacht hatten wir genug, und nun mußten wir nur noch anfangen zu weinen, was wir aber nicht taten, auch wenn es uns danach zumute war.

Nachdem wir eine Weile dagesessen hatten, wurde die Türe wieder geöffnet, und wir wurden aufgefordert, dem Schnulli zu folgen, der davor stand und mit einem Schlüssel spielte. Er führte uns in ein Büro, in dem ein alter Mann am Schreibtisch saß und uns musterte, als wir eintraten. Dann holte er ein großes Buch aus der Tischschublade und fing an zu schreiben. Ich nahm an, daß er unsere Personalien eintrug, denn er hatte unsere Ausweise vor sich liegen.

Als der Mann fertig mit schreiben war, stand er vom Schreibtisch auf, lief auf einen anderen Tisch zu, der in einer Ecke stand, richtete dort ein paar Sachen her, und ich wußte, daß sich dieser Vollidiot wieder einmal unserer Fingerabdrücke bemächtigen wollte, wie sie es immer machten, wenn sie jemanden verhaftet hatten. In Deutschland und in Frankreich hatten sie sie mir schon abgenommen, und nun auch noch in Afrika, dachte ich dabei. Wenn es so weiterging, dann hatte bald die ganze Welt meine Fingerabdrücke. Dann gaben wir dem guten Mann unsere Abdrücke, damit er zufrieden war und nicht anfing zu weinen. Auf einmal fiel mir ein, daß man noch keine Fotos von uns gemacht hatte, und als ich mich im Zimmer umschaute, fand ich auch keine Kamera. Aber vielleicht wurde dies in einem anderen Raum gemacht, und ich stellte mich darauf ein, später das Fotomodell spielen zu dürfen. Aber das war nicht der Fall, denn als wir ein Papier unterschrieben hatten, das unsere Fingerabdrücke zeigte, kam ein anderer Mann ins Büro und forderte uns mit einer sehr deutlichen Handbewegung auf, ihm zu folgen. Das machten wir auch, denn wir wollten uns nicht gleich am ersten Tag unsympathisch machen.

Der Mann führte uns ein paar Türen weiter, schloß dort eine auf und gab uns dort je eine Decke und eine Metallschüssel. Dann führte er uns wieder ein paar Türen weiter, und ich fragte mich, ob das wirklich schon alles war, was wir vom Knast kriegten. Jeder eine Decke und eine verbeulte Schüssel. Wo blieb denn die Bettwäsche und das Besteck? Außerdem wollte ich noch ein paar Sachen aus meiner Tasche haben. Aber nichts passierte, denn als der Typ die nächste Türe aufschloß, sah ich, wo wir uns befanden und mich haute es fast aus den Galoschen, denn es kam mir ein Gestank entgegen, der bestialisch war. Vor uns war ein großes Gitter, und dahinter liefen ein paar Leute immer den Gang auf und ab. Der Typ, der ein Beamter sein mußte, schloß das Gitter auf, und wir mußten hineingehen. Mit einem lauten Knall schloß er es wieder hinter uns und verschwand, noch bevor ich etwas sagen konnte. Da standen wir nun in einem stinkenden Gang eines Knastes, und weder ich noch Rudi wußten, was wir machen sollten.

Einer der Typen, die im Gang auf- und abliefen, kam auf uns

zu und grinste uns an. Ich wußte nicht mehr weiter, und wenn ich einen Colt gehabt hätte, hätte ich mir bestimmt eine Kugel in den Kopf gehauen. Die ganze Nacht hatte ich nicht geschlafen, und ich fühlte mich hundeelend. Meine Nerven waren auch nicht mehr das, was sie noch einen Tag zuvor waren, und auf mich lief ein Typ zu, der grinste, als wenn er auf einer duften Party wäre und nun die Gäste begrüßen sollte. Der Gestank auf dem Gang war so abartig, daß es mir davon fast schlecht wurde. Der Typ begrüßte uns und sprach mich auf französisch an. Nun wußte ich nicht, ob ich ihm antworten oder so machen sollte, als wenn ich ihn nicht verstünde. Er hatte mich regelrecht in eine Zwickmühle gebracht. Ich fragte Rudi, was ich machen sollte, denn nicht nur ich saß in der Scheiße, sondern auch er, und so konnte er mitentscheiden. Er meinte, daß ich ihm antworten solle, da sie sowieso bald wissen würden, daß wir nicht nur Deutsch sprachen. Also antwortete ich dem Kerl, und wir kamen gleich in ein Gespräch. Ich fragte ihn, warum es in diesem Laden so stinken würde, und er gab mir zu Antwort, weil im Moment die Abflußrohre verstopft seien und sie gerade dabei wären, sie wieder freizukriegen.

Er führte uns in eine Zelle, denn er war eine Art Aufseher, auch wenn er selbst ein Gefangener war. Aber da er schon länger dort war, mußte er schauen, daß in dem Laden alles in Ordnung ging und keiner aus der Reihe tanzte. Als ich in die Zelle hineinging, traf mich fast der Schlag, denn ich hatte nicht mit einem solchen Loch gerechnet, wie dies eines war. Es war rein gar nichts drin, weder ein Bett noch Stuhl, Tisch, Waschbecken oder sonst etwas. Man sah nur eine Decke, vier Wände und einen Betonboden. Dann waren an einer Wand vier handflächengroße Fensterchen, die auch noch vergittert waren. In der Zelle stank es muffig, und die Glühbirne, die in einer Fassung hing, beleuchtete den Raum so komisch, daß es einen reute, jemals etwas angestellt zu haben. Die Wände waren dreckig, und ich fragte mich, wie es die Leute geschafft hatten, die Decke so einzusauen, denn sie war das schmutzigste in diesem ganzen Raum. Hier waren Menschen auf Jahre hinaus eingesperrt, dachte ich. Wie konnten sie das nur aushalten, fragte ich mich. Man hatte doch nichts außer eine Decke und einem verbeulten Blechnapf, aus dem man essen sollte. Dort wurden Bestien gezüchtet und keine Menschen gebessert. Aber ich hatte noch Hoffnung, denn wir hatten noch genug Zeug bei uns, als wir verhaftet wurden, und vielleicht würde ich einen Teil davon in den Knast bekommen. Also fragte ich den Typ gleich danach, der uns in die Zelle geführt hatte. Der meinte nur, daß ich mich an einen Beamten wenden sollte, und wenn ich Glück hätte, würde ich es bekommen. Wenn nicht, müßte ich mit dem vorlieb nehmen, was wir vom Knast bekommen würden, und das war nicht viel, denn wir hatten es schon in der Hand. Das waren wirklich nette Aussichten, und ich wünschte mir, nie nach Afrika gekommen zu sein. Wenn man dort einmal der Justiz in die Hände gefallen war, dann ist man anscheinend bald einmal tot, dachte ich mir. So etwas konnte meiner Meinung nach kein normaler Mensch aushalten. Hier war man verlassen und verloren, wenn nicht jemand von außen half. Ich warf die Decke auf den Boden und setzte mich. Rudi machte es genauso, und ich haute den Typen um eine Zigarette an, denn wir hatten keine mehr bei uns. Er sagte mir gleich, daß wir uns an den Beamten wenden müssen, wenn wir etwas zu rauchen bräuchten, vorausgesetzt, wir hätten Geld. Soviel ich wußte, hatten wir noch genug davon. Aber es sollte sich bald herausstellen, daß wir so gut wie gar nichts mehr hatten, denn diese verdammten Bullen hatten sich das meiste unter den Nagel gerissen. So saßen wir erst einmal da und rauchten gemütlich eine Zigarette, wenn man dies überhaupt als gemütlich bezeichnen konnte. Wenn ich mich ab und zu in der Zelle umschaute, konnte ich nur noch mit dem Kopf schütteln, denn ich hatte nicht gedacht, daß der afrikanische Knast so schlimm war. Da klangen die Berichte, die ich gelesen hatte, human gegenüber der Wirklichkeit.

Als wir unsere Zigaretten geraucht hatten, ging ich an das Gitter, denn ich wollte den Beamten nach unserem Gepäck fragen. Ich wollte zumindest unsere Schlafsäcke, Besteck, Waschzeug und noch ein paar andere Sachen haben, die man dringend zum Leben brauchte. Aber als ich den Beamten darauf ansprach, sagte er mir, daß unser Gepäck noch nicht da sei, und er mir Bescheid geben würde, wenn es die Polizei bringen sollte. Dann bestellte ich bei ihm zwei Stangen Zigaretten und beauftragte ihn, nachzuschauen, wieviel Geld wir noch hatten. Dies wäre das einzige, was die Bullen schon gebracht hatten, sagte mir der Beamte. Nach einer halben Stunde mußte ich ins Büro, in dem mich der alte Mann in Empfang nahm, der mir bereits die Fingerabdrücke genommen hatte. Der klärte mich darüber auf, daß wir noch ein paar hundert Dinare besaßen und überreichte mir die zwei Stangen Zigaretten, die ich bestellt hatte. Ich versuchte ihm zu erklären, daß wir einiges mehr an Geld in den Taschen hatten, als wir verhaftet wurden, und daß darunter ein ganzer Teil ausländische Währungen waren. Er glaubte mir aber kein Wort, und ich regte mich darüber auf, weil ich nicht begreifen konnte, wie begriffsstutzig dieser Mann war. Ich fing langsam an zu toben, und bevor ich richtig auf der Palme war, brachte man mich wieder aus dem Büro und sperrte mich zu den anderen. Man hatte uns also unser ganzes Geld geklaut, und das auch noch von unseren lieben Gesetzeshütern, wie man sie so schön nannte. Da wird man eingesperrt, nur weil man in ein anderes Land geht ohne die gültigen Papiere und muß sich von der Polizei noch beklauen lassen. Man konnte nicht einmal etwas dagegen machen. Das ist doch eine verdammte Scheißwelt, dachte ich. Tausende von Mark waren im Eimer, und so ein Dreckbulle verjubelt sie. Das ging mir einfach nicht runter. Ich erklärte Rudi, was sich im Büro zugetragen hatte, und er meinte darauf:

»So etwas hätte ich mir denken können. Hier geht es auch nicht anders zu als bei uns in Deutschland.«

Langsam wurde es Abend, und ich hatte schon einen Teil der Gefangenen kennengelernt. Manche hatte man eingesperrt, weil sie schwul waren, und andere wieder, weil sie jemanden übers Ohr gehauen oder sogar geklaut hatten, was in diesem Land normal war, denn auch die Bullen klauten wie die Raben. Einen Teil von dem, was wir noch brauchten, hatte ich bei dem Beamten bestellt, der es gleich besorgt hatte. Wenn uns einmal das Geld ausgehen sollte, dann saßen wir schön blöd da, dachte ich mir, denn vom Knast bekam man nichts, und die anderen Gefangenen hatten ihr Zeug zum größten Teil von draußen. Aber sie waren sehr spendabel und halfen uns, wo sie nur konnten.

Ich saß auf meiner Decke, als ich durch einen lauten Pfiff aus den Gedanken aufgeschreckt wurde. Ich sprang auf und ging aus der Zelle, um zu schauen, wer dieses Spektakel verführte. Am Ende des Ganges stand der Mann, der uns als erstes angesprochen hatte, als wir in den Knast kamen. Er stand da, mit einer Trillerpfeife in der Hand und schaute, wie sich die anderen Gefangenen in Reih und Glied aufstellten. Da ich nicht wußte, was das Theater sollte, verzog ich mich wieder in die Zelle. Rudi machte es genauso, und so hockten wir uns wieder auf unsere Decken und fingen an zu quatschen. Auf einmal stand der komische Aufseher vor uns und meinte, daß wir uns auch aufstellen sollten. Also standen wir auf und stellten uns ebenfalls in die Reihe. Ich kam mir vor wie bei der Bundeswehr, denn dort mußte man sich auch so dämlich aufstellen.

Dann kam ein Beamter, lief vor der Reihe her und zählte die Leute. Als er fertig war, konnten wir wieder alle abtreten. Der Aufseher klärte mich gleich über dieses Spiel auf, das viermal am Tag gemacht wurde: je einmal vor dem Frühstück, dem Mittagessen sowie vor und nach dem Abendessen. Jedesmal wurden nur die Gefangenen gezählt, und dies war der Sinn der Sache. Der Laden kotzte mich an, und ich hätte am liebsten diesem Idiot von Aufseher eine saftige in seine Visage gehauen, denn er hatte es mir erklärt, als wenn ich sein Untertan sei, und das konnte ich sowieso nicht verputzen, denn ich war mein eigener Herr.

Dann gab es das Abendessen, und mir wurde fast übel, als ich in den Topf schaute. Es gab eine komische Suppe und eine Stange Weißbrot dazu. Das Brot nahm ich, aber die Suppe rührte ich nicht an, denn ich wollte mich nicht unbedingt vergiften.

Ich setzte mich wieder in die Zelle und fing an meinem Brot an zu nagen. Auf einmal kam ein anderer Gefangener herein und setzte sich zu Rudi und mir auf den Boden. Dann legte er eine

Tüte vor uns hin und meinte, daß wir das Brot nicht trocken runterschlingen müßten. Als ich in die Tüte hineinschaute, war dort eine Packung Oliven und ein Stück Käse darin. Ich bedankte mich bei dem Mann und teilte mit Rudi das, was in der Tüte war. Als wir fertig mit Futtern waren, unterhielten wir uns noch ein wenig mit dem kleinen Mann, der uns das Essen gebracht hatte. Er war schon fünf Jahre in diesem Knast und hatte noch ein ganzes Jahr vor sich. Als ich ihn fragte, wie er das aushalte, sagte er nur zu mir:

»Wenn man ein gebrochener Mensch ist, dann hält man alles aus, und dies hier ist nur noch eine Kleinigkeit.«

Er erzählte mir, daß die Gefangenen geschlagen, manchmal bloß wegen einer Beschwerde, und so zugerichtet würden, daß sie tagelang nicht mehr laufen konnten, denn man band die nackten Füße der Gefangenen auf eine Stange und schlug auf die Sohlen, bis sie anschwollen. Manchmal hauten sie auch auf andere Körperteile, aber zum größten Teil bearbeiteten sie die Fußsohlen. Als ich das hörte, bekam ich fast einen Horror, denn ich konnte mir die Sache nicht so richtig vorstellen, wie die Beamten mit den Gefangenen umgingen. Die Sache war also unter aller Würde, und man konnte doch Menschen nicht so behandeln, nur weil sie einmal einen Verstoß gegen das Gesetz gemacht hatten.

Er sagte mir aber auch gleich, daß sie uns nicht schlagen dürften, weil wir Ausländer seien und sie sonst einen Haufen Ärger bekämen. Wir könnten uns beschweren, ohne etwas befürchten zu müssen. Ich verstand das Flehen, das dieser Mann in dieser Aussage hatte, und ich nahm mir vor, mich zu beschweren bei dem Mann, der für dieses Zuchthaus verantwortlich war. Er war dazu da, damit sich die Gefangenen bei ihm auslassen konnten, aber die meisten hatten Angst. Der kam aber nur einmal im Monat, und wenn sie zu ihm etwas sagten, mußten sie Angst haben, von den Beamten in die Mangel genommen zu werden. Dem wollte ich einmal so richtig meine Meinung zeigen und ihm sagen, was mir an diesem Knast nicht gefiel, und das war einiges. Der konnte sich auf etwas gefaßt machen, dachte ich mir. Dann wollte ich unter die Dusche, und der Mann zeigte mir, wo sie sich befanden. Es gab nur kaltes Wasser, und das lief aus einem Loch in der Wand, weil die Duschköpfe abgebrochen waren. Man mußte in das Loch, aus dem das Wasser floß, einen Schlauch stecken, damit man überhaupt duschen konnte. Das machte ich auch, und ich brach mir fast einen dabei ab, denn man mußte sich verrenken, um etwas naß zu werden, denn dieses Stückchen Schlauch war nicht lang genug, und das Wasser lief sehr dürftig. Die Toiletten möchte ich nicht groß beschreiben, denn sie waren unter aller Sau. Auf jedenfall waren es nur Löcher im Boden, es stank darin, weil es keine Spülung gab, und drei der vier, die dort waren, sind total verstopft gewesen. Wenn man dort hineinging, drehte es einem den Magen. In den Zellen gab es ebenfalls keine Toiletten, und ich fragte mich, was die Leute machten, wenn sie einmal nachts mußten, denn wir wurden alle um elf Uhr in die Zellen eingeschlossen. Ich fragte einen, wie sie das Problem lösten. Ganz einfach, meinte dieser sogar, nämlich man schiß und pißte in einen Eimer, und wenn morgens die Zelle wieder aufgemacht wurden, leerte man ihn eben aus. Und der Wahnsinn daran war, daß sie bis zu zehn Mann in einer Zelle waren, die vielleicht zwanzig Quadratmeter hatte. Bei uns in der Zelle waren sechs Mann. Es waren ganz nette Kerle, und ich verstand mich ganz gut mit ihnen.

Dieser Knast war also wirklich eine Schande, wie es sich ein Mensch, der in Deutschland oder einem anderen zivilisierten Land aufgewachsen war, überhaupt nicht vorstellen konnte. So hatten wir den ersten Tag in diesem Loch überstanden, und ich fragte mich, als ich auf meiner Decke lag, wie lange ich das aushalten würde, ehe ich durchdrehte. Als ich mich hingelegt hatte, kam mir der Boden gar nicht so hart vor, und ich stellte fest, daß man auch auf einer dünnen Decke schlafen konnte. Aber nach einer halben Stunde mußte ich mich laufend auf eine andere Seite drehen, denn mir taten die Knochen weh. Nur wenn man auf dem Bauch lag, konnte man es aushalten, denn in jeder anderen Lage drückten die Knochen. So lag ich eben nur auf dem Bauch und versuchte zu schlafen. Wenn ich nicht so müde gewesen wäre, hätte ich bestimmt nicht einschlafen können, aber da ich die ganze vorherige Nacht wach war, ging es doch.

Am nächsten Morgen, als ich aufwachte, dachte ich, daß mich jemand windelweich gehauen hatte, denn mir taten alle möglichen Stellen am Körper weh. Ich traute mich gar nicht zu bewegen, denn ich spürte jeden einzelnen Knochen, den ich im Leibe hatte. Die Türe zur Zelle stand offen, aber alle schliefen noch. Ich legte mich auf den Rücken und versuchte, ebenfalls noch ein wenig zu pennen, als ich auf einmal bolzengerade auf der Decke saß, denn dieser dämliche Aufseher hatte mit seiner Trillerpfeife gepfiffen, als wenn es um einen Luftangriff ginge und die Leute alle in die Bunker gehen müßten, wenn sie überleben wollten. Aber es ging nur um dicsen dappigen Appell, wie er ihn nannte.

Nach dem Frühstück ging ich mich waschen. Ich hatte mir auch vorgenommen, an die Botschaft zu schreiben, damit sie an unserer Verhandlung anwesend wären. Das machte ich zusammen mit Rudi. Dann ließ ich mich zum Chef bringen, und diesem erklärte ich, daß ich die Adresse eines guten Anwalts bräuchte. Er gab mir eine, und ich schrieb diesem ebenfalls gleich einen Brief und hoffte, daß er mein Französisch lesen konnte, das ich geschrieben hatte, denn ich konnte zwar gut sprechen, aber das Schreiben war eine Katastrophe. Die Briefe gab ich einem Beamten, der mir versicherte, sie noch am selben Tag zum Richter zu bringen, damit sie zensiert und abgeschickt würden. Da dieser Beamte einigermaßen okay war, vertraute ich ihm, denn ich konnte mir gut vorstellen, daß die Briefe nie abgeschickt würden. Nun begann für Rudi und mich die Warterei, bis sich endlich einmal einer von der Botschaft meldete. Einen Termin für unsere Verhandlung hatten wir noch nicht, und ich hoffte, daß dieser auch nicht kam, bevor sich nicht der Anwalt und die Botschaft gemeldet hatten.

So vergingen vier lange Tage, als ich auf einmal zu einem Beamten gerufen wurde. Der sagte mir, daß ich mit meinem Kumpel in zwei Tagen die Verhandlung hätte. Ich konnte es gar nicht glauben, denn der eine Beamte hatte gesagt, daß sie nicht so schnell kommen würden, da man von uns nichts wisse. Der Anwalt hatte sich noch nicht gemeldet und von der Botschaft auch noch niemand. Normalerweise müßten sie die Briefe schon gekriegt haben, denn der Beamte, dem ich sie gegeben hatte, hatte mir versichert, daß er sie dem Richter persönlich abgegeben hatte. Ich erzählte Rudi, wann wir unsere Verhandlung hatten, und er konnte es nicht fassen.

Aber er meinte, daß wir vielleicht gleich abgeschoben würden und endlich aus diesem Bunker herauskämen. Aber dafür sah ich schwarz, denn ohne Anwalt war die Sache hoffnungslos, denn sie konnten auf dem Gericht mit uns machen, was sie wollten, da wir kein Arabisch sprachen und sie sich für uns nicht die Mühe machen würden, einen Dolmetscher zu besorgen oder die Verhandlung in einer anderen Sprache abzuhalten. Ich hatte gesehen, was in Frankreich los war, und dort hatten sie auf die Gerechtigkeit geschissen und machten mit einem, was sie wollten. Mir brach der Schweiß aus, wenn ich bloß an die Verhandlung dachte, und wer weiß, wegen was sie uns überhaupt anklagten.

24

Dann war der Tag der Verhandlung da. Wir hatten uns zurecht gemacht und warteten, daß wir geholt wurden. Weder der Anwalt noch die Botschaft hatte sich bei uns gemeldet. Ich hatte nicht die geringsten Hoffnungen, wieder auf freien Fuß zu kommen. Dann wurden wir gerufen, und im Büro standen schon zwei Bullen, die auf uns warteten. Dort machten sie uns Handschellen um und setzten uns in den Wagen, den sie in den Hof gefahren hatten. Kurz darauf setzten sich die beiden Sheriffs in den Wagen, und der Beamte öffnete das Tor. Wir fuhren hinaus, und ich hatte ein ganz komisches Gefühl in mir, als wenn alles schiefgehen würde auf der Verhandlung.

Wir fuhren nicht lange, als der Wagen auch schon wieder anhielt. Wenn ich eine Chance bekommen hätte, einen Fuchs zu machen, wäre ich bestimmt stiften gegangen. Aber ich bekam sie nicht, denn wir wurden aus dem Wagen geholt und in einen Seiteneingang des Gerichts hineingeführt.

Im Gebäude wurden uns die Handschellen abgenommen, und wir mußten vor einer Türe warten, hinter der der Gerichtssaal sein mußte. Ich war nervös und wie ich sah, Rudi ebenfalls. Wir steckten uns jeder eine Zigarette an, und ich hoffte, daß ich dadurch ruhiger wurde. Aber das war nicht der Fall, denn ich wurde nur noch nervöser, als ich es schon war, und mir fingen an, die Knie weich zu werden. Wir mußten einfach aus diesem Scheißknast rauskommen, denn lange würde ich es darin nicht mehr aushalten. Ich war schon nach den ersten sechs Tagen total fertig und ich fragte mich, wie es wohl sein würde, nach ein paar Wochen. Dann wurden wir aufgefordert, die Zigaretten auszumachen, weil wir in den Gerichtssaal sollten. Die Türe, vor der wir die ganze Zeit gewartet hatten, wurde geöffnet, und wir gingen hinein.

Als ich mich umschaute, stellte ich fest, daß kein einziger Mensch da war, außer die Bullen und wir. Ich schaute mir den Saal genauer an, und ich stellte fest, daß dort schon sehr lange nicht mehr abgestaubt worden war, oder schon lange keine Verhandlung mehr stattgefunden hatte. Auf den Tischen lag der Staub, und wenn man mit dem Fuß auf den Boden stampfte, dann staubte es gewaltig. Wir wurden zu einer Bank geführt, die von einer Holzbarriere umgeben war. Der eine Bulle öffnete eine kleine Schwingtüre daran, und wir mußten uns hinhocken. Da saßen wir nun in einem großen Gerichtssaal ganz alleine auf dem Sünderbänkchen, und meine Nerven waren zum Zerreißen angespannt. Ich fragte noch einmal Rudi ab, ob er auch alles noch wußte, was er dem Richter sagen sollte. Er hatte noch alles im Kopf, und unsere Aussagen waren so gut, weil wir sie uns regelrecht eingepaukt hatten, bis sie perfekt übereinstimmten.

Ab und zu lief jemand durch den Saal und verschwand in einer Türe, die hinter dem Richtertisch war. Eine ganze Weile saßen wir da, als auf einmal ein Mann hereinkam, auf seine Uhr schaute, an die große Türe des Gerichtssaals ging und sie öffnete. In den Saal flutete auf einmal die Sonne herein, und ich konnte auf die Straße sehen. Die Türe stand weit offen und jeder, der Lust hatte, konnte hereinkommen. Und es kamen ein Arschvoll Leute, denn in weniger als einer Viertelstunde war der Saal gerammelt voll. Ich konnte mir nicht vorstellen, daß diese Leute alle gekommen waren, nur um unsere Verhandlung zu sehen. Es war doch wirklich nichts Besonderes, und dennoch waren soviel Menschen da.

Auf einmal kamen wieder zwei Leute aus der Tür, die hinter dem Richtertisch war, und einer von ihnen hatte eine schwarze Robe an. Der andere war normal gekleidet, und ich fragte mich, was sie für eine Aufgabe hatten. Sie kamen auf uns zu, und mir wurde es ein wenig unheimlich. Beide blieben vor uns stehen, und der eine sagte auf deutsch, was mich sehr verwunderte und mich fast von der Bank haute:

»Guten Tag!«

»Guten Tag!« antwortete ich ihm.

»Ich bin ihr Dolmetscher und das ihr Anwalt.«

Als ich das hörte, war ich fertig mit der Welt, denn ich hatte nicht damit gerechnet, daß wir einen Anwalt hatten und einen Dolmetscher. Der Anwalt war aber vom Gericht bestellt worden, weil unsere Briefe nicht abgeschickt worden waren, denn das hatte man vergessen. Es war die Schuld des Richters, und als er es merkte, war es schon zu spät, und damit er keinen Ärger bekommen würde, hatte er sich selbst um einen Anwalt bemüht. So hatte es mir der Übersetzer erklärt.

Als der Anwalt mit uns sprechen wollte, ging auf einmal eine Glocke, die über der Tür hinter dem Richtertisch hing. Der Anwalt verzichtete auf das Gespräch, und jeder ging an seinen Platz und blieb dort stehen. Auch Rudi und ich standen auf, genauso wie jeder andere auch, der anwesend war. Die Richter und alle, die etwas mit der Verhandlung zu tun hatten, kamen in den Saal. Es waren drei Richter, ein Staatsanwalt und ein Schreiber, die sich an die erhöhten Tische, die vor uns waren, setzten.

Der eine hatte einen ganzen Arm voll Akten, die er auf den Tisch legte, der andere schaute mit einem stieren Blick in den Saal, und der Richter in der Mitte haute mit einem Hammer auf die Platte, daß ich meinte, der Laden würde zusammenbrechen. Dann durften wir uns alle wieder hinsetzen, und ich dachte, wir würden gleich in den Zeugenstand gerufen, der genau vor den drei Richtern war. Der Richter in der Mitte nahm eine Akte vom Stapel und schrie einen arabischen Namen in den Saal hinein. Zwischen den Zuschauern stand ein Mann auf und ging nach vorne in den Zeugenstand. Ich dachte, ich sehe nicht richtig, denn dies waren anscheinend alles Akten von anderen Leuten und nicht unsere. Das war ein Ding der Unmöglichkeit, denn es waren mehr als zwanzig Fälle, so wie ich den Stapel schätzte. Gespannt schaute ich, was sich vor mir am Richtertisch abspielte. Der Mann im Zeugenstand wurde vom Richter, der in der Mitte saß, angesprochen, und der Angeklagte antwortete nur immer mit ein paar wenigen Worten. Ich dachte mir, daß dies die Personalien gewesen sein mußten. Dann sprach der Richter eine Weile und unterhielt sich noch mit den beiden anderen, die links und rechts von ihm saßen. Diese nickten auf einmal kurz, und der Richter sprach wieder zu dem Mann, der im Zeugenstand war. Als er fertig war mit der Laberei, haute er mit dem Hammer auf den Tisch, der Mann im Zeugenstand ließ den Kopf hängen, drehte sich um und verließ schnell den Saal. Ich wußte nicht, was dies bedeutete, und so gab ich dem Dolmetscher, der nur einige Meter von uns entfernt saß, ein Zeichen, das bedeutete, daß er einmal zu mir kommen sollte. Ich fragte ihn, was dies gewesen wäre, und er sagte mir, daß dies eine Verhandlung war. Der kleine Mann hatte nur seine Personalien gesagt und wurde daraufhin verurteilt. Sein Gegner war ein Geschäftsmann aus dieser Stadt, und er hatte keine Chancen gehabt vor dem Richter, auch wenn er recht hatte. Aber der Geschäftsmann hatte eben mehr Geld, und so bekam der Angeklagte kein Recht, sondern eine Geldstrafe, weil er die Unverschämtheit besessen hatte, einen Bürger, wie dieser es war, anzuzeigen. Die Personalien langten dem Richter, um ihn zu verurteilen, und ich meinte, mein Hamster bohnert. Man kann doch nicht einfach jemanden so verurteilen. Aber den Richter schien das wenig zu interessieren, denn er nahm schon die nächste Akte vom Stapel und rief einen Namen in den Saal hinein. Und wieder stand jemand auf und ging in den Zeugenstand. Es wiederholte sich genau so wie vorhin, und ich konnte nur noch mit dem Kopf schütteln.

Als der Stapel immer kleiner wurde, war auch der Gerichtssaal wieder fast leer, und ich mußte feststellen, daß die ganzen Leute keine Zuschauer waren, sondern alles Angeklagte. Als nur noch eine Akte auf dem Tisch lag, sah ich im Gerichtssaal nur noch zwei Mann sitzen. Einer davon war unser Dolmetscher und der andere ein Zuschauer, denn auf einmal wurde mein Name gerufen. Ich fuhr zusammen, wie unter einem Peitschenhieb. Dann stand ich auf, und merkwürdigerweise war ich auf einmal so ruhig und gelassen, als wenn ich nur ein Kaffeekränzchen vor mir hätte. Dann wurde Rudi aufgerufen, der Übersetzer und unser Anwalt. Ich wurde gebeten, in den Zeugenstand zu treten. Das tat ich gelassen und locker, und ich hatte mir vorgenommen, mich nicht so abfertigen zu lassen von diesem Richter, wie er es mit den anderen gemacht hatte. Dort mußte ich meine Personalien aufsagen, die er mir zuerst vorgelesen hatte, aber so gut wie gar nicht aussprechen konnte. Dann schaute er mich eine Weile an, und ich erwiderte seinen Blick. Ich stand einfach da und hatte die Hände vorne auf dem Zeugenstand liegen. Ganz ruhig schaute ich dem Richter in die Augen, der sich anscheinend nicht sattsehen konnte an mir. Ich wollte ihn schon fragen, warum er mich so dämlich anschaute, als er auf einmal etwas zu dem Dolmetscher sagte. Der drehte sich danach zu mir und meinte:

»Sie sollen dem Richter erzählen, wie sie nach Algerien gekommen sind.«

Und ich fing an zu erzählen, die Story vom rosa Pferd, an der jedes zweite Wort gelogen war. Nach jedem Satz übersetzte der Dolmetscher:

»Mein Freund und ich fuhren per Autostop von Frankreich nach Spanien. Bei Gibraltar setzten wir mit einem Fischerboot nach Marokko über. Dem Fischer hatten wir ein wenig Geld gegeben. In Marokko fuhren wir wieder per Autostop die Küstenstraße entlang, denn wir wollten bis kurz vor die algerische Grenze. Dort wollten wir umkehren und wieder zurück nach Frankreich gehen. Aber wir waren schon kurz vor Algerien, was wir nicht wußten und hielten einen großen Lastwagen an. Wir fragten den Fahrer nur, ob er in Richtung Algerien fahre, und er beantwortete die Frage mit Ja und forderte uns auf einzusteigen. Es war schon dunkel, und wir hatten den ganzen Tag auf der Straße verbracht. Wir stiegen ein und fuhren einfach mit. Da mein Freund und ich müde waren, und wir den Fahrer fragten, ob wir uns in die Kojen legen dürften, die er im LKW hatte, und er nichts dagegen einzuwenden hatte, legten wir uns hin und schliefen beide ein. Als wir wieder aufwachten, befanden wir uns in Algerien, nämlich kurz vor Oran. Da wir nun schon in dem Land waren, beschlossen wir, uns die Wüste anzuschauen, damit wir wenigstens etwas von Algerien gesehen hatten. Also fuhren wir per Autostop in Richtung Wüste, mitten in die Sahara hinein. Dann wurden wir verhaftet und in das Gefängnis gebracht, was für mich kein Gefängnis ist, sondern ein großer Schweinestall.«

Den letzten Satz wollte der Dolmetscher nicht übersetzen, denn er meinte, daß es nicht gut wäre für uns, und deshalb sagte er nichts vom Knast.

»Und nun stehe ich hier vor ihnen und muß ins Gefängnis, wobei ich nicht einmal nach Algerien wollte, sondern unbeabsichtigt in das Land gekommen bin.«

Als der Richter sich das angehört hatte, stellte er mir die erste Frage, auf die ich schon gewartet hatte:

»Woher haben sie die tunesischen Lebensmittel?«

»Es handelt sich nur um Lebensmittel, die sehr lange haltbar sind, und ich will ihnen auch sagen, wie lange ich sie schon habe. Über ein Jahr, denn ich habe sie im letzten Jahr gekauft, als wir in Tunesien waren. Da hatten wir aber noch unsere Pässe, die wir dieses Jahr in Spanien verloren haben.«

Der Richter schaute mich an und meinte, daß dies sehr glaubwürdig sei. Ich wartete nur noch auf eine andere Frage, aber sie kam nicht, und das bestätigte mir nur, daß die Bullen sich die Kamera und das andere Zeug alles unter den Nagel gerissen hatten, denn sonst hätte er es bestimmt erwähnt und hätte etwas davon gewußt. Dann durfte ich mich wieder hinsetzen, und Rudi mußte in den Zeugenstand. Er sagte genau dasselbe wie ich, nur wurde er intensiver befragt. Aber das war egal, denn wir hatten alles genau besprochen und einmal gegenseitig getestet, indem wir selbst Gericht gespielt hatten. Es saß alles so bombenfest, daß der Richter auch mit seinen Fangfragen nicht durchkam, die er Rudi stellte. Komischerweise hatte er es bei mir nicht probiert, was mich sehr wunderte. Aber vielleicht hatte er sich denken können, daß ich ihm nicht in die Falle gehen würde, als er mich so genau anschaute. Aber Rudi tappte ihm auch nicht hinein, und er mußte das schlucken, was wir ihm erzählt hatten. Als er fertig war, konnte Rudi sich ebenfalls wieder hinsetzen, und der Anwalt trat in Aktion. Der Richter war so dämlich, denn kein normaler Mensch hätte mir diese Story abgekauft, denn ich glaubte es selbst nicht. Aber ich hatte nun doch ein wenig Hoffnung, daß man uns nach der Verhandlung gleich abschieben würde. Der Richter saß da und hörte sich alles an, was unser Anwalt in seinem komischen Arabisch sprach. Als der Anwalt fertig war, standen die Richter und alle anderen auf und verließen den Saal. Eines hatte mich aber doch sehr gewundert, nämlich der Staatsanwalt. Er saß nur auf seinem Stuhl, hörte sich alles an, und man konnte wirklich meinen, daß er jeden Moment einschlief. Er hatte die ganze Zeit kein einziges Wort gesprochen und auch kein Plädoyer gehalten, wie es normalerweise üblich ist. Das einzige, was er ab und zu gemacht hatte, war, daß er mit dem Kopf genickt hatte. Dies war aber anscheinend auch nur ein Zeichen, daß er noch nicht eingeschlafen war. Aber mir sollte es recht gewesen sein, denn ein Staatsanwalt kann einem einen Haufen Ärger machen. Wenn alle so wären wie dieser, hätte bestimmt niemand Ärger mit ihnen.

Als sich die Richter zurückgezogen hatten, machte ich dem Bullen ein Zeichen, daß ich eine Zigarette rauchen wollte, da er sich selber eine angesteckt hatte. Er gab uns sogar die Erlaubnis, im Saal zu rauchen, und so steckten wir uns jeder gleich eine Kippe an. Wir hatten sie kaum fertiggeraucht und ausgedrückt, als wieder die Glocke läutete, die über der Türe hing. Wir standen alle auf und die Richter marschierten herein. Sie legten die Akte auf den Tisch, die wahrscheinlich über uns war. Der Richter in der Mitte sprach ein paar Worte, und wir mußten uns alle hinsetzen. Dann laberte der Richter im Sitzen weiter, und ich war neugierig, was da nun herausgekommen war. Leider konnte ich kein einziges Wort verstehen. Als er fertig war, übersetzte der Dolmetscher die ganze Sache, und schon beim ersten Satz ließ ich den Kopf hängen. Man hatte uns nämlich zu zwei Monaten Gefängnis verurteilt. Dies war eine sehr niedrige Strafe, und normalerweise standen sechs Monate darauf, wie er uns sagte. Als er alles übersetzt hatte, haute der Richter mit dem Hammer auf den Tisch, und die Verhandlung war beendet. Danach kam der Anwalt samt dem Dolmetscher zu uns und meinte, daß sie gegen dieses Urteil Revision einlegen würden, und daß wir dann bei der nächsten Verhandlung wieder auf freiem Fuß wären. Die Revision würde höchstens einen Monat gehen und wäre somit immer noch besser, als wenn wir zwei Monate einsaßen. Wir waren damit einverstanden, und dann stand auch der Bulle schon da, der uns die Handschellen umlegte und uns zu dem Wagen führte, der vor dem Gericht stand. Ich konnte mir nicht vorstellen, wie ich diesen einen Monat in diesem Knast überleben sollte. Wir wurden wieder zurückgefahren, und mich schauderte schon, wenn ich nur an dieses Loch dachte, in dem wir nun einen ganzen Monat leben sollten wie die Tiere. Rudi klopfte mir auf die Schulter, denn er sah, wie ich den Kopf hängen ließ und meinte:

»Nimm es nicht so schwer. Du mußt nur immer denken, alles, was nicht unmittelbar zum Tode führt, härtet nur ab.«

»Wenn man es so sieht, muß man ein ziemlich dickes Fell haben.«

»Das hast du auch, ich habe es schon miterlebt. Und heute bei der Verhandlung hast du auch die Nerven behalten. Dann wirst du nun auch das bißchen Knast durchhalten. Also Kopf hoch.«

Das half mir ein bißchen, und ich steckte mir gleich eine Zigarette an und dachte schon an die nächste Verhandlung.

Als wir wieder im Knast waren, kotzte mich Gott und die Welt an. Ich ging in die Zelle, hockte mich auf die Decke und dachte nach. Dann fiel mir ein, daß ich etwas Gutes tun könnte für die Gefangenen, damit sie nicht immer wie die Schweine lebten. Wenn der dämliche Trottel kommen sollte, der für den Knast verantwortlich war, würde ich ihm einmal richtig die Meinung stoßen, was dies für eine Scheißwirtschaft sei. Vielleicht konnte ich damit etwas ändern. Und wenn jemals wieder jemand in den Knast kommen sollte, der noch nie mit so etwas zu tun gehabt hatte, der wird mir dankbar sein, daß er es ein wenig besser haben wird. Das nahm ich mir felsenfest vor, und ich wollte den Tag nicht versäumen, an dem dieser Oberidiot kommen sollte. Also fragte ich den Beamten, und der sagte mir, daß ich es auf jedenfall mitbekommen würde, denn wir müßten alle antreten, wenn er da sei. Das war mir recht, und ich ging wieder zu Rudi zurück und redete mit ihm. Am selben Tag brachte uns die Polizei noch ein paar Sachen, die sie auf der Wache von uns hatten. Ich sagte dem Beamten, daß ich ein paar Klamotten und Kleinigkeiten aus der Tasche holen wollte, was sie mir auch genehmigten. Rudi und ich gingen ins Büro, in dem wir unsere Sachen heraussuchen durften. Als ich die Tasche öffnete, traf mich fast der Schlag, denn es fehlte praktisch alles, und es war nur noch gerade das drin, was die Bullen nicht gebrauchen konnten. Sie hatten uns ausgenommen wie die Weihnachtsgänse. Es waren nur noch Sachen wie das Besteck, die Teller, Wasserflaschen und ein paar andere Dinge drin. Wir hatten Glück, daß sie uns noch ein paar Kleidungsstücke gelassen hatten. Alles andere, wie die Kamera, die Messer, das Fernglas fehlte restlos. Ich nahm alles mit, was erlaubt war und fluchte dabei wie ein Rohrspatz. Diese Bullen waren die letzten Drecksäcke, und ich würde einem von ihnen meine Meinung sagen, wenn ich ihn bei der nächsten Verhandlung sah, was sogar sicher war, denn sie mußten uns abholen und später auch wieder zurückfahren. Dann gingen wir wieder zurück in die Zelle, und ich freute mich über den

Schlafsack, den sie uns gelassen hatten. Rudi hatte seinen ebenfalls, und so machten wir es uns ein wenig gemütlich.

Zwei Tage nach unserer Verhandlung kam auf einmal der Mann, der für den Laden verantwortlich war. Wir mußten uns alle wie beim Appell aufstellen, und er fragte die Leute, ob jemand eine Beschwerde hatte. Keiner meldete sich, da sie alle Angst hatten. Dann trat ich aus der Reihe hervor und erzählte dem Mann, was mir alles an diesem Knast nicht paßte. Die Beamten, die daneben standen, liefen rot an, als wenn ich etwas Falsches gesagt hätte. Oder sie dachten, wie ich nur so etwas Unwahres sagen könnte. Aber er sollte es sich ruhig einmal anhören, was ich zu sagen hatte. Ich führte ihn auch noch ein wenig durch die Gegend und zeigte ihm ein paar nette Beispiele, daß es ihm fast den Magen umdrehte. Als ich fertig war, meinte er, daß er sich etwas einfallen lassen würde, damit es besser auszuhalten sei. Er hatte dies so ehrlich gesagt, daß ich ihm glaubte. Ich bedankte mich bei ihm deutlich und stellte mich in die Reihe zurück. Dann verließ er uns wieder, und kaum war er draußen, kamen die anderen Gefangenen auf mich zu und bedankten sich dafür, weil ich dem Mann dies alles gesagt hatte. Sie freuten sich regelrecht darüber, und dabei hatte ich nur das getan, was jeder normale Mensch an meiner Stelle tun würde, wenn man ihn nicht schlagen dürfte, so wie mich, da ich Ausländer war. Aber dies war auch das einzige, was ich tun konnte, und das sagte ich auch den Leuten.

So vergingen noch ein paar weitere Tage, als auf einmal Rudi und ich in das Büro gerufen wurden, denn es war Besuch für uns da. Ich konnte mir nicht vorstellen, wer uns besuchte, und so marschierten wir neugierig ins Büro hinein. Dort saß ein Mann, der aufstand, als wir eintraten und sich mit seinem Namen vorstellte. Dann sagte er, daß er vor zwei Tagen einen Brief von uns erhalten hätte und er von der deutschen Botschaft sei. Ich vergewisserte mich noch einmal, ob ich das mit dem Brief richtig verstanden hatte. Ich wollte den Typen eigentlich zusammenscheißen, aber das konnte ich nun nicht mehr machen, da der Brief zu spät ankam und ihn keine Schuld traf. Ich erklärte ihm unsere Lage, und er versprach, sofort etwas zu tun, damit die Verhandlung so schnell wie möglich sein würde. Dann unterhielten wir uns noch ein wenig, und er verschwand wieder. Er hatte mir versprochen, bei der nächsten Verhandlung anwesend zu sein und sich beim Richter zu informieren, wann diese genau sein würde. Darauf gingen wir wieder in unsere Zelle zurück, und ich war froh, daß dieser Mann gekommen war.

Über drei Wochen waren wir in diesem Knast, und ich wurde immer komischer. Ich hielt es bald nicht mehr aus und wurde langsam aber sicher verrückt. Nur noch ein Gedanke war in mir, nämlich raus, raus, raus und nochmals raus. In mir staute sich alles an, und ich hätte mich am liebsten einmal mit jemandem geschlagen, damit ich es wieder abbauen konnte. Es schien eine Wut zu sein und Aggressionen, die fast nicht mehr zu halten waren, und ich merkte, wie ich mich manchmal selbst nicht mehr kontrollieren konnte. Irgendwann würde ich durchdrehen und mich vergessen, das wußte ich schon im voraus. Aber ich konnte doch nicht jemanden niedermachen, der nichts dafür konnte, daß wir in diesem Scheißknast waren. Ich saß nur noch herum und dachte an die Freiheit und ab und zu an Rita. Rudi schien es genauso zu gehen, denn er wollte ebenfalls mit aller Gewalt raus, da man dort regelrecht zu einem Idioten gemacht wurde. Wir aßen fast nichts und saßen nur noch rum. Man konnte uns zusehen, wie wir immer weniger wurden und in uns zusammenfielen. Man konnte in diesem Knast fast nichts machen, denn alles war verboten.

Täglich warteten wir darauf, daß ein Beamter zu uns kommen würde und uns sagte, wann unsere Revisionsverhandlung stattfände. Aber es kam und kam keiner, und der Mann von der Botschaft ließ sich auch nicht blicken.

Eines Morgens kam der Beamte zu mir und sagte mir den Termin für unsere Revisionsverhandlung. Ich machte Freudensprünge, genauso wie Rudi, als ich es ihm mitgeteilt hatte. Fast vier volle Wochen hatten wir in diesem Loch gesessen und mußten nun noch weitere fünf Tage, bis endlich unsere Verhandlung stieg. Nun würden wir bald draußen sein, und ich dachte nur noch an den Prozeß. Die nächsten fünf Tage wurden zur Qual, denn wir machten uns bald selbst verrückt und konnten es nicht erwarten, endlich aus diesem Schlamassel heraus zu sein.

Dann war endlich der Tag der Revisionsverhandlung, und wir wurden in das Büro gerufen, in dem schon zwei Bullen auf uns warteten. Dem einen sagte ich gleich meine Meinung, und der andere schaute mich nur dumm an, denn er wußte nicht, um was es ging.

Im Saal spielte sich wieder genau dasselbe ab wie beim letzten Mal. Als wir an die Reihe kamen, machte der Richter nicht viel Worte, sondern fällte gleich das Urteil, ohne daß wir etwas sagten. Wir sollten nach Algier gebracht und dort in ein Flugzeug gesetzt werden, das direkt nach Deutschland flog. Den Typ von der Botschaft verfluchte ich, denn er war nicht auf der Verhandlung, obwohl er mir es versprochen hatte. Er wollte uns gleich mitnehmen nach Algier, damit wir nicht wieder in den Knast mußten. Aber dieser Misthund hatte uns angelogen und war nicht da. Wenn man sich auf die Deutschen verließ, dann war man verlassen.

Nach der Verhandlung wurden wir zurück in den Knast gefahren, und es hatte geheißen, daß uns am Nachmittag ein Bullenwagen abholen und uns nach Algier bringen würde. Wir hatten es also geschafft. Ich hätte einen Freudentanz machen können, so froh war ich, daß wir endlich aus diesem Bunker herauskamen. Auch Rudi war happy, denn er fing auf einmal an zu singen, als wenn er besoffen und auf einer Party wäre. Im Knast verteilten wir unsere Sachen, die wir nicht mehr brauchten und machten ein wenig Blödsinn mit den anderen. Dann ging ich zum Beamten, und dieser erzählte mir etwas, worüber ich mich sehr freute.

Im Knast sollte nun bald ein Umbau stattfinden und alles renoviert werden. Das Essen sollte besser werden, und die Gefangenen würden es nicht mehr so schlecht haben. Darüber freute ich mich und teilte es den anderen mit, damit diese auch ein wenig Hoffnung hatten, denn es waren noch einige da, die noch eine halbe Ewigkeit sitzen mußten. Man konnte ihnen deutlich ansehen, daß sie sich über diese Mitteilung freuten, denn sie grölten und tanzten auf dem Gang herum wie die Verrückten. Ich konnte selbst nicht glauben, daß dies alles passierte, weil ich diesem Mann, der für dieses Loch verantwortlich war, die Meinung gesagt und durch den Knast geführt hatte, den er noch nie richtig gesehen hatte.

Am Nachmittag kam der Wagen, der uns abholen sollte. Wir verabschiedeten uns von den anderen und stiegen in das Polizeiauto ein. Es war ein komisches Gefühl, als wir durch das Tor in die Freiheit fuhren. Der Mann am Steuer fuhr aber nicht aus dem Ort hinaus, sondern zur Wache, in der wir das erstemal von einem Bullen verhört worden waren. Dort mußten wir aussteigen und wurden hineingeführt. Der eine Bulle sagte zu mir, daß man noch Fotos von uns machen und die Fingerabdrücke nehmen wollte. Zwar hatten sie sie schon, dachte ich mir, außer den Fotos, aber das war mir egal, denn es zählte nur, daß wir aus diesem elenden Knast draußen waren.

In der Wache mußten wir in ein Büro, und dort wurde uns gleich von einem komischen Bullen, den ich nicht kannte, Kaffee angeboten. Wir nahmen an und machten es uns in diesem Büro gemütlich.

Nach einer ganzen Weile kam ein anderer Bulle in das Büro, und wir mußten ihm folgen, denn er war für den Erkennungsdienst zuständig. Er machte Fotos von uns, nahm unsere Fingerabdrücke, maß ein paar Sachen an uns ab und trug alles in eine Liste ein. Als er damit fertig war, schaute er auf die Uhr und meinte, daß wir in dieser Nacht auf der Wache schlafen und erst am nächsten Tag nach Algier fahren würden.

Wir durften in einem Aufenthaltszimmer pennen. Sie hatten uns richtige Betten hergerichtet. Zum Essen gab es etwas Gutes, und ich fühlte mich ausgesprochen wohl, als ich mich ins Bett legte. Dann sprach ich noch ein wenig mit Rudi über das, was uns in Deutschland erwarten würde. Der Richter hatte befohlen, daß wir eine Maschine nehmen mußten, die direkt ging und nicht irgendwo zwischenlandete, wie zum Beispiel in Paris. Es gab also keine Möglichkeit, unterwegs auszusteigen und abzuhauen, damit wir nicht wieder, wenn wir einmal in Deutschland waren, in den Knast mußten. In Algerien konnten wir ebenfalls keinen Fuchs machen.

Als ich am nächsten Morgen aufwachte, hatte ich richtig Lust auf ein gutes Frühstück, was ich gleich dem ersten Bullen sagte, der seine Rübe in die Bude streckte. Er versprach uns, etwas Anständiges zu besorgen, und ich fragte gleich nach der Dusche, denn ich wollte mich wieder mal richtig waschen. Das tat ich, und als ich zurückkam, saß Rudi am Tisch und haute kräftig rein. Ich setzte mich zu ihm und langte ebenfalls anständig zu. Uns ging es das erstemal seit langem wieder gut.

Als wir fertig mit dem Frühstück waren, saßen wir noch eine Weile da und tranken gemütlich noch ein paar Tassen Kaffee, wie bei einem Kaffeekränzchen. Auf einmal kam ein Bulle rein und sagte, daß wir uns richten sollten, da wir gleich nach Algier abfahren würden. Also machten wir uns fertig und verließen das Zimmer. Wir meldeten uns im Büro, und mir fiel auf, daß wir überhaupt nicht mehr beobachtet wurden. Wir konnten in der Wache frei herumlaufen, und keiner schaute nach uns.

Abends, als es schon fast dunkel war, kamen wir in Algier an und wurden dort auf einer riesigen Polizeistation abgegeben. Ein Bulle brachte uns gleich in die Polizeikantine, damit wir etwas Anständiges zu essen bekamen. Wir langten dort auch kräftig zu, denn es schmeckte sehr gut.

Da sie für uns keine Unterkunft hatten, richteten sie ein Büro ein, in dem wir über Nacht bleiben konnten. Wir hatten gedacht, daß wir am nächsten Tag nach Deutschland flogen, aber das war nicht der Fall, denn wir verbrachten den ganzen Tag auf der Wache, und es tat sich nichts. Das ging volle vier Tage so, und ich dachte schon, wir würden niemals dort wegkommen, als wir auf einmal in ein Büro gerufen wurden. Auf dem Weg dorthin freute ich mich schon, daß wir nun an den Flughafen gebracht würden und endlich verschwinden konnten.

Als wir in das Büro kamen, saß an einem Schreibtisch ein dicker Mann, der ein waschechter Araber war. Er begrüßte uns und sagte, daß er von einem Polizeipräsidium kommen würde und uns holen wollte, da wir verhört werden sollten. Ich fragte ihn, ob wir nicht nach Deutschland fliegen würden, und er antwortete mit einem klaren, deutlichen, schnellen Nein. Mir wurden auf einmal die Knie weich, und ich mußte mich auf einen Stuhl setzen, damit ich nicht umkippte. Ich dachte, ich hätte Pudding in den Beinen, und mir wurde ganz komisch in der Magengegend. Dann fragte mich der Fettsack, ob es mir vielleicht nicht gut sei. Ich sagte ihm, daß die letzten Wochen ziemlich hart waren für uns und ich nun gedacht hätte, wir würden endlich nach Deutschland fliegen. Er meinte, daß das nur ein kleines Verhör sei, und wenn dies gelaufen wäre, könnten wir in die Maschine steigen. Das machte mir wieder Mut, und wir standen auf, denn wir sollten mit ihm in dieses Präsidium fahren. Vor der Wache stand ein großer, schwarzer Wagen, und wir fuhren in nicht einmal fünf Minuten zum Präsidium. Als ich an dem Präsidium empor schaute, stellte ich fest, daß es ein riesiger Kasten war, und ich konnte mir nicht vorstellen, was sie dort von uns wollten. Wir waren keine Spione oder so etwas, was den Staat gefährden konnte. Im Gegenteil, wir waren nur harmlose Durchreisende, die keine entsprechenden Papiere hatten, und das war auch schon alles. Auf einmal durchfuhr mich ein Schreck, denn mir kam die Erinnerung an die Jacht, die wir zurückgelassen hatten. Vielleicht hatten sie diese gefunden und wollten uns deswegen verhören. Mir wurde es schwindelig, wenn ich daran dachte. Aber dann würden sie uns doch nicht frei herumlaufen lassen, war meine nächste Überlegung. Das mußte etwas anderes sein, aber was, fragte ich mich.

Wir gingen in das große Gebäude hinein und liefen ein paar Etagen hinauf. Dann wurden wir in ein Büro gesetzt, in dem eine sehr hübsche Frau hinter einem Schreibtisch saß und tippte. Sie schaute kurz auf, als wir eintraten, lächelte uns zu, nickte mit dem Kopf und schrieb weiter, als wenn wir nicht da wären. Wir mußten uns in zwei große Ledersessel setzen und warten. Mir wurde es ein wenig heiß unter der Haube, denn ich wußte ums Verrecken nicht, um was es ging bei dem Spiel. Rudi schien sich auch nicht gerade wohlzufühlen in seiner Haut, denn er rutschte laufend auf seinem Sessel hin und her.

Auf einmal stand die Sekretärin auf, kam an unseren Tisch und fragte uns, ob sie für uns eine Limonade aus der Kantine mitbringen sollte. Wir sagten ihr, daß wir gerne etwas trinken würden und es sehr nett von ihr wäre, wenn sie uns etwas mitbringen würde. Dann drehte sie sich um und marschierte mit wackelndem Hinterteil aus dem Büro. Sie hatte eine Figur wie eine Göttin, und es war alles da, wo es hingehörte. Ich hätte sie gerne einmal nackt gesehen, was bestimmt sehr interessant gewesen wäre.

Nun saßen wir alleine im Büro, und ich sprach ein wenig mit Rudi, aber nur über belanglose Dinge, denn in solchen Häusern konnte man leicht abgehört werden, und ich wollte denen nichts auf die Nase binden, indem ich mich verquatschte.

Dann kam das Girl mit der Figur einer Achterbahn wieder zurück und reichte jedem von uns eine Flasche Limo. Dann setzte sie sich an den Schreibtisch und fing wieder an zu tippen. Ich schaute mich im Zimmer um, ob ich vielleicht den Hinweis für eine Abhöranlage finden konnte, aber ich fand nichts, was verdächtig war. An der Wand hingen nur ein paar Bilder und ein mittelgroßer Spiegel.

»Der Spiegel«, schoß es mir auf einmal durch den Kopf. Dahinter konnte jemand stehen und uns beobachten, denn das kannte ich schon. Ich fragte mich nämlich, wieso man einen Spiegel in ein Büro hängt, wenn kein Waschbecken oder etwas Ähnliches da war. Es war total sinnlos, und nun wußte ich, daß wir beobachtet wurden.

Hier wurde irgendein Spiel mit uns getrieben, von dem wir nicht die Regeln kannten.

Ich fragte mich, ob denen hinter dem Spiegel nicht irgendwann die Geduld ausging, als auf einmal der Dicke wieder im Büro stand. Zwei volle Stunden hatten sie gebraucht, bis sie kapiert hatten, daß wir auf diese Art nicht aufs Glatteis zu führen waren. Er forderte mich auf mitzukommen, denn der Polizeichef wollte mich angeblich sprechen. Ich folgte dem Dicken wie ein treuer Hund, und als ich ebenfalls in dem Raum stand, bekam ich fast Stielaugen. Es war ein Büro, wie ich es noch nie gesehen hatte. In der Mitte standen ein paar Ledersessel um einen Marmortisch herum, ein riesiger, schöner Schreibtisch stand in einer anderen Ecke, der Boden war mit einem teuren Teppich ausgelegt, die Wände und Decke mit Holz getäfelt, und an der großen Fensterseite hingen Gardinen, die sich nicht jeder leisten kann. Ich wurde aufgefordert, mich an den Tisch zu setzen, an dem schon drei Männer hockten. Auf einmal fing einer an zu sprechen und das in einem guten Deutsch. Er stellte mir den Dicken vor, der mir gegenüber saß, dann den Polizeichef am Ende des Tisches und sich selbst als den Übersetzer. Den einen Herrn, der genau neben mir saß, hatte er entweder vergessen, oder er wollte ihn mir nicht vorstellen, denn ihn hatte er nicht mit der geringsten Silbe erwähnt. Der Mann sagte auch nichts, sondern saß nur da und schaute in die Runde.

Dann ging es los, und sie fingen an, mich auszuquetschen wie eine reife Zitrone. Der Polizeichef stellte eine Frage nach der anderen, und ich beantwortete sie alle, so gut ich konnte, auch wenn ich wieder einmal lügen mußte, um unsere Köpfe zu retten. Sie fragten mich über Terroristen aus, von denen ich nichts wußte und weiß der Teufel noch was alles. Dann wollten sie genau wissen, wie ich und Rudi nach Algerien reingekommen wären und was wir alles im Land gemacht hatten. Ich leierte die ganze Sache noch einmal so herunter, wie ich es auswendig gelernt hatte. Als ich fertig war, sagte der Übersetzer auf einmal zu mir:

»Der Polizeichef hat gesagt, daß kein einziges Wort wahr ist, von dem was sie uns da gerade erzählt haben.«

Bumm! Da war es. Sie hatten die Jacht gefunden und waren mir nun auf die Schliche gekommen. Jetzt nur nicht die Nerven verlieren und ganz ruhig bleiben, sagte ich zu mir selbst. Wenn ich nun anfing, verrückt zu spielen, dann war es um Rudi und mich geschehen. Es konnte auch nur eine Finte sein, dachte ich mir und sagte so lässig wie ich konnte:

»Was soll das nun wieder heißen?«

»Daß alles gelogen war. Sie sind anders nach Algerien reingekommen, als sie uns gerade eben erzählt haben.«

»Und wie soll ich ihrer Meinung nach in das Land gekommen sein?«

Dann sprach er kurz mit dem Polizeichef und antwortete mir: »Sie sind keine Urlauber, denn sie wissen, daß sich in der Wüste ein militärischer Stützpunkt befindet. Und zu dem wollten sie und sonst nichts. Mit falschen Papieren sind sie hier ins Land gekommen.«

»Was soll denn nun der Mist wieder? Erstens kenne ich keinen militärischen Stützpunkt, und zweitens habe ich noch nie in meinem ganzen Leben falsche Papiere besessen. Aber wenn sie meinen, können wir ein wenig James Bond spielen. Ich habe schon viele Filme davon gesehen, die nicht schlecht waren.«

»Sie wollen doch nicht behaupten, daß sie nicht wußten, wo sich dieser Stützpunkt befindet.«

Ich wußte nun, daß sie nicht die kleinste Kleinigkeit von unserer Jacht wußten, denn er hatte sich verraten, als er gesagt hatte, wir seien mit falschen Papieren in das Land gekommen. Die ganze Show, die sie da abzogen, war alles nur Bluff. Nun wurde wurde ich frech und spielte mit ihnen Katz und Maus, denn ich hatte nichts zu befürchten. Deshalb sagte ich:

»Ich hab schon ein paar Panzer rumfahren sehen, aber habe mir nichts dabei gedacht.«

»Also wie sind sie nun wirklich reingekommen?«

»Das habe ich ihnen schon einmal erzählt. Aber damit sie etwas Abwechslung bekommen, werde ich ihnen etwas anderes erzählen.«

»Also fangen sie an!«

»Es war einmal ein Fritz Mertens, der ruderte mit falschen Papieren in einer Badewanne in ein anderes Land, das Algerien hieß.«

»Mann, hören sie bloß auf. Wir sind nicht in einer Märchenstunde.«

Ich mußte auf einmal lachen, genauso wie der Mann, der neben mir saß. Er hatte die ganze Zeit kein einziges Wort geredet, sondern sich nur alles angehört. Dann sagte er etwas zum Polizeichef. Danach drehte er sich zu mir und meinte in einem fließenden Deutsch, ohne Akzent, das ich auch nicht besser kann:

»Also, es ist alles in Ordnung. Wir glauben ihnen, und nun können sie die Sache mit der Spionage vergessen. Es mußte aber sein, das machen wir mit jedem, der in der Sahara aufgegriffen wird. Man weiß nie, wo die Feinde überall sind.«

Ich war überrascht und fragte ihn, ob er aus Deutschland sei. Aber das war er nicht, sondern hatte nur eine Zeitlang dort gelebt und im Krieg für die Deutschen gearbeitet. Rudi wollten sie nicht mehr holen, denn sie hielten es für überflüssig. Mir fiel ein Stein vom Herzen, und ich wurde aufgefordert, das Büro zu verlassen. Ich hatte die Sache gut überstanden und nicht die Nerven verloren. Wenn ich nur ein falsches Wort gesagt hätte, wäre es aus gewesen mit uns. Gottseidank hatte ich die Sache mit dem Bluff durchschaut und keinen Mist gebaut. Als ich Rudi alles erzählt hatte, fing er an zu lachen, als wenn ihn jemand gekitzelt hätte. Als er sich wieder beruhigt hatte, sagte er ziemlich laut:

»Das sind die größten Traumtänzer, von denen ich je etwas gesehen und gehört habe.«

Dann fing er wieder an zu lachen, und ich stimmte mit ein. Auf einmal ging die Türe auf, und der Mann, der für die Deutschen gearbeitet hatte, sowie der Dicke kamen herein. Dann sagte er auf einmal zu uns:

»Traumtänzer sind wir nicht, nur vorsichtig. Aber sie können nun mitkommen, denn sie werden wieder zur Wache gefahren. Morgen kommen sie noch einmal hierher, um ein kurzes Protokoll aufzunehmen, und dann können sie nach Deutschland fliegen.«

Nun wußten wir ganz genau, daß wir die ganze Zeit abgehört und beobachtet wurden.

Am nächsten Morgen wurden wir wieder ins Polizeipräsidium gefahren. Es wurde ein Protokoll abgefaßt, das wir unterschreiben mußten. Dann fuhr uns der Dicke wieder zur Wache. Als ich ihm die Hand gab, sagte er:

»Also dann, auf Wiedersehen. Und wenn ihr das nächste Mal nach Algerien kommt, dann mit richtigen Papieren! Aber fahrt nicht wieder per Autostop, denn man weiß nie, mit was für Leuten man durch die Gegend fährt. Der, der euch in das Land gebracht hat, war bestimmt nicht ganz okay, denn er ist bestimmt nicht legal über die Grenze gekommen, sonst hätte man euch aus dem Wagen geholt.«

»Okay, machen wir und auf Wiedersehen.«

Dann knallte ich die Autotüre zu und drehte mich schnell um, denn ich mußte lachen. Die hatten uns wirklich den ganzen Schmarren abgekauft, den wir ihnen vorgelogen hatten. Wir gingen in die Kantine, wo man schon auf uns wartete, denn wir sollten in das Büro kommen, da dort jemand auf uns wartete. Also machten wir uns gleich auf den Weg.

Als ich dort eintrat, saß der Typ von der Botschaft dort, der uns einmal im Knast besucht hatte, und so fragte ich ihn gleich, warum er nicht zur Verhandlung erschienen wäre, obwohl er es mir versprochen hatte? Er palaverte mir etwas von keiner Zeit oder so etwas vor, was bestimmt gelogen war, und ich sagte nichts dazu, denn es hatte doch keinen Sinn, mich mit ihm zu streiten.

Wir gingen mit ihm Paßbilder machen, denn er brauchte welche für den Reisepaßersatz, den wir bekommen sollten, damit wir überhaupt wieder in Deutschland reinkamen. Danach spielten wir ein wenig mit den Bullen Karten und machten es uns in der Kantine gemütlich, da wir Langeweile hatten. Am nächsten Tag sollten wir nach Deutschland fliegen.

Am nächsten Morgen schliefen wir bis gegen zehn Uhr. Kaum hatten wir uns gewaschen und etwas gegessen, da hieß es auch schon, daß wir zur Botschaft fahren müßten, um dort die Flugtickets und die Papiere abzuholen. Also hockten wir uns zu einem Bullen in den Wagen und fuhren hin. Dort mußten wir ein paar Papiere unterschreiben, bekamen unsere Sachen, und ich wechselte noch die Dinare, die ich noch hatte, bei einer hübschen Biene, die schöne große Augen hatte. Dann war es auch schon kurz vor zwölf, und wir mußten uns beeilen, da unsere Maschine schon um zwei Uhr mittags ging. Wir fuhren wieder zur Wache, holten dort unsere Sachen, die uns noch geblieben waren und fuhren mit einem Affentempo zum Flughafen. Dann wurden wir von den zwei Bullen, die uns begleiteten, durch die Paßkontrolle gebracht und mit einem Wagen der Polizei an das Flugzeug rangefahren. Dort stiegen wir in die Maschine, suchten unsere Plätze, und der Bulle wartete noch, bis die anderen Passagiere kamen. Dann verschwand er endlich, und wir saßen da wie die Idioten und waren endlich frei. Aber damit konnten wir nichts anfangen, denn wir mußten beide damit rechnen, in Deutschland gleich wieder verhaftet zu werden, weil wir dort etwas angestellt hatten und noch nicht dafür verurteilt waren.

25

Der Flug ging knapp über zwei Stunden, als wir auch schon über Frankfurt waren. Wir hatten noch etwas gegessen im Flugzeug, und nun wurden wir wieder nervös, denn keiner von uns beiden wußte, ob er nach der Landung verhaftet wurde.

Die Landung ging sehr schnell vor sich. Ich war nervös und fing an zu schwitzen. Dann fuhren wir von der Landebahn hinunter und das Flugzeug blieb stehen. Darauf wurde die Tür geöffnet, und auf einmal ertönte die Stimme des Kapitäns durch den Bordlautsprecher:

»Herr Rudolf Hartmann, Sie möchten sich bitte melden, wenn Sie aussteigen.«

Er wiederholte diesen Satz noch einmal, und dann war es wieder still im Flugzeug. Die Leute standen von ihren Sitzen auf und eilten auf den Ausgang zu. Ich schaute Rudi an und sah, daß er ganz bleich war. Dann sagte er zu mir:

»Da draußen warten hundertprozentig diese verdammten Bullen auf mich. Jetzt nehmen sie mich hops, und ich gehe gleich wieder in den Knast. Das ist doch ein elendes Scheißspiel, das man da mitspielen muß. Du gehst am besten nach mir raus, nicht daß sie dich auch noch hopsnehmen. Also dann, ade Fritz, und ich hoffe, wir werden uns bald mal wiedersehen.«

Dann schrieb er mir seine Adresse auf, erhob sich und ging auf den Ausgang zu. Er wußte, was er zu erwarten hatte. Es tat mir verdammt leid um ihn, denn er war ein guter Freund, und gerade ihn mußte es erwischen. Ich ging langsam hinter ihm her, und als ich die Türe im Blickwinkel hatte, sah ich die beiden Bullen, die dort standen und die Pässe kontrollierten. Als sie Rudi sahen, nahmen sie ihn gleich mit in den Wagen, der unten an der Gangway stand. Ich sah ihm nach, und in mir stieg eine Wut auf, als ich den Polizeikarren über den Flughafenplatz fahren sah. Mit einem starren Blick schaute ich ihm nach, bis er fast verschwunden war. Auf einmal wurde ich von der Stewardeß angesprochen:

»War es ein guter Freund von Ihnen?«

Ich schaute immer noch in die Richtung, in die der Polizeiwagen weggefahren war. Da ich noch auf der Gangway stand und sie mich von hinten angesprochen hatte, drehte ich mich um und sagte zu ihr:

»Ja, und gerade ihn mußte es wieder erwischen.«

Dann drehte ich mich wieder um und ging langsam die Gangway hinunter. Im Schneckentempo lief ich über den Platz und drehte mich noch einmal zum Flugzeug um. Die Stewardeß stand immer noch oben an der Gangway und schaute mir nach. Dann hob sie auf einmal ihre Hand hoch und winkte mir zu. Ich drehte mich wieder um und ging in das Flughafengebäude hinein. Ich kannte sie nicht und konnte mir auch nicht vorstellen, was sie mit dem Winken meinte. Im Flughafen ging ich zur Gepäckausgabe, nachdem ich noch einmal bei einem Bullen meine Papiere hatte vorzeigen müssen.

Mit meinem Gepäck ging ich ohne Schwierigkeiten durch den Zoll und stand nun in der großen Flughalle.

Ich griff in die Tasche und schaute nach, wieviel Geld ich noch hatte. Es waren ungefähr noch hundert Mark. Das war der ganze Rest von der Schore, die ich von Frankreich mitgenommen hatte. Was sollte ich nun machen, fragte ich mich, denn mit hundert Mark kam ich nicht weit. Ich kapierte nicht ganz, warum sie mich nicht verhaftet hatten, denn ich wurde doch auch von der Polizei gesucht. Dann schaute ich mich ein wenig in der Halle um, als ich auf einmal von hinten angesprochen wurde:

»Haben Sie mich vorhin nicht gesehen, als ich Ihnen zugewunken hatte?«

Ich drehte mich um, und vor mir stand die Stewardeß, die mich schon auf der Gangway angesprochen hatte.

»Doch, aber ich war in Gedanken.«

Nun stand sie vor mir und lief auf einmal rot im Gesicht an. Sie schien anscheinend verlegen zu sein und wußte nicht, was sie sagen sollte. Dann meinte sie:

»Wollen Sie mit mir einen Kaffee trinken gehen? Ich habe nun frei und will nicht alleine sein.«

Ich schaute sie erst an und sagte dann:

»Wenn Sie bezahlen, dann komme ich mit. Ich habe nicht viel Geld bei mir, denn die Polizei von Algerien hat mich um alles gebracht, besser gesagt, sie haben es mir gestohlen.«

»Also gut, ich bezahle, aber gehen wir in ein Café, das außerhalb vom Flughafen ist. Ich habe meinen Wagen draußen stehen.«

Wir gingen aus dem Flughafen und fuhren mit ihrem Käfer in ein Café, das nicht weit entfernt war. Dort tranken wir etwas und unterhielten uns. Sie gab mir ihre Telefonnummer und Adresse, denn ich hatte ihr gesagt, daß ich ein paar Tage in Frankfurt bleiben würde, bis ich mir wieder genug Geld besorgt hätte. Solange ich da wäre, würde ich in einem Hotel wohnen, das ich erst noch suchen müßte. Ich sagte ihr, daß ich sie sofort anrufen würde, wenn ich eines hätte. Dann verschwand sie und hatte die Rechnung gleich bezahlt. Nun saß ich in dem Café und überlegte, was ich machen sollte. Ich konnte nicht in Frankfurt bleiben, denn was sollte ich in einer Stadt, in der ich niemanden kannte.

In der Nähe des Cafés hatte ich ein Hotel gesehen, und ich beschloß, mir dort ein Zimmer für die Nacht zu nehmen. Ich wollte mir auch genau überlegen, was ich in Zukunft machen würde. Im Hotel bekam ich ein Zimmer, das ich nicht im voraus bezahlen mußte. Als ich dort meine Tasche verstaut hatte, machte ich mich auf den Weg, um mir etwas zum Essen zu besorgen, denn ich hatte Hunger. Nachdem ich etwas gegessen hatte, griff ich in die Tasche und holte die Nummer von Gabi heraus, die sie mir im Café gegeben hatte. Sie meldete sich sofort, und ich bat sie, dort hinzukommen, wo wir vorhin zusammen waren. Sie sagte zu und kam sofort. Nun saßen wir wieder in dem Café und überlegten, was wir mit dem angebrochenen Abend machen sollten. Wir beschlossen, in eine Disco zu gehen, die Gabi kannte. Sie wollte den ganzen Abend bezahlen, denn sie wußte, daß ich nicht viel Geld hatte.

So fuhren wir in diese Disco, in der wir uns ein wenig vergnügten. Wir tranken beide nicht gerade wenig Alkohol, und schon nach kurzer Zeit lagen wir uns in den Armen und knutschten miteinander rum. Gabi hatte mir gesagt, daß sie nie einen festen Freund besessen hatte, denn sie war die meiste Zeit nicht in Deutschland, sondern befand sich in der Luft. Nun hatte sie nur ab und zu einen, aber meistens ging es nicht lange, und dann war wieder Schluß. Als es Mitternacht vorbei war, fuhren wir zu ihr nach Hause. Wir hatten beide schon einen gewaltigen Schwips, aber sie konnte immer noch Auto fahren.

Dort vernaschte ich seit langem wieder einmal eine Frau. Ich hatte schon gar nicht mehr gewußt, wie es war, aber verlernt hatte ich noch nichts. Als Gabi eingeschlafen war, lag ich immer noch wach neben ihr, denn ich konnte nicht pennen und überlegte, was ich machen sollte.

Ich beschloß, am nächsten Tag nach Villingen zu fahren und dort einmal mit meinen Großeltern zu sprechen. Vielleicht würden sie mir ein wenig helfen. Dann würde ich vielleicht Rita wiedersehen und auch einmal mein Kind sehen, von dem ich nicht einmal den Namen wußte.

Ich schlief den Rest der Nacht nicht, sondern dachte nur nach. Da ich sowieso wach war, stand ich in aller Frühe auf. Gabi schlief immer noch fest, und ich machte so leise, wie ich konnte, damit ich sie nicht aufweckte. Ich nahm meine Kleider mit aus dem Schlafzimmer und ging ins Bad. Dort duschte ich mich anständig und zog mich an. Dann ging ich in die Küche und machte mir einen Kaffee, den ich nötig hatte. Ich setzte mich an den Tisch und überlegte, ob ich Gabi wecken sollte und ihr sagen, was ich vorhatte.

Als ich fertig war, hatte ich beschlossen, es ihr nicht zu sagen, sondern mich heimlich aus dem Staub zu machen. Also ging ich leise zum Schlafzimmer, öffnete die Türe und schaute hinein. Sie schlief immer noch fest, und ich machte die Türe wieder zu. Dann verließ ich leise die Wohnung und schlich mich davon wie ein reudiger Hund, der etwas verbrochen hatte. Mit dem Taxi fuhr ich zu meinem Hotel.

Während der Fahrt griff ich in meine Jackentasche, um mir eine Zigarette anzustecken, die ich dort hineingesteckt hatte. Auf einmal spürte ich in der Tasche etwas, das sich wie Papier anfühlte und zog es mit den Zigaretten heraus.

Als ich näher hinschaute, sah ich, daß es zwei Hundertmarkscheine waren. Gabi mußte sie mir in die Tasche gesteckt haben. Ich schob die Scheine wieder in die Jacke und nahm mir vor, sie anzurufen und mich bei ihr zu bedanken. Im Hotel bezahlte ich meine Rechnung, holte die Tasche aus dem Zimmer, fuhr mit der Untergrundbahn zum Bahnhof, schloß meine Tasche in ein Schließfach und ging ein bißchen spazieren.

Auf einmal stand ich vor einer Telefonzelle, in die ich hineinging und Gabi anrief. Sie nahm den Hörer ab, und ich hatte mich noch nicht einmal mit dem Namen gemeldet oder sonst etwas gesagt, als sie in die Muschel rief:

»Hallo Fritz!«

Ich war so überrascht, daß ich kein einziges Wort herausbrachte. Mir war, als wenn ich einen Kloß im Hals hatte, und ich konnte nicht sprechen. Ich wußte nicht einmal, warum, aber ich glaubte, ich schämte mich, weil ich einfach abgehauen war. Als ich mich wieder gefangen hatte, sagte ich:

»Hallo Gabi!«

»Ich weiß, warum du anrufst. Du brauchst dich nicht zu bedanken, ich habe es dir gerne gegeben.«

»Aber ich bin doch einfach so abgehauen und ich wollte...«

Weiter kam ich nicht, denn sie unterbrach mich und sagte:

»Ich weiß, aber das macht doch nichts. Eigentlich habe ich nichts anderes erwartet. Du willst eben nicht in dieser Stadt bleiben. Ich hätte es nicht anders gemacht, glaube mir.«

Nun kamen mir fast noch die Tränen, und es tat mir unendlich leid, daß ich sie einfach sitzen gelassen hatte, ohne mich von ihr zu verabschieden. Dann sagte ich zu ihr, mit einer komischen Stimme:

»Es tut mir leid Gabi, daß ich heute morgen einfach so abgehauen bin, und ich will mich bei dir entschuldigen. Es ist nicht meine Art, mich so aus dem Staub zu machen, und dann will ich mich trotzdem noch für das Geld bedanken.«

»Ist mit dir alles in Ordnung?«

»Ja. Warum?«

»Na, weil du auf einmal so komisch sprichst.«

Ich gab ihr keine Antwort mehr, denn mir kullerten die Tränen runter. Warum ich anfing zu weinen, wußte ich nicht, aber ich fühlte mich auf einmal hundeelend. Ich hängte den Hörer in die Gabel und verließ die Telefonzelle. Langsam lief ich die Straße hinauf, und als ich mich wieder beruhigt hatte, setzte ich mich in ein Lokal. Dort trank ich einen Kaffee und versuchte die Zeitung zu lesen, die auf dem Tisch lag. Aber schon nach der ersten Seite legte ich sie wieder hin, denn ich konnte mich nicht konzentrieren, da meine Gedanken total durcheinander waren.

Dann ging ich zum Bahnhof und holte mir eine Fahrkarte, denn ich hatte es mir abgewöhnt schwarzzufahren.

Der Zug fuhr direkt nach Villingen. Während der Fahrt versank ich wieder in Gedanken. Ich hoffte nur, daß mir die Großeltern ein wenig helfen würden, damit ich wieder auf die Beine kam. Aber davon war ich überzeugt, denn die Sache mit dem Einbruch hatten sie mir bestimmt schon verziehen. Ich saß alleine im Abteil, und je näher ich Villingen kam, um so mehr freute ich mich, wieder einmal die Großeltern, Rita und auch mein Kind zu sehen.

Dann fuhr der Zug in den Bahnhof ein, und es war schon dunkel. Ich beschloß sofort die Großeltern anzurufen. Ich ging an den Telefonautomaten, steckte etwas Geld hinein und wählte die altbekannte Nummer, die ich noch nicht vergessen hatte. Dann ertönte das Freizeichen, und kurz darauf wurde der Hörer abgenommen. Oma meldete sich, und ich sagte zu ihr:

»Hallo Oma, ich bin es, der Fritz.«

Dann war es einen Augenblick still am anderen Ende der Leitung. Ich dachte schon, die Verbindung sei unterbrochen worden, als auf einmal Oma sich wieder meldete:

»Fritz, bist du es wirklich?«

»Ja, Oma.«

»Wo bist du denn?«

Ich wußte nicht, was ich ihr sagen sollte, und so erzählte ich ihr einfach:

»In Frankfurt am Flughafen.«

»Was machst du denn dort, und warum bist du in Deutschland? Ich denke, du bist in Frankreich.«

»Nein, ich bin von Afrika gekommen, und in Frankreich war ich schon lange nicht mehr.«

»Wir haben gedacht, dich haben die Haifische gefressen.«

»Wieso denn das?«

»Na, weil die Polizei bei uns war und gesagt hat, du seist ertrunken. Sie hätten ein Segelschiff in Frankreich oder Italien gefunden, mit dem du unterwegs gewesen sein sollst. Aber ihr ward nicht auf dem Schiff, und der Polizist hat gesagt, daß es mindestens zwei Männer waren, die ertrunken sind, und einer von ihnen sollst du sein. Aber sie hatten noch keine Leichen gefunden, und so waren sie sich noch nicht ganz sicher, ob ihr wirklich tot seid.«

»Wie du hörst, lebe ich noch und bin kerngesund, Oma.«

»Ja, und was willst du nun machen, hier in Deutschland?«

»Ein neues Leben anfangen, und ich wollte euch fragen, ob ihr mir dabei ein wenig helfen könnt.«

»Ja, weißt du, zu uns kannst du nicht mehr kommen, denn Opa würde dich sofort rauswerfen.«

»Wegen dem Einbruch?«

»Ja, immer noch wegen dem Einbruch in dieses Café.«

»Aber das ist doch nun bald ein ganzes Jahr her.«

»Das macht nichts, er will dich auf jeden Fall nicht mehr sehen. Er sagt: Mit Mördern und Verbrechern will er nichts zu tun haben.«

»Aber Oma. Ich habe doch niemanden umgebracht, und weil ich einen Einbruch gemacht habe, bin ich doch nicht gleich ein Verbrecher.«

»Nein Fritz, zu uns kannst du nicht kommen.«

»Ist in Ordnung, Oma.«

»Fritz! Was willst du nun machen?«

»Ich fahre trotzdem nach Villingen.«

»Ja, das ist gut, denn du mußt auf die Bank, weil sie dein Konto gesperrt haben. Es ist laufend Geld abgebucht worden.«

»Wer hat mein Konto sperren lassen?«

»Dein Chef von früher.«

»Ist noch etwas, das ich erledigen muß?«

»Ja, ich habe noch ein paar Sachen von dir hier. Die kannst du dir abholen, wenn du in Villingen bist. Rufe mich aber vorher an, bevor du kommst.«

»Ja, Oma, das mache ich. Also dann auf Wiedersehen.«

»Du Fritz, wann wirst du in Villingen ankommen?«

»Das weiß ich noch nicht, Oma. Vielleicht erst morgen oder auch erst übermorgen. Ach, was ich dich noch fragen wollte. Wie geht es eigentlich Rita und den anderen?«

»Rita geht es gut und den anderen auch.«

»Also, auf Wiedersehen Oma, ich werde dich anrufen, wenn ich in Villingen sein werde.«

»Ade Fritz. Rufe mich aber auch ja an, wenn du hier bist.«

»Du kannst dich darauf verlassen.«

Dann legte ich den Hörer auf und stierte auf dieses verdammte Telefon. Sie wollten mir also nicht helfen, ein neues Leben anzufangen, weil ich in ihren Augen ein Verbrecher und Mörder war.

Langsam ging ich in die Stadt hinein, zu einer Pension, die ich kannte. Danach machte ich mich auf den Weg in eine Kneipe, denn ich hatte die größte Lust, mir einen anzusaufen. Also zog ich mir in der nächsten Pinte einen anständigen rein und ging wieder zur Pension zurück, haute mich ins Bett und schlief gleich ein.

Am nächsten Morgen ging ich gleich zur Bank. Dort klärte ich die Sache ab, hob die Sperre auf und holte ein paar hundert Mark, denn es war noch genug Geld drauf. Dann ging ich zurück zur Pension, bestellte das Zimmer für eine weitere Nacht und hockte mich in meiner Bude auf das Bett und dachte nach, was ich machen wollte.

Als ich zwei volle Stunden dagesessen und überlegt hatte, da wußte ich auch, was ich machen würde. Also beschloß ich, wieder nach Frankreich zu gehen, um dort dasselbe zu machen, was ich vorher getan hatte. Wenn ich genug Geld hatte, wollte ich mir falsche Papiere machen lassen und es noch einmal mit Afrika versuchen. Aber erst würde ich noch zwei bis drei Tage in Villingen bleiben und meine Brüder besuchen, die in Warenberg lebten.

Rita würde ich nicht besuchen, denn es war besser, wenn sie mich nicht mehr zu Gesicht bekam und endgültig vergaß. Ich liebte sie zwar immer noch, aber wenn ich sie besuchen würde, dann täte der Abschied nur schwerer werden. Aber anrufen könnte ich sie, wenn ich den Mut dazu hätte. Es war also nun klar, was ich in Zukunft machen würde, und wenn sie mich schon als einen Verbrecher bezeichneten, dann konnte ich auch einer werden. So ging ich ein zweitesmal in die Stadt, denn ich wollte sie mir ein letztesmal ansehen und noch einen schönen Tag dort verbringen, da es meine Heimat war. Den ganzen Tag bummelte ich rum und suchte eine Kneipe nach der anderen auf. Ich rief auch noch einmal Oma an in der Hoffnung, daß sie es sich anders überlegt hatte. Aber das war ein Irrtum, denn sie sagte genau dasselbe zu mir wie gestern. Ich sagte ihr, daß ich in Villingen sei und bald wieder aus Deutschland verschwinden würde. Aber ich sagte ihr auch, daß ich nicht bei ihr vorbeikommen würde, um meine Sachen zu holen. Am Abend war ich stinkbesoffen und wußte nicht mehr, was ich tat.

Als ich morgens aufwachte, hatte ich noch einen halben Rausch im Gesicht und lag in meinem Bett. Was passiert war, wußte ich nicht, aber ich war ausgezogen. Meine Kleider hingen über dem Stuhl, und ich stand schwerfällig auf. Ich griff in die Hose und holte den Geldbeutel heraus. Als ich in ihn hineinschaute, stellte ich fest, daß ich eine ganze Menge Geld versoffen hatte.

Ich ging in die Dusche, denn mich interessierte es wenig, was ich verschluckt hatte. Wenn ich erst einmal in Südfrankreich unten war und mir bei Salem ein paar Adressen geholt hatte, dann lief mein Job wieder, und ich würde viel Geld verdienen. Als ich einigermaßen in Ordnung war, ging ich in die Stadt und löste mein Konto auf. Ich nahm das ganze Geld mit und begab mich in die nächste Kneipe. Dort wollte ich mir einen zur Brust nehmen. Das machte ich auch, und als ich die Kneipe verließ, hatte ich einen leichten Schuß in der Birne. Aber ich fühlte mich gut, und so kam ich an einer Telefonzelle vorbei.

Auf einmal kam mir die Idee, Rita anzurufen. Also ging ich hinein und rief sie an. Sie sagte mir gleich, daß ich sie schon einmal angerufen hätte, aber stinkbesoffen gewesen sei. Davon hatte ich nichts gewußt, und ich war wirklich überrascht darüber. Dann sagte sie mir, daß ich aus Villingen abhauen sollte, wenn ich nicht verhaftet werden wollte. Als ich sie fragte, warum, verfluchte ich meine ganze Familie. Oma hatte Onkel Mike Bescheid gesagt, daß ich wieder da wäre, und der ist gleich zur Polizei gegangen und hat mich verpfiffen. Sie sagte mir auch, daß Opa damals, als die Bullen erzählt hätten, daß ich ersoffen sei, gesagt hatte: »Hoffentlich haben ihn die Haifische gefressen.« Ich haßte auf einmal die ganze Familie, bis auf Rita, die mir nichts Böses wollte. Von ihr erfuhr ich auch, wie mein Sohn hieß, und ich sagte ihr, daß ich gleich nach Warenberg fahren würde und sie von dort aus nochmals anrufen würde.

Dann machte ich, daß ich aus der Telefonzelle herauskam und

in meine Pension, die nur ein paar hundert Meter entfernt war. Dort holte ich meine Tasche und ging sofort zum Bahnhof. Ich kaufte mir eine Fahrkarte, setzte mich in den Zug und wartete auf die Abfahrt und hoffte, daß mich die Bullen nicht erwischen würden. Dann fuhr der Zug an, und ich atmete erleichtert auf. Diese verdammten Schweine von Verwandten hatten mich doch tatsächlich bei den Bullen angeschissen und wollten mich unbedingt hinter Gittern sehen. Das alles nur wegen einem Einbruch, den ich einmal begangen hatte, womit sie doch gar nichts zu tun hatten.

Ich kam gut nach Warenberg und suchte dort meine Brüder auf. Zwei Tage blieb ich bei ihnen, und das einzige, was wir machten, war anständig saufen. Dann kam der Tag, an dem ich wieder nach Frankreich gehen wollte. Ich verabschiedete mich von meinen Brüdern und ging zum Bahnhof. Dort rief ich Rita an, denn ich wollte auch ihr auf Wiedersehen sagen. Sie merkte nicht, daß ich während dem Gespräch weinte, denn ich versuchte mich zu geben, wie ich immer war. Einmal schien sie etwas zu merken, aber ich sagte, daß dies an der Leitung liegen müsse, denn ich würde sie auch schlecht verstehen. Als ich den Hörer auflegte, war ich fertig mit der Welt und verfluchte alles, was mir in den Sinn kam. Dann ging ich zum Fahrkartenschalter und kaufte mir eine Karte nach Straßbourg. Ich wollte mit dem Zug fahren, da man in den Zügen nicht so genau kontrollierte, denn ich wußte, daß sie mich suchten. Meine Verwandtschaft hatte mich ganz nett abgelinkt, und nun war ich froh, daß ich Oma nicht besucht hatte, sonst wäre ich denen genau in die Arme gelaufen, denn ich konnte mir gut vorstellen, daß die Bullen mich dort erwartet hätten.

Ich setzte mich in den Zug und fuhr an die Grenze. Eine Station vorher wollte ich schon aussteigen, da ich ein komisches Gefühl in mir hatte. Als ich gerade aussteigen wollte, um illegal über die Grenze zu gehen, fuhr der Zug wieder an. Also hockte ich mich wieder hin und ließ es darauf ankommen. Entweder ich kam rüber, oder sie erwischten mich. An der Grenze hielt der Zug und ein paar Beamte kamen herein. Ich mußte meinen Ausweis vorzeigen, und er sagte meine Nummer in das Mikro, das der

Grenzbeamte bei sich hatte. Für mich war klar, daß es nun aus war, und daß eine Flucht auch unmöglich wäre, denn es standen zu viele von diesen Bullen herum. Dann wurde ich auch schon aufgefordert mitzukommen und keinen Blödsinn zu machen. Ich nahm meine Tasche und stieg mit den beiden Beamten aus, die neben mir standen und auf mich aufpaßten wie die Schießhunde.

Am nächsten Tag wurde ich dem Haftrichter vorgeführt und in den Knast gebracht. Als ich dort war, verglich ich ihn mit dem in Algerien und mußte feststellen, daß er um einiges besser war. Nach vier Tagen wurde ich auf Transport gebracht, denn ich sollte nach Villingen, wo mir der Prozeß gemacht werden sollte wegen dem Einbruch. Als ich dort war, kam der Haftrichter zu mir, und ich sprach mit ihm. Er versprach mir, meine Verhandlung so schnell wie möglich in die Wege zu leiten. Dann kam noch jemand, der mir anbot, daß ich in einem Übergangswohnheim wohnen könnte, bis ich einen eigenen Wohnsitz hätte. Er sagte mir auch, wenn ich dort hinginge, würde mich der Richter laufen lassen, und so nahm ich das Angebot an, denn ich wollte wieder raus aus dem Knast. Eine Woche später hatte ich meine Verhandlung, bei der ich eine Bewährung bekam und aus dem Gefängnis entlassen wurde.

Ich zog in das Übergangswohnheim und hatte mir vorgenommen, ein neues Leben anzufangen. Meine Lehre wollte ich fertigmachen, mir eine Wohnung einrichten, und wenn Rita damit einverstanden war, sie zu mir nehmen, mit den ganzen Kindern. Mit diesen Grundsätzen verließ ich das Gefängnis, und ich hatte mir geschworen, nie wieder etwas Ungesetzliches zu machen, und wenn es mir noch so dreckig gehen sollte. In dem Wohnheim lernte ich ein paar andere Typen kennen, die schon länger dort waren. Mit einem von ihnen ging ich noch am selben Abend etwas trinken. Er erzählte mir genau, was in diesem Laden los war und was ich alles machen mußte. Am nächsten Tag ging ich gleich als erstes auf die verschiedenen Ämter, wie es mir der Leiter des Wohnheims aufgetragen und erklärt hatte.

Rita hatte mich im Knast besucht. Sie rief ich an, als ich wieder aus dem Knast war und verabredete mich mit ihr. Ich mußte sie heimlich besuchen, denn ich mußte auf Mike aufpassen. Er wußte immer noch nicht, daß wir ein Verhältnis miteinander hatten, obwohl Rita ihn seit Monaten nicht mehr an sich rangelassen hatte. Er war eben ein seltenes Rindvieh, das so dumm war, daß man heulen konnte. Ich wußte nicht, wie ich mich verhalten sollte, nach so langer Zeit. So gerne ich sie in die Arme genommen hätte, aber ich hielt mich zurück, denn ich wußte nicht, wie sie darauf reagieren würde. Sie zeigte mir meinen Sohn, der richtig putzig aussah, und man konnte sehen, daß es meiner war, denn er war mir wie aus dem Gesicht geschnitten. Ich konnte nicht lange bei ihr bleiben, denn sie hatte Angst, daß Mike zurückkommen würde. Also verabschiedete ich mich von ihr, und da gab sie mir einen Kuß. Ich nahm sie in die Arme und hielt sie fest. Dann mußte ich aber wirklich gehen.

Nun würde doch noch alles gut werden und ich ein neues Leben anfangen, dachte ich mir. Jetzt konnte ich meiner Verwandtschaft zeigen, daß ich kein Mörder und Verbrecher war, wie sie mich bezeichneten. Ich haßte sie alle, da sie mich behandelten wie einen Aussätzigen und so taten, als wenn sie etwas Besseres wären als ich. Sie hatten mir das Leben schwer gemacht, aber ich würde ihnen beweisen, daß ich es schaffen werde. Aber wer konnte wissen, daß ich vier Wochen später zum Totschläger und Mörder werden sollte.

Drei Wochen vergingen. Mit den Ämtern schien alles zu klappen, aber mit Rita lief alles schief. Sie wollte sich nicht scheiden lassen und glaubte anscheinend, daß unser Verhältnis ewig so weitergehen würde, obwohl ich sie noch ein paarmal wegen einer Scheidung gefragt hatte. Mich machte es aber fertig, denn ich mußte immer Angst haben, daß wir einmal von Mike erwischt würden und es dann Tote gäbe. Ich hatte immer ein Stilett bei mir, denn ihr Mann war ein Koloß, der mich alle machen würde, bevor ich mich richtig umgesehen hätte. Wenn wirklich einmal die Situation hätte kommen sollen, war es entweder um mich oder um ihn geschehen, denn er würde mich ohne mit der Wimper zu zucken erschlagen oder erstechen. Ich kannte ihn, und er war in dieser Beziehung nicht zimperlich.

Als ich nun volle drei Wochen in diesem Übergangswohnheim war, kam ein Neuer. Er war ein Italiener, und wir hatten mit ihm eine ganze Menge Ärger, denn er klaute wie ein Rabe und machte einen immer dumm an. Wenn man ihm etwas sagte, provozierte er regelrecht einen Streit, und man mußte sich wirklich sehr beherrschen, um ihm keine auf die Schnauze zu hauen.

Eines Abends kam ich mit einem anderen Wohnheimbewohner nach Hause, und wir stellten fest, daß wir schon wieder beklaut worden waren. Bei meinem Kumpel hatte der Itaker auch noch Schulden, denn er hatte sich Geld von ihm ausgeliehen. Also gingen wir zu ihm hin, und ich sagte ihm, daß er endlich mit der Klauerei aufhören und seine Schulden bezahlen solle. Da gab mir der Hund aus heiterem Himmel einfach eine Ohrfeige. Ich hatte schon einiges getrunken, und so konnte ich mich nicht mehr beherrschen und scheuerte ihm ebenfalls eine. Aber das Miststück haute mir noch eine rein, und dann war es für mich vorbei. Ich verdengelte ihm ein paar anständige Hiebe, wie er es verdient hatte. Er hatte wirklich einmal eine Abreibung nötig, und er bekam sie von mir, wie er es brauchte. Auf einmal zog mich der Drecksack an den Haaren, biß mir in den Daumen, ließ meine Perücke wieder los und haute mir eine aufs Auge. Das war zuviel für mich. Aber das war dem Blödmann noch nicht genug, denn er biß mir immer noch in meinen Daumen und haute mir ins Gesicht. Ein höllischer Schmerz war in meiner Hand, und ich konnte nichts mehr machen, solange er zubiß. Aber ich haute ihm mit der anderen Hand, die ich noch frei hatte, eine in den Ranzen, so daß er meinen Daumen losließ. Darauf wich ich zurück und schaute mir meine Hand an, die höllisch weh tat. Man konnte die Bißwunde genau sehen, und sie blutete. Dann fuhr ich mir mit dem Arm übers Gesicht, und ich stellte fest, daß ich dort ebenfalls blutete. Nun war das Maß endgültig voll, und ich holte aus meiner Tasche das Messer. Dann ging ich wieder zurück und bedrohte ihn damit. Aber mein Kumpel nahm mir das Messer ab, denn ich wollte der Sau die Fresse einschlagen für das, daß er meinen Daumen so zugerichtet hatte. Aber dazu brauchte ich das Messer nicht, und so bekam ich einen totalen Wutanfall und ohrfeigte ihn, bis er anfing zu wimmern, wie ein Waschlappen. Ich war so in Fahrt, daß ich ihn zu Tode geohrfeigt hätte, wenn mein Kumpel nicht gesagt hätte, daß ich endlich aufhören solle. Er holte mich von dem Itaker weg, denn von alleine konnte ich nicht aufhören. Als ich dann total außer Atem an der Wand lehnte, war ich fertig mit der Welt. Ich ging ins Bad und schaute mich im Spiegel an. Dieser elende Hurensohn hatte mir ganz nett eine verbraten, als er mich in den Daumen gebissen und ins Gesicht geschlagen hatte. Ich wusch mir das Blut aus der Fresse und schaute meinen Daumen an, der mir immer noch verdammt weh tat. Ich ging an den Kühlschrank und setzte die Rumflasche an, denn ich hatte einen kräftigen Schluck nötig. Dann machte ich mir einen Eisbeutel, da wir kein Steak im Haus hatten, knallte mir diesen aufs Auge und haute mich ins Bett.

Um diese Schlägerei gab es keinen besonderen Ärger mehr, außer ein kleines Gespräch mit dem Sozialarbeiter, der das Übergangswohnheim leitete. Ich ging auch zum Arzt, der mir eine Spritze in den Arsch haute und einen Verband um den Daumen machte. Dann sagte er noch, nach dem ich ihm die Sache erzählt hatte, daß ich den Itaker nicht hätte ohrfeigen, sondern sämtliche Zähne rausschlagen sollen, denn ein Menschenbiß sei schlimmer als der eines Hundes.

Das war genau vier Tage, bevor das große Unglück geschah.

26

Vier Tage später war die Sache schon fast vergessen. An diesem Tag beschlossen wir am Abend, in die Nachbarstadt zu fahren, um dort zu kegeln. Ich war erst spät aufgestanden, denn ich hatte wieder einmal zu tief ins Glas geschaut. In den letzten Tagen vertrug ich sowieso nicht mehr so viel. Ich merkte es schon, daß ich langsam voll wurde, wenn ich bloß vier oder fünf Bier getrunken hatte. Aber als ich morgens aufgestanden war, flößte ich mir gleich eine Dose Bier ein, damit es mir wieder besser ging. Im Verlaufe des Tages trank ich noch ein paar Martinis und verbrachte eine Zeitlang in der Stadt.

Gegen acht Uhr abends brachen wir mit einem Sozialarbeiter auf, um zum Kegeln zu fahren. Wir trafen uns wieder vor dem Lokal. Dort kegelten wir alle zwei volle Stunden miteinander, und ich schüttete mir einige Biere in die Birne. Das Zeug spürte ich schon, aber ich war nur leicht angestochen.

Als die Zeit um war, fuhren wir wieder zurück, und ich stieg mit meinem Kumpel in der Nähe der Innenstadt aus, denn wir wollten noch etwas trinken gehen.

Es war schon gegen elf Uhr, als wir aus dem Wagen stiegen, und wir hatten vor, nur bis zwölf wegzubleiben. Gemütlich liefen wir in die Richtung eines Lokales, das in Villingen einen sehr schlechten Ruf hatte, weil dort angeblich nur Verbrecher hingehen würden, und es offiziell eine Türkenkneipe war. Ich hielt nicht viel von dem Gerede über das Lokal, denn Türken waren für mich keine Verbrecher, und die Leute von Villingen laberten sowieso nur immer Scheißdreck. Gut, es waren ein paar Verbrecher drin, aber wenn man danach ginge, war ich auch einer, denn ich bin ebenfalls schon im Knast gesessen, und solche Leute gab es überall.

Dort setzten wir uns an einen Tisch, an dem schon andere Leute saßen. Die Bardame, die noch das Silberkettchen von mir hatte, saß ebenfalls dort, und ich wollte sie, die übrigens Dolly hieß, danach fragen, denn sie hatte mir versprochen, es bei sich zu haben und es mir zu geben, wenn wir uns trafen. Da nur der Platz neben Dolly frei war, setzte ich mich neben sie, was ich eigentlich nicht wollte, denn ich wollte nichts mehr mit ihr zu tun haben. Ich fragte sie gleich nach dem Kettchen, aber sie hatte es nicht dabei, was ich mir hätte denken können. Wie ich merkte war sie besoffen, was ein normaler Zustand bei ihr war, aber sie wurde dann immer ausfallend und benahm sich wie tausend volle Männer.

Sie versuchte sich an mich zu hängen und mich zu küssen. Aber ich sagte ihr gleich, daß sie die Finger von mir lassen solle und zwischen uns nichts mehr laufen würde. Das schien sie anscheinend nicht zu kapieren, denn sie versuchte es immer wieder. Sie wollte nur einen Kuß von mir, und dann würde sie mich auch in Ruhe lassen, meinte sie. Also gab ich ihr einen schnellen Kuß, damit ich meine Ruhe hatte. Aber sie machte weiter und versuchte weiterhin, mich anzumachen. Sie sah zwar gut aus, aber ich hatte die Schnauze voll von ihr, und das wollte sie wahrscheinlich nicht begreifen. Sie laberte mir etwas von Liebe vor und solch einen Schwachsinn, als wenn sie eine treue Frau wäre, und dabei ging sie mit jedem ins Bett, den sie ein bißchen näher kannte. Auf einmal stand sie auf und stritt sich mit einem Typen am anderen Tisch herum. Der wollte ihr gleich eine scheuern, und sie meinte, ich würde ihr helfen. Aber ich blieb sitzen, denn mich interessierte es keinen Deut, ob er ihr eine langte oder nicht. Als sie merkte, daß ihr niemand half, ließ sie den Typen in Ruhe und setzte sich an unseren Tisch zurück. Sie hatte zwar von dem Typen keine gescheuert bekommen, aber er hatte ihr anständig die Meinung gesagt, und sie war deswegen beleidigt. Nun saß sie wieder am Tisch, und es sah so aus, als wenn sie anfangen wollte zu heulen. Doch sie faßte sich wieder. Kaum hatte sie sich beruhigt, als sie auch schon die nächsten Versuche machte, an mich ranzukommen. Der Kerl, der mir gegenübersaß, hatte mir gesagt, daß sie einen Freund hatte, der ein Fleischer war und ein ziemlicher Schläger dazu. Er soll ein Rocker sein und gewalttätig, da er schon einige Leute angegriffen und dabei ziemlich verletzt hatte. Gleich hielt ich Dolly noch weiter auf Distanz, denn wenn dieser Freund kommen sollte, würde es sofort Ärger geben, und ich wollte keinen Streit haben. Die Sache war mir also wirklich zu heiß, denn der Typ, der mir gegenübersaß, hatte mir noch ein paar andere Sachen von dem Heini erzählt, der ihr Freund sein soll. So wie er mir schilderte, war er eine ziemlich fieße Sau, und er meinte, man sollte solchen Leuten aus dem Wege gehen. Das nahm ich mir auch vor und hielt Dolly so weit es nur ging von mir fern. Aber sie versuchte es immer wieder, und ich sagte ihr klipp und kar, daß sie endlich damit aufhören soll, denn sie hätte ja einen Freund. Dann fing sie an, von ihm zu erzählen. Er würde sie immer schlagen und wäre ein ganz brutaler Hund. Sie hatte sich an diesem Abend mit ihm zerstritten, und wie es aussah, würde er sie spätestens morgen einfach auf die Straße setzen. Gerade rosige Aussichten waren es nicht, so wie sie mir erzählte, aber dennoch blieb ich hart und hielt sie weiterhin von mir fern.

Dann war es schon ein paar Minuten nach zwölf, und der Wirt kündigte den Feierabend an. Sofort bezahlte ich meine drei Biere, die ich getrunken hatte. Den Schnaps brauchte ich nicht zu löhnen, denn der Wirt gab mir immer einen aus, wenn ich bei ihm im Lokal war. Er kannte mich eben, und die Türken waren immer sehr gastfreundlich.

Ich saß da und trank langsam mein Bier aus, als mir Dolly auf einmal das Angebot machte, mit ihr nach Hause zu gehen, um mein Kettchen zu holen. Aber ich schlug es aus, denn ich wußte, daß ich bei ihr etwas trinken und vielleicht sogar noch schwach würde und mit ihr in die Falle ginge, denn sie sah nicht schlecht aus, auch wenn sie schon ein wenig abgesoffen war. Wenn uns dann noch ihr Freund erwischen würde, wäre es ganz aus mit mir. Da sie mir das Angebot öfters machte, schlug ich es immer wieder aus. Dann wollte der Wirt sie auffordern, nach Hause zu gehen und fragte, ob er für sie ein Taxi bestellen soll. Sie wollte aber nicht gehen, außer wenn ich sie begleiten würde. Auf einmal fing der Wirt ebenfalls an, auf mich einzureden und meinte, daß ich sie schnell nach Hause fahren sollte, denn er würde sie sonst nicht aus dem Lokal bringen und sie täte wieder ein riesiges Spektakel machen, wie sie es immer machte, wenn sie etwas erreichen wollte. Ich sagte wieder nein, aber er redete so lange auf mich ein, bis ich meinen Kumpel fragte, der mit mir war, ob er mitgehen würde, denn alleine würde ich nicht zu Dolly gehen. Er drückte erst einen Augenblick herum, aber sagte dann doch ja, und der Wirt bestellte ein Taxi. Der Wirt freute sich darüber und hatte gemeint, daß ich der einzige wäre, auf den sie ein wenig hören würde. Ich würde es verstehen, mit ihr umzugehen. Das war zwar Schwachsinn, und ich dachte nur an mein Kettchen, das ich nun wieder bekommen würde, um es Rita zeigen zu können. Wir gingen vor die Tür und warteten auf das Taxi. Dolly hatte sich auf die Treppe gesetzt und jammerte irgend etwas vor sich hin. Mich interessierte es aber nicht, denn ich wollte einzig und allein mein Kettchen haben und dann wieder aus der Wohnung verschwinden, denn ich wollte keinen unnötigen Ärger haben.

Dann kam endlich der Wagen, und wir stiegen ein. Dolly setzte sich auf den Beifahrersitz, denn sie sollte die Fahrt bezahlen. Ich setzte mich hinter sie und mein Kumpel hinter den Fahrer. Dolly machte am Autoradio rum und suchte einen Sender mit guter Musik. Sie war besoffen, aber das war ein Normalzustand bei ihr. Ich war ziemlich angeheitert, aber noch nicht besoffen, auch wenn ich das Zeug schon gewaltig spürte, das ich in mich hineingekippt hatte. Vor ihrer Haustüre bezahlte sie das Taxi, wozu sie fast eine halbe Ewigkeit brauchte.

Sie holte den Schlüssel aus ihrer Tasche und versuchte, die Haustüre zu öffnen. Aber da sie zu voll war, konnte sie das Schlüsselloch nicht finden, und mein Kumpel nahm ihr den Bund ab und schloß die Tür auf. Dann gingen wir die paar Stufen hinauf, denn sie wohnte im Paterre. Dort schloß mein Kumpel die Wohnungstür auf, und ich sagte noch, wenn ihr Freund zu Hause wäre, würde ich gleich wieder verschwinden, denn ich wollte keinen Ärger haben. Sie versicherte uns, daß er nicht da sei, weil sie sich zerstritten hatten, und er würde entweder erst gar nicht nach Hause kommen, oder erst wieder im Laufe des nächsten Tages.

Mein Kumpel hatte die Tür geöffnet, und so betraten wir die Wohnung. Dolly machte sofort das Licht an und führte uns ins Wohnzimmer. Dort ging sie an den Schrank und öffnete eine Klappe, in der sich ein paar Flaschen befanden. Wir zogen unsere Jacken aus, und sie meinte, wir sollten uns bedienen. Ich holte die Kognakflasche aus dem Schrank und stellte sie auf den Tisch. Dolly brachte drei Schwenker, und wir hockten uns hin. Ich schenkte die Gläser ein, und da Dolly den Kognak nicht pur trinken wollte, schickte sie meinen Kumpel in die Küche, damit er ein wenig Orangensaft holte. Dann wollte sie mir unbedingt die Wohnung zeigen, und wir machten einen Rundgang. Als wir damit fertig waren, setzten wir uns wieder in das Wohnzimmer und unterhielten uns weiter. Ich sagte ihr, daß sie mir nun mein Kettchen wiedergeben solle, was sie auch tat. Sie trank nicht viel von dem Kognak, aber ich langte noch einmal kräftig zu.

Den kleinen Silberbarren steckte ich in die Hosentasche, und als ich mein Glas leergetrunken hatte, wollten ich und mein Kumpel verschwinden. Dolly hatte uns noch etwas über ihren Freund erzählt und uns ein paar Bilder gezeigt. Auch ein Bild ihres Rockers war dabei, aber der Typ war mir nicht ganz geheuer, und wenn ich nur schon an ihn dachte, bekam ich eine Gänsehaut. Ich hatte ihr auch meine Meinung gesagt, daß sie früher, also vor einem Jahr, noch um einiges besser ausgesehen hätte. Sie fing deswegen an zu weinen, und sie tat mir ein wenig leid, weil sie einen Freund hatte, der sie schlug und behandelte wie eine Sklavin. Gut, sie war einmal eine Bardame gewesen und ein durchtriebenes Stück, aber dennoch hat jeder Mensch seine Würde und sollte auch anständig behandelt werden. Ich riet ihr, sich aus dem Staub zu machen und diesen Typen einfach sausen zu lassen, da er anscheinend nichts taugte und gewalttätig dazu war.

Dann standen ich und mein Kumpel auf, und wir gingen an die Haustüre. Ich wollte so schnell wie möglich weg, denn ich hatte keine Lust, mir weiter ihr Geheule anzuhören, denn ich hatte selbst genug Sorgen mit Rita. Als wir an der Wohnungstür standen, und wir sie schon geöffnet hatten, rief sie mich zurück. Ich sagte meinem Kumpel, daß er auf mich warten solle, und ich gleich nachkommen würde. Dann ging ich wieder zurück zu ihr. Mein Kumpel machte die Tür zu, und ich nahm an, daß er draußen auf mich wartete. Als ich wieder bei Dolly war, fragte ich sie, was los sei und warum sie immer noch weinte. Sie erzählte mir, daß sie Angst hatte vor ihrem Freund, und daß sie bald ausziehen würde, sogar schon am morgigen Tag. Ich sagte ihr, daß ich nun gehen wollte, denn ich hatte keine Lust, ihrem

Freund über den Weg zu laufen. Sie meinte, daß er die Nacht über nicht nach Hause kommen würde, und ich müßte mir deswegen keine Sorgen machen. Denn wenn er da wäre, würde er sie wieder in seinem Vollrausch vermöbeln, wie er es immer machte. Auf einmal fing sie wieder an zu heulen, und ich bekam langsam einen Kollaps, denn ich konnte keine Frauen weinen sehen. Ich trank in der Zeit noch ein paar Kognaks, und sie schien sich zu beruhigen. Als wir uns noch ein wenig unterhalten hatten und sie wieder in Ordnung war, stand sie auf einmal auf und ging in das Kinderzimmer. Ich setzte mein Glas noch einmal an und trank es leer, denn ich wollte nun gehen. Den Alkohol spürte ich ganz gewaltig, und man konnte schon sagen, daß ich leicht besoffen war. Als ich das Glas absetzte und aufstand, kam Dolly wieder aus der Kinderzimmertüre heraus und das pudelnackt.

Sie hatte eine sehr gute Figur und einen reizvollen Körper, wenn man ihn so sah. Dann kam sie auf mich zu, und ich wußte nicht, was ich machen sollte, denn ich wollte eigentlich nicht mit ihr ins Bett gehen. Mit ihr wollte ich nichts mehr zu tun haben. Als sie bei mir stand, sagte ich ihr, daß sie den Mist sein lassen soll und ich nun gehen würde. Aber sie sagte nichts, sondern legte die Arme um meinen Hals und hielt mich fest. Da war es um meine Beherrschung geschehen, und ich umarmte sie ebenfalls. Wenn sie unbedingt eine Nummer mit mir schieben wollte, dann sollte sie sie haben, dachte ich mir. Ihr Freund würde sowieso nicht kommen, und so war die Sache nicht schlimm. Sie zog mich in das Kinderzimmer, in dem ein Sofa stand und sagte, daß ich mich ausziehen solle. Das tat ich dann auch. Sie hatte sich schon auf das Sofa gelegt. Ich legte mich zu ihr und das Spiel begann. Wir lagen gerade ein paar Minuten auf dem Sofa, als die Türklingel anschlug. Ich registrierte sie nicht gleich, aber Dolly hatte sie gehört und sprang sofort vom Sofa auf und sagte, daß dies vielleicht ihr Freund sei. Ich sprang ebenfalls auf und schlüpfte in meine Jeans, die vor dem Sofa lag. Ich wußte nicht, was ich nun tun sollte, denn flüchten konnte ich nicht, da überall die Rolläden unten waren und ich nicht angezogen war. Dolly ging ins Wohnzimmer und kam gleich darauf wieder ins Kinderzimmer zurückgerannt. Dann trat ich über die Schwelle ins Wohnzimmer und schaute auf den Flur. Da sprang die Wohnungstüre auf, und ich sah, daß er es wirklich war. Er hatte einen Schlüssel, aber dennoch klingelte er vorher. Er war kaum in der Wohnung, als er mich sah, die Tür hinter sich zuschmiß, auf mich losrannte, und bevor ich reagieren konnte, mir eine unters Kinn ballerte. Ich taumelte zurück an den Schrank und fing mich dort wieder auf. Als er gleich nochmal auf mich losgehen wollte, sauste ich um den Wohnzimmertisch herum. Er stand leicht geduckt da und sagte mir klipp und klar, daß er mich umbringen würde, denn er hatte schon die splitternackte Dolly gesehen. Ich versuchte mit ihm zu reden, aber das ging nicht, denn er schrie rum und sagte, daß er mir das Hirn aus der Schale hauen wollte. Dann rannte er um den Tisch herum und ich vor ihm weg. An der Kinderzimmertüre blieb ich stehen und er auf der anderen Seite des Tisches. Es gab für mich kein Ausweichen mehr, und ich mußte mich ihm stellen, ob ich wollte oder nicht. Verdammt nochmal, die Situation war so dämlich. Es gab keinen Ausweg mehr. Dann kam er um den Tisch herum und ich blieb stehen, denn es hatte keinen Sinn, wenn wir Ringelreihen um den Tisch liefen. Ich hatte meine Hände schon zu Fäusten geballt, als mir mein Messer einfiel, das ich in der Hosentasche hatte. Darauf schob ich den Daumen und Zeigefinger so in die Tasche, daß ich es praktisch in der Hand hatte. Ich konnte das Ding schnell herausholen, denn ich hatte es oft genug ausprobiert und mit dem Messer gespielt. Auf dem Tisch stand noch die Kognakflasche, die er nun in die Hand nahm und hochzog, denn er wollte sie mir auf den Schädel hauen. Um Gotteswillen! dachte ich und zog in einer blitzschnellen Bewegung das Messer aus der Tasche, öffnete es so, daß die Klinge heraussprang und feststand. Ich verlor die Nerven, denn auf einmal sah ich das Bild von Jimmy mit dem verschnittenen Gesicht auf dem Boden liegen. Dolly fing an zu schreien und rannte auf uns zu. Ihr Freund kam mit erhobener Flasche auf mich zu, und ich bekam einen totalen Horror. Ich wußte nicht mehr, was ich tat, denn nun ging alles blitzschnell.

Als er nahe genug bei mir ran war, hob ich die eine Hand zur Abwehr nach oben, damit er mir mit der Flasche nicht auf den Schädel hauen konnte. Mit der anderen, in der ich das Messer hatte, stach ich mit voller Wucht zu. Auf einmal stach ich nur noch auf ihn ein, bis er vor mir am Boden lag und blutete. Ich stand da und schaute auf ihn nieder. Dolly hatte sich in den Streit mit eingemischt und stand nun neben mir. Sie war ebenfalls verletzt und blutete. Ich sah nur noch Rot, wo ich hinschaute. An meinen Händen war Blut, der Typ am Boden war voll davon, und Dolly blutete ebenfalls. Ich stand da mit dem Messer in der Hand und konnte nicht begreifen, was ich getan hatte. Das alles nur wegen dieser Scheißdolly, die unbedingt bumsen wollte. Ich ließ das Messer fallen, als wenn ich mich daran verbrennen würde. Dann drehte ich mich um und ging ins Schlafzimmer. Bevor ich einen Totalhorror bekam, wollte ich ihn zudecken, denn ich wollte nicht noch etwas Falsches machen. Ich war gerade im Schlafzimmer und griff nach einer Decke, als Dolly schreiend zu mir kam. Sie hatte einen Morgenrock oder so etwas ähnliches in der Hand, das sie auf ihre Wunde am Bauch preßte. Sie lief auf mich zu, und ich verstand nur, daß ich ihn umgebracht hätte und ein Schwein wäre. Da ging mir der Gaul durch, und ich schrie sie an:

»Halt doch endlich mal deinen Rand, du dumme Hure! Wegen dir Miststück habe ich ihn ja töten müssen!«

Da gab sie mir auf einmal eine Ohrfeige, und ich drehte ein zweitesmal in dieser Nacht durch. Auf dem Nachttisch lag ein Küchenmesser, das ich plötzlich in der Hand hatte und auf sie einstach. Wie und wie oft wußte ich nicht, denn ich hatte einen totalen Filmriß in diesem Moment. Ich kam erst wieder zu mir, als sie blutend auf dem Bett lag, mit unzähligen Messerstichen übersät. Ich stand da und wußte gar nichts mehr, denn das war alles zuviel für mich. Meine Hand war voll Blut, und ich wollte es von mir weghaben. Wie im Traum lief ich in die Küche, hielt die Hand samt dem Messer unter das fließende Wasser, schmiß die Klinge ins Becken und wusch meine Hände, als wenn ich sie damit von aller Schuld reinwaschen könnte. Dann wusch ich mir das Gesicht mit kaltem Wasser ab, damit ich wieder ein bißchen zu mir kam. Ein Mörder war ich nun, der zwei Menschen erstochen hatte, das wußte ich genau. Was sollte ich aber nun tun, fragte ich mich. Ich ging wieder in das Schlafzimmer, zog eine Decke vom Bett, lief zurück zu Dollys Freund und warf ihm die Decke über, denn ich konnte ihn nicht mehr sehen.

Da stand ich nun mitten im Wohnzimmer, und zwei Tote waren da. Sie lag im Schlafzimmer und er nur ein paar Meter weiter weg von mir. Im geöffneten Schrankfach stand eine Rumflasche, und ich holte sie heraus, schraubte sie auf und setzte die Pulle an. Ich nahm einen kräftigen Schluck, und es brannte in meinem Hals wie Feuer. Ich mußte die Polizei holen, dachte ich mir, und dann fiel mir gleich ein, daß sie mich dafür lebenslänglich einsperren würden. Nein, die Bullen konnte ich nicht holen, denn ich wollte nicht mein ganzes Leben im Knast verbringen. Ich mußte meine Fingerabdrücke verwischen, kam mir der Gedanke, und mich anziehen, denn ich stand immer noch nur in der Hose da. Ich zog mich an, so schnell ich konnte, und vergaß meine Strickjacke, die ich dabei hatte. Ab und zu nahm ich noch einen Schluck aus der Rumflasche, und ich hatte angefangen, meine Spuren zu verwischen. Ich warf die Gläser auf den Boden, und da kam mir der Gedanke, daß alles weg mußte und nicht nur die Abdrücke. Dann hob ich mein Messer auf, das noch am Boden lag und steckte es in meine Tasche. Dabei sah ich das Feuerzeug von mir und mir kam der Gedanke, den ganzen Schuppen anzustecken und somit alles verschwinden zu lassen. Die Rumflasche, die ich in der Hand hatte, leerte ich einfach aus, und die Kognakflasche leerte ich auf das Bett, auf dem Dolly lag. Ich schwankte schon wie ein Schiff. Dolly bewegte sich auf einmal. Sie lebte also noch. Zu retten war sie nicht mehr, was später auch die Gerichtsmedizin sagte, das konnte man sehen, aber ich hatte einen Haß auf sie, daß ich leise zu mir sagte:

»Du Miststück sollst verrecken. Wegen dir habe ich die ganze Scheiße am Hals, und du wirst mir dafür teuer bezahlen.«

Dann zündete ich mit dem Feuerzeug das Bett an, und mir war egal, ob sie nun verbrannte oder nicht. Dann ging ich in das

Kinderzimmer und steckte dieses noch in Brand, genauso wie den Teppich im Wohnzimmer.

Darauf verließ ich die Wohnung. Ich war innerhalb von ein paar Minuten zum Brandstifter und Mörder geworden. Ich schwankte zuerst in die falsche Richtung, denn ich wollte zurück in das Übergangswohnheim. Als ich es merkte, drehte ich mich um und lief in die richtige Richtung. Unterwegs warf ich das Messer in eine Hecke. Dann ging ich mit einem Paar wackligen Beinen nach Hause, so schnell ich es konnte. Ich war fertig mit den Nerven und der ganzen Welt, denn dies war die schlimmste und grausamste Nacht, die ich je in meinem Leben erlebt hatte.

27

Zwei Tage nachdem das Unglück passiert war, wurde ich von der Kriminalpolizei verhaftet und zum Verhör abgeholt. Ich war nicht weggelaufen, denn ich hatte gewußt, daß sie zu mir kommen würden.

Auf der Kripo verweigerte ich jegliche Aussage und bestritt alles, was sie mir vorwarfen, denn ich wußte, daß sie einem das Wort im Munde rumdrehten. Es kam dann mein Anwalt, und noch am selben Tage wurde ich in die Vollzugsanstalt gebracht.

Die Zeitungen schrieben einen Haufen Mist. Sie hatten wieder einmal für ein paar fette Tage Schlagzeilen. Eine Woche nach meiner Verhaftung machte ich eine Aussage beim Richter, im Beisein meines Anwaltes. Die ersten Wochen im Knast machten mich fertig, denn ich konnte immer noch nicht verstehen, daß ich zwei Menschen getötet hatte. Elf Monate danach wurde ich von einem Landgericht zu einer sehr langen Haftstrafe verurteilt.

ENDE

Fritz Mertens
Ich wollte Liebe und lernte hassen!
detebe 21539

Der authentische Bericht über eine Kindheit und Jugend, die Geschichte einer Entwicklung, die in eine Katastrophe mündet.

»Dieses Buch wurde nur geschrieben, da mich mein Jugendpsychiater gebeten hatte, meine Lebensgeschichte niederzuschreiben. Er mußte für mich ein Gutachten stellen, da ich zwei Menschen getötet habe.«
Fritz Mertens

»Ich selbst kenne keinen so spontanen, unmittelbaren, aus echter, eindeutiger Erinnerung heraus geschriebenen Bericht über die jahrelange Suche und Enttäuschung eines Kindes, die sein ganzes Leben bestimmten, bis zur Tat.« *Prof. Reinhart G. E. Lempp*

»Ein Dokument als Literatur, Literatur als Dokument. Eine Dokumentation der anderen Seite des Lebens, die man lesen sollte, weil niemand vor sich selbst sicher ist.« *ORF, Wien*

»Nüchtern und sachlich beschreibt der Autor seine Erfahrungen. Die Analyse überläßt er anderen. Gerade die Schlichtheit und Offenheit seiner Erzählung machen das Schreckliche noch erschreckender.«
Frankfurter Allgemeine Zeitung

»Nach der Lektüre kommen einem erst einmal die Mehrzahl der literarischen Einkleidungen von Menschheitsschicksalen harmlos und auch verwegen vor: Gegen diese Art von Erfahrungen sind selbst die grellsten Erfindungen taub.« *Börsenblatt*

»Seinen langen Leidensweg bis zur Katastrophe beschreibt Fritz Mertens ohne Weinerlichkeit und mit einer fast umwerfend empfindungsnahen Sprache, deren stilistische Schwächen durch die starke Authentizitätfast vollkommen in den Hintergrund treten.«
Plärrer, Nürnberg

»Wer die Untaten von Fritz Mertens begreifen will, sollte seine Lebensgeschichte lesen. Es kann auch für ein Kind die Hölle auf Erden geben.«
Lübecker Nachrichten

»Man wünscht sich die breite Beachtung dieses Berichts, zumal in Schulen, Sozial- und Jugendarbeit.«
Einkaufszentrale für öffentliche Bibliotheken, Reutlingen

»...immerhin handelt es sich um das menschlich bedeutendste, aber auch stilistisch eines der beachtenswertesten Werke dieses literarischen Herbstes in Deutschland.« *Walter Vogt*

»Ich werde dieses Buch zunächst in meiner eigenen Schule den Schülern zu lesen geben, die sich eher für diesen Unglücksjungen als für Christiane F. vom Bahnhof Zoo interessieren sollten – und auch werden.«
Hartmut von Hentig

»Ein Dokument im Originalton. Korrigiert hat der Verlag nur die Rechtschreibefehler. Es sprudelt aus Fritz Mertens heraus wie bei einem, der jahrelang darauf gewartet hat, einmal gründlich sein Herz auszuschütten. Und das Lesen ist wie Zuhören. Man sitzt dabei.« *Der Stern, Hamburg*

»Hier werden Erinnerungen an Kindheitsmuster geboten, die sonst verdrängt – entweder poetisiert oder verschwiegen – werden.«
Süddeutsche Zeitung, München

»Das ist alles andere als ›Belle‹tristik – oder nur ›Tristik‹, *triste* Fatalität und insofern erschütternd, eine Art verhängnisvolle Determinationsmaschine, die unerbittlich abläuft. Erstaunlich allerdings die Kraft, mit der das ›Opfer‹ der Determinationsmaschine alles zu erzählen vermag in einer Ausführlichkeit, die einen hoffen läßt, die Niederschrift sei für Mertens zu einer Art Therapie und Befreiung geworden. Hoffentlich macht der Strafvollzug das alles nicht wieder kaputt...« *Kurt Marti*

Bernard Mac Laverty im Diogenes Verlag

Geheimnisse

Erzählungen. Aus dem Englischen
von Hans-Christian Oeser
Leinen

»Was an den Geschichten zuallererst auffällt, ist ihre Direktheit; ihre vollkommen unmanierierte, ohne Erzähler-Attitüde und Sprachschnörkel auftretende und gerade deshalb um so nachhaltiger beeindruckende Kunstfertigkeit, mit deren Hilfe der Leser beinahe willenlos der Illusionsstrategie des Autors ausgeliefert ist, weil er sich sagen kann: Ja, so muß es gewesen sein.«
Wolfgang Steuhl/Frankfurter Allgemeine Zeitung

»Eine wundervolle Sammlung, über die leisen Töne des Lebens, voller Humor, Klarheit und Finesse.«
The Daily Telegraph, London

»Mac Laverty gehört in die Reihe der großen Geschichtenerzähler, neben Čechov, Joyce und Mansfield.«
The New York Times Book Review

Lamb der Ausgeflogene

Roman. Deutsch von Hanna Neves
detebe 21296

Bruder Sebastian, mit eigenem Namen Michael Lamb, ist nicht lammfromm, wie sein Vorgesetzter es erwartet. Er rettet einen schwererziehbaren Knaben vor der schweren Erziehung, zu der ihn das irische Internat zwingt – die beiden fliegen aus, nach England. Die Polizei sieht es als Kidnapping. Entkommen oder nicht – ein ur-irisches Thema, abgewandelt von einem der begabtesten jungen Erzähler, der selber entkommen ist.

»Bernard Mac Laverty, der inzwischen bereits mit weiteren Romanen hervorgetreten ist, hat hier auf knappem Raum in realistischem Stil einer Tragödie Gestalt verliehen, die nach einer filmischen Aufbereitung geradezu verlangt.« *ORF, Wien*

»Mit diesem Erstlingsroman hat Bernard Mac Laverty ein Werk geschaffen, das deutlich die Kluft zwischen Liebe und Verstand in unserer düsteren Zeit erhellt.«
Die Furche, Wien

»Nach *Cal* (Regie: Pat O'Connor) wurde jetzt auch Mac Lavertys Erstling *Lamb* verfilmt. Colin Gregg machte aus der dramatischen Geschichte ein Stück ausdrucksstarkes Gefühlskino. Van Morrison lieferte die suggestive Musik dazu. So entstand ein Streifen, der unter die Haut geht.« *Sonntagsblick, Zürich*

Cal

Roman. Deutsch von Nikolaus Stingl
detebe 21387

Die Geschichte von Cal und Marcella, im heutigen Nordirland; sie könnte seine Retterin sein, und als er sie zum Lachen bringt, kann er sein Glück kaum fassen. Von Liebe zu sprechen, das weiß er, erfordert Ehrlichkeit und Aufrichtigkeit, aber das hat Zeit.

»Bernard Mac Lavertys Roman hat in Großbritannien Aufsehen und Anteilnahme hervorgerufen. Der Autor versteht es, die menschlichen Ursachen und Konsequenzen der irischen Malaise ins Blickfeld zu rücken, die in den Medienberichten oft zu kurz kommen. Ein Buch, dem viele Leser zu wünschen sind.«
Die Furche, Wien

»Mit *Cal*, gedreht nach dem Roman von Bernard Mac Laverty, zwingt der junge irische Regisseur Pat O'Connor seine Zuschauer in die Tristesse des nordirischen Bürgerkrieg-Alltags hinein, läßt sie dessen Ausweglosigkeit erleiden. Dieser Film macht frösteln und deprimiert. Aber das ist nicht die Schuld seiner Autoren.«
Der Stern, Hamburg

Erich Hackl
im Diogenes Verlag

Auroras Anlaß
Erzählung. detebe 21731

»Eines Tages sah sich Aurora Rodríguez veranlaßt, ihre Tochter zu töten.« So beginnt die außergewöhnliche Geschichte der Spanierin Aurora Rodríguez, die auf der Suche nach Selbstverwirklichung an die Schranken gesellschaftlicher Konventionen stößt und ihre Träume von einer besseren Welt von einer anderen, fähigeren Person realisiert sehen möchte: einer Frau, ihrer Tochter Hildegart.

»Souverän und stilsicher erzählt Erich Hackl einen ganz einmaligen Fall; zugleich gibt er einen Einblick in das Spanien der Zeit vor Franco und vor dem Bürgerkrieg. Der Erzähler drängt dem Leser keine politischen Lehren auf, doch er bringt ihn zum Nachdenken. Und vor allem: er unterhält ihn aufs beste mit einem spannenden Buch, das keine Längen hat. Dies ist ein Debüt, das auf Kommendes neugierig macht.«
Der Tagesspiegel, Berlin

»Bewundernswert ist die artistische Sicherheit, mit der Erich Hackl zu Werke geht, ist die Präzision, mit der dieser Schriftsteller Auroras Abenteuer protokolliert – auf eine Weise, die uns, wenn der Aberwitz mit solcher Beiläufigkeit zur Sprache findet, nachhaltig in die größte Spannung versetzt. So daß wir fast nicht glauben mögen, daß sie sich tatsächlich zugetragen hat, diese Geschichte.« *Frankfurter Allgemeine Zeitung*

»Kleistisch erzählt.« *Die Weltwoche, Zürich*

»Ein großartiges Debüt.« *Le Monde, Paris*

Ausgezeichnet mit dem Aspekte-Literaturpreis 1987

Abschied von Sidonie

Erzählung. Leinen

Erich Hackl ist – wie schon mit seiner aufsehenerregenden Erzählung *Auroras Anlaß* – einem unerhörten, jahrzehntelang verschwiegenen Fall nachgegangen; in einer knappen, präzisen Sprache erzählt er das bewegende Schicksal des Zigeunermädchens Sidonie Adlersburg, ihr kurzes Glück bei den Pflegeeltern und deren verzweifelte Bemühungen, das Kind vor dem ihm zugedachten Ende zu bewahren.

Abschied von Sidonie ist nicht nur eine Chronik der Gewalt, von ›Trägheit des Herzens‹ und Bestialität des Anstands, sondern auch eine Liebeserklärung an Menschen, die in großen wie in kleinen Zeiten Mitgefühl und Selbstachtung vor falsch verstandene Pflichterfüllung gestellt haben. Zugleich gibt das Buch einen tiefen Einblick in den Zustand eines Landes und seiner Bewohner, zeigt, was möglich war und was wirklich wurde, und was davon geblieben ist.

»Die Fähigkeit Hackls, aus den zur Meldung geschrumpften Fakten wieder die Wirklichkeit der Ereignisse zu entwickeln, die Präzision und zurückgehaltene Kraft der Sprache lassen an Kleist denken. Aber von Abhängigkeit, von Nachahmung gar kann die Rede nicht sein. Hier hat ein junger Autor den Mut, sich in gutgebauten Sätzen zu äußern, sich nicht quasiexperimentell zu geben, nicht um jeden Preis neu zu sein. Schon das ist eine Neuheit.« *Kyra Stromberg/ Süddeutsche Zeitung, München*

»Erich Hackl ist eine der großen Hoffnungen der deutschsprachigen Literatur. Er hat eine meisterhafte Erzählung geschrieben.« *Frank Schirrmacher/ Frankfurter Allgemeine Zeitung*

Friedrich Glauser im Diogenes Verlag

Gourrama

Ein Roman aus der Fremdenlegion
detebe 21739

In *Gourrama* hat Glauser seine Erfahrungen als Fremdenlegionär aus den Jahren 1921 – 1923 literarisch umgesetzt.

»Stimmungen zwischen Angst und Langeweile, zwischen fieberartiger Erregtheit und Erschlaffung, Mißtrauen, Prahlerei und gegenseitiges Werben um kleinste Zeichen von Anteilnahme bestimmen das Leben der Legionäre, einer zusammengewehten Truppe von Verlorenen und Verbannten. Abgeriegelt sind sie nicht nur von einer schuldbeladenen oder doch belastenden Vergangenheit, ausgesperrt sind sie auch von der Gegenwart der sie umgebenden Landschaft.«
Neue Zürcher Zeitung

»Ich glaube, daß *Gourrama* eines der besten Bücher ist, das in diesem Jahrhundert in der Schweiz geschrieben wurde.« *Peter Bichsel*

Außerdem lieferbar:

Die Kriminalromane

Wachtmeister Studer detebe 21733

Die Fieberkurve detebe 21734

Matto regiert detebe 21735

Der Chinese detebe 21736

Krock & Co. detebe 21737

Der Tee der drei alten Damen detebe 21738